Impresso no Brasil, abril de 2010

Copyright © 2000 by Mendo Castro Henriques

Publicado originalmente em Portugal, Lisboa, em 1994, pela Universidade Católica Editora, sob o título *A Filosofia Civil de Eric Voegelin – Teses*

Os direitos desta edição pertencem a
É Realizações Editora, Livraria e Distribuidora Ltda.
Caixa Postal: 45321 · 04010 970 · São Paulo SP
Telefax: (11) 5572 5363
e@erealizacoes.com.br · www.erealizacoes.com.br

Editor
Edson Manoel de Oliveira Filho

Revisão
Jessé de Almeida Primo

Capa e projeto gráfico
Mauricio Nisi Gonçalves / Estudio É

Diagramação
André Cavalcante Gimenez / Estudio É

Pré-impressão e impressão
RR Donnelley

Reservados todos os direitos desta obra.
Proibida toda e qualquer reprodução desta edição
por qualquer meio ou forma, seja ela eletrônica ou mecânica,
fotocópia, gravação ou qualquer outro meio de reprodução,
sem permissão expressa do editor.

Coleção
FILOSOFIA
ATUAL

A FILOSOFIA CIVIL
DE ERIC VOEGELIN

MENDO CASTRO
HENRIQUES

REALIZAÇÕES

Aos meus filhos

Teresa, Francisco, Jorge e António

Sumário

Prefácio 9
Introdução – *Filosofia Contra Desculturação* 13

1. EM BUSCA DA CIÊNCIA POLÍTICA
Voegelin em Viena 31
A recepção da ciência política 38
As primeiras sínteses 49

2. RASTO HISTÓRICO
Meditação da história 63
Opus magnum 77

3. FILOSOFIA DA CONSCIÊNCIA
Os gregos e os alemães 97
Para além da fenomenologia 102
A experiência clássica de razão 109
Teoria noética 113
A realidade interina 122
O quadro de referência 129

4. EQUIVALÊNCIA DE SÍMBOLOS
As linguagens simbólicas 135
Símbolos primordiais 145
Símbolos secundários 163
Símbolos terciários 167

5. SER OU NÃO SER CRISTÃO
O filho do "deus desconhecido" 177
Cristianismo e gnosticismo 184
O critério de fé 191
Uma teologia filosófica 204

6. ANTROPOLOGIA E ÉTICA
Antropologia filosófica 215
Ética e vida da consciência 229

7. A DIMENSÃO SOCIAL
Campos sociais 247
Tipos de ordem civil 252
Abertura e clausura 269

8. REPRESENTAÇÃO POLÍTICA
Representação política medieval 284
A nova ordem 290
O princípio de representação 306

9. TEORIA DA HISTÓRIA
As teorias da história 315
Autocrítica e historiogénese 326
Configurações e constantes 338

10. CRÍTICA DO IMPERIALISMO
Tipologias imperiais 349
Impérios ecuménicos 358
As duas ordens medievais 364
Imperialismo moderno e perspectivas
    contemporâneas 370

CONCLUSÃO – Ciência política e Filosofia Civil 383
Cidadania e política 383
Consciência, teoria e prática 392
Uma agenda de investigação 404

Bibliografia voegeliniana 409
Índice de nomes 461
Índice de conceitos 471
Siglas 475

Prefácio

A história desta dissertação resulta das minhas leituras de Eric Voegelin. Quando em 1981 tomei conhecimento da existência da sua obra através dos *Colloques de Rheinfelden*, experimentei a sensação de estar perante um pensador profundo e original e que vinha ao encontro de preocupações teóricas para as quais eu não encontrara ainda um campo de compreensão. Estimulado por proveitosas trocas de impressões com meu sogro, empreendi a leitura entusiástica, com mão estival e invernal, dos quatro volumes até então editados de *Order and History*. A impressão inicial adensou-se, a ponto de vir a considerar Voegelin um mestre do século XX, embora ainda pouco reflectido no pensamento contemporâneo. O gradual conhecimento das suas obras editadas e inéditas, a investigação e introdução de matérias suas nos meus cursos na Universidade Católica Portuguesa, ajudaram-me a situar o criador do realismo noético no quadro de referência dos paradigmas clássicos e cristãos. E assim, a escolha em 1987 da filosofia civil de Voegelin para tema da minha dissertação de doutoramento, surgiu como passo natural de um trajecto iniciado.

O passo seguinte foi estabelecer contacto com os autores familiarizados com a obra. Na minha qualidade de bolseiro do *INIC* para Doutoramento no País levei a cabo estágios de pré-doutoramento na Alemanha e nos EUA. O professor

Peter J. Opitz, actual director do *Geschwister-Scholl Institut für Politische Wissenschaft*, fundado por Voegelin, acolheu-me amavelmente na Universidade de Munique. Ao professor Ellis Sandoz da Universidade da Louisiana e director do *Eric Voegelin Institute* agradeço os esclarecimentos prestados bem como o proveitoso e simpático acolhimento em Baton Rouge. A Paul Caringella, além de perfeito cicerone nos *Hoover Archives*, em Stanford e da calorosa recepção que ele e Lissy Voegelin me proporcionaram, agradeço as preciosas cópias de obras inéditas de Voegelin. As estadias nos *loci voegelinianii*, o contacto com o legado manuscrito do filósofo de Colónia naturalizado americano, as impressões colhidas entre conhecedores da obra apuraram as minhas impressões iniciais. No século XX, Voegelin surge como porta-voz de um quadro global de filosofia e não de um sistema pessoal. Uma vez reunidos esses elementos, terminei em Julho de 92 a redacção da minha dissertação de doutoramento, intitulada *A Filosofia Civil de Eric Voegelin* e defendida com êxito em Dezembro do mesmo ano.

As dissertações estão submetidas ao risco de serem escritas para serem pouco lidas. Na versão que apresentei, em particular, uma primeira parte, configurada diacronicamente, não se articulava facilmente com as segunda e terceira partes como me advertiu o Professor Alexandre Morujão, orientador da dissertação. Compreendi posteriormente que tais dificuldades de arrumação das matérias resultavam de uma deficiência específica de compreensão. Embora atento à problemática central de Voegelin, tratara-a de um modo relativamente exterior aos conteúdos da filosofia política. Iniciara o estudo do autor pela leitura dos seus *opus magnum*, *Order and History 1, 2, 3* e *The Ecumenic Age*, obras que articulavam a consciência no horizonte pré-ideológico da Antiguidade. Faltava-me mais desenvolvimentos sobre a consciência no horizonte do pensamento moderno. Apesar de conhecer outras obras referentes ao tema, tais como *From Enlightenment to Revolution*, creio que era um dos que sentiam a falta dos volumes 4, 5 e 6, originariamente projectados para a série *Ordem e História*.

Entretanto, Paul Caringella ao entregar-me os materiais ainda inéditos para a *História das Ideias Políticas* aconselhou-me a incorporar esses elementos na minha investigação. A análise dessas obras esclareceu-me particularmente, porque contactei com o tratamento voegeliniano do pensamento político medieval e moderno, o que creio me ter ajudado a estabelecer uma melhor ligação entre vertentes de ciência política e de filosofia. Tornou-se mais evidente o quadro global de referência de Voegelin: a ação humana concreta ocorre na história, a meditação em concreto é anamnêsis e o êxodo com que nos diferenciamos de uma época, de um sistema abstracto ou de uma ordem social e política, constitui um outro tipo de ordem, a ser livremente conquistado pelo homem e graciosamente aceite como dom divino. Quando essa abordagem renovada se tornou mais clara, pude reformular a dissertação original, surgindo assim a presente versão de *A Filosofia Civil de Eric Voegelin*.

O leitor de Voegelin encontrará reflectida aqui parte da bibliografia secundária que tem aparecido na Europa e nos Estados Unidos da América. Nos últimos trinta anos a avaliação da obra tem vindo a ser feito por uma geração de discípulos e de comentadores, cujos contributos revelam uma certa homogeneidade cultural. Da Alemanha entre outros autores citados, permita-se-me revelar os trabalhos de Peter Opitz e Jürgen Gebhardt sobre o jovem Voegelin. Da Itália, surgem leituras mais cristianizantes de Augusto del Noce e Alessandro Biral e outras, mais heideggerianas, de Giuseppe Duso e Sandro Chignola. Da Irlanda e de Inglaterra, são relevadas a avaliação global de Brendan Purcell e o tratamento do império por Geoffrey Barraclough. No que se refere a contributos provenientes dos EUA, já referi Ellis Sandoz e particularizo aqui a sua biografia intelectual de Voegelin. De Barry Cooper, Dante Germino e William Havard Jr., as investigações de filosofia política; de Eugene Webb e Anibal Bueno, a apresentação da filosofia da consciência; de Athanasios Moulakis, o ensaio sobre a história; de David Walsh, Bruce Douglas e Paul Caringella, os temas de filosofia de religião; de Stephen McKnight, o tratamento da pseudociência.

Ao longo do texto, o leitor encontrará referências a outros autores que partilham de modo crítico o quadro de referência criado por Voegelin. Obviamente que o facto de beneficiar desses comentários não me isenta de falhas na recepção das suas conclusões, nem de erros remanescentes na interpretação. Em todo o caso, o leitor deve reportar-se logo que possível aos textos originais e destes passar às fontes primárias, empenhando-se num diálogo não apenas com um homem, embora genial, mas com a história da razão do séc. XX.

Ao citar os estudiosos de Voegelin deixei implícito o que lhes devo. Nesta versão de *A Filosofia Civil de Eric Voegelin* queria referir em particular Beverly Jarret, editora da Imprensa da Universidade do Missouri que me incumbiu de apresentar uma versão da dissertação. A minha mãe, Maria Graça de Castro Henriques, agradeço a paciente revisão dos originais em língua inglesa que tem levado a cabo. Aos membros do júri de Doutoramento, na pessoa do Professor Doutor Manuel Isidro Alvez, Vice-Reitor da Universidade, agradeço sugestões acolhidas nesta versão. De José Adelino Maltêz, anoto as trocas de impressões sobre temas voegelinianos. Enfim, registo palavras de muito apreço pelas diligências do Professor Doutor Joaquim Cerqueira Gonçalves, directos do Departamento de Filosofia e dr. Américo Pereira, secretário da Faculdade de Ciências Humanas da UCP para viabilizar a presente edição; e ainda pelos meios que o Eng° Jorge Cerol e seus colaboradores do CIUCP me puseram à disposição. Ao dr. Duarte da Cunha, Director do Centro de Publicações da UCP, agradeço o lançamento da obra através da Universidade Católica Editora. A todos os elementos dos Serviços Gráficos, nas pessoas dos Srs. Luís Macedo e Adalberto Barbosa, agradeço a proficiente execução deste livro.

Introdução

Filosofia Contra Desculturação

"Quem é simplista nas realidades espirituais
não é digno de se ocupar delas"[1]

A intenção desta obra é muito simples, a realização nem tanto: trata-se de introduzir Eric Voegelin como um filósofo decisivo do séc. XX. Ser um filósofo decisivo significa ser capaz de suportar e mesmo apelar a críticas diversas, sem deixar de propor um quadro de referência global, que admite correcções parciais e projecta vias de investigação. Por vários motivos, uns razoáveis e outros perniciosos, suspeitamos actualmente de quadros de referência. As causas não são restrições de conhecimento nem um eventual decréscimo na inteligência humana; poder-se-ia sustentar que jamais a investigação científica foi tão produtiva, a tecnologia tão espetacular, a pesquisa histórica tão abrangente e as meditações culturais tão profundas, a ponto de quase podermos falar de um renascimento em curso, no meio de sintomas contraditórios de caos e ordem intelectuais. Sucede que perdemos a familiaridade

---

[1] *Die Rassenidee (...)*, p.23: "Wer es sich in geistigen Dingen leicht machen, der hat nicht mitzureden"...

com o que significa um quadro de pensamento, dotado de paradigmas ordenadores. Supomo-lo uma soma de repostas quando, na realidade, é um conjunto de questões, a unir experiências motivadoras genuínas, com respostas provisórias permitidas pelo tipo de linguagem e metodologias utilizadas. Mas a desculturação maciça contemporânea impede o reconhecimento da estrutura do pensar já sugerida pela sequência experiência-questão-resposta. A desculturação admite vários tipos de crítica das respostas, e utiliza-as para saturar o mercado das ideias; mas tem uma tolerância muito limitada para questionamentos que supõem a verdade como critério de avaliação da experiência humana. Numa sociedade multicultural, a verdade incorre no risco de ser instância estritamente privada; é aceitável, desde que não exija reconhecimento público, e há até quem a considere perigosa porque exige critérios não-maioritários de decisão. Ora sem critérios de verdade fundados na razão universal, a cultura corrente é apenas consumo de produtos compatíveis com a racionalidade operatória. E é precisamente isto que constitui o fenômeno de desculturação: não é uma ausência, mas uma distorsão da cultura; não uma diminuição de capacidades mentais, mas um fechamento do espírito; não uma escolha, mas uma trama de pseudorrealidades, não é liberdade, mas desordem. A vida é estendida como facticidade, dotada ou não de sentido; recorre-se à razão como saber-fazer, submetida ou não a valores. Mas a desculturação proíbe a vida da consciência, da qual possam ser extraídos critérios universais de verdade. Esta depravação intelectual, por consequência, constitui a ocasião adequada para escutar o que um filósofo como Voegelin tem para dizer.

O que Eric Voegelin efectivamente disse não é simples. Não estamos muito acostumados a um autor que passa de uma análise exigente de um texto da teologia egípcia de Mênfis do séc. XIII a. C. para uma análise rigorosa da constituição austríaca de 1934; que empreende exegeses sobre uma epístola paulina, um texto escolástico, sobre Maquiavel e sobre Husserl. Pode depois convocar-nos para uma exegese do direito anglo-americano, da sociologia weberiana, da economia liberal e, pelo caminho, dialoga com obras de Platão e Aristóteles, parando para considerar fontes chinesas, hebraicas, mesopotâmicas ou pré-históricas atinentes ao assunto. Em resumo, estamos perante um dos autores que se erguem, de tempos a tempos, apontando para o universalismo do saber. Esta preocupação óbvia de universalidade vai a par com uma ênfase nas limitações do conhecimento humano e na inadequação dos símbolos conceptuais. Voegelin sempre considerou inaceitáveis e ilusórios os sistemas que pretendem fundir todos os dominios de ser num articulado conceptual unitário; as linguagens de interpretação devem resultar da exegese dos simbolismos autointerpretativos; as respostas da pesquisa devem desentranhar-se da matriz das experiências simbolizadas. Durante mais de seis décadas, Voegelin desenvolveu as suas ideias, mediante um processo de meditação no qual formulações posteriores não invalidam as anteriores, antes as pressupõem como graus de um processo de esclarecimento. Os artigos e monografias reflectem o estádio alcançado pelo processo meditativo e apresentam o todo. Até que ponto é possível ordenar esta riquíssima trajectória, portadora de enorme erudição e escopo ambicioso, de vastos materiais e ideias reguladoras, é questão a enfrentar.

Foi o próprio Voegelin a indicar que, para interpretar um autor, devemos procurar o centro motivador do seu pensamento. Caso se for longe demais nesta tarefa de desentranhar os princípios gerais dos materiais a que se aplicam, excluem-se elementos que também possuem carácter teórico. É preciso, portanto, descobrir a enteléquia para a qual convergem as respostas particulares e as generalidades conclusivas. Ora a obra voegeliniana desvenda gradualmente o seu centro motivador, na medida em que o ponto de partida é a estrutura da consciência que se experimenta a si mesma, sendo ponto de chegada a estrutura da realidade presente na consciência. Tal realidade é interina porque resulta da participação da consciência numa comunidade de ser mais ampla que a individualidade. Os actos meditativos que se referem à unidade da realidade no particular, assentam na consciência concreta e podem ser empiricamente interpretados; não carecem de ser provados porque são de ordem universal; para os aceitar ou rejeitar, é necessário invocar a estrutura da existência. Donde que a pesquisa da realidade não seja um projecto nem anteponha um método à descoberta da verdade. É um acontecimento dramático na existência do investigador e exige que se equilibre a atracção do que já se conhece, como verosímil, com a resistência aos obstáculos e o controle das respostas conceptuais.

Estas considerações ajudam a compreender por que razão a obra de Eric Voegelin apresente tónicas distintas, balanços provisórios e períodos dormentes, conforme os sucessivos patamares metodológicos que alcança. É muito frequente que num escrito coexistam as sínteses ultrapassadas com antecipações de propostas posteriores; os resultados fiáveis podem surgir em envólucros recessivos e as conclusões inseguras podem aparecer em metodologias inovadoras. Mas a obra revela um idêntico plano intelectual desde o primeiro artigo de 1922 até a publicação póstuma, em 1987, de *In Search of Order*. Nos artigos e monografias escritas em Viena, Voegelin insiste em que a ciência política procurada se queda por uma imagem teórica da realidade enquanto não é animada pela filosofia. Ao redigir os estudos da *History of Political Ideas,* em 1939-1950, apercebeu-se que a história das ideias é uma via deficiente de teorização. Para investigar a experiência universal de ordem, tinha de atender ao carácter simbólico das respostas que sucedem em milénios de civilização. *The New Science of Politics*, 1952, constitui a primeira ilustração deste novo patamar do estudo. No *opus magnum, Order and History,* Voegelin inquiriu sobre a sequência dos tipos de ordem na história; pretendia desconstruir o conceito de história linear, para recuperar a tensão entre a ordem que emerge na consciência e a ordem das situações sociais concretas. Uma vez definida esta infraestrutura histórica da tensão, aprofundou uma filosofia da consciência a fim de corresponder à pluralidade de pontos nodais em que a existência adquire significado. Os estudos recolhidos em *Anamnesis*, 1966, levam a cabo uma interpretação noética da realidade política interina. Nos artigos da década de 60, liberta-se definitivamente do padrão historiogenético. Em *The Ecumenic Age*, demonstra a génese da história na consciência, construindo os padrões de sentido manifestos na autointerpretação de pessoas e sociedades como configurações de uma realidade que está em trânsito para uma finalidade que a transcende. Entrava assim numa derradeira fase, a que poderemos designar por pesquisa da super-estrutura da tensão. "The Gospel and Culture", *In Search of Order* e os últimos artigos, salientam como o distanciamento reflexivo operante nessa tensão é acolhido pelos mais diversos simbolismos de ordem, mormente pelo cristianismo.

A pesquisa foi criada na encruzilhada contemporânea de filosofia, ciências humanas e teologias. Voegelin conhece profundamente as filosofias grega e alemã e as suas viagens pela Europa e pelos Estados Unidos puseram-no a par do que de melhor se publicava. Formado na Universidade de Viena nos anos 20, frequentador dos seminários de Othmar Spann e Ludwig von Mises, assistente de Hans Kelsen, foi interlocutor atento de autores como Leo Strauss, Aaron Gurwitsch, Alfred Schütz; crítico de cientistas políticos como Max Weber, Carl Schmitt, Raymond Aron; estudioso de hermeneutas, como Werner Jaeger, Snell, Pritchard, Frankfort, Portmann; de historiadores, como Toynbee, Meyer, Dempf, Tarn, Kantorowicz; de teólogos, como Bultmann, Lonergan, Barth, von Rad, Norden; de filósofos neotomistas e agostinianos, como Maritain, Henri de Lubac e Hans Urs von Balthasar; eis um conjunto de autores que renovaram o horizonte de referências indispensáveis para a constituição da filosofia civil.

A multímoda obra de Voegelin seria impossível sem o diálogo constante como fontes primárias. Para restabelecer a pertinência teórica, degradada por camadas seculares de ideologias e metodologias erróneas, sabia ser necessário um esforço de compreensão em tarefas que ultrapassam em muito o contributo de um pensador, ainda que genial. Para criar "uma ciência da ordem" era preciso reelaborar vastas "quantidades de material"; reconquistar "utensílios teóricos"; explorar o "problema geral da conexão entre tipos de racionalidade e tipos de experiência religiosa"; redescobrir "a racionalidade da metafísica em geral e da antropologia em particular"; reconstituir "a ordem de pertinência de factos e problemas". Mas "a fórmula do remédio é mais simples do que a sua aplicação". A criação de um novo clima intelectual exige esforços conjugados, que começaram por ter "a forma de uma volumosa história da ciência na primeira metade do século XX" e que têm de ser prolongados pelo movimento de reteorização.[2] O projecto de uma ciência da ordem acabou por se configurar como pesquisa caracterizada pelo essencial inacabamento. E essa pesquisa é aqui introduzida como filosofia inovadora e dotada de ambiente argumentativo próprio, em que a ligação permanente entre experiência, questionamento e reposta traduz metodologicamente a estrutura interina da realidade.

1. Nos primeiro e segundo capítulos esboça-se o modo como Voegelin transitou das *Geisteswissenschaften* para a filosofia, seleccionando métodos, temas e conceitos. Nas monografias e artigos publicados até a ida para os EUA, surge essencialmente o cientista político, a procura do centro de gravidade da sua disciplina. Critica a teoria kelseniana das normas jurídicas, a classificação weberiana de estruturas sociais por referência a um valor, a teoria decisionista do poder. Observa que a redução do conceito de ciência à determinação conceptual do saber, obtido pelas ciências naturais, faz perder de vista a função epistêmica da finalidade. Autores como Othlmar Spann, Stefan George, Max Scheler, Wilhelm Dilthey, Edmund Husserl alertam-no para a importância dos paradigmas clássicos e cristãos da filosofia. E em monografias como *Über die Form der Amerikanischen Geistes, Der autoritäre Staat, Rasse und Staat, Die Rassenidee in der Geistesgeschichte* e *Die politischen Religionen,* mostra que os critérios de ordem das instituições deriva, inexoravelmente,

---

[2] NSP, pp. 22-26.

de situarem a realidade máxima de modo imanente ou transcendente à existência em comunidade.
2. A obra, em grande parte inédita, *History of Political Ideas*, elaborada entre 1939-1950, é um marco central nesta pesquisa. Para além de ser um inquérito acerca das ideias, estrutura e modo de operação do poder, a teoria política tem de conhecer os processos mediante os quais a sociedade confere sentido a si própria. Tais processos estão na origem da institucionalização de formas de governo, corpos intermédios e movimentação de classes e de dirigentes. Este projecto metamorfoseou-se na série *Order and History*, anunciada por *The New Science of Politics*, 1952. Nos primeiros três volumes, 1956-58, aborda as expressões de ordem desde a mais remota Antiguidade, e avalia as realidades do poder mediante um realismo noético que descobre as potencialidades para a justiça ou para a injustiça na existência. Em 1966, com a colectânea *Anamnesis*, a pesquisa assume-se como uma teoria da consciência e *The Ecumenic Age*, 1974, apresenta uma análise dos padrões de sentido que manifestam a génese da história na consciência.
3. A deslocação das categorias de cidadania das paragens positivistas onde correntemente a acantonam, obrigou Voegelin a um longo percurso pela filosofia helénica, que estabeleceu a *vida da consciência*[3] como horizonte do pensamento ocidental, e pela filosofia moderna que se concentrou nos problemas de constituição da subjectividade[4]. Deste trajecto, em que avultam as interpretações

---

[3] Adopta-se *vida da consciência* como tradução de *bios theoretikos* para significar o carácter tensional, activo e contemplativo, do conceito.

[4] Cf. as afirmações de Voegelin in ARON 1960, p.295 *"C'est pourquoi, lorsque j'éssaye de m'orienter et d'apprendre quelque chose, je me trouve dans la curieuse situation suivante: j'ái très peu de chose à apprendre des spécialistes des sciences politiques, qui, pour la plupart, ne s'occupent pas des problemas relatifs à l'ordre de la société bonne et je trouve au contraire cette préoccupation chez les philologues classiques, chez les spécialistes de la mythologie, chez les orientalistes, enfin tout particulièrement chez les théologiens et chez les philosophes qui sont proches des différentes religions. Là vous trouverez les débuts de la reconstruction d'une Science de l'Ordre".* [N. E.: Eis a razão pela qual, quando tento me orientar e aprender alguma coisa, me encontro nestas situações curiosas: tenho pouco a aprender

de autores como Platão, Schelling e Husserl, extraiu um quadro de paradigmas com que transferiu a sua reflexão do idealismo para o concreto, do sistema para o questionamento, da doutrinalização para a abertura, das dicotomias sujeito-objecto e facto-valor para o realismo noético. Desses contributos, saliente-se a pesquisa das funções da consciência: a) centro esclarecedor do carácter interino da existência; b) faculdade de captação do fundamento do ser; c) local de desvelamento da realidade. A análise noética descobre o fundamento do ser como mais real que os seres condicionados. Estes dois polos, da realidade interina, integram uma ordem do ser que se transcende em direcção à verdade emergente. As variantes desta *pesquisa do fundamento* são respostas às questões canónicas de Leibniz: "Por que razão existe ser e não nada?" e "Por que razão algo é como é, e não diferente?". E apenas um ser divino de natureza incondicionada pode ser experimentado como fundamento da existência e da essência das coisas. A pesquisa deste centro revela categorias, tais como realidade interina, tensão na consciência, índices noéticos de ser eterno e tempo, fundo indeterminado e cume formativo do ser, dimensões de pessoa, sociedade e história. O presente capítulo pretende estabelecer de um ponto de vista sincrónico de que modo essas temáticas se articulam, com um método de argumentação em que os conceitos *históricos* são utilizados como conceitos *operativos*.

4. O conhecimento participativo ultrapassa de longe a *ratio* e surge em formas simbólicas equivalentes. O mito exprime as formas imaginativas com rigor e sem colidir com a objectividade. Mais profunda e exuberante é a experiência do profeta e do místico. A interpretação

---

com os especialistas em ciências políticas, uma vez que a maioria não se ocupa dos problemas relacionados à ordem da boa sociedade. Pelo contrário, essa preocupação se manifesta nos filólogos clássicos, nos especialistas em mitologia, nos orientalistas, por fim, especialmente nos teólogos e nos filósofos que são próximos a diversas religiões. Neles, sim, encontrareis o início da reconstrução de uma Ciência da Ordem.]

noética da realidade afirma-se através da palavra crítica do filósofo. Este princípio de equivalência adquire em Voegelin um cariz original, porquanto serve para explicar a origem de outros tipos de simbolismos. Os símbolos secundários consolidam em dogmas e doutrinas as experiências primordiais de participação do ser. Os símbolos inautênticos elegem áreas parciais do ser como modelos a partir dos quais estruturam as restantes áreas do real. O símbolo, em sentido próprio, comunica a estrutura da realidade, no que se opõe absolutamente à forma totalizante do sistema que visa impor uma unidade abstracta e generalizante. O *eros* teorético do símbolo opõe-se à *libido dominandi* da gnose, tal como a vida da consciência se opõe à existência numa *segunda realidade* que tem a forma, mas não o conteúdo da verdade. A filosofia tem de denunciar os símbolos deformadores da gnose antiga e da ideologia moderna que rasgam a túnica inconsútil da realidade interina e que instilam na consciência uma vontade de poder que tenta operar a realidade substancial do homem, como se esta fosse apenas uma área de fenómenos.

5. A pesquisa não se confunde com o regresso ao estádio clássico da filosofia nem com uma doxografia religiosa; medita a relação entre razão e fé porque assim esclarece a diferenciação máxima da realidade. Que o homem seja uma criatura que carece de um complemento divino, é a herança recolhida pelo cristianismo do que permanecera irrespondido nos mitos arcaicos, na filosofia grega e na revelação hebraica. Que a vida, morte e ressurreição de Jesus Cristo exprimam um avanço definitivo "no qual o ser humano adquire a compreensão da sua humanidade e simultaneamente dos respectivos limites" é novidade a meditar não por motivos subjectivos de preferência, ou crença, mas porque proceder de outro modo seria ignorar o rigor teórico e as fontes históricas. A tradição apostólica fornece o critério de fé para avaliar modos deficientes de

participação na realidade divina. À mais radical destas deficiências correspondem, no Ocidente, o tipo genérico de gnose, embora a revolta contra o princípio de que "Deus é amor" e a divinização da humanidade sejam fenómenos de todos os tempos. O gnosticismo da Antiguidade, analisado por Jonas, Quispel, Leisegang, Talmon entre outros, respondia à desordem da "era ecuménica" através da alienação de uma consciência que se desinteressava do papel equilibrador do *cosmos*. O anticristianismo moderno parte de um idêntico sentimento de desdivinização do mundo mas orienta a alienação e a revolta para a identificação entre o cosmo e o ideal imanentista. A imanentização do *eschaton* cristão cria a ilusão de que o cristianismo é uma época na história da humanidade, e não o todo dentro do qual decorre a história, uma problemática que está longe de resolução[5].

6. Uma vez estabelecidas tais pré-condições, torna-se possível a análise da existência humana mediante uma rede conceptual que abarca os estratos do cosmos em que se enraíza a vida da consciência e as dimensões para que se projecta. A investigação parte da consciência individual em direcção ao cerne de ordem, captado na tensão existencial, e onde radicam as dimensões de pessoa, sociedade, história, explicitadas no escalonamento aristotélico de *zôon logikon*, *zôon politikon* e *"zôon historikon"*.[6] Para investigar a consciência pessoal é preciso recusar o psicologismo. Para situar a origem da sociedade, é preciso remover supostos positivistas. E para compreender a historicidade, afigura-se indispensável combater o

---

[5] FER, p.22. Para abordar, Voegelin considera necessária *"a new Christian philosophy of history and of mythical symbols that would make intelligible, firstly, the new dimension of meaning which has accrued to the historical existence of Christianity through the fact that the Church has survived two civilizations, and that would make intelligible, secondly, the myth as an objective language for the expression of a transcendental irruption...Obviously it is a take that would require a new Thomas rather than a neo-Thomist"*.

[6] Na transliteração de termos gregos seguiu-se o critério de, apenas, marcar as vogais longas com "^".

historicismo. Uma vez reconstituída a antropologia, torna-se possível pensar a dimensão do agir pessoal segundo símbolos gerados em experiências de transcendência. Ou a tensão existencial é reconhecida e a sua orientação livremente aceite pela consciência que se abre ao fundamento; ou é negada e instaura-se uma realidade alienante e a ansiedade origina um fechamento do "eu" sobre si próprio. Se a componente de transcendência for marginalizada resultam falsificações diversas e "segundas realidades", como se comprova pelas especulações ideológicas, gnósticas e mágicas. Livre para descobrir o fundamento de ser como realidade máxima, a partir da qual se ordenam as demais componentes da existência, a consciência é também livre de o aceitar ou recusar na prática, como se depreende da intensidade das convicções antagônicas que acompanham a criação de instituições sociais ou a revolta contra elas.

7. O passo seguinte refere-se à dimensão social da consciência. Permitir que a questão do poder substitua a realidade tensional como cerne da filosofia política; ignorar que a cidadania é uma *práxis;* esgotar o tema da lei natural numa doutrinação sobre a legalidade jurídica; considerar os valores como a última palavra da ética; tomar a liberdade como livre-arbítrio de indiferença esquecendo a dimensão estruturante do real; eis posturas que destróem a estrutura demonstrativa da filosofia política. A filosofia civil verifica a relevância dos factores de poder mas não os aceita como causas históricas. A neutralidade metodológica é uma condição necessária de teorização mas tem de ser completada pela prática da filosofia. A comunicação das experiências de ordem cria condutas, que extravasam os limites de pessoas e colectividades específicas, dando origem aos *campos sociais* da consciência. O conflito entre grupos humanos obriga cada sociedade a adoptar campos predominantes, para garantir a paz mínima. Se o campo social predominante se fechar sobre si próprio, a clausura do

poder tenta liquidar a verdade; se suportar a tensão com a experiência de *humanidade universal,* surge uma *sociedade aberta* cujos símbolos foram estabelecidos pelos gregos: *agathon* platónico, *nous* aristotélico, *logos* estoico ou de Heraclito e mesmo a *homonoia* de Alexandre Magno foram depois diferenciados pela participação pessoal no *pneuma* de Cristo.

8. A filosofia civil pensa a crise da modernidade, fazendo emergir as razões do silêncio sobre a relação entre transcendência e ordem ou, noutros termos, entre verdade e representação. Mas encontrar a substância da cidadania sob a massa de instituições e doutrinas criadas por contemplativos e activistas que modificaram profundamente o conteúdo da teoria política é uma tarefa quase inesgotável e não há resumo que possa fazer justiça ao modo como Voegelin equilibra o detalhe e a síntese ao longo das obras em que lida com este tema. Trata-se de averiguar até que ponto as ideias políticas servem de suporte a instituições, regimes e indivíduos e até que ponto possuem valor teórico. Voegelin extrai o problema da representação política das formas autointerpretativas exibidas pela história e mostra o seu lento e complexo crescimento. A atitude crítica começa quando os conceitos de análise deixam de estar condicionados pela realidade social e pela neutralidade das ideias. Só assim se entende o que é a filosofia civil e qual o seu valor e alcance epocal de encerramento da modernidade. A pesquisa toma a forma de uma crítica do conceito de representação suposto pelos modelos de Estado totalitário, autoritário e democrático e Voegelin não poupa a sarcasmos a presunção de uma ciência política definitiva ou de uma ordem do fim-da-história. Enquanto o clima de opinião distorce a questão originária de como a consciência se projecta para as dimensões do real, é impossível libertar-se das aporias que não permitem colher o equilíbrio entre ordem e liberdade como problema central da política.

9. Do projecto inicial de uma *ciência da ordem*, Voegelin extraiu a exigência de uma *história da ordem*. É na história que a sociedade se autointerpreta. É na história que o homem justifica a sua existência. É com símbolos historicamente constituídos que actua e acede às experiências formativas da consciência. E do estudo da sequência desses símbolos, emerge uma interpretação da *ordem da história* que renova contributos de Vico, Schelling, Spengler, Bergson e Toynbee em contraste decisivo com leituras deterministas. As culturas e civilizações resultantes "da interpenetração de instituições e da existência de ordem" constituem uma sequência, que permitiu o trânsito da consciência fechada à experiência aberta ao fundamento do ser. Mas o confronto da consciência diferenciadora como formas bloqueadas de ordem sugere uma outra visão. Em vez de marcha no tempo, a história é temporalidade que se define pela libertação dos bloqueios. Em vez de tempo linear, é tempo de êxodo e de novidades. A descoberta do processo de *historiogénese* foi um passo decisivo para que Voegelin se libertasse de erros próprios, e de ambivalências que detectava em obras alheias. A definição de uma configuração como a *era ecuménica* permitiu-lhe compreender o tempo como acontecimento do ser, e não como totalidade na qual ocorrem os acontecimentos. A elaboração das *constantes da história* viabilizou a existência de sentido *na* história. No seu conjunto, estes resultados transcendem a visão corrente da história. E não é por acaso que a era ecuménica é também a época das grandes religiões, criadoras dos paradigmas que continuam, vinte e cinco séculos depois, a polarizar a civilização contemporânea.
10. Se sondarmos a vasta literatura da ciência política sobre o tema do império, observaremos que não raro se reduz o perfil do fenómeno imperial a uma política de expansão através da sujeição e controle de territórios estrangeiros. Daqui resultam numerosas enciclopédicas definições, cuja maior ou menor adequação resulta

do modo como abordam a interpenetração entre fins imanentes e trancedentes do imperialismo. Responder do interior de modelos geopolíticos e económicos como surgem e se processam as expansões concupiscenciais designáveis por imperialismos, implica uma multidão de dados a que a investigação tem de atender e que permitem corrigir generalizações apressadas. Mas o valor de tais modelos está condicionado pelos instrumentos de inteligibilidade: tipos ideais, unidades políticas, consciência de época, critérios de construção histórica, selecção de dados, escolha de metodologias, periodização, etc. É nesse contexto que assumem decisiva importância os estudos de Eric Voegelin sobre o império, subordinados ao propósito mais amplo de examinar os padrões de ordem na história. Uma conquista é um ensaio de criação de um mundo que precisa sintonizar-se com uma medida invisível. Desde que falharam as pretensões de Alexandre Magno tornou-se polémica a atribuição ao império de um conteúdo de humanidade representativa, que ultrapasse a esfera de domínio e poder. Face ao enigma persistente do imperialismo, "Porquê tantos esforços imperiais se o desfecho histórico é sempre a queda dos impérios?", Voegelin salienta que o sonho de representar a ordem universal mediante um império apenas pode ser combatido pela difusão dos paradigmas clássicos e cristãos.

A presente obra designa por *filosofia civil* a pesquisa sobre a existência em comunidade do homem que se não esgota nela. Apesar do inconveniente de não ser utilizada por Voegelin, a designação sugere a esfera de dados a partir dos quais é verificável a realidade da ordem e contrasta com *teologia civil*, a autojustificação de cada sociedade. Tal filosofia civil fica constituída quando define como seu objecto a realidade política, quando adopta a interpretação noética como método e quando extrai as categorias de análise, da pesquisa do fundamento do ser. Voegelin seguiu a lição dos pais fundadores da ciência política que a conceberam dependente de constantes teóricas e não de um método definitivo.[7] O seu pensamento revelou um esforço permanente de adaptação ao longo de mais de sessenta anos de pacientes investigações. Desde os primeiros artigos até o último volume de *Order and History*, ditado no leito de morte, legou-nos uma obra com as características de um saber cumulativo, no qual cada novo assunto alarga o âmbito da pesquisa e refina os contextos de problematização. Observada de um ponto de vista sistemático, a obra revela categorias centrais aqui seriadas como teoria, ciência política, filosofia, símbolos, cristianismo, pessoa, sociedade, e representação histórica, império. Diacronicamente, desenvolveu-se um padrão muito complexo, passando das visões globais às particularidades e das sínteses aos excursos, surgindo as conclusões num processo de meditação em que as fórmulas mais tardias não invalidam totalmente as anteriores.

Escreveu Voegelin em 1952: "... Essa tarefa de restauração já teve início; e hoje alcançou um ponto em que se pode dizer que já foram ao menos os alicerces sobre os quais se construirá uma nova ciência da ordem". Esta conclusão de há quase meio século não se apresentava isolada. Ao longo da primeira metade do século XX, não faltaram grandes pensadores inconformados com o seu tempo em nome de uma verdade espiritual. Uns enunciaram a respectiva posição como emanada da razão ou da tradição, dispensando a presença da subjectividade e defenderam valores para os quais prescindiram quer de demonstração racional, quer de verificação experiencial. A outros, porém, foi concedido penetrar até às experiências originárias da consciência que são fonte comum de subjectividade e razão. Apesar do que tem de prolixo e omisso um elenco exemplificativo, resulta impressionante comprovar a identidade de visão entre os realistas espirituais na primeira metade do nosso século: nomes da filosofia como Husserl, Hartmann, Whitehead,

---

[7] Cf. a afirmação de Vico: "O *que mais espanto nos causa, portanto, é que todos os filósofos tenham, seriamente, procurado alcançar a ciência deste mundo natural, acerca do qual, apenas Deus, que o fez, possui a ciência; e que eles tenham negligenciado meditar neste mundo das nações, ou mundo civil, cuja ciência pode ser pesquisada pelos homens, que o criaram*". Scienza Nuova, Opere, IV, 1 nº 331. Citado in HOPI, G. Vico, Mondo Civile, p.113

Bergson, Scheler; as vanguardas mais sensíveis do vitalismo e existencialismo como Unamuno e Camus, Valéry e Malraux que denunciam a barbárie tecnológica; teólogos voltados contra o eclipse do sagrado, como Berdiaeff, Guardini, De Lubac e Von Balthazar; profetas e visionários, como Solijhenistsyn; doutrinadores cristãos, como Chesterton, Maritain, Marcel, Simone Weil, Del Noce; romancistas e poetas metafísicos, como Musil, Mann, Broch, T. S. Eliot, Claudel e Fernando Pessoa; teóricos da história, como Toynbee, Pirenne e Huizinga; cientista políticos, como Strauss, Oakeshott, Arendt, Jouvenel, Aron e outros, expressaram em obras que são do conhecimento geral a sua recusa do imanentismo e a aspiração por um novo ciclo de explicações em filosofia política.

Mas se Eric Voegelin não foi o primeiro a afirmar essas conclusões de onde lhe advém a singularidade? O que justifica considerá-lo um nome maior do século XX? Por muito paradoxal que seja, esse destaque resulta da não-pretensão da originalidade: "O critério de verdade de uma proposição reside na ausência de originalidade".[8] Essa postura permitiu-lhe um diálogo fecundíssimo com os paradigmas clássicos e cristãos. Em vez de ler o niilismo como destino da modernidade, viu nesta uma ocasião de purificação das verdades religiosas; em vez das oscilações entre o pessimismo e o optimismo culturais, a situação presente desperta-lhe a dinâmica da esperança; em vez dos paroxismos do sistema racional e da dúvida metódica, propõe a experiência de um pensar liberto da egofania; em vez de propostas totalitárias para a sociedade, o reconhecimento de liberdades que devem ser ordenadas; em vez das teorias lineares da decadência ou do progresso histórico, a assunção das novidades espirituais; em vez de imanentismo, proporcionou uma renovada meditação centrada na pessoa de Jesus Cristo. Escreveu Eric Voegelin:

> Ninguém pode curar a desordem espiritual de uma 'era'. Um filósofo nada mais pode fazer senão trabalhar liberto da escória de ídolos que, sob o nome de 'era', ameaçam

---

[8] 1870 "Equivalences of Experience and Symbolization in History", p.222.

mutilá-lo e enterrá-lo, e pode esperar que o exemplo do seu esforço será uma ajuda para outros que se encontrem na mesma situação e que experimentam um idêntico desejo de morrer, de Deus, a sua humanidade.⁹

Sintoniza-se para a leitura do que Eric Voegelin deixou escrito, quem se deixar atrair pela sua experiência de pensar, mais interpeladora que qualquer sistema. E contudo a erudição linguística, a prodigiosa memória, a insaciável curiosidade intelectual e o talento hermenêutico do pensador de Colónia pouco pesam, quando comparadas com a grandeza que se adivinha neste coração capaz de intuir uma ordem que transcende a existência pessoal e histórica da humanidade. É este centro motivador que indica como tudo quanto o seu gênio contém de único e irrepetível provém da mesma fonte que o torna partilhável: o que está na raiz da singularidade coincide com o que está para além dela. E pronunciar o que é verdadeiramente *comum* é a justificação da filosofia. Eric Voegelin deixou-nos uma obra majestosa, marcada pela áspera dificuldade de plasmar a intuição em razão. Jamais cessou de surpreender o leitor, advertindo-o que o trajecto da pesquisa possuía prioridade sobre qualquer plano, ainda que fosse o do seu último livro.[10] É assim natural que ficasse inacabada a comovente vida deste homem que, após traçar o projecto luminoso da derradeira obra, continuava ainda a pulir os materiais e a mudar-lhes a disposição até chegar a hora do derradeiro êxodo, deixando ao cuidado de outros a continuação da aventura das ideias. Neste sentido, podemos afirmar que Eric Voegelin morreu, aos oitenta e cinco anos, consciente do carácter primordial das suas investigações e do carácter penúltimo das suas respostas.

---

⁹ 1971 "On Hegel. A Study in Sorcery", p.349: *"Nobody can heal the spiritual disorder of an "age". A philosopher can do no more than work himself free from the rubble of idols which, under the name of an "age, threatens to cripple and bury him, and he can hope that the example of his effort will be of help to others who find themselves in the same situation and experience the same desire to gain their humanity under God".*

[10] OH V, p.13: *"Though I have a general Idea of its construction, I know from experience that new ideas have a habit of emerging while the writing is going on, compelling changes in the construction and making the beginning insuitable."*

1. EM BUSCA DA CIÊNCIA POLÍTICA

"O cerne da ciência política é uma interpretação noética do homem, da sociedade e da história, que surge reclamando-se de um conhecimento crítico da ordem perante a ordem da sociedade na qual, respectivamente, emerge"[1]

Voegelin em Viena

Eric Hermann Wihelm Voegelin nasceu com o século XX, em Colónia, a 3 de janeiro de 1901. Tendo vivido em Viena de Áustria até 1938, emigra para os Estados Unidos da América nesse ano, ensinando na Universidade da Lousiana. Em 1958 vai lecionar para Munique, onde funda o Instituto de Ciências Políticas. Em 1969 regressa aos Estados Unidos, fixando-se na Califórnia, vindo a falecer em Stanford em 19 de Janeiro de 1985.[2]

A sua infância decorreu em Colónia, Oberkassel e Koenigswinter, à borda do Reno, no tranquilo ambiente familiar da casa de seus pais, Otto Stefan Voegelin, engenheiro civil de confissão luterana e Elizabeth Rülh, católica. Frequentou com

---

[1] A 1978, p.144: *"The core of political science is a noetic interpretation of man, society, and history that appears with the claim of critical knowledge of order* vis-à-vis *the order of that society in which, respectively, it emerges".*

[2] Cf. SANDOZ 1981, a mais completa biografia de Voegelin. O professor Ellis Sandoz recolheu de Voegelin os depoimentos que formam as *Autobiographical Reflections* editadas em 1989.

sua irmã a escola elementar local e sabemos como as realidades históricas e lendárias da região lhe despertaram um interesse profundo que em muito ultrapassa a simples efeméride. Anos volvidos, deixou registrado em escritos autobiográficos de que modo a consciência emerge dessa penumbra infantil entre a realidade e a ficção.[3] A região de Colónia, com as colinas de Ölberg, Wolkenstein, e Petersberg e as suas lendas, as ruínas do Mosteiro de Heisterbach, os barcos de recreio e de comércio no rio, os mercadores holandeses, os livros de instrução primária, formaram o *Ouro do Reno* da sua recordação pessoal.

Em 1910 acompanha os pais para Viena, onde termina o último ano da escola elementar. Admitido no ensino liceal (*Realgymnasium*) recebeu uma apurada formação em línguas e ciências exactas. Frequenta oito anos de latim, e seis de inglês, dois anos de italiano e aprende francês com um professor particular. A par desta orientação em estudos humanísticos, a excelente preparação em biologia, física e matemática, permite-lhe acompanhar ao longo da sua carreira as novidades teóricas nas ciências exactas.[4] Hesitando sobre o curso a seguir, acaba por decidir-se por Ciência Política devido ao maior entusiasmo pelas ciências humanas bem como à falta de inclinação para se tornar funcionário público, consequência mais provável de uma eventual habilitação em Direito. Ademais, numa sociedade marcada pela desagregação do império austro-húngaro, a estabilidade mais facilmente ficaria ao seu alcance após um curso de três anos.

Em 1919 é admitido na Faculdade de Direito da Universidade de Viena em cujos estudos jurídico-políticos pontificavam Othmar Spann e Hans Kelsen[5]. Span introdu-lo no estudo

---

[3] Cf. adiante cap. 3

[4] AR, p.8 . Estuda, por exemplo, com o seu professor Philip Freud as teorias da Relatividade Restrita de Einstein, surgidas em 1917; investiga nos laboratórios de Thomas Hunt Morgan em Nova Iorque em 1927; teoriza as suas conclusões no artigo de 1948 "The Origins of Scientism".

[5] Sobre Spann, autor raramente estudado, cf. RÄBER 1961. Na vasta literatura sobre Kelsen cf. o recente CELANO 1990, que aborda a inflexão verificada na fase final do jurista austríaco.

sério da filosofia grega clássica e da filosofia idealista alemã. Muitos dos seus colegas do seminário de Spann irão aderir posteriormente ao nacional-socialismo, posição que sempre considerou inaceitável. Particular importância teve para Voegelin a recepção do pensamento de Kelsen, criador da Teoria Pura do Direito, advogado, jurista proeminente e principal autor da Constituição Austríaca de 1920. Voegelin foi seu assistente, tendo frequentado regularmente os seus seminários na Faculdade de Direito onde travou amizade com Felix Kaufmann e Fritz Shreier e, em particular, com Alfred Schütz[6].

A par do teórico do universalismo e do estrénuo defensor do normativismo, existia em Viena uma reputada segunda geração de docentes, em particular Alfred von Verdross, professor de Direito Internacional e Adolf Merkl no Direito Administrativo. A Escola Austríaca de Economia, criadora da teoria da utilidade marginal, era representada por Friedrich Wieser, herdeiro de Eugen Bohm-Bawerk e pelo jovem mas já célebre Ludwig von Mises. A obra de Schumpeter, então professor em Graz, também era estudada nos seminários de economia que frequentou. Considerando-se "marxista" entre Agosto e Dezembro de 1919, o jovem Eric abandonará essa posição para sempre, depois da leitura das obras de von Mises, atitude consolidada pelas amizades mantidas ao longo da vida com Friedrich von Hayek, Oscar Morgenstern, Fritz Machlup e Gottfried von Haberler[7].

Na confluência de todos estes atributos provenientes das ciências humanas e da filosofia, a dissertação (*Magisterarbeit*) apresentada em 1922, sob os significativos auspícios de Spann e Kelsen, e intitulada *Wechselwirkung und Gezweiung* (*Influência Recíproca e Duplicação*) dá preciosas indicações sobre a tensão entre doutrinas individualistas e universalistas da

---

[6] Sobre as relações entre Voegelin e Schütz é de consulta imprescindível a recente obra Briefwechsel über "Die Neue Wissenschaft der Politik" 1993, Freiburg, Alber.

[7] GRAY 1985 contém uma notável introdução às relações de Hayek com os próceres da Escola Austríaca de Economia, mormente Polanyi, Mises, Schumpeter e outros autores que passaram pela Viena dos anos 20.

sociedade e que reaparecerá em futuras investigações. Voegelin estabelece a problemática da substância social ao comparar o que Simmel entende por "relações recíprocas entre indivíduos", *Wechselwirkung*, e o que Spann define como "ligações comunitárias prévias de tipo espiritual", *Gezweiung*. Apesar de autocomentários pouco abonatórios sobre esta sua dissertação, a investigação futura revelará sucessivas metamorfoses deste conceito de *substância social*, aqui abordado.

O seu horizonte intelectual alarga-se ainda a contactos extrauniversitários. Capital macrocéfala de um país decapitado, Viena constituía no período que medeia entre as duas guerras mundiais um centro hipersensível a todas as flutuações culturais e políticas, e no qual existia um real debate entre correntes de todos os tipos. Ponto de encontro fecundo entre Oriente e Ocidente, segundo Hofmannsthal, nela coexistiam as visões líricas e pessimistas da grande literatura da *Mitteleuropa*, surgida no declínio do império dos Habsburgos, com as provocações do neopositivismo cientista e os contributos profundos das ciências humanas. "Escola de Viena" é um título pelo qual aspiram correntes antagónicas em Lógica, Economia, Psicanálise, Literatura e Arte. O esplendor cultural da antiga capital austro-húngara devia muito a cientistas e filósofos como Wolfgrang Pauli, Ernest Mach e Ludwig Bolzmann, Ludwig Wittgenstein, a homens de letras como Karl Kraus, Hugo von Homannsthl, Robert Mussil, Elias Canetti, a músicos do quilate de Gustav Mahler, Arnold Schonberg, Alban Berg, a artistas plásticos como Gustav Klimt, Oscar Koloschka e Adolf Loos, a economistas como Ludwig von Mises, Friedrich Hayek e Fritz Mauthner, alguns dos quais tiveram de se exilar após o *Anschluss* para outros países europeus ou para a América, como sucedeu a Voegelin.[8]

Pelo que conhecemos dos escritos desta época, e segundo o testemunho de amigos, o jovem Voegelin estava ciente da metodologia neopositivista do chamado *Círculo de Viena* que aspirava ao predomínio universitário, nos anos vinte, e no

---

[8] Cf. JANIK; TOULMIN 1973 em particular cap. 3, *Language and Society;* cap. 4, *Culture and Critique;* e cap. 5, *Language, Ethics Representation.*

qual o *Tractatus* de Wittgenstein era a senha, e Moritz Schlick o organizador.⁹ Embora derivado de Comte e Saint-Simon, o termo *positivismo* na Europa Central esteve sempre muito marcado pela tradição britânica de Locke, Hume, Stuart Mill e Herbert Spencer. Em Viena, adicionava-se a essa tradição o empirio-criticismo de Richard Avenarius, as obras de Heinrich Hertz e Ludwig Bolzmann e, sobretudo, o magistério de Ernst Mach, detentor de uma cátedra na Universidade de Viena, autor da *Ciência Mecânica* e opositor de Max Planck. Como indica David Lindenfeld,¹⁰ este positivismo assentava em três pressupostos: o modelo atomista de configuração da realidade; a epistemologia analítica; o critério sensualista da actividade mental.¹¹

Esta exaltação de um modelo atomístico de representação bem como a perspectivação analítica, em prejuízo de outros critérios supostamente instrospectivos, de modo algum satisfaziam o jovem Voegelin cujo ponto de partida é universalista, segundo os ensinamentos de Othlmar Spann, e cuja metodologia visa ligar dados positivos e conceptuais. Ademais, o seu panorama intelectual permite-lhe situar as questões num horizonte histórico. Conhecia perfeitamente os contributos no campo da história universal de Alfons Dopsch do *Institut für Geschichtsforchung* e de Otto Brunner. Na História da Arte, Josef Strzygowski notabilizava-se pelas lições sobre Renascença e o Próximo Oriente. Relevante, ainda, era a psicanálise de Otto Weininger e Sigmund Freud, conhecido de Voegelin através de Hermann Swoboda e de discípulos como Heinz Hartmann, Robert Walder e Ernst Kries.

Para além da estimulante vida académica, Voegelin frequenta um círculo intelectual chamado algo ironicamente o *Geistkreis*, em oposição ao positivismo e materialismo notórios do *Wiener Kreis*, e no qual participantes das mais diversas

---

⁹ Cf. entre outros ENGEL-JANOSI 1974, em particular pp.108-128.
¹⁰ Cf. *Transformation of Positivismus: Alexius Meinong and European Thought*, 1880-1920, p.17, citado por WEBB 1988, p.31
¹¹ JANIK; TOULMIN 1973, pp.134-156.

tendências culturais e políticas reunir-se-ão durante quinze anos em animados colóquios. Entre 1921 e 1938, Voegelin abordará um conjunto de temas cuja variedade transmite bem a extensão de seus interesses: *Métodos nas Ciências Sociais, Filosofia do Judaismo, Significado da História de Arte, A Inglaterra de Shakespeare, Paul Valéry, A Era de Agostinho, Conceito de Estado, As Cartas Mongóis*. Nestas reuniões informais bem como nos seminários universitários, o *Doktor* Erich Voegelin,[12] futuro *Privatdozent* de Teoria do Estado e de Sociologia na Universidade de Viena, era um interveniente assíduo e apaixonado, conhecido pelo facto de, nos debates políticos, existenciais, históricos e metafísicos, as suas argumentações "subirem verticalmente para a ianosfera" como lembra o seu amigo Gregor Sebba.[13]

É no reconhecimento da relevância das ciências humanas e das ciências naturais, não em opções políticas pessoais, que Voegelin coloca o centro de gravidade do trabalho de resistência espiritual. Com Philipp Furtwängler prossegue os estudos de matemática e com Kurt Stern frequenta círculos de biólogos. Segue com afinco as investigações de autores como Ernst Kantorowicz, Friedrich Gundolf,[14] Max Kommerell e Wilhelm Stein, bem como as interpretações da obra platónica criadas por Kurt Hildebrandt, Paul Friedländer e Heinrich Friedemann, que irão marcar decisivamente a génese de *Order and History*.[15] Inicia nessa fase o estudo de Grego com Hermann Bodeck, um membro do círculo de Stefan George. Está a par das novidades literárias de Valéry e James Joyce. A leitura dos

---

[12] A grafia do nome próprio será posteriormente *"Eric"*.

[13] Cf. de Gregor Sebba *Prelude and Variations* in MCKNIGHT (ed.), 1978, p.8

[14] Voegelin recorda a inscrição de Friedrich Gundolf – DEM LEBENDIGEN GEISTE, inscrita na sala de Conferências da Universidade de Heidelberga, um dos mais notáveis centros intelectuais da República de Weimar. Cf. "Universität und Ordnung der Gesellschaft" 1966, p.273

[15] Os autores indicados demonstraram que a repartição das matérias em *A República* não coincide com a disposição em dez livros. Cf. em particular os geniais esquemas *in* HILDEBRANDT 1959, p.397, e ainda CORNFORD 1945, pp. xi-xiii. Cf. esquema de Voegelin in *Plato* pp.46-47. Cf ainda HILDEBRANDT 1959, pp.208-253. sobre o Estado segundo Platão.

autores neotomistas como Maritain, Gilson e Sertillanges introdu-lo ao estudo da filosofia medieval.[16]

Em ulteriores viagens de estudo, mormente a França em 1934, Voegelin trabalha com ideias políticas da Renascença, apercebendo-se das transformações na interpretação da história ocidental e na concepção de ciência política nos autores renascentistas. Sobre Jean Bodin, pensador profundo que vivera num ambiente de dilacerações de guerras civis de origem religiosa inicia um estudo, posteriormente alargado na *History of Political Ideas*.[17] Em Bodin impressiona-o a descoberta de que as *dogmatomaquias* instrumentalizam os símbolos doutrinários ao isolá-los da vivência de onde emergem e ao convertê-los em fonte de perversão do pensamento e da ordem social. Por este motivo, a análise das situações de crise e transição e dos símbolos de desordem é proveitosa em épocas de desorientação pública. E esta impressão adensou-se em investigações levadas a cabo no *Warburg Institut*, em 1934, sobre a notória tradição esotérica de pensamento, manifesta da gnose, alquimia, ocultismo e outras *ciências ocultas* que agravaram as distorsões na mentalidade ocidental.[18] Esta visão era reforçada pela leitura de *O Declínio do Ocidente*, de Spengler, pela obra de Alfred Weber com quem estudou em Heidelberg durante um semestre em 1928 e pelos cursos do historiador Eduard Meyer, que ainda escutou no semestre de 1922-3 em Berlim e cuja metodologia de abordagem das

---

[16] A 1978, p.5 e *Autobiographical Memoir* apud SANDOZ 1981, p.17 *"To penetrate this phony language and to restore reality through the restorarion of language was the work of Karl Kraus as much as of Stefan George and his friends at the time"* Cit. por SANDOZ 1981, p.44.

[17] 1989 Autobiographical Memoir apud SANDOZ 1981, p.36. C. também A 1978, pp.195-7.

[18] 1989 *Autobiographical Memoir* apud SANDOZ 1981, p.119 *"In the twentieth century, when the dogmatomachy is no longer that of theological but of ideological sects, a similar understanding of the problem has again been reached by Henri Bergson in his* Les Deux Sources de la Morale et de la Religion. *I doubt that Bergson has the same stature as a mystic that Bodin has. Still, these two French spiritualists are for me the representative figures for the understanding of order in times of spiritual disorder".*

situações históricas através da autointerpretação dos protagonistas se tornou decisiva para Voegelin.[19]

Deste amplo confronto com mestres e pares, escolas e correntes passadas e presentes, Voegelin concluiu que a ciência política carecia de uma fundamentação numa antropologia filosófica. No Verão de 1922 fôra um auditor atento das conferências de Gilbert Murray, o reputado classicista de Oxford, cuja interpretação dos estádios da religião grega constituem um marco na exegese do helenismo.[20] Noutra linha de investigação, inicia o estudo de Thomas Reid, cuja insistência no carácter abrangente da experiência e na inseparabilidade de percepções e juízo cognitivo constituem uma garantia de abertura ao concreto, de aviso às limitações das filosofias especulativas, bem como de estímulo à vida prática. Afinal, tratava-se de características de uma tradição intelectual, tanto britânica como americana, com a qual mais tarde se familiarizaria.

A recepção da ciência política

A investigações de Voegelin transbordam dos horizontes já de si vastos da Ciência Política, estendendo-se pelos domínios da filosofia, ciências humanas e Teologia cristã para integrar conteúdos que se alargam dos alvores da Pré-História à época

---

[19] 1989 *Autobiographical Memoir* apud SANDOZ 1981, p.14: *"The necessary empirical range of knowledge is still the basis of all serious science in these matters, i.e., in the fields of philosophy, politics, sociology, and history".*

[20] MURRAY 1955 pp.119: *"Anyone who turns from the great writers of classical Athens to those of the Christian era must be conscious of a great difference in tone. (...) It is a rise of ascetism, of mysticism, in a sense, of pessimism: a loss of self-confidence, of hope in this life and of faith in normal human effort; a despair of patient inquiry, a cry for infallible revelation; an indifference to the welfare of the state, a conversion of the soul to God".* Cf. ainda MURRAY 1960, pp.140-1, autobiografia do reputado *scholar*. As Conferências de Columbia de 1912 que estão na origem da obra de 1935 (red. Cit. 1955) apresentam apenas quatro fases do sentimento religioso. Posteriormente Murray acrescentou uma penúltima fase, e por sugestão de J.B Bury crismou-a de *The Failure of Nerve*. Mas um historiador com outros supostos poderia aqui vislumbrar um enfraquecimento do orgulho humano, uma *preparatio evangelica*.

contemporânea, recolhidos em disciplinas tão diversas quanto Economia Política, Filologia, Literatura Comparada, Direito Público, Sociologia, Estudos Bíblicos, Orientais, Clássicos etc.[21] Formado numa Universidade onde predominava uma metodologia neokantiana, Voegelin teve de se libertar dela mediante um questionamento inovador. Através do debate de autores como Hans Kelsen, Max Weber e Carl Schmitt, apercebeu-se que o estilo da ciência política reflectia uma profunda crise dos valores. Para a doutrina normativa do Direito, ser e dever eram âmbitos totalmente separados. A problemática era importante porquanto a contrução tipológica do Estado de Direito inclui temas de doutrina geral do Estado que esclarecem os princípios do Direito Positivo. Estava-se perante uma crise da realidade e do conceito de Estado, pelo menos do modo como o pensava a tradição da *Allgemeine Staayslehre*, cujo modelo continuava operante na teoria e na prática das Repúblicas alemã e austríaca. Apresentar o Estado como "pessoa jurídica" dotada de unidade, era admitir o poder soberano como dado indiscutível, o que é polémico numa perspectiva personalista. A ciência fechava-se à ideia de fundamentar o Estado no humano, contentando-se com sínteses em plano exterior à unidade concreta. Quer a análise fosse objectivista e neutral à maneira de Kelsen, quer politizante à maneira de Schmitt, não se eximia do quadro mental de uma ciência sem pressupostos que visa de-

---

[21] Cf. os comentários sobre filosofia política em Voegelin: AUFRICHT Hans, 1978, "A Restatement of Political Theory. A Note on Voegelin's *"The New Science of Politics;* ARENDT Hannah, 1953, "Reply"; BAEK Seung-Hyun, 1989, *Reality and Knowledge in Voegelin's political Philosophy;* BIRAL A;. 1988, "Voegelin e la restaurazione della Scienza politica"; COOPER Barry, 1986; *The Political Theory of Eric Voegelin;* DUSO Giuseppe. (ed.) 1988, *Filosofia Politica e Pratica del Pensiero;* GEBHARDT Jürgen, 1981 *Erfahrung und Wirklichkleit-Anmerkungen zur Politischen Wissenschaft des spritiuellen Realismus;* GERMINO Dante, 1982, "Eric Voegelin's Framework for Political Evaluation in his recently published Work"; GERMINO Dante, 1982, *Political Philosophy and the Open Society.* HAVARD Jr. William, 1982, *Notes on Voegelin's Contribution to Political Theory;* MCKNIGHT Stephen, 1978, *The Evolution of Voegelin's Theory of Politics and History;* MOULAKIS Athanasios, 1986, "Political Reality and History in the Work of Eric Voegelin"; OPITZ Peter e SEBBA Gregor (eds.), 1981, *The Philosophy of Order. Essays on History, Consciousness and Politics. For Eric Voegelin on his Eightieth Birthday* . SANDOZ Ellis, 1981 *The Voegelinian Revolution, A Biographical Introduction,* Baton Rouge, Louisiana.

terminar a existência pública e privada sem referir uma ordem que exceda a coexistência formal. E não se tratava sequer de uma análise inovadora mas de um modelo que remontava às doutrinas político-filosóficas do séc. XVII, de Hobbes, Grócio, Locke e seus epígonos. Quanto mais a essência da Constituição era procurada numa norma suprema e quanto mais se buscava na essência do Estado o nexo entre unidade e representação, tanto mais empalidecia a realidade política concreta; as formas convencionais que legitimam a obrigação política ficavam reduzidas a uma imagem teórica, exposta a críticas e, ainda mais grave, aos assaltos de práticas políticas violentas.

a) Hans Kelsen

Assistente de Hans Kelsen na Faculdade de Direito da Universidade de Viena na década de 20, Voegelin reteve particularmente dos ensinamentos do notável jurista austríaco o rigor e a profundidade da interpretação. Mais tarde, nos cursos de Direito que leccionou na Áustria e nos Estados Unidos, Voegelin recorreu sempre à *teoria pura* como "cerne de qualquer teoria analítica do direito". Os grandes méritos da doutrina kelseniana eram a proposta de uma norma suprema como pressuposto teórico para orientar o investigador, a elaboração exacta da esfera normativa, a sua demarcação de outras áreas político-jurídicas e o expurgo dos elementos ideológicos da doutrina do Estado. Embora insuficiente para analisar as grandes questões políticas e sociais, e enganadora no que se refere a questões como validade, normatividade e contexto social do Direito, *teoria pura* era profunda e inultrapassável no seu âmbito.[22]

No artigo de 1924 "Reine Rechtslehre und Staatslehre", ao projectar uma ciência política como construção de uma

---

[22] Kelsen criticou o seu antigo aluno num longo e injusto escrito inédito no qual identifica a teoria voegeliniana da representação política, exposta em *A Nova Ciência da Política*, como variante das doutrinas orgânicas da sociedade e reflexo da dicotomia entre democracia burguesa e democracia efectiva Cf. também KELSEN 1966, pp.127-143.

teoria geral da sociedade, Voegelin advertia dos impasses resultantes da restrição da ciência política (*Staatslehre*) a uma teoria legal (*Rechtslehre*).[23] Será possível legitimar a relação comando/obediência permanecendo neutral nos confrontos políticos? Em *Kelsen's Pure Theory of Law*, 1927, seu primeiro artigo em língua inglesa,[24] mostra as raízes neokantianas da visão de Kelsen. Hermann Cohen, um dos epígonos da Escola de Marburgo propusera na *Normlogik* uma teoria geral da normatividade, influenciado pelas categorias de espaço, tempo e substância presentes na *Crítica da Razão Pura*. Ao adoptar esta metodologia ao Direito, Kelsen exclui a atribuição de significado espiritual às instituições que garantem a ordem social, pressupondo que a razão prática não é senão um meio para lidar com conflitos resultantes de motivações muito elementares. Ora Voegelin não isola o Direito dos motivos históricos e ontológicos que o originam. A teoria do Estado não pode esquecer a imperatividade ética do conteúdo das normas porque as convicções são princípios interpretativos das normas, mesmo das constitucionais. Uma Constituição é criada no âmbito de um grupo de normas, e é aperfeiçoada por interpretação e alterações, dependentes de iniciativas políticas e convicções morais. A Constituição é imutável: as leis constitucionais não o são. Quando a maioria das pessoas começa a encontrar injustiças no ordenamento jurídico, atinge-se o limiar das situações revolucionárias. Os actos de confiança na validade da ordem constitucional fazem parte de um ordenamento mais geral. As normas públicas de comportamento não podem ser utilitaristicamente reduzidas a regras de jogo, desligadas das experiências que as criam e que lhes conferem efectividade. Se o ordenamento jurídico se apresentar historicamente cindido em vários sistemas normativos, os sistemas semelhantes à *Staatslehre* têm apenas o valor de uma imagem teórica que pretende substituir a realidade concreta da política por um fundacionismo abstracto, arbitrário e frágil.

---

[23] Reine Rechtslehre und Staatslehre, *Zeitschrift für öffentilches Recht,* Wien und Leipzig, Franz Deuticke, IV, Vol. 1, Caderno 2, p.80-131, 1924

[24] Publicado em *Political Science Quarterly,* New York, 42(2) p.268-276.

b) Max Weber

Para Eric Voegelin, a obra de Max Weber, com a qual se confrontou em etapas distintas, constituiu um marco decisivo da sua formação. Como se pode prever, Weber começou por significar para Voegelin o cumprimento do projecto da racionalidade moderna, mediante a prática da ciência isenta de juízos de valor. Os volumes de *Sociedade e Economia* ensinavam a abranger vastos horizontes de conhecimentos; a dualidade trágica entre o desencanto dos juízos de facto e o politeísmo dos juízos de valor, anunciava uma profundidade insuspeitada pelos cultores menores da Sociologia. Dada a grandeza e a complexidade destas posições, Voegelin não se emancipou facilmente do pensamento weberiano.[25] Num primeiro momento, nos dois artigos "Über Max Weber", 1925, e "Max Weber", 1930, analisa-lhe o centro motivador como um símbolo do pensamento contemporâneo com o qual é indispensável dialogar. Embora critique a carência de fundamentação da *metafísica do racionalismo* e os deficientes supostos positivistas da *ciência isenta de valores*, admite e aplaude a racionalidade global da posição. Já na introdução de *A Nova Ciência da Política*, 1952, apoiado em renovadoras interpretações da antropologia e da ontologia clássica e cristã, apresenta Weber como um pensador correspondente a uma fase passada da trajectória mental, que se detém às portas do ser porque o seu positivismo residual o obriga a renunciar os valores universais. Enfim, no artigo "Die Deutsche Universität und die Ordnung der deutschen Gesellschaft", 1966, Voegelin responderá directamente aos grandes temas de *Wissenschaft als Beruf*. Se para Weber a ciência é *vocação íntima*, para Voegelin a intenção da ciência é *epistêmê*. Weber parte da situação histórica, Voeglin da *vida consciente*. Weber pretende uma ciência isenta de valores, Voegelin considera que uma ciência isenta de valores perverte o conhecimento da realidade. Weber situa-se como

---

[25] Sob a orientação do professor Peter Opitz, William Petropoulos realizou uma notável *Auseinandersetzung* de Voegelin e Weber Cf. PETROPOULOS 1984. Para uma apreciação laudatória de Weber cf. FREUND 1968; para uma crítica cerrada ver MIDGLEY 1982.

um homem a quem Deus abandonou: Voegelin queixa-se que os homens se separam de Deus.²⁶

Voegelin situa o centro motivador do pensamento de Weber na escolha do *daimon*, ou seja, na afirmação de que o sentido da vida é fundado absolutamente pelo homem pessoal e pela sociedade em que participa. O *racionalismo* da cultura europeia era aceite como um facto adquirido e estabelecido pelas identidades nacionais; não carecia ser objectivamente debatido. Cada *nação* possuía um espírito científico peculiar: os países anglo-saxónicos, por exemplo, assumiam o *pragmatismo*, a Alemanha a *ciência isenta de valores*. O *génio* e as convicções pessoais contribuíam para definir o conteúdo e a forma da investigação. Comunidade cultural europeia, comunidade nacional e *daimon* pessoal intervinham nas tarefas do investigador que tinha de tomar consciência da sua selecção de valores. A selecção dos materiais seria um acto de avaliação a ser examinado nos seus pressupostos e frutos, assumindo Weber que, ao relacionar eventos com valores, mantinha a capacidade de enunciar o contexto relevante de avaliação.²⁷ Tal como Nietzsche ao demonstrar que a crença na razão de agir esconde sempre uma ilusão ou uma ideologia, também Weber diagnosticara de modo excelente a incapacidade da razão para fundar valores. Mas seria realmente possível explicar o significado do mundo histórico mediante uma idiossincrasia pessoal, transposta para ideias e valores e controlada pela ética da responsabilidade? Uma vez que não pretendia tornar-se um visionário de tipo nietzscheano nem um activista político

---

[26] "Die Deutsche Universität und die Ordnung der deutschen Gesellschaft" p.247. *"Die Objektivität der historischen Erkenntnis ist Schwindel, wenn der Historiker seinen Gegenstand auf die Kausalität der Leidenschaften und der Interessen einschränkt. Denn zur Realität der Historie gehört auch der Geist. Und wenn der Geist als kritische Instanz aus der Betrachtung der Ereignisse ausgeschaltet wird, dann ist Objektivität der Beschreibung schuldhaftes Sympathisieren mit dem Zustand der Geistverlassenheit und Mitschuld an ihren Folgen".*

[27] Cf. PETROPOULOS 1984, p.132 *"Aufgrund dieser Erkenntnis mußte die Wertfreie Wissenschaft als Politikwissenschaft abgelehnt werden. Ihre Trennung von Wert – und Tatsachenurteil verbaute ihr den Weg zur wissenschaftlichem Thematisierung von Transzendenzenerfahrungen, die sowohl für das politisches Leben als auch für die Politikwissenschaft wesentlich sind".*

irresponsável, como poderia Weber encarar a irracionalidade ética do mundo? A experiência do desencanto como longo processo mental em que o Ocidente "perdera a felicidade e a crença" devido à ruptura entre fé e razão, implicava um sentimento ambíguo (*Zuwiesprache*) de responsabilidade e de culpa na acção e do qual Weber não se libertava. O diagnóstico poderia ser bom mas a ambiguidade da resposta era desorientadora. E se a descrença na fundamentação racional dos valores obrigava a confiar no *daimon* pessoal, "para quê ser fiel ao daimon? Porquê ser fiel a nós mesmos?" interroga-se Voegelin como quem entra em diálogo consigo próprio.

Para se distanciar do grande sociólogo foi relevante a detecção das suas raízes neokantianas por Voegelin. A chamada *Escola Alemã do Sudoeste*, representada por Windelband e Rickert, propugnava a construção das ciências históricas e sociais através da teoria dos valores. A origem da distinção entre factos e valores remontava à proposta do teólogo protestante Albert Ritschl. Perante o prestígio das ciências naturais, propusera que os teólogos sociólogos e historiadores comprovassem o teor científico das respectivas disciplinas por referência a um valor. De acordo com Rickert, estado, religião e arte eram forças culturais que podiam e deveriam ser investigadas por metodologias isentas de juízos de valor. A novidade de Max Weber consistiu em distinguir entre esta neutralidade científica e a responsabilidade do cientista. Nas *Conferências* sobre a vocação do político e do cientista, estabelecia a superioridade da *ética da responsabilidade* perante a *ética de intenção*, porquanto recusava que o fim moral justificasse a imoralidade da acção. Criava assim uma barreira ética contra as ideologias que pervertem a acção e a capacidade de análise, muito embora possam fornecer pontos de referência.[28]

Constituir a ciência por referência a um valor, exige que o cientista seja "isento de valores". Mas enquanto pessoa responsável, cada cientista tem de optar entre um valor específico

---

[28] *Politik als Beruf* e *Wissenschaft als Beruf* editadas in *Gesammelte Aufsätze zur Wissenschaftslehre*, Tübingen, 1973, pp.582-613.

e o nivelamento de todos. Escreverá Voegelin em 1952 sobre esta notória característica do *wertbeziehende Methode*:

> Deste modo o trabalho de Weber foi ambíguo. Ele havia reduzido *ad absurdum* o princípio da ciência isenta de valores. A ideia de ciência isenta de valores, cujo objecto se constituísse pela referência a um valor, somente poderia concretizar-se caso o cientista estivesse disposto a decidir-se a respeito de um valor como referência. Se, ao contrário, o cientista se recusasse a optar por um valor, se tratasse todos os valores como iguais (como fazia Max Weber) e se, para além do mais, os tratasse como factos sociais entre outros, então não restariam valores que pudessem constituir o objecto da ciência, porque se teriam transformado em parte do próprio objecto.[29]

O génio moral e científico de Max Weber permitia-lhe ultrapassar algumas das limitações do método, mas não lhe permitia pensar a acção humana de um modo que evitasse a imanentização do *realissimum*. Na medida em que a decisão por um valor é um acto sem um fundamento último, o cientista não consegue ultrapassar uma certa "responsabilidade irresponsável". A rígida separação entre factos e valores desorientaria qualquer cientista lançado nas difíceis sendas das ciências do homem, da sociedade e da história. Ao remeter os juízos éticos e políticos para um núcleo subjectivo, *daimon*, Weber desencorajava o cientista de procurar métodos adequados às experiências humanas que atestassem uma realidade universal.[30]

c) *Carl Schmitt*

Nos artigo de 1931 "Die Verfassungslehre von Carl Schmitt" Voegelin confrontou-se com a teoria política schmittiana que

---

[29] NSP, p.20-21.
[30] A leitura Weberiana de Platão fora entretanto criticada por Heinrich RICKERT "Max Weber und seine Stellung zur Wissenschaft", *Logos*, 15, 1926. A apreciação voegeliniana de Weber vem em NSP pp.13-26.

aborda o Estado como entidade capaz de conter os conflitos mediante a neutralização do corpo político. Kelsen procurava isolar um espaço jurídico puro e garantido por uma norma superior constitucional. Weber legitimava o Estado pelo monopólio da violência no espaço da luta pelo poder. Quanto a Schmitt, descrevia a constituição do poder soberano como uma só força a cuja decisão todos se submetem. Todas essas propostas, no âmbito do Direto Público para entender o *proprium* do Estado criavam um impasse na ciência política; quanto mais se tentava compreender o Estado através de unidade, mais ele aparecia desagregado por várias forças. Se esta incapacidade se restringisse à teoria, o dano já seria grande. Mas seria o Estado o guardião da ordem pública ou apenas o substituto ineficaz da ordem que reúne os membros da comunidade por laços de amizade? A redução da comunidade humana equilibrada a uma política de massas, marcada exclusivamente pela conquista do poder, aproximava-se de um desenlance trágico na Alemanha e na Áustria. A crise dos valores anunciava não só uma crise da ciência como, sobretudo, uma crise social que prenunciava as piores convulsões para o espaço europeu envolvido.[31]

    Considera Voegelin que a análise schmittiana da Constituição de Weimar liberta a esfera normativa do Direito Constitucional do isolamento metodológico em que se encontrava. A *Verfassungslehre*, servida por um sistema conceptual notável e uma rica erudição da história das ideias e da política europeia, chamava brilhantemente a atenção para a dimensão existencial das normas jurídicas, sugeria uma direcção correcta para a pesquisa do fundamento da existência política e continha elaborações secundárias magistrais. Contudo, Voegelin não aceita os princípios supremos da *Verfassungslehre*, em particular a tese de que o conteúdo das normas remete para uma entidade intrapolítica explicada pela teoria da decisão. A novidade da posição de Schmitt ressalta mais facilmente se contrastada com outros autores, à luz da dualidade entre ser

---

[31] "Die Verfassungslehre von Carl Schmitth. Versuch einer konstrutiven Analyse ihrer staatstheoretischen Prinzipien" *Zeitschrift für öffentliches Recht*, Wien, 11(1)1931, pp.89-109.

e dever. Kelsen assume que o ordenamento jurídico assenta numa forma fundamental que assegura a unidade; Schmitt reconduz o conceito de validade das normas ao ser entendido como existência. Para Kelsen, a esfera do Direito Público é autónoma porque a criação do ordenamento constitucional não implica o ser. Para Schmitt é a vontade política que estabelece a vigência da Constituição e o conceito de validade das normas é desenvolvido no interior de uma doutrina do Estado. Para Kelsen a unidade do direito resulta de uma síntese do sujeito cognoscitivo transcedental. Para Schmitt resulta da vontade dos protagonistas do Estado. Por outro lado, a teoria decisionista da validade das normas pretende eliminar do conteúdo jurídico a obrigação moral. Este motivo aproxima Schmitt de Max Weber. Uma norma é válida quando é seguida e possui eficácia. Seria um pressuposto inaceitável e inútil considerá-la dependente da aceitação pessoal. Mas, adverte Voegelin, não significará a validade das normas jurídicas uma confiança das pessoas na respectiva vigência e obrigação? Onde radica a convicção nesta legitimidade? Para Schmitt uma Constituição é legítima, ou seja, aceite como facto e ordenamento jurídicos, quando reconhecida a força e autoridade do poder constituinte em cuja decisão se baseia. Esta fórmula aponta para uma redução do conceito de político ao "existir", equivalente ao conceito weberiano de "poder". E assim, apesar da intenção correcta de reconduzir a validade do Direto à esfera social, esta surge reduzida a um campo de poderes em luta pelo reconhecimento, sem que seja aflorada a intervenção das convicções pessoais.

O segundo grande tema repescado por Voegelin em Schmitt é o da génese da moderna ciência do Estado. Apesar das reservas e da recusa clara da resolução decisionista da dualidade entre facto e dever, Voegelin assume este questionamento do Estado num momento crucial em que procura esclarecer os supostos e os bloqueios da ciência política moderna. Em Schmitt, não vê tanto o decisionista sem valores morais nem o epígono do positivismo preso a uma ciência política, morta para as questões de fundo da existência humana em sociedade, mas o questionador que se interroga sobre o que seja política e como se coloca o problema da ordem a partir do conceito de representação. A ciência política reduz a representação à distinção *Herrscher / Diener,* impedindo assim o reconhecimento da articulação concreta e existencial da sociedade. Embora sem continuidade, Schmitt traz uma nova intuição sobre a representação como capacidade de um povo se afirmar, tornando presente o que está ausente. Inclui o elemento existencial na sua análise da representação como obrigação política; mas acaba por não aprofundar a relação existencial, mantendo-se fechado dentro da representação institucional como relação entre governantes e governados; não atinge uma análise histórico-filosófica do nível de Hegel, a propósito da luta entre senhor e escravo. Neste sentido, permanece imerso na ciência político-jurídica do século XIX. Apesar da estupenda problematização e da revelação do carácter não-fundante da esfera jurídica-estatal, Schmitt continua obcecado pela unidade, como princípio de síntese científica e em detrimento da realidade política concreta. O conhecimento das matérias permite-lhe atingir o nível da implicação entre representação e verdade mas não lhe permite extrair as consequências devidas. Para encontrar o núcleo filosófico da política faltam-lhe elementos que apenas poderão provir da tensão com âmbitos de antropologia e de teologia, tal como Voegelin os introduzirá cerca de vinte anos mais tarde em *A Nova Ciência da Política.* E com este apelo para que a interrogação politológica seja assumida pela filosofia, Voegelin demarca-se claramente de Schmitt, o criador de ideias e observador da realidade, dividido entre a crítica e a nostalgia pelo espaço teórico da modernidade. Quem está a construir ideias políticas não pode transcender o objecto e quem se apresenta como proponente de uma razão abstracta, fora da realidade, não atinge o valor teórico na sua reflexão: eis as consequências da ambiguidade.

A exigência científica de não se deixar absorver pela realidade política poderia sugerir a Voegelin o caminho de uma reflexão abstracta sobre o tema da representação. Mas não será esse o caminho escolhido. Pelo contrário; irá aceitar a radicalização schmittiana do problema da origem do político e da ordem. A neutralidade de Kelsen não basta; o cientista político tem de conhecer a raiz existencial do objecto que estuda; tem de ser *politisierend*. Mas para que esta atitude não o leve a ser absorvido pelo Estado, tal como o configura a teoria moderna com a centralidade do elemento institucional, é necessária uma filosofia política. Schmitt não se liberta do espaço conceptual jurídico centrado na unidade do Estado e da ciência construtora de um tipo ideal; embora aberto ao problema da origem do Estado, permanece condicionado pelo pensamento da forma que, no cume, é problema de unidade do poder estatal. Ora, para Voegelin, estar condicionado por uma teoria abstracta ou pelo tempo é o mesmo. A teoria política tem de partir da autocompreensão das sociedades e caminhar em direcção a exigências e critérios de ordem filosófica. Tem de elaborar conceitos críticos a partir do vocabulário corrente de autointerpretação. Tem de enraizar-se "na existência pessoal, social e histórica do homem, como o modo especificamente humano de participação na realidade". Desta orientação virá em 1952 a NCP que não é uma elaboração do problema do político na esfera abstracta de uma racionalidade an-histórica; é, sim, uma reflexão ligada à realidade política na qual emerge o problema da realidade *tout court*, através do tratamento da fundamentação da ordem. Enfrentar este problema significa que, em vez de propôr uma ordem política, perfeita e verdadeira, importa manter, na ordem existente, a consciência de que o Estado não se pode absolutizar nem o poder fundar-se a si próprio. A crise do Estado é agravada por doutrinas como o decisionismo que exigem uma absoluta hierarquização.

As primeiras sínteses

a) Acerca da Forma do Espírito Americano, 1928

Em 1924 e 1925 Voegelin está nos EUA, em estágios nas Universidades de New York, Columbia, Harvard e Wisconsin.

Impressionam-no figuras como a de George Santayana e Alfred North Whitehead que transmitiam a exigência de uma ligação entre problemas existênciais e respostas metafísicas; e, sobretudo, John R. Commons, economista e professor da Universidade de Wisconsin. Santayana representa o polo intelectual e perdido em especulações, "sombra" estéril do conhecimentos. Commons faz uma profissão de fé no pragmatismo e no espiritualismo, de um modo tal que obriga a repensar a problemática dos valores.[32] O balanço destas aquisições originou o *Habilitationschrift* de 1928, *Über die Form der Amerikanischen Geistes,* que lhe possibilitou tornar-se *Privatdozent* e leccionar Ciência Política e Sociologia na Faculdade de Direito e na Escola Técnica Superior de Viena.[33] Trata-se de um conjunto de ensaios sobre temas aparentemente tão díspares quanto os conceitos de temporalidade e existência, a poesia filosófica de Santayana, a relação entre misticismo puritano e dogmática calvinista, as doutrinas americanas de ciência jurídica e administração, temas econômicos como a estabilidade do dólar, a política do *Federal Reserve Board,* sindicalismo e, a concluir, a doutrina de John Commons. Mas apesar dessa diversidade, Voegelin considera que todos estes simbolismos são portadores de inteligibilidade própria *(Selbstbesinnung)* no que se distinguem radicalmente de criações artísticas, musicais, literárias e tecnológicas que não falam por si, não são *selbstsprechenden Erscheinungen.*

Über die Form der Amerikanischen Geistes tem um perfil que se tornará familiar para os leitores de Voegelin. Trata-se de um estudo da ordem, por ora chamada *forma,* presente na história, na sociedade e na consciência. A meticulosa atenção a detalhe concretos é acompanhada pela formulação de um princípio básico: "Qualquer construção intelectual que surge num grupo social revela traços da sua origem na sua forma". Como o grupo social é, por seu turno, uma corporização de

---

[32] O último capítulo de ÜFAG 1928 é dedicado de John Commons e ao livro *Utilitarian Idealism.*

[33] Como *Privatdozent* poderia leccionar cursos livres na Universidade, não recebendo, porém, senão as somas pagas pelos alunos matriculados.

estruturas intelectuais unidas pela forma comum, os fenómenos sociais não devem ser interpretados como objectos exteriores. Os métodos de análise social e histórica devem extrair dos materiais as conexões entre fenómenos, que podem estar separados por séculos e por continentes, por temperamentos de autores e por características nacionais. Numa palavra, para Voegelin as regras de interpretação não são válidas, *a priori*, porquanto decorrem da análise de elementos interpretados. Assente esse princípio conclui que os conceitos jurídicos, políticos, económicos e filosóficos de origem americana possuem perfis distintos dos conceitos de raiz europeia. Enquanto a *Selbstbesinnung* europeia incorre no risco do *eu fechado* que pretende julgar o mundo a partir da constituição da subjectividade, a *Selbstbesinnung* americana centra-se na "fuga ao mistério do eu, e na dissolução da intimidade em solidão" que se manifesta na atitude do *open self*.[34]

As leituras e influências recolhidas nos *Wanderjahre* tornaram Voegelin um académico de primeira ordem, atento ao que de melhor se praticava na filosofia e nas ciências humanas. Ao regressar a Viena nos finais da década de vinte, estava liberto do provincianismo de um cientista da Europa Central, que caracterizava pelo primado das questões de método perante a pesquisa da verdade. A ciência política moderna pretendia delinear ordenamentos políticos sem atender à realidade histórica concreta e esquecia princípios de ordem e de bem comum, consignados na tradição moral e política do pensar clássico e cristão, porque não lhes compreendia o fundamento racional. Ora nas digressões pelos Estados Unidos, por França, Inglaterra e Alemanha, Voegelin apercebera-se da importância decisiva da cultura clássica e cristã como horizonte da vida moral e intelectual das sociedades ocidentais. Descobrira que essa matriz cultural era contrariada pelo caminho teórico traçado desde os primórdios da modernidade, via que aflorava particularmente na teoria do Estado e no Direito Público racionalista. Descobrira ainda que a pluralidade

---

[34] ÜFAF 1928, p.10.

incomensurável de experiências humanas virtuais não se distribui segundo uma linha de progresso; coexistia num conjunto de sociedades que poderiam ser cronologicamente contemporâneas, mas cujas mentalidades estavam separadas por séculos. E apenas uma experiência meditativa poderia abolir, no interior da consciência, os bloqueios criados por séculos de pressões imanentistas.

b) Raça e Estado e A ideia de raça na história das ideias; de Ray e Carus, 1933

No início da década de 30, Voegelin encontrava a sua cidade e pátria adoptivas – naturalizara-se austríaco em 1934 e casara com a vienense Lissy Onken em 1932 – progressivamente mergulhadas em convulsões políticas e ideológicas cujo desfecho trágico adivinhou. Em 30 de Janeiro de 1933, Hitler tornara-se chanceler da Alemanha, e, logo em Março, proclamara-se ditador mediante o *Acto de Provisão*. A situação europeia decorrente, em particular o enclausuramento austríaco entre regimes tirânicos a Norte e a Sul, tornou-se naturalmente objecto de atenção do jovem professor de ciência política. Simpatizante dos Sociais-Democratas, aproximara-se depois, e para sempre, dos Cristãos-Democratas. Mas foi a tarefa de teorização que o libertou do clima de opinião prevalecente e que também poderia ajudar outros a combaterem o clima de luta fratricida, dominado pelo surto dos totalitarismos políticos.

Não faltava na Viena da época uma consciência aguda que só o profundo estado de crise e desintegração social do mundo germânico e do Ocidente permitira o êxito dos políticos nacionais-socialistas, comunistas e fascistas. Stefan George, por exemplo no poema *Sobre a Guerra*, assinalara a doença espiritual verificada na cultura alemã e estimulava consideravelmente um numeroso e notável grupo de amigos, ouvintes e discípulos. Ademais, toda a população culta de Viena lia *Die Fackel*, o jornal de Karl Kraus que apresentava um requisitório contra a degradação da língua, da consciência pessoal e dos laços sociais, levada a cabo pela imprensa e pelos ideólogos. Em *Die Letzten Tage der Menscheit*, Kraus escalpelizara a linguagem do chauvinismo, da hipocrisia política e da oclocracia. Em *Die Dritte Walpurginsnacht* descrevera o pântano intelectual de uma sociedade moralmente arruinada e na qual ganham proeminência personalidades grotescas. Tratava-se de uma filosofia aplicada da linguagem, denunciadora de sucessivos abusos da consciência pública.[35]

Quando Voegelin anunciou em Viena um estudo em três partes sobre as especulações raciais dos ideólogos nacional-socialistas originou grande expectativa por parte de simpatizantes e inimigos. No Verão de 1933 surgiram em *Rasse und Staat*[36] as primeiras duas partes do estudo, seguidas no Outono por *Die Rassenidee in der Geistesgeschichte: von Ray bis Carus*[37] uma análise da ideia de *raça*, mistificada pelo nacional-socialismo. A obra constituia não só um desafio intelectual e cívico como também um notável trabalho científico com inequívoco magistério espiritual. Era, primeiramente, uma obra premonitória: quem apontava o *judeu* como portador de males intrínsecos e *Sündenböck* da derrota alemã, acabaria por ordenar o extermínio em massa como solução final. Ademais, a obra chamava a atenção para o papel central das ideias no processo de autoconstituição da comunidade política. Apesar das tentativas de Smend e Schindler, este aspecto era esquecido na ciência

---

[35] Sobre Kraus cf. WOLLSCHLÄGER1980, pp.9-12. Cf. ainda JANIK; 1973, pp.69-71.

[36] *Rasse und Staat* 193. O título responde à obra de Kurt Hildebrandt *Staat und Rasse*. A mais completa análise da concepção voegeliniana de raça deve-se a Thomas Heilke, *Voegelin on the Idea of Race; An analysis of modern european Racism*.

[37] *Die Rassenidee in der Geistesgeschichte. Von Ray bis Carus*, 1933. O botânico John Ray (1628-1705) auxiliado pelo seu discípulo, o zoólogo Francis Willughby (1635-1672) foi o autor de *Observations topographical, moral and physiological made on a Journey throught parts of the Low Countries, Germany, Italy and France*, 1673, iniciando o uso do termo 'raça'. Carl Gustav Carus (1789-1869), discípulos de Schelling e *Privatdozent* em Leipzig, autor de *Psyche: zur Entwicklungs-geschichte der Seele*, Stuttgart, 1860, e de *Physis: zur Geschichte des leiblichen Lebens*, Stuttgart, 1885, usou o símbolo do homem espiritual e fisicamente perfeito, atribuindo-lhe o papel de ideia configuradora da comunidade (*Gemeinschaftsformend*).

política convencional. A visão kelseniana das normas jurídicas não atribui qualquer relevância à ideia de realização da comunidade. Schmitt compreendia a luta política existencial mas não atingia que a ideia alude, para além de si mesma, à centralidade do homem. Seria possível encontrar o caminho da ciência política?

A *ideia de raça* entrara na história moderna pela mão de Ray e Buffon para assinalar a importância do factor biológico na constituição das sociedades. Mediante a utilização das categorias de *Leib, Idee, Seele*, Voegelin distingue entre o que nela é símbolo constitutivo e imagem alienante. Enquanto símbolo de unidade, a *raça* cumpre uma função mediadora entre o plano da alma singular e o da comunidade corpórea, ao permitir uma evocação unitária da realidade política. Na *Historie Naturelle* de Buffon estão já presentes as grandes linhas de diversificação biológica da humanidade embora não se afirme que os traços somáticos determinam características mentais. Esta visão naturalística surgirá nas doutrinas da raça no século XX, através de Klemm, Gobineau e Carus. No séc. XX, uma multidão de pseudocientistas abandona completamente os vestígios da racionalidade para colocar a ideia de raça ao serviço do nacional-socialismo. À *ideia nórdica* apontavam-se-lhe fontes distintas: o *homo europaeus* de Lineu e o *caucasiano* de Johann Blumenbach; a *raça branca activa* de Klemm e o *dolicéfalo louro* de Gabineau; o *indo-germânico* de Schlegel; a oposição estabelecida por Renan entre *arianos* e *semitas*. Chamberlain e Woltmann tinham identificado o *germânico*; Vacher de Lapouge revivera o *homo europaeus*; Joseph Deniker forjara o *nórdico*, o único tipo que, na sua fraseologia, ainda poderia salvar a civilização das garras da *maioria degenerada*. Atingida esta última expressão de *ideia nórdica alemã*, surgia a fachada de propaganda.

Uma vez que o movimento nazi tinha de *purificar* por todos os meios a *raça eleita*, atribuía-lhe uma área de operacionalidade que ultrapassava as fronteiras nacionais, alargando-a aos países que se deveriam subordinar à *ideia nórdica*. Algo de semelhante sucedera na Alemanha: para afirmar o ideal racista, o nacional-socialismo tivera de derrotar a nacionalidade. O apregoado *racismo* não era uma ideia nacional criada pela classe média a fim de representar as gentes alemãs. Como mais de uma vez sublinhou Voegelin, era um cancro político-espiritual surgido no interior da cultura germânica. A utilização pelos nazis da anti-ideia de *judeu*, surgida noutras paragens históricas e geográficas, preenchia a necessidade de um simbolismo eficaz para superar o sentimento de inferioridade política. O *judeu* era simplesmente a antítese do *ideal nórdico*, uma imagem meramente instrumental sem foros de verdade nem fundamento na realidade. Ficava assim demonstrado de que modo uma força política sem escrúpulos convertia em mito a noção pseudocientífica de raça, para alcançar pela violência a conquista do poder.[38]

As distinções entre símbolo da comunidade e mistificação política cumpriam um importante papel na pesquisa e correspondiam a um novo patamar metodológico. Forneciam uma resposta provisória para perguntas às quais a ciência política corrente não respondia e projectavam um novo espaço de reflexão. A lição teórica era de que, na "raça", se deve distinguir entre a ideia unificadora e o mito de propaganda. Se a ideia de raça for compreendida como uma mediação (*zwischen*) entre a comunidade e o singular, adquire uma função de mito evocativo em torno da qual a comunidade se unifica. Se a pressão do factor somático fôr tão forte que esconda o seu valor relativo, surge a mistificação política. Mas o cientista jamais deve esquecer que, ao analisar sociedades, está a enfrentar um objecto já estruturado pela consciência. Se não conseguir reconhecer o papel da ideia na autocompreensão das sociedades, cai num dos escolhos permanentes da pesquisa: deixa-se absorver na esfera a investigar mediante atitude politizadora ou perde as ligações com ela devido a atitude pretensamente neutral.

---

[38] 1944 "The Growth of the Race Idea": *"Every modern political movement produces along with its positive idea the counter-idea of the realm of its particular devil"*.

Em ambos os casos, perde o fundamento antropológico da realidade política e a capacidade teórica.

c) O Estado Autoritário, 1934

As crises políticas e a situação de guerra civil na Áustria do início da década de 30 patenteavam que se tornara inoperacional a Constituição que Kelsen ajudara a criar em 1920. Nesse impasse provocado pelas profundas divisões entre forças ideológicas da direita e da esquerda, valeu a *Doutrina Social da Igreja* adoptada pelo futuro chanceler católico Engelbert Dolfuss que conseguiu superiorizar o Partido Católico perante os opositores sociais-democratas de Bauer, logrando promulgar a Constituição autoritária de 1934. Foi neste contexto que Voegelin publicou a sua quarta monografia, *Der autoritäre Staat*, 1936, análise histórico-jurídica da constituição austríaca. O perfil do *Estado Autoritário*, subordinado ao Direito e intolerante para os partidos de massas, é diferente do modelo de *Estado Democrático*, teorizado por Kelsen e designado *Estado Neutral* por Schimitt; e distingue-se também do *Estado Total* como Carl Schimitt o definira e como incarnara na prática dos Estados fascista e nacional-socialista. Estabelecidos estes princípios, a segunda parte do livro descreve a evolução constitucional austríaca desde 1848, sendo a terceira preenchida pelo estudo meticuloso da nova Constituição, cujo mérito principal residia na protecção do Estado contra as ideologias revolucionárias. O *Estado Autoritário* não é apenas à maneira de Carl Schimitt, um meio termo entre dois tipos básicos: o *Estado Total* e o *Estado Neutral*.[39] Importa, sim, identificar os factores políticos e históricos que intervêm na sua construção. Ora o acto de estabelecer, preservar e desenvolver o Estado secular é um processo característico da modernidade e cuja

---

[39] *Der Autoritäre Staat* 1936, p.10: " *'Neutral' nennt Carl Schmitt den Staat, der die eigene Autorität gesellschaftlichen Bereiches anerkennt und ihm gegenüber in der Haltung "einer weitgehenden-Neutralität und Nicht-interventio" verharrt. 1 "Total" wird ein Staat schrittweise in dem Masse, in dem er zur "Selbstorganisation der Gesellschaft" wird.* " In Carl Schmitt *Hüter der Verfassung*, p.73.

complexidade e dificuldade de legitimação cresce à medida que nos aproximamos das sociedades contemporâneas. A grande limitação do formalismo constitucional reside na incapacidade para gerar um fundo espiritual legitimador, o "jogo democrático" possibilita mesmo o assalto totalitário ao Estado, à sociedade e à consciência. A revolução totalitária nazi dissolvia a substância histórica da sociedade, entregando o Estado às minorias que o destruíam. A população era subordinada a entidades colectivas como o *estado* e o *partido*. Os elementos teóricos e ideológicos aproveitados para este efeito – teoria das élites, activismo político, ideia de raça, poder popular – são uma transformação da concepção medieval averroísta, para a qual as mentes humanas são centelhas de uma mente suprema. A sacralização de entidades como "raça, estado, e partido" em doutrinas "religioso-políticas" é profanadora da realidade divina e mostra que não é possível isolar as considerações politológicas de estratos religiosos de metalidade.[40]

d) As Religiões Políticas, 1938

Die politischen Religionen foi o último livro que Voegelin escreveu em Viena. Editado em 1938, o livro era percorrido pelo pressentimento da orgia anunciada pelo culto nazi do *Blutrausch*, revelando uma capacidade premonitória de acontecimentos decisivos à história da Alemanha e do Ocidente. Apresentava-se com um *motto* esclarecedor, *Per me si va ne la città dolente*, palavras gravadas por Dante nas portas do Inferno da *Divina Commedia*, às quais Voegelin responde com a expressão: "A glória do Ser é obscurecida pelo sofrimento da criação". Mas a obra contém mais que a premonição do momento histórico. É uma tentativa de síntese da primeira fase de pesquisas e substitui as respostas da ciência política e moderna, que admitem uma pluralidade de poderes ordenadores da sociedade por uma compreensão pós-moderna das experiências, em que se geram esses poderes. Para esse fim,

---

[40] *Der Autoritäre Staat* 1936, pp.23-25.

transita dos métodos convencionais da ciência política para um horizonte filosófico de questionamento.

A primeira oposição convencional a ser problematizada é a utilização habitual de "religião" e "política" como sinónimos de "igreja" e "estado". A realidade da religião é uma consequência da presença do homem como uma criatura que necessariamente se interroga sobre o lugar que ocupa no *cosmos*. As suas inquietações dirigem-no para a busca de um *fundamento* que transcenda a soma de objectos. Tais sentimentos exprimem-se em símbolos que revelam uma infinita escala de variações da experiência. Para alguns, o *ens realissimum* que transcende o mundo é um ser divino, compreensível apenas através da analogia do ser. Outros situam a realidade máxima numa das partes constitutivas do todo; a natureza, uma grande figura histórica, um povo, a humanidade. Esta nova ligação entre a finitude da criatura humana e o fundamento suprapessoal gera a atitude religiosa. Se esta diferenciação da realidade se restringir a um horizonte de exclusividade humana, então o Estado é divinizado, como se comprova pela existência de símbolos políticos fundamentais derivados do âmbito religioso. As parcelas da realidade encobrem a visão do *ens realissimum*, turvam a concepção do universo e desordenam as instituições.[41]

As definições habituais de *estado* na *Staatslehre* como "*eine Verbandseinheit se hafter Menschen, ausgestattet mit ursprünglicher Herrschermacht*" justapõem à descrição aceitável de factos uma qualificação inaceitável da "soberania originária". Na realidade, todo o poder tem limites internos e exteriores. A afirmação de um "poder absoluto" revela que o Estado

---

[41] PR 1938, p.17 "*Dem einen (...) ein Maximun von Aufnahme der Wirklichkeit verbindet sich mit dem maximum an Rationalität in der Ordnung und Verknüpfung und wird gekrönt von der dogmatischen Durchbildung des geistig-religiösen Erlebnisse in einer Gottesidee, wie sie das Abendland in der analogia entis entwickelt hat. Dem andern sind nur Karge Blicke in die Wirklichkeit vergönnt, vielleicht nur ein einziger; auf die Natur, einen grossen Menschen, sein Volk, die Menschheit – das gesehene wird zum Realissimum, zum Allewirklichsten, er rückt an die Stelle Gottes, und verdeck ihm dadurch alle andere – auch und von allerm, Gott.*"

moderno conquistou a sua *Geltsbereichung* contrapondo-se à *ordo* medieval.⁴² Decapitando o princípio de ordem, o Estado propõe-se como causa e objectivo da sua própria existência e absorve toda a ordem humana na circularidade da sua legitimação. Quer seja qualificado "poder originário", quer seja "poder absoluto na Terra", instrumentaliza a existência pessoal. Esta dissolução do elemento concreto constitui um processo "religioso"; além de aparelho de poder, é um símbolo do todo de que o homem faz parte. A variedade de captações deste todo origina símbolos que são partilhados por dogmas das religiões superiores e por movimentos confessadamente ateus. E a partir do terceiro capítulo, *Die politischen Religionen* descreve os símbolos *Hierarquia, Igreja, Espiritual e Temporal, Leviatã, Apocalipse* que, desde tempos imemoriais articulam a existência humana em sociedade e que pertencem tanto às religiões transmundanas (*Geistreligionen*) como às religiões intramundanas (*politischen Religionen*). Mas enquanto as primeiras são genuínas as outras são pseudorreligiões que o localizam numa parcela específica.

Die politischen Religionen apresenta uma conclusão que Voegelin irá posteriormente elaborar com categorias distintas: o Estado não tem o monopólio do político nem a Igreja do religioso. A acção do Estado ultrapassa sempre o âmbito da política e a experiência religiosa adquire sempre uma natureza intramundana. Ora do facto de a experiência de ordem constituir o fundo comum da religião e da política, decorrem importantes consequências.⁴³

---

⁴² PR 1938, p.13 *"Die Behauptung der Ursprünglichkeit biegt aus der Bahn des ordnenden Denken aus; sie setz sich über die Regeln vernünftiger Sichtung erfahrenen Stoffes hinweg; sie verweigert den rationale Diskurs; der Geist, der sie denkt, wird aus einem Partner des Gespräches zu einem Faktum anderer Ordnung, dessen Ursprüngen wir nachzugehen haben".*

⁴³ Para uma crítica das *teorias metafísicas do Estado* surgidas na Alemanha, cf. HOBHOUSE 1951, p.134 [1ª ed.1918]: *"The best and the worst things that men do, they do in the name of a religion. Germany's idealized exaltation of the state supervened to reconcile the thinking classes and give them a creed justifying their dislike of humanitarianism".* Uma crítica semelhante surge em UNGER 1985 [1ª ed. 1921], um contemporâneo judeu de Voegelin.

a) A existência de uma sociedade não pode ser circunscrita como "domínio profano" totalmente distinto da vida religiosa;
b) Para conhecer a situação política é indispensável definir as "forças religiosas da sociedade";
c) O modo como se definem as vivências humanas de Deus e do Mundo situa a sociedade política num dos graus da hierarquia de ser, entre o topo divino e o fundo inorgânico;
d) A linguagem política está impregnada de experiências e símbolos que mostram a interpenetração entre pressões imanentes e apelos de transcendência;
e) A sociedade intramundana que apresentar a colectividade como *realissimum* "abandona Deus";
f) O problema do mal (*iniquitas*) é um mistério e não recebe solução final nem da "decisão cristã" (*Christliche Entscheidung*) nem da *libertação* intramundana.

Este conjunto de conclusões vinha coroar a evolução patente nos escritos voegelinianos durante os anos trinta e reunia os elementos necessários para um novo campo politológico de compreensão, superador do positivismo e do racionalismo. A pesquisa apresentava a dependência entre a ordem da alma e a ordem da sociedade através de uma racionalidade revelada pela máxima abertura da alma à experiência de transcendência. Faltava agora compendiar em novos conceitos os dados recolhidos, de molde a aperfeiçoar a relação entre símbolos da realidade política e símbolos conceptuais da ciência. De momento, porém, o destino decidiu de outro modo e o desmistificador das *Religiões Políticas* quase se tornou mais uma das suas vítimas. Se atendermos às obras publicadas na Alemanha nos anos trinta, não surpreende que Eric Voegelin tenha atraído primeiro a atenção, depois a censura, e finalmente a perseguição por parte dos agentes do poder nacional-socialista. Logo após a invasão da Áustria em 11 de Março de 1938, em artigos académicos e recensões de obras, houve colegas da Faculdade de Direito que lhe assacaram origens judaicas, acusação que de modo algum correspondia à realidade mas que constituía como que um mandado oficioso de captura. A editora alemã de *Die Rassenidee in der Geistesgeschichte* retirou de circulação os exemplares já distribuidos e mandou destruir o restante. Na sequência das denúncias efectuadas, a *Gestapo* investigou o lar dos Voegelin, impediu a saída do casal para o estrangeiro e confiscou as obras editadas.[44] A venda de *O Estado Autoritário* foi proibida depois do *Anschluss*.[45] Enfim, pouco após a sua nomeação como Professor Extraordinário, Voegelin foi expulso da Universidade de Viena. E apenas quando o cerco atingia o momento culminante da captura, escapou com dificuldade para Zurique, onde mais tarde sua mulher se lhe juntou. Não fora apanhado desprevenido ao abandonar o que muitos apelidaram de *schwieriges Vaterland*, incitando o que mais tarde chamaria o seu segundo êxodo.

---

[44] Os Voegelin são originários de Augsburgo, onde um familiar fora burgomestre no séc. XVI, sendo então dotado de armas. Por ocasião do octogésimo aniversário de Eric Voegelin, Augsburgo nomeou-o cidadão honorário e doutor *honoris causa* pela Universidade.

[45] As obras armazendas na Casa editora Julius Springer, em Viena, arderam aquando da ocupação russa em 1945. Posteriormente, a editora reconstituiu-se com dupla sede em Viena e Nova Iorque, tendo reimpresso trabalhos de Voegelin. [N. E.: "aquando" é a forma anacrónica de "quando", ainda em uso em Portugal.]

2.0 RASTO HISTÓRICO

> "A restauração da ciência política deve ser entendida como um regresso
> à consciência dos princípios, mas não necessariamente o retorno
> ao conteúdo específico de uma tentativa anterior."[1]

Meditação da história

a) História das Ideias Políticas, 1939-1950

Eric Voegelin rumou para os Estados Unidos no Verão de 1938, abrindo um novo período na sua existência. Mediante os bons ofícios dos seus amigos William Y. Elliot, Gottfried von Haberler e Joseph Schumpeter foi tutor em Harvard no primeiro semestre de 1938. Na Primavera de 1939 é chamado para Bennington College, onde lhe oferecem o cargo de Professor Assistente, para o ano lectivo seguinte. Voegelin recusa, declinando ao mesmo tempo um excelente vencimento, e prefere ir leccionar para a Universidade de Alabama, em Tuscaloosa. Considerava ter bons motivos para esta resolução. Em primeiro lugar, considerou os alunos de Bennington subjugados pelas ideias marxistas. Em segundo lugar, não pretendia refugiar-se no que considerava constituir a subcultura dos refugiados alemães, em gestação nas universidades americanas

---

[1] NSP, p.17

da costa Leste. No Sul poderia mais facilmente integrar-se no grande caudal da vida americana. Em 1942 é convidado como Professor Associado para o *Department of Govermment* da Universidade do Estado de Louisiana, Bâton Rouge, onde permanecerá dezesseis anos. Ficará ligado à escola através do *Eric Voegelin Institute for American Renaissance,* fundado em 1985 pelo seu discípulo Ellis Sandoz. Aí ministra cursos introdutórios de *Ciência Política Comparada*[2] ao qual muitos alunos acorriam e de *Direito Público* e *Administração Pública,* beneficiando de longas trocas de impressões com Robert J. Harris acerca do sistema político americano. Lecciona ocasionalmente *História Diplomática* e *Política Comparada.* Para os cursos de *Ciência Jurídica* utiliza a *Teoria Pura do Direito* de Kelsen e redige *The Nature of Law.*[3] Continua o estudo do hebraico, iniciado em Alabama com um rabi, seu colega universitário. Dada a facilidade de aprendizagem de línguas é convidado para o curso de *Política Chinesa* e aprende a ler nas fontes clássicas, labores de sinólogo que lhe permitirão mais tarde redigir o capítulo sexto do vol.IV de *Order and History* acerca da "ecúmena" chinesa.[4] Cleanth Brooks, o distinto professor de Crítica Literária e Robert Heilmann ajudam-no a aprofundar os seus já vastos conhecimentos do idioma inglês e cativam-no para temas literários.[5]

Voegelin trouxera da Europa o projecto de uma *Staatslehre* para a qual chegou a redigir as partes sobre a doutrina do direito e a doutrina do poder; mas deteve-se na terceira parte que deveria versar as ideias políticas por considerar ter um

---

[2] Sobre os aspectos biográficos cf. SANDOZ 1981.

3 Sobre este tema publicará ainda "The Theory of Legal Science. A Review: H. Cairns: *The Theory of Legal Science.* Chapel Hill 1941", *Louisiana Law Review,* 4, 1942, pp.554-571.

[4] OH IV, pp.272-298 *The Chinese Ecumene.* Em Munique o Prof. Peter Opitz tem prosseguido esta vertente dos estudos voegelinianos com brilhantes trabalhos de sinologia. Cf. OPITZ 1967. Para o estudo do pensamento chinês ver GRANET 1968.

[5] Sirva de exemplo a carta-ensaio endereçada a Robert B. Heilmann, onde Voegelin aborda o conto "The Turn of the Screw" de Henry James, posteriormente editada com comentário, notas e posfácio em "The Turn of the Screw" *The Southern Review,* Nova Série, 7(1)1971, pp.3-67.

insuficiente conhecimento da matéria.⁶ A oportunidade de esclarecer como o âmbito político se desenvolve a partir da instância autointerpretativa, mediante a qual cada comunidade se reconhece, ressurgiu com uma encomenda de Fritz Morstein-Marx, seu conhecido de Harvard e editor na casa McGraw-Hill, de um livro com cerca de 250 páginas sobre a história das ideias políticas. Mas o projecto cresceu a tal ponto, que Voegelin fez a proposta à editora Mac Millan de um volume muito mais desenvolvido sobre o mesmo assunto. E sem esperar comprovação de nova encomenda, que acabou por não chegar, lançou-se a escrever a mais significativa das suas obras inéditas, acumulando cerca de 2500 páginas que constituem um grandioso edifício ao qual repetidamente irá colher materiais em fases ulteriores da pesquisa. Redigido entre 1939 e 1950, pode afirmar-se que esta obra foi a "guerra" de Eric Voegelin, o seu modo de resistir à cegueira espiritual dos movimentos que culminavam na violência nacional-socialista e soviética.⁷

Se na extensão do assunto e abrangência dos temas, a *History of Political Ideas* é comparável a estudos como a *History of Political Thought*, de George Sabine, de 1937, já a profundidade conceptual é muito superior ao estilo doxográfico habitual nestes domínios. Estamos perante uma investigação histórica porquanto a historicidade é uma dimensão indispensável para desvendar a substância da civilização.⁸ É na história que emergem as expressões simbólicas em que a natureza irreflectida do homem pode ser captada na sua imediatez e o teórico colher uma orientação. E trata-se de uma *história das ideias*,⁹ porque, em continuidade com a investigação de

---

⁶ *Autobiographical Memoir* apud SANDOZ 1981, p.38. "*...I knew nothing whatsoever about political ideas and had to give up the project of a* Staatslehre".

⁷ Conhecemos a data de redacção dos capítulos finais através da afirmação em HOPI, Last Orientation, MS., p.151, 1945: "*This chapter was finished six weeks before the atom-bom was dropped on Hiroshima – the date that has brought us step nearer to the point where reality and comic-strip become indistinguishable*".

⁸ Cf. HOPI, *Giambattista Vico*, p.153.

⁹ O título "história das ideias" reflecte o ensaio programático de Arthur Lovejoy em 1939, que constituirá o primeiro capítulo de LOVEJOY 1948. Em 1940 o

Die Rassenidee(...), a ideia tem um papel central como forma de autointerpretação social. A obra mostra uma marcha das ideias que arranca dos símbolos das sociedades cosmológicas do Próximo Oriente e passa pela diferenciação antropológica helénica, até atingir a diferenciação teológica nos autores cristãos. A desdivinização do *cosmos* irá, a longo prazo, originar um movimento de redivinização que se manifesta, desde as origens sub-institucionais na Alta Idade Média, até aos movimentos de élites e de massas que se desdobraram na modernidade e na época contemporânea, em correntes sucessivas de reforma, iluminismo, positivismo, marxismo, fascismo e niilismo que culminam na "crise do nosso tempo".

Na *History of Political Ideas* não é fácil desentranhar a metodologia utilizada dos materiais a que são aplicados. O que a obra repetidamente designa por "evocações", são as ideias ordenadoras da existência política que, graças ao génio pessoal dos teóricos, à ousadia dos movimentos e ao valor das instituições se firmaram nos contextos pragmáticos em que emergiram. A comunidade política torna-se real no processo de actualização da ideia que presidiu à sua formação. Voegelin começa por verificar a importância dos motivos de poder, que são parte integrante da história, mas não os confunde com causas. Rejeita liminarmente, como base para a ciência política o cálculo utilitarista e a psicologia do homem desprovido de orientação. As motivações pragmáticas de acção são ocasiões para a manifestação de causas que tanto podem ser de natureza espiritual como antiespiritual. Em qualquer dos casos, o espírito mantém a sua autonomia mesmo perante a adversidade pragmática. E a revolta contra o espírito tem de assumir a estrutura do próprio espírito.[10] Este princípio da identidade da estrutura espiritual em todas as "evocações", reconduz o estatuto da ideia à sua manifestação concreta no âmbito humano:

---

mesmo autor fundava o *Journal of the History of Ideas*. Sobre o tema consultar o verbete de George BOAS in EDWARDS (ed.) 1967, Vol. V, p.96.

[10] Cf. HOPI, *Giambattista Vico*, p.118-119: *"This principle of the identity of spiritual structure in all modification of the spirit is the basis for a history of ideas, understood as an intelligible line of meaning in time"*.

pessoal, institucional ou de massas. O processo de manifestação das ideias políticas assume a forma de dado, quando o investigador teoriza como ideia o que é já "evocação" de uma comunidade original. Estabelecida esta base teórica, o perfil histórico tem de resultar da diferenciação crítica das evocações de cada época. Em particular, a periodização convencional *antigo-medieval-moderno*, para a qual muito contribuiu a concepção secularista de modernidade nas culturas francesa e inglesa nos sécs. XVII e XVIII, é uma generalidade inaceitável como critério de repartição das ideias políticas.

Consolidados estes princípios do que são *história* e *ideias*, a *History of Political Ideas* retoma num novo patamar metodológico o confronto entre pseudorreligiões e religiões genuínas. A questão agora é de como preservar a tensão entre transcendência divina e imanência mundana, sem as confundir nem separar. Após o advento do Cristianismo, não é aceitável que Deus seja absorvido na história nem que a realidade do mundo seja liquidada apocalipticamente. Como harmonizar o significado universal da história sagrada do Cristianismo com o significado profano da ascensão e queda de civilizações? Dado este centro de gravidade, a obra situa no cisma religioso e na consolidação dos Estados nacionais no séc. XVI uma época separadora da história das ideias políticas. A desagregação do Império e a perda de unidade religiosa romperam definitivamente as premissas pragmáticas em que assentavam os equilíbrios, teóricos e práticos, medievais. O sentido e a pesquisa de ideias políticas já não mais se poderia apoiar na existência de uma Igreja, representativa da *época cristã final da história*, nem de um Sacro Império que representasse a *forma final da história profana*.

Este corte entre duas épocas é um suposto central da obra. A teoria tem duas vertentes: transmundana e anti-ideológica. Através da resistência espiritual, é possível a certos pensadores simbolizar uma ordem transmundana centrada na captação de um bem supremo, cujas cambiantes variam conforme os dados pragmáticos da sociedade em que viviam e os seus recursos mentais. Através de idêntica resistência espiritual, outros pensadores viram-se solicitados a criar a ciência da ordem no contexto imanentizador dos tempos modernos, no qual a incapacidade de conceber o bem supremo provoca um horizonte ideológico onde as imagens do transcendente surgem como projecções humanas. Foi missão de autores como os profetas de Israel, Platão e Aristóteles, Agostinho e Tomás de Aquino, criarem uma teoria da ordem em sociedades cujo horizonte cosmológico ameaçava absorver a radicalidade do ser divino. Para Platão, a cidade captada na alma serve de modelo aos governantes virtuosos. Para Agostinho, a "Cidade de Deus" é o *eschaton* que um dia substituirá a *parousia* de Jesus Cristo, já presente na sua Igreja. Tomás estabelece uma ascensão gradual dos modos mais imediatos da vida social para a *lei eterna* revelada por Deus na história como *lei divina* mas ainda suspensa de uma misteriosa consumação final. As tarefas de filósofos políticos como Bodin, Vico e Schelling surgem agravadas pelo cisma da Igreja, portadora do carácter eterno da revelação cristã. Em vez de configurar a historicidade, o cristianismo via-se encarado como um acontecimento interior à história. Bodin remodela a concepção de hierarquia, estabelecendo um paralelo entre a ordem política que unifica as camadas sociais através do reconhecimento do soberano e a ordem religiosa na qual a crença mística predomina sobre as confissões religiosas específicas. Vico projecta o modelo da natureza no decurso da história, admitindo que o ritmo de *corsi* e *ricorsi* dos povos possa ser alterado pelo *recursus* do cristianismo. E Schelling recria na *anamnêsis* o acesso a uma realidade mística, que supera as distinções históricas entre as Igrejas.

O abandono da publicação da *History of Political Ideas* não significou nem um repúdio dos princípios interpretativos nem dos materiais históricos mas sim da ligação entre ambos.[11] Suportariam os materiais outras conjecturas? Seriam possíveis outras interpretações? Como relacionar as formas simbólicas?

---

[11] Cf. HOPI, "Giambattista Vico", p.101 e 138.

E de que modo tal simbolização ordena a consciência? Como se despreende do trajecto da pesquisa, o próprio autor foi o primeiro a formular e a responder a estas objecções. As ideias não podem ser consideradas autónomas. O vocabulário das "ideias" corresponde ao dos "valores" e resulta de uma "doutrinalização" da filosofia em dogmatismo metafísico, um procedimento com remotas origens neoplatónicas.

O teórico jamais deve esquecer que, ao analisar sociedades, enfrenta um objecto já estruturado pela autoconsciência. Os entes políticos reais são os povos que se exprimem na história mediante conjuntos de símbolos. A existência dos povos precede as ideias políticas que estas constituem uma camada abstracta que não coincide nem com experiências originais nem com interpretações críticas. Se o investigador não compreender que as ideias são imagens que uma entidade política tem de si própria, cai num dilema: deixa-se absorver na esfera a investigar ou perde as ligações com ela devido a atitude pretensamente neutral. Em qualquer dos casos perde o fundamento da política e, consequentemente, a capacidade teórica.

b) A Nova Ciência da Poítica, 1952

Ao abandonar a forma da *History of Political Ideas* Voegelin ficava nas mãos com uma soma riquíssima de investigações donde extrairá numerosos artigos que publica no decorrer da década de cinquenta e que constituem como que a infraestrutura da pesquisa da ordem. Entretanto, o seu pensamento movia-se em direcção a uma nova síntese e confrontava-se com problemas e projectos que já não cabiam no quadro metodológico anterior. Tinha de depositar em novos eixos de cristalização os conteúdos de reflexão decantados em pacientes investigações. A reflexão de Schelling sobre a consciência como origem da *anamnêsis* mostrava a possibilidade de reorientar a pesquisa, passando da investigação da história das ideias para a das origens experienciais dos simbolismos. Giambattista Vico alertava para o facto de que as comunidades humanas utilizam mitos que funcionam como oráculos divinos e fontes imediatas de consciência religiosa e políticas.[12] Mais importante ainda: a ética e a política clássica e cristã continham uma proposta de ciência de ordem que permitia ultrapassar o bloqueio da ciência isenta de juízos de valor porquanto resultava de uma experiência meditativa que coloca a antropologia no centro da ciência política.

Foi sob este signo que surgiu em 1952 *A Nova Ciência da Política*, livro que por muitas razões se tornou num marco na obra de Voegelin e que ocupa uma posição intermédia entre o primeiro artigo escrito em 1922 e o último de 1985.[13] Marco ainda, porque é revelador das soluções transitórias do pensamento de um autor que, nesta fase, está a caminho de fundamentações filosóficas mais exigentes e mais depuradas. Marco, enfim, porque ao revelar uma crise e iniciar um programa, chamou o público para um diálogo que desde então tem vindo a crescer. *A Nova Ciência da Política* revela uma crise pelo forte teor polémico e as críticas que empreende à secularização das sociedades ocidentais e à metodologia da ciência política moderna. Profundamente interpeladoras, ou mesmo provocatórias, são algumas observações salpicadas pelo livro, endereçadas tanto a personalidades como a estereótipos correntes da história das ideias. Por outro lado, como sugeriu Gregor Sebba, *A Nova Ciência da Política* tem carácter pragmático e corresponde a "um esboço inacreditavelmente condensado dos derradeiros três volumes de *Order and History*, escritos mas retirados antes da publicação".[14] Como escreveu o autor no prefácio da edição alemã de 1959, tudo isto tornou a obra não tanto célebre como notória pelo que "atendendo à sua

---

[12] De acordo com a paraphrase que Ernst Benz extraiu da *Filosofia da Mitologia*: *"The peoples did not first come into being and then create their myths, but the other way round: it is the mythology of a people that determines its character and history"* Cf. "Theogony and the transformation of Man in Friedrich Wilhelm Joseph Schelling" in CAMPBELL, ed., *Man and Transformation, Papers from the Eranos Yearbooks*, vol.5, p.213, apud WEBB 1988, p.133-4.

[13] "Die gesellschaftliche Bestimmheit soziologischer Erkenntnis. Eine soziologische Untersuchung", *Zeitschrift für Volkswirtschaft und Sozialpolitik*, n.s., II, pp.331-48, 1922.

[14] OPITZ e SEBBA 1981, p.229.

notoriedade – Fama não seria o *mot juste* – " as impressões posteriores reproduziram integralmente a primeira edição.[15]

Ao ser convidado para as Conferências Walgreen em Chicago, em 1951, Eric Voegelin proferira uma série de palestras intitulada *Verdade e Representação*, insígnia que comunicava a novidade do seu pensamento apoiado no gesto filosófico clássico e cristão. O tema de representação não era uma excrescência no pensamento de Voegelin mas um lugar de radicalização em que se abre a natureza do político. Após uma sugestão do editor para modificar o título, Voegelin acabou por se decidir por *A Nova Ciência da Política*. Já no estudo de 1948 *The Origins of Scientism* observara que a expressão *nuova scienza* surgira pela primeira vez em 1537 pela mão do matemático Tartaglia, sendo depois aproveitada para título de uma obra do mais ilustre dos seus discípulos, Galileo Galilei. E, refere o prefácio à edição alemã, tal como Giambattist Vico retomara a expressão *Scienza Nuova* em confronto deliberado com os métodos de Galileu e Descartes, também as conferências de 1951 se confrontavam com o silenciamento do problema da ordem pela ciência política moderna. O título final da obra resume a reorientação desejada. O termo *ciência* denota a clássica *epistêmê theoretik*, aqui sugerida como "descrição verdadeira da estrutura da realidade".[16] *Nova* indica a renovação do realismo noético. *Política* refere-se à concepção de sociedade como parte da *comunidade de ser*. Para se entender o que seja esta nova ciência da política e para evidenciar o seu alcance epocal, deve-se ter presente que ela não restaura velhos métodos de análise nem contrapõe um novo método às politologias modernas. Trata-se de uma filosofia que restabelece a ligação entre a erupção da verdade na consciência e a representação como processo da articulação social. Para

---

[15] 1965 *Die Neue Wissenschaft der Politik*, p.12: "...*Mit Rücksicht auf seine Notorietät – Ruhm ware nicht die* mot juste...." Cf. ainda "*Niemand war mehr überrascht als der Author, daß das kleine Buch erhebliche Aufmerksamkei erregte – freundliche und noch mehr unfreundliche. Nun hat es, so wie es damals veröffentlicht wurde, seinen Platz in der Geschichte der Politischen Wissenschaft*".
[16] NSP, p.27.

atingir esse fim, Voegelin radicaliza as aporias da ciência política moderna e, através da elaboração do conceito de representação colhido em Carl Schmitt e Maurice Haurou, retoma a distinção dos gregos entre ordem social e ordem da alma.

Sempre que a ciência política se concentra na análise de sistemas de governo e de poder remete a ordem paradigmática das sociedades para um estatuto de ideal. As chamadas teorias contratualistas e de soberania, tão decisivas na definição de Estado, têm um valor teórico condicionado pela realidade social. A fim de colher a essência da representação para além das aporias que suscitam, Voegelin move-se em direcção a uma ciência política plenamente teórica. Acrescenta à acepção formal de representação constitucional, um segundo nível existencial como relação de poder e um terceiro nível trancendental de presença de realidade suprema na ordem social. Ao radicalizar o conceito, atinge o valor das simbolizações políticas. Restaurar a ciência política é focar a análise no que a sociedade possui de substancial, ou seja, nas experiências que geram a sociedade aberta e nas experiências que a enclausuram. Para analisar a adequação da sociedade à ordem de ser descoberta na consciência e concretizada mediante instituições, é preciso questionar a finalidade contida nos actos de fundação, ou seja, ligar representação e verdade. Tratava-se de esclarecer como a realidade da ordem atinge a transcendência. E na pesquisa dos três níveis de representação – legalidade constitucional, existência na história e luta pela verdade – age a intenção das investigações de *Die politischen Religionen* sobre a origem comum da Igreja e do Estado e a intenção da pesquisa de HOPI sobre as componentes imanente e transcendente nas "evocações políticas".[17]

---

[17] Entre os *political scientists* que dedicaram recensões discordantes contam-se nomes reputados como os de Hans Kohn, Arnold Brecht e Robert Dahl. Este, em "The Science of Politics; New and Old", *World Politics*, 7(1955), pp.489-89, afirma mesmo que Voegelin *"has not only un-defined science; he has un-scienced it"*, pois utiliza pressupostos cuja validade não examina. Entre os aplausos, o de Hans Aufricht é o primeiro a traçar de modo magistral as grandes linhas da obra. Cf. reed. do original in MCKNIGHT 1978, pp.46-58. Alfred Schütz foi outro interlocutor da primeira hora, como atesta a crítica à *Nova*

Uma primeira divisão da obra sugere que os dois capítulos iniciais mostram a relação entre representação e verdade enquanto os quatro últimos apresentam a respectiva trajectória histórica. Ao simbolizarem a existência, todas as sociedades se autointerpretam como "um pequeno mundo" (*kosmion*). Quando estudadas em sequência histórica, tais simbolizações manifestam um progresso para níveis superiores de verdade de tal sorte que a investigação se transforma numa teoria da história. Ora a ciência política não pode prescindir da forma autoconstitutiva do seu objecto de *investigação*. A esfera política tem uma constituição própria e independente do inquérito científico. Se a *sociedade* começa por se reconhecer no carácter representativo dos seus pais fundadores, exige-se uma pesquisa à maneira aristotélica que parta do caracter autorrepresentativo da realidade política. Para isso, é preciso desembaraçar-se das metodologias que delimitam *a priori* o seu objecto e que em Max Weber atingiram o limite das suas possibilidades.

Contudo, a identificação do Cristianismo como momento maior da diferenciação da consciência, viabiliza uma outra divisão de *A Nova Ciência da Política*. Os três capítulos iniciais referem a articulação de sociedades em que o divino não está diferenciado da ordem global da sociedade enquanto os três finais abordam as sociedades formadas na esteira do Cristianismo; nelas existe uma tensão entre a radical desdivinização do *cosmos* e das instituições civis e uma radical diferenciação do ser divino.[18] Para indicar o avanço para um estádio mais diferenciado de sociedade política surgia a sequência de princípios cosmológico, antropológico e teológico: para designar o processo histórico de corrupção do:

Ciência, escrita em 1952, reeditada in OPITZ e SEBBA 1981. McDONALDS 1957 captou o essencial desta polémica que então se levantou em torno de Voegelin e que opôs antipositivistas e positivistas.

[18] NSP, p.106: *"Hence, by de-divinization shall be meant the historical process in which the culture of polytheism died from experiential atrophy, and human existence in society became reordered through the experience of man's destination, by the grace of the world-transcendent God, toward eternal life in beatific vision"*. Cf. também NSP, pp.162-166.

"Reino de Deus", surgia a célebre fórmula da *imanentização falaciosa do* éschaton *cristão*". Esta síntese acusa a recepção da leitura weberiana do triunfo político da mensagem cristã. A tensão escatológica entre a transcendência do divino e a vida eterna do homem desalojou todas as experiências cosmológicas compactas. As sociedades arcaicas operavam com o princípio cosmológico de representação que deixava indiferenciados os domínios divino, humano, natural e social. No período final da Antiguidade após a crise do império romano no século III d. C, ocorreu o choque entre princípios políticos-teológicos que se reclamavam de exclusividade na representação. Na luta em torno do monopólio de representação transcendente concorreram *sumodeísmos* vários, tendo cristianismo triunfado como religião de Estado no Baixo Império e após magnas vicissitudes.[19] Conseguiria o cristianismo equilibrar a tensão entre imanência e transcendência? Agostinho explicou magistralmente na *Cidade de Deus* que a expectativa da segunda vinda de Cristo deveria ser substituída pela crença da Sua presença já efectiva na Igreja. A expectativa apocalíptica cedia o lugar à experiência da aceitação do ministério da graça divina.

A recepção da graça assinala o novo e mais rico relacionamento com Deus. Diminuir a incerteza da fé pura e estruturá-la mediante o saber racional foi tarefa que a Idade Média desempenhou através do princípio *fides quaerens intelelectum*.[20] A interpretação da sociedade nos termos do cristianismo e a dupla representação através da Igreja e do Império manteve todo o vigor enquanto, além de ser individualmente

---

[19] Erik PETERON 1935 foi uma obra influente em Voegelin, dado a sua abordagem da teologia política no Baixo Império. Intérpretes como BOISSIER 1891, ELIADE 1978, pp.313 e ss., e WESTON 1971, deixaram claro que o destino religioso do Ocidente esteve periclitante enquanto Mitraismo, Cristianismo e outros sumodeísmos apreciados por Imperadores pré-Cristãos competiram pelo monopólio da representação transcendente.

[20] Cf. AGOSTINHO *De Civitate Dei*, Livro XX, cap.7. A mesma posição surge em AQUINO 1959, I-II, questão 106, art. 4, onde são rejeitadas como "fantasias ridículas" as interpretações milenaristas do Livro da Revelação, de seitas Cristãs. A sociedade paradigmática era a comunidade Cristã com os dois tipos de poder, *sacerdotium* e *imperium*, ordenados ao bem comum.

compreendida como verdadeira, foi também publicamente compreendiada como verossímil; ou seja, enquanto as experiências motivadoras se mantiveram vivas nas pessoas e nas instituições que articulam a sociedade. Acresce que, desde a Alta Idade Média, acentuou-se o conflito latente entre poder temporal espiritual, provocando choques políticos em que cada uma das partes experimentou o seu poderio e desgastou forças próprias e alheias. Por razões de vária ordem e cujo enunciado exige uma teoria da história, essa situação findou na Baixa Idade Média. Os símbolos da salvação foram imanentizados por personalidades, seitas e movimentos políticos. Neste contexto, o simbolismo meta-histórico de Joaquim de Fiora tornou-se um dos principais modelos da autocompreensão política do Ocidente, ao reduzir a história da salvação a um acontecimento intramundano. Num momento posterior do processo de redivinização, os conteúdos imanentizados foram secularizados e originaram ideologias e movimentos revolucionários de massas. O questionamento do significado original dos símbolos do cristianismo e as polémicas contra a comunicação católica das experiências que os geraram, fez emergir a modernidade como movimento específico de reacção à verdade religiosa. Este processo de autodivinização humana culminou nas especulações que substituiram a realidade originária por uma *segunda realidade*, cujo teor a torna turbulenta e perturbadora da estabilidade social.

Esta análise bem como os avanços teóricos patentes em *A Nova Ciência da Política* não teriam sido possíveis sem a utilização, muito peculiar por parte de Voegelin, do conceito de *gnose*. A par das virtualidades explicativas, tal conceito suscita grandes dificuldades. A designação habitualmente atribuída a doutrinas religiosas iniciadas no séc. II d.C., parece demasiado recôndita para enquadrar vastos horizontes teóricos e históricos. Mas Voegelin, baseado em notáveis estudos, chamou a atenção para a relevância da *gnose* como constituinte da realidade política e que caracteriza não somente o fenómeno doutrinário da Antiguidade como também as ideologias modernas já estudadas como movimentos político-religiosos em *As Religiões Políticas*.[21] A novidade é que agora, a par do bolchevismo e do nacional-socialismo, também iluminismo, humanismo, liberalismo e positivismo são considerados etapas de um gigantesco processo que se iniciou num sectarismo da Antiguidade e que culminou nos totalitarismos do século XX. De modo rompante, e como que para ocupar o terreno científico, surgia uma cifra para avaliar a modernidade e o correspondente processo de desdivinização.

Como avaliar liminarmente *A Nova Ciência da Política*? Terá sido metodologicamente proveitoso reteorizar a realidade política em termos de transcendência de tipo "platónico" *versus* imanência de tipo "gnóstico"? Será possível uma teoria da representação universalmente válida? Não existirão na obra demasiadas categorias infundamentadas? *A Nova Ciência da Política* mantém-se como contributo imprescindível no trajecto voegeliniano e um marco indispensável no movimento contemporâneo de reteorização, ao esclarecer que a existência e a ordem das sociedades dependem da estruturação do real e que a análise dos paradigmas da sociedade deve preceder a análise dos problemas de poder. Cada sociedade nasce de uma relação com a verdade que representa e a que se chama ordem; cada sociedade pode pervertê-la numa ordem absoluta que imanentiza a verdade. Ao pensar a fundo este conflito, Voegelin não assume a transcendência como medida da ordem política: verdade da ordem alcançada pela consciência não deve superar a ordem da sociedade concreta. Importa, sim, manter uma relação de tensão entre o paradigma de ordem e as formas políticas históricas. E não é por acaso que Platão, apercebendo-se do equívoco de teorizar a *polis*, como a incarnação da "verdade da alma", propôs nas *Leis* um modelo mais razoável de ordem institucional. Este percurso que mantém a revelação do espírito nos limites das dimensões social e histórica foi também o de Voegelin ao entrar na

---

[21] NSP p.124. Cf. as referências às obras de JONAS 1934, von BALTHASAR 1937 PÉTREMENT 1947; SOEDERBERG 1949. CF. ainda DE LUBAC 1959.

Nova Ciência.[22] Estava consciente que novos conteúdos exigiam nova teorização, e que esta deve apoiar-se na existência de símbolos equivalentes acerca da origem e articulação das comunidades. Sabia que a decisão por um novo método resultaria dos conteúdos a investigar. E como a ciência política normal não permitia utrapassar estes impasses, aproveitou o ensejo para chamar a atenção para os dados perturbantes e para esboçar critérios muito gerais da nova análise. Tinha de abandonar velhos caminhos. Verdadeiramente, eram os anos do êxodo.[23]

Opus magnum

a) *Ordem e História I, II, III, 1956-58*

O programa anunciado em NCP veio a ser parcialmente realizado nos três primeiros volumes de *Order and History*, publicados em 1956-57 e intitulados *Israel and Revelation*, *Plato and Aristotle* e *The World of Polis*. Neste seu *opus magnum*, Eric Voegelin propunha-se descrever a sequência dos tipos de ordem detectáveis na história, mediante a análise dos simbolismos de autointerpretação das sociedades. As

---

[22] Em *On Revolution*, Hannah ARENDT não vai além das aporias colhidas na representação moderna e resolve o problema das élites através da espontaneidade. A sua leitura de Platão fá-la confundir a fundação da ordem na alma com a imanentização de transcendência.

[23] Ver *Autobiographical Memoir*, apud SANDOZ 1981 pp.64-75. Cf. A 1966, pp.19-20: *"Da sich der Realitätsakzent auf die Erfahrungen verlagert hatte mußte ich meine projektierte und schon weit fortgeschrittene Geschichte der politischen Ideen als obsolete aufgeben. An ihre Stelle traten die neuen Untersuchungen zur Philosophie des Bewußtseins – über die Ergahrungen von Ordnung; ihre symbolischen Ausdrücke; über die fundierenden Institutionen; und schließlich über die Ordnung des Bewußtseins selbst"*. [N. E.: Quanto à realidade, a ênfase mudou para as experiências; portanto, tive de abandonar meu projeto já em estado bem adiantado (*História das ideias políticas*), por estar obsoleto. Foi substituído por novas investigações acerca da filosofia da consciência – acerca das experiências de ordem, de suas expressões simbólicas, das instituições fundantes, e, finalmente, da própria ordem da consciência. In *Anamnese*, É Realizações, 2009, p.56. Tradução de Elpídio Mário Dantas Fonseca. Obs. As traduções dos trechos de A 1966 e de A 1978 a seguir são dessa mesma fonte.] Cf. FRANKFORT 1946.

categorias centrais da obra, ordem e história, são apresentadas nos capítulos introdutórios de cada um dos volumes. Os homens que se associam numa comunidade criam uma ordem concreta a que correspondem símbolos conscientemente elaborados. A ordem nasce de uma interrogação pessoal acerca do ser, transmitida em símbolos articuladores do acto fundador e da institucionalização pública.[24] Para identificar essa ordem, o intérprete tem de experimentar uma tensão ordenadora equivalente à experiência original. Se em obras anteriores o temo *ideia* indicava os processos de constituição da imagem representativa de uma sociedade, agora o termo *ordem* liga as autointerpretações das sociedades históricas à experiência interpretativa. Autointerpretação das sociedades e interpretação teórica são respostas distintas à mesma pergunta "Que é a ordem?". E assim, a pesquisa supera a função legitimante de uma ciência política que se limita a reflectir as formas concretas de ordem e permite uma filosofia da história que não seja apenas uma recapitulação do passado. O projecto de Voegelin está agora mais completo: o conceito de *ordem* enriquece o panorama conceptual de obras anteriores, centradas nas *ideias* e na *representação*.

Os três volumes iniciais de *Order and History* percorrem respostas sucessivas das civilizações egípcia, mesopotâmica, israelita e helénica, à interrogação originária. O princípio interpretativo apresentado na abertura da obra, "a ordem na história emerge da história da ordem", tem consequências muito precisas e profundas.

1. A compreensão da tarefa dos pais fundadores da ordem na história, chamem-se eles Moisés, Hammurabi ou Sólon, depende da capacidade teórica do intérprete.

---

[24] Veja-se HESCHEL 1968, p.24 *"La Bible nous montre une façon de comprendre le monde du point de vue de Dieu. Elle ne s'occupe pas de* l'être *en tant que tel, mais de* l'être *en tant que crée. Son propos n'est pas l'ontologie ou la métaphysique, mais l'histoire et la méta-histoire: elle traite du temps plutôt que de l'espace".* [N. E.: A Bíblia nos mostra uma maneira de compreender o mundo do ponto de vista de Deus. Não se ocupa do ser enquanto tal, mas do ser enquanto aquele que crê. Não visa a ontologia ou a metafísica, mas a história e a meta-história: Ela trata mais do tempo que do espaço.]

Só é possível compreender o ordenamento das sociedades mediante o êxodo teorético que fornece o objecto a estudar. Só existe ciência política com valor teórico no movimento que consegue diferenciar o acto fundador da ordem.
2. O horizonte helénico da história das ideias políticas é insuficiente. É preciso contemplar outras formas de expressão pública da ordem, incluindo as que a ciência política exclui como *religiosas*.
3. É necessário um tipo de interrogação que exceda a estrutura da modernidade e que não reduza a fundamentação política da sociedade à produção de ordem a partir da tábua rasa. Para restaurar a consciência dos princípios elididos, propõe-se um pensar atento aos pressupostos utilizados numa chave interpretativa que, sem ser totalizante, prepara a apresentação do Cristianismo através dos precedentes hebraico e helénico. E como atesta a vinheta da obra, seleccionada de uma passagem do *De Vera Religione*, na qual Agostinho erradica a curiosidade como inimiga da ciência genuína, a intenção de conhecer deve vincular-se ao propósito de formar a consciência, ou seja, de propôr o horizonte da filosofia.[25]

A pesquisa foi viabilizada pelo avanços na área das ciências históricas e pelo desbloqueio das ideologias. Os dados elaborados historicamente podem ser retomados pela exegese filosófica, ultrapassando os habituais interditos positivistas e historicistas sobre a teoria política em geral e a filosofia da ordem em particular.[26] O ponto partida da análise é o confronto

---

[25] S. Agostinho, *De Vera Religione*, apud OH IV, p.viii: *"In consideratione creaturarum non est vana et peritura curiositas exercenda; sed gradus ad immortalia et semper manentia faciendus"*.

[26] Cf. OH I, prefácio, p.xii: *"The work could be undertaken in our time, in the first place, because the advance of the historical disciplines in the first half of this century has provided the basis of materials. The enormous enlargement of our historical horizon through archeological discoveries, critical edition of texts, and a flood of monographic interpretation is so well known a fact that elaboration is superfluous (…) The second reason why the study could be undertaken in our time is less tangible than the first one, inasmuch as it can be described as the disappearance of the ideological mortgages on the work of science"*. [N. E.: "A obra pôde ser empreendida

entre as sociedades cosmológicas do Crescente Fértil e *a forma histórica* de Israel.[27] Os simbolismos de ordem nas culturas do Próximo Oriente apresentam uma comunidade originária de ser que congrega Deus, Homem, Mundo e Sociedade. É dessa *consubstancialidade* que emerge o homem – actor e não espectador – jogando a sua existência na incerteza do desfecho e do sentido pleno da existência, que apenas poderia transparecer caso fosse cognoscível a totalidade do ser. Dado que a participação forma a essência do seu existir, está vedado ao homem o conhecimento do todo de que é parceiro. E essa mesma ignorância parcial do todo proibe o conhecimento absoluto da parte. Ignorância essencial não significa, porém, ignorância completa. O processo de participação humana que decorre do facto complexo da existência, acaba por iluminar a identidade substancial da comunidade originária. Os diferentes modos de existência das partes da comunidade são distintos. As existências mais duradouras fornecem o quadro de subsistência das mais efêmeras. O homem vive enquadrado pela sociedade que, por seu turno, decorre no mundo. E como a existência é caracterizada por duração e mortalidade, as sociedades cosmológicas criaram os simbolismos da imortalidade, expressivos da presença divina que permanece no fluxo de ser: o mundo acontece ao Deus desconhecido que se manifesta através dos deuses.[28]

---

em nosso tempo, em primeiro lugar, porque o avanço das disciplinas históricas na primeira metade deste século forneceu a base material. A enorme ampliação do nosso horizonte histórico por meio de descobertas arqueológicas, edições críticas de textos e um sem número de interpretações monográficas é um fato tão conhecido que não requer maiores explicações (...) A segunda razão pela qual o estudo pôde ser empreendido em nosso tempo é bem menos tangível que a primeira, visto que só pode ser descrita negativamente como o desaparecimento dos compromissos ideológicos no trabalho científico." Trad. Cecília Camargo Bartolotti, Ed. Loyola, 2009, p.20. As traduções de OH I a seguir remeterão a mesma fonte.]

[27] OH I, p.124: *"Israel alone had history as a inner form, while the other societies existed in the form of the cosmological myth".* [N. E.: Apenas Israel tinha a história como uma forma interior, enquanto as outras sociedades existiam na forma de mito cosmológico. Op. cit. p.11]

[28] OH I, p.2: *"The perspective of participation must be understood in the fullness of its disturbing quality. It does not mean that man, more or less confortably located in the landscape of being, can look around and take stock of what he sees*

Neste contexto do Antigo Médio Oriente, o povo de Israel protagonizou um novo tipo de existência: a parceria com Deus na história. À medida que os nexos míticos perdiam a transparência e faziam empalidecer as ordens parciais da existência, cresceu a receptividade para o monoteísmo. A conversão sentida trouxe um aumento de conhecimento e uma alteração na estrutura da existência pessoal e social, um "salto no ser". A descoberta da impropriedade das analogias conduziu Israel para uma nova forma de comunidade que abandona as leis decalcadas do *cosmos*. O Decálogo é derivado de uma revelação divina tão poderosa que dela emerge o dinamismo histórico como a nova forma de existência da comunidade. Esta nova situação humana é comprovável de muitos modos. Os livros de gerações *(sepher tolêdoth)* prolongam as genealogias dos clãs hebraicos em direcção ao futuro, até abranger a humanidade inteira e, na direcção do passado, até atingir os primeiros progenitores. Os grandes eventos históricos, experiências e cultos, recolhidos nos simbolismos de *Criação, Canaã, Aliança, Exôdo, Sinai, Siquém, Messias*, adquirem um dinamismo histórico que os separa dos simbolismos cosmológicos de sociedades suas contemporâneas.[29]

Os dois volumes seguintes da série *Order and History*, intitulados *The World of the Polis* e *Plato and Aristotle* vieram a lume em 1957-8, em continuidade com o programa traçado, a

---

as far as he can see it. Such a metaphor, or comparable variations on the theme of the limitations of human knowledge, would destroy the paradoxical character of the situation. It would suggest a self-contained spectator, in possession of and with knowledge of his faculties, at the center of the horizon of being, even though the horizon were restricted." [N. E.: "A perspectiva da participação deve ser entendida na plenitude de sua qualidade perturbadora. Não significa que o homem, localizado mais ou menos confortavelmente no cenário do ser, possa olhar ao redor e avaliar o que vê na medida em que o possa ver. Essa metáfora ou variações comparáveis sobre o tema das limitações do conhecimento humano destruiriam o caráter paradoxal da situação. Sugeririam um espectador autossuficiente, de posse de e com conhecimento de suas faculdades, no centro de um horizonte do ser, ainda que o horizonte fosse restrito. Op. cit. p.45]

[29] O cap. 6, 1 de *Israel and Revelation* expõe o estado da exegese bíblica no início dos anos cinquenta. Cf. exposição sobre o tema in ANDERSONS Bernard W., 1978, "Politics and the Transcendent. Voegelin's philosophical and theological Exposition of the Old Testament in the Contexto f the Ancient East".

análise da ordem helénica apresentava dificuldades específicas porquanto ultrapassava tanto a forma cosmológica como histórica de existência. Tratava-se de mostrar como se diferenciara uma nova verdade de tipo noético, acerca da ordem e da história, num processo que culminou na ruptura com o mito, viabilizada pela articulação da verdade e do ser. Para além da *polis* histórica, os gregos atingiram a *cidade* articulada pela antropologia, fazendo emergir a verdade como interiorização das experiências de ascensão e queda da alma. Assim, o essencial da teoria política grega não é sistema, nem doutrina nem proposta de regime, mas a indicação do caminho para a verdade de alma. A teoria não se obtém por construção conceptual; resulta do confronto da alma ordenada com a sociedade. A verdade não se estabiliza em conceitos definitivos; exige símbolos de abertura da alma ao transcendente. A verdade da alma não é produto da uma entidade fechada e absoluta; coincide com a abertura à verdade. E esta unidade inseparável das verdades de deus e do homem, na implicação da transcendência como constitutiva da essência da alma, surge reflectida quer na estrutura *metaxy* que caracteriza o homem, segundo Platão, quer na estrutura metaléptica do saber sobre a essência do ser segundo Aristóteles.

A estrutura da alma que emerge do pensar típico da Grécia resulta da interrogação sobre *archê*. Mas Homero e Hesíodo, Parménides, Heraclito e Xenófanes não estão primordialmente interessados numa explicação do começo definitivo do universo. O que mais importa nas suas pesquisas sobre a essência do *nous,* é a coincidência do fundamento da ordem humana com o fundamento do ser. O processo rigoroso do *nous* compatibiliza a via lógica da alma com a experiência demiúrgica e destaca-se do mito pela capacidade crítica. Essa filosofia não presume que o rigor não resulte da liquidação de pressupostos nem da construção de um sistema a partir da tábua rasa. Na visão voegeliniana da experiência helénica, a ordem da alma não liquida a ordem da sociedade, nem esta liquida a da história, nem a ordem da história liquida a da divindade, anunciada pelos mistérios órficos e elêusinos. Os gregos foram capazes de diferenciarem os *nous* da envolvente cosmológica, que abrangia tanto a vida humana como as manifestações das sociedades fechadas, determinadas pelas mesmas forças que animavam os movimentos cósmicos. A *polis* é agora um *makroanthropos* e a ordem política pode ser mais que uma cosmologia. O propósito do *mundo da cidade-estado*, o sentido original da política, é a conquista de uma tensão entre as ordens concretas da sociedade e da consciência. O processo e morte de Sócrates exprimem esta exigência de manter a ordem da alma como a medida, transcendente e interveniente, da ordem da sociedade. O saber verdadeiro e a prática justa só se dão na relação com o concreto, na experiência noética em que o filósofo se diferencia dos aparelhos conceptual e institucional de que a sociedade precisa para funcionar. Só nesta diferenciação - que é filosofia – se obtém a atitude que Voegelin designará posteriormente de *interpretação noética da realidade política*.

b) Anamnesis, 1966

Em Janeiro de 1958 Voegelin chegou a Munique como professor convidado da *Ludwig-Maximilian Universität* para dirigir o novo Instituto de Ciências Políticas. Além das actividades de investigação, orientação e administração manteve um seminário de doutoramento e dois cursos semestrais, participando em encontros e conferências em universidades e institutos da Europa e dos Estados Unidos, com intervenções reproduzidas ou alargadas em novos artigos. Durante os onze anos de Munique trabalho não faltou a Voegelin, como atestam mais de vinte artigos publicados nesta fase, alguns deles recolhidos na colectânea *Anamnesis* de 1966, uma das grandes etapas da investigação. Tinha agora a oportunidade de organizar um programa de estudos que incorporassem os princípios paradigmáticos da sua filosofia civil. Poderia ainda contactar com velhos conhecimentos tais como Alöis Dempf e disfrutaria alguns benefícios financeiros. Mas o mais importante resultado desta fase foi a formação de uma plêiade, reduzida mas convincente, de jovens investigadores entre os quais avultam nomes como os Peter Opitz, Jürgen Gebhardt, Manfred Hennigsen, Peter Weber-Schäfer, Thilo Schabert e Ellis Sandoz. Cada um seguiu caminho próprio sem deixar de prestar tributo ao mestre que regressara à Alemanha, escreveu sua mulher, "para ajudar meia-dúzia de jovens, como ele dizia, ao ultrapassar os tempos difíceis na Alemanha"[30]

A par desta magna tarefa, as actividades do Instituto eram cuidadosamente seguidas pelo seu director e apenas as restrições financeiras impediram que se expandisse mais o quadro de professores e investigadores reputados indispensáveis para o vasto programa de pesquisas.[31] A orientação para áreas de ciência política fundamental, em detrimento de estudos de ordem pragmática não facilitou a almejada expansão. Apesar de tudo, surgiram doutorandos e investigadores que mais tarde se revelaram sumidades nas respectivas áreas. Um outro requisito essencial foi alcançado: a constituição de uma biblioteca de Ciências Políticas que mantém, até hoje, a grande categoria que seu fundador lhe imprimiu. E o resultado cumulativo foi a criação de um foco intelectual capaz de resistir no cenário universitário alemão às pressões ideológicas.

Voegelin anunciara os três volumes finais de *Order and History*, com os títulos respectivos de *Igreja e Império, Os Séculos Protestantes* e *A Crise do Nosso Tempo*. De acordo com o plano sobre o percurso na ordem no Ocidente, o quarto volume incidiria nos confrontos seculares entre representação espiritual e temporal, o quinto no rompimento desse equilíbrio a partir do final da Idade Média, enquanto o sexto e último trataria das ramificações contemporâneas da crise da representação. Para muitos, a transbordante actividade no *Münchener Institut für Politische Wissenschaft* entre 1958 e 1968 explicaria satisfato-

---

[30] Depoimento de Lissy Voegelin in OPITZ 1988, p.9: *"Ein paar jungen Leuten" wie er es ausdrückte, zu helfen, über die schwierigsten Zeiten in Deutschland hinwegzukommen".*

[31] O professor Doutor Hans Maier ofereceu-nos cópias de documentos originais em que Eric Voegelin traça o plano de actividades do Instituto de Ciências Políticas.

riamente os sucessivos adiamentos da edição destes volumes. Mas quem estudar os artigos deste período, pode confirmar que os adiamentos se devem a problemas e obstáculos que exigiam uma profunda revisão metodológica. O mais preocupante não era o acréscimo permanente de elementos que obrigavam a alargar o horizonte dos tipos de ordens definidos nos volumes iniciais de *Order and History*. Preocupante, sim, era o facto de as fórmulas e os princípios que emprestam unidade ao decurso da história serem simbolismos datados e autointerpretativos cujos pressupostos tinham de ser examinados. As fórmulas especulativas sobre o devir e, em particular, a própria possibilidade de conceber uma história periodizada da ordem no Ocidente, deveriam ser objecto de uma interpretação que lhes avaliasse a génese e o alcance.

Até cerca de 1965, Voegelin pensou tornear a *vexata quaestio* da continuação de *Order and History* com um único volume conclusivo cujas temática central surge na Conferência *Stevenson Memorial* de 1961. Aí refere o consenso entre historiadores quanto ao reconhecimento de um período de criação de impérios mundiais aproximadamente entre os séculos VI a. C. e III d. C. Essa *age of world empire,* criadora de um espaço ecuménico do Atlântico ao Pacífico, surgiu a par da expansão espiritual que Bergson designou por *abertura da alma*. Esta ligação entre a fundação de impérios que se afirmam representativos da humanidade e a erupção com que a humanidade se afirma representativa de Deus ajudava a situar as insuficiências que Voegelin detectava nos critérios dos projectos *Order and History*.[32] Os pontos melindrosos suscitados pela coincidência entre expansões espiritual e concupiscencial eram vários:

1. As origens do Cristianismo revelavam-se muito mais complexas do que previsto no programa inicial.
2. A par de empreendimentos pragmáticos, os impérios ecuménicos possuíam uma pretensão espiritual.
3. A sequência Judaismo, Cristianismo, Gnose é insuficiente para analisar a experiência ocidental.

---

[32] 1962 *World Empire and the Unity of Mankind,* pp.170-171.

4. Os símbolos filosóficos da experiência clássica de razão são paralelos aos símbolos pneumáticos do Cristianismo.
5. Pré-História Comparada têm novos materiais que exigem revisão das periodizações historiográficas.

Numa palavra, a complexidade das configurações da história destituia de sentido o projecto de descrição linear das concepções de ordem. Tornava-se necessário esclarecer o decurso do tempo à luz de uma filosofia da consciência. O artigo *Ewiges Sein in der Zeit*, 1964, mostra como a consciência ao diferenciar-se, ou seja, ao buscar transparência para o fundamento do ser, acantona como passado as fases mais compactas da sua existência. Cada momento em que se reconhece insatisfatória uma experiência de ordem, de que os símbolos são o suporte predicativo, é o momento em que se atinge a génese da história. Incumbe ao teórico esclarecer a estrutura da consciência humana patente nos símbolos, até atingir a interrogação originária que abre o tempo ao fundo eterno do ser. É a interrogação que mostra o ser como anterior à história. É esta experiência que ordena a consciência, fazendo com que a estrutura intencional seja equilibrada pelo mistério da realidade. E a verdade encontrada não se configura gnosticamente como um absoluto para além da tensão, mas sim como momento de esclarecimento máximo da tensão participativa.[33]

Esta reorientação da pesquisa surgiu confirmada em 1966 pela colectânea *Anamnesis, Zur Theorie der Geschichte und Politik*,[34] qualificada no prefácio como "uma reformulação abrangente e libertadora da filosofia da consciência" e na qual ficavam patentes as principais fases do processo meditativo.[35] Precedida por um memorial dedicado ao Alfred Schütz, onde

---

[33] A 1966, p.254 *"Geschichte als die verwirklichung ewigen Seins in der Zeit zum Bewu tsein gebracht wird"*. Cf. a expressão *subjektlose Ereignis*, in A 1966, p.265.

[34] Trata-se da edição original alemã editada em Munique pela R.Piper & Co. Verlag. Em 1978 saiu uma edição inglesa com menor dimensão e novos capítulos, traduzida por Gerhart Niemeyer, editada em Londres e Notre Dame pela University of Notre Dame Press.

[35] A 1966, p.8: *"Eine umfassende und vorläufig befriedigende Neuformulierung der Philosophie des Bewu tseins"*.

se justifica o abandono da formulação de uma história das ideias, a primeira parte da obra é composta por dois estudos escritos em 1943 – uma crítica da *Krisis* (...) de Husserl sob a forma de uma carta a Schütz e um ensaio acerca da teoria da consciência – e por um conjunto de descrições de experiências anamnéticas de base e sabor autobiográfico que retratam o *surto de realidade* experimentado pela consciência na remota infância. A segunda parte dessa edição original incluía dois ensaios muito relevantes. *Historiogenesis*, 1960, denuncia as construções falaciosas que presumem descobrir um sentido absoluto e imanente da história e que remontam à época dos Impérios cosmológicos. *Ewiges Sein in der Zeit*, 1964, teoriza a *presença fluente*, homologadora de eternidade e tempo. A terceira parte, *Was ist politische Realität*, a par da recuperação e diferenciação da tradição política do realismo noético, patente na experiência clássica de razão, passou justamente a ocupar o cerne da pesquisa ao apresentar as formulações mais recentes sobre a *teoria da consciência*. Estes estudos constituíam o momento culminante da busca da ciência política, ao apresentarem a consciência como centro da experiência de ordem, numa teoria muito trabalhada que projecta a sua luz sobre os restantes aspectos da pesquisa. Eric Voegelin apresenta aqui uma filosofia completa da ordem. A investigação das experiências de ordem recorrem ao paradigma noético dos Gregos e baseiam-se na mais evidente de todas as experiências: a busca de um fundamento. Ao contrapôr-se a formas autocompreensivas e não-noéticas de ordem, a pesquisa adquire um critério para medir um valor das várias interpretações de ordem na história. Superando a distinção metodológica entre ciência e objecto, típica da modernidade, a pesquisa verifica permanentemente a radicalidade da sua diferenciação no processo com que se contrapõe ao objecto. A *noêsis* não nasce independentemente dos objectos noemáticos; rompe o horizonte dos factos e das ideias e mantém-se nessa diferenciação para verificar a sua alteridade. É na medida em que a *anamnêsis* se faz experiência, que poderá emergir o filosofar; é na prática que a *noêsis* capta o seu objecto.

c) A Era Ecuménica, 1974

O caracter originário da experiência de ordem em que a *noêsis* descobre as articulações essenciais não ficaria esclarecido caso não fosse inserido no processo histórico. Em artigos e monografias sucessivos, Voegelin irá indicar que a *história* é um campo cuja existência e estrutura apenas se esclarecem mediante as experiências meditativas que revelam o fundamento do ser eterno como mais originário que o ser no tempo. *The Eclipse of Reality*, 1969, mostra que o processo histórico tem de ser esclarecido noeticamente e *Equivalences of Experience and Symbolisation in History*, 1970, reforça esta inflexão da pesquisa ao considerar os fenómenos históricos como "partes de configurações significativas" que, ao serem combinadas, produzem a mais ampla das configurações, à qual chamamos história. No estudo *Configurations of History*, 1968, relembra os factores indispensáveis para identificar *épocas* em história. O período que se inicia em 800 a. C. e que apresenta concluso em 800 d. C., ostenta os mais decisivos surtos espirituais da humanidade, mormente o surto máximo do Cristianismo, a fundação de impérios que abarcam o mundo conhecido e a criação historiográfica de projecção universal. A pesquisa deve atender muito especialmente a esta configuração em que se verifica um laço entre espírito, poder e historiografia. A descoberta que a história nasce na consciência permite abandonar a manipulação dos fenómenos de império, espírito e história por uma suposta marcha da razão. A história caracteriza-se pelas diferenciações suscitadas na consciência, em reposta às solicitações do fundamento do ser; e cada época mostra uma verbalização específica da experiência em ordem. Quando Voegelin seleccionou a expressão *"era ecuménica"* para identificar a época máxima da história, encontrara o título para um novo e reorientador estudo.[36]

---

[36] 1968 *Configurations of History*, p.26. *The Ecumenic Age* será o vol.4 da série *Order and History* empreendido após o regresso aos EUA ao atingir a idade de reforma em 1969. Eric Voegelin aceitou então o convite da *Hoover Instituion* para se vincular à Universidader de Stanford, na Califórnia, prosseguindo

Em 1974, surgia *The Ecumenic Age*, conjunto de estudos sobre a simbolização da ordem em tempos, lugares e personalidades centradas no coração histórico da humanidade: a revelação cristã. Gregor Sebba rotulou-o de verdadeiro "Livro do Êxodo", onde "através dos desertos da história pragmática" surge a "terra prometida" do paradigma. É esta tensão que confere unidade ao que é, quiçá, a mais difícil obra de Voegelin, dado o entrecruzamento dos padrões e sequências parciais de significação que conferem sentido à história. não mais era possível alinhar tipos empíricos de civilização, fossem quantos fossem, numa sequência linear, um *"padrão horizontal"*.[37] Seria necessário admitir "um campo perturbadoramente diversificado de centros espirituais", uma "pluralidade de centros de sentido" e de "erupções espirituais" que podem ocorrer em qualquer lugar, em qualquer povo, em qualquer pessoa e em qualquer tempo. Numa palavra, "o processo da história, e toda e qualquer ordem que nele for discernida, não é uma narrativa a ser contada desde o princípio até ao final feliz, ou infeliz; é um mistério em processo de revelação"[38]. Esta ruptura introduzida no programa inicial de *Order and History* resulta de a génese da história na consciência impossibilitar o alinhamento dos tipos empíricos de sociedade em qualquer género de *sequência, curso* ou *marcha* cronológicas:

> Nesta nova forma, a análise tinha de se mover para trás e para diante e para os lados, em ordem a acompanhar empiricamente os padrões de sentido tal como se revelam na autointerpretação de pessoas e de sociedades na história[39]

O símbolo *Era Ecuménica* designa a configuração histórica em que a consciência da humanidade representativa emergiu,

---

também a sua actividade noutras universidades e instituições dos Estados Unidos e de países europeus até falecer a 19 de Janeiro de 1985.

[37] OH IV, p.2.

[38] OH IV, p.3,6: *"The process of history, and such order as can be discerned in it, is not a story to be told from the beginning to its happy, or unhappy, end; it is a mistery in process of revelation"*. Sobre a aproximação das temáticas do mistério em Gabriel Marcel e Voegelin cf. WEBB 1988, p.108.

[39] OH IV, p.57.

através de uma tríplice via de expansão imperial, surto espiritual e historiografia. No período que decorre entre os séculos VIII a. C e VIII d. C, o horizonte geográfico tornou-se global e o horizonte temporal expandiu-se pela memória historiográfica e pela expectativa apocalíptica. Essa *era* de erupções da consciência, expressas na tríade formada por *Espírito, Império e História* e culminantes na revelação cristã, criou um campo universal de consciência e um campo social da humanidade cuja descoberta e investigação se prolonga até ao presente. A época da experiência primária do *cosmos* cedeu o lugar a uma nova e diferenciada compreensão da realidade, anunciada pela filosofia grega e pela profecia israelitas e confirmada na experiência pneumática do Cristianismo. Surgiu o tipo de humanidade "que permanece como uma constante milenar até à moderna civilização ocidental". E os movimentos modernos de desordem que negam as origens noéticas da diferenciação da realidade, provêm de doutrinas de tipo *gnóstico* que seriam impensáveis sem as diferenciações então surgidas.

Na *era ecuménica* que se estende temporalmente desde a fundação do Império Persa até à *translatio* do Império Romano, e que abrange o espaço terrestre euro-asiático, espírito e poder expandiram-se até ao ponto de se constituirem como finalidades disjuntas do processo histórico, viabilizando o significado de humanidade universal, estabelecido por autores como Políbio e Paulo. Políbio apercebeu-se da existência de uma ecúmena no nível pragmático ao considerar que a finalidade da história é a constituição de Impérios em cuja sucessão canónica se alinham a Pérsia, Macedónia e Roma. A síntese maximamente diferenciada que recolhe a herança da filosofia grega e da lei hebraica, deve-se a Paulo, o relator inspirado da ecúmena espiritual que tem a finalidade e o desenlace na *parousia* de Jesus Cristo, na sua Vida e Ressurreição. O centro dinamizador da teologia paulina reside na "Visão do Ressuscitado", definidora da novidade absoluta do cristianismo perante as religiões da Antiguidade. A realidade da *aphtharsia* anunciava que a história está prestes a transfigurar-se. A *parousia* é o acontecimento por excelência porque encerra o único sentido absoluto possível da história – a consumação e a transfiguração do tempo. E esta mensagem interpeladora que se apresenta com a força inspiradora da conversão cristã é portadora de uma tal turbulência que poderá dar azo a deformações designáveis por *metástases* e que visam impor o reino de Deus na terra ou, em sua substituição, a sociedade humana perfeita.[40]

A partir do coração histórico da humanidade universal é possível investigar a diferenciação da ordem em tempos, lugares e personalidades variadas, respeitando a tensão entre a realidade temporal e o ser eterno. A categoria do êxodo surge na dimensão histórica, de modo paralelo à categoria de *anamnêsis* na filosofia; a consciência interrogante exila-se das interpretações e instituições insatisfatórias que encontra no decurso da sua experiência: Israel inicia êxodo de si próprio quando desloca para o Servo Sofredor a consciência da parceria com Deus. A Grécia exila-se de si própria quando, através do *eros*, busca contactar com o divino. E esta tensão surge transfigurada em qualquer dos símbolos máximos do cristianismo, na visão do "Ressuscitado" com que Paulo sintetiza a realidade cristã, ou no símbolo da "partida de Babilónia" descrita por Agostinho: "Começa a partir o que começa a amar. / Muitos dos que partem ainda não sabem, / E os pés dos exilados são afectos do coração; / E contudo, estão a deixar Babilónia".[41] Estes saltos no ser mostram que não existe história independente da experiência de renovação e que todo o verdadeiro tempo é tempo de ruptura. Ao abrir-se ao fundamento do ser, cada sociedade cosmológica, cidade, povo eleito, império – atinge os limites da autocompreensão. Ao debater o fechamento da ordem em torno da forma institucional

---

[40] Sobre a exegese voegeliniana de Paulo cf. BOERS, 1981, "Interpreting Paul. Demythologizing in reverse".

[41] *Incipit exire qui incipit amare./Exeunt enim multi latenter,/Et exeuntium pedes sunt cordis affectus/exeunt autem de Babylonia*. S. Agostinho, *Enarrationes in Psalmos*, 64, 2. Para Voegelin o êxodo simboliza uma das experiências humanas culminantes. Ver por todas as passagens, A 1978, p.140: *"The exodus in its meaning of* incipit exire qui incipit amare *is the classical formulation of a material principle of the philosophy of history"*. [N. E.: O Êxodo no sentido do *incipit exire qui incipit amare* é a formulação clássica do princípio substantivo de uma filosofia da história. Op. Cit. p.12]

predominante, ultrapassa os símbolos de fases mais compactas e atinge o êxodo, o movimento com que todas as culturas da humanidade se revelaram capazes de instaurar novidades.

Este êxodo traduz-se no movimento da pesquisa que conduz da crítica da imagem teórica à pesquisa das ideias, da crítica das ideias ao reconhecimento dos símbolos, da história dos símbolos de ordem à ordem na história, da crítica da história linear à teoria da consciência e da elucidação da consciência ao livre ordenamento da natureza humana à graça divina. O resultado foi um quadro de referência que se destaca no panorama do século XX pela capacidade de questionamento, que ultrapassa barreiras de opinião, cultura e religião. O modo mais sugestivo de lhe reconhecer a relevância, resulta da sua integração no contexto dos autores que, no nosso século, muito embora recorressem a sistemas interpretativos diversos ou apontassem prioridades distintas, tiveram como raiz vital do seu pensamento a resistência às ideologias. É nos momentos de ruptura, em que uma civilização já se não reconhece nos simbolismos de autointerpretação, que surgem os pensadores que cifram a situação da comunidade. Como demonstram os grandes nomes presentes nas crises – e entre os quais Voegelin elegeria Platão e Aristóteles, Agostinho, Tomás de Aquino, Bodin, Vico e Schelling – a ciência da *cidade* só é possível quando emerge uma linguagem que suplanta a velha ordem política com um novo mundo espiritual. A tarefa imediata de Voegelin foi, pois, a de restituir à linguagem teórica o significado que lhe é negado pelas presões pragmáticas. E contudo, não terão as categorias filosóficas um interesse apenas tangencial em teoria política? Não existirá um paradoxo no facto de recorrer a paradigmas abstractos para examinar os problemas pragmáticos da sociedade? O paradoxo é fácil de resolver: é a expressão da tese que a ordem política e social resulta da ordem espiritual. Partindo desta proposta, Voegelin edificou uma reflexão própria, recorrendo à filosofia como ideal da finalidade teorética, às ciências humanas como base de dados relevantes e à revelação cristã como diferenciação máxima dos princípios.

d) *In Search of Order* 1987

No final do capítulo introdutório de *The Ecumenic Age* fora anunciado um quinto volume da série *Order and History*, intitulado *In Search of Order* e cujo objecto seria o estudo "dos problemas contemporâneos que motivaram a busca de ordem na história". Após alguns anos de intervalo, Voegelin iniciara a redacção dessa obra no Verão de 1980 com a assistência de Paul Caringella, continuando o trabalho até finais de 1983, altura em que a sua saúde começou a declinar. À medida que a doença se agravava, concentrou-se na leitura e re-leitura do manuscrito, no qual introduzia quotidianamente ligeiras correcções. Por vezes confiava a sua mulher Lissy "*Este será o quinto volume*".[42] Editado postumamente em 1987, o quinto volume de *Order and History* revelou-se por incompleto face ao programa indicado em 1974. Na obra que a morte do filósofo tornou definitiva, faltava uma simbólica da ordem na época contemporânea, muito embora os dados necessários já estivessem coligidos. E contudo, talvez em nenhum outro escrito como o cap. I, Voegelin se elevou até uma expressão tão depurada, tão radical e tão verdadeira do que há para dizer em filosofia.

In Search of Order é um momento culminante da pesquisa e puramente filosófico. O capítulo inicial – *O Princípio do Princípio* – investiga a estrutura paradoxal do complexo consciência-realidade-liguagem e os modos como esta textura da experiência pode ser transmitida, quer com veracidade quer com inautenticidade. O segundo capítulo – *Distância Reflexiva versus Identidade Reflexiva* – confronta a *forma mentis* da revolução idealista alemã, em particular a filosofia da identidade de Hegel, com a luta pela expressão na consciência que opôs Voegelin à sombra de Hegel.[43] As secções finais – "*Mnemosyne* em Hesíodo", "*Recordação da Realidade*" e "O *Timeu*

---

[42] Cf. OH V, p.ix, as considerações de Lissy Voegelin acerca das circunstâncias da redacção da obra, que jamais teria sido redigida sem a assistência de Paul Caringella.

[43] Sobre este diferendo, autêntica *palaia diaphora* à maneira platónica, falta ainda um estudo específico. Note-se que um intérprete tão notável de Voegelin quanto Dante Germino, afasta-se do mestre em *Modern Western Political Thought: Machiavelli to Marx.*, Cf. GERMINO 1972.

de Platão" – analisam a forma não-deformada das fases do processo da verdade e que Hegel reconheceu como antecedentes da sua compreensão da consciência. A *mnemosyne* divino-humana diferencia a distância reflexiva, face ao processo paradoxal da realidade. A experiência do além, e manifesta na *parousia* nos deuses que vivem e morrem, abre a consciência para o processo da realidade como história inacabada.

Considera Voegelin que os pensadores alemães, para recuperar a base experiencial da consciência, removeram as dogmatizações na metafísica, na ontologia e na teologia. Mas a recuperação foi prejudicada pelo hábito de pensar a realidade como coisificada, hábito fortalecido pelo êxito das ciências naturais e pela legitimação da física como modelo de "experiência" na *Crítica da Razão Pura* de Kant. A posição da *Crítica*, neste contexto, é ambivalente. Ao esclarecer o significado da existência espacio-temporal, a *Crítica* mostrava que razão é mais do que *física* e realçava a área da realidade-mesma como a área da "razão" inalcançável pelo "*natürliche Erkenntnis*" [conhecimento natural]. Para denotar o "mais que a física" que se encontra na "razão", Kant cunhou o símbolo *Ding-na-sich*, em que o "*em-si*" não é uma "*coisa*" mas a estrutura da realidade-mesma na consciência. O símbolo é sintoma das pressões para que a consciência existencial fosse entendida na posição de uma "coisa". Mas tal caracterização do "*natürliche Erkenntnis*" e o sentimento que a recuperação da base experiencial "não-natural" era uma revolução de proporções copernicianas, mostra bem a força da tradição a ultrapassar e as dificuldades da linguagem adoptada.

O predomínio da realidade-coisificada determinou o teor da problemática. Para investigar os "factos da consciência", ponto de partida da *Wissenschaftslehre* de 1974, Fichte refere a consciência do sujeito que investigaria os "factos da consciência". Reduzia, assim, a dimensão reflexiva da consciência à relação entre dois actos da consciência. Dado que nesta identificação dos dois *Eus*, a tónica recaía no sujeito reflectante e dado que o acto reflexivo fora concebido por Reinhold, no *Princípio da Consciência* (*Satz der Bewußtseins*), segundo o modelo sujeito-objecto, tal "intencionalismo não-participativo do acto reflectante acabava por usurpar a autoridade da consciência participativa". Os pensadores alemães designaram este novo tipo de consciência deformada como "especulação". Substituem o processso de realidade em que ocorre a consciência diferenciante, pela especulação imaginativa, sem a tensão da existência. O que Platão referira como realidade divina, incarna no "além" da imaginação do especulador que surge como revelação derradeira e força determinante da história futura. A história é para ser levada até à conclusão, conforme o sistema do especulador. A realidade-mesma é substituída pela "segunda realidade": o começo histórico do sistema especulativo conduziria ao fim da história. Tratava-se, em suma, de um acto revolucionário. Como sabemos por Reinhold, Fichte, Schelling, Hegel, Friedrich Schlegel e Schiller, estes interpretaram os seus "sistemas" como a variante alemã da revolução pragmática na América e na França. Tinham o sentimento de participarem num acontecimento mundial e estavam convictos de que a sua "revolução do espírito" era superior às revoluções pragmáticas, uma vez que penetrava no âmago da consciência. Hegel escrevia a Niethammer, em carta de 28 de Outubro 1808: "Desde que o reino da compreensão (*Vorstellung*) esteja revolucionado, a realidade não se sustenta".

A análise crítica desta "revolução idealista" é prejudicada pelo facto de não existir um termo consensual para a caracterizar. É referida como filosofia do eu (*Ichphilosophie*), filosofia da identidade *(Identitätsphilosophie*), lógica dialéctica do ser; mas estes termos autointerpretativos dos grandes pensadores alemães invalidam-se parcialmente entre si. A designação de "idealismo transcendental" exclui o "materialismo" de Karl Marx que se enquadra na corrente. Mas se o sistema marxiano for incluído, a linguagem dos *ismos* torna-se irrelevante, bem como o conflito entre "idealismo" e "materialismo". A relevância desloca-se, então, para ser o símbolo "ser". A "dialéctica" marxiana que identifica o ser com as condições de produção (*Produktionsverhältnisse*), surge como um jogo intelectual resultante da inversão da noção hegeliana de "ser".

E se admitimos a estrutura da "revolução" como um jogo com o "ser", vemos que Heidegger pôde, temporariamente, visionar a presença do "ser" no movimento nacional-socialista. Mas se as *Produktionsverhältnisse* marxianas e o nacional-socialismo temporário de Heidegger forem jogos equivalentes, a revolução alemã da consciência toma proporções insuspeitadas.

Em toda esta exegese, Hegel surge como aquele que compreendeu a memória como constituinte da consciência histórica mas, ao pretender concluir a narrativa, deformou a estrutura paradoxal da realidade numa "coisa" a ser dominada. A memória, que abria o horizonte histórico, torna-se instrumento de clausura quando pretende que nada mais há para se lembrar. No sistema da ciências, o processo paradoxal de procura da verdade seria assumido como completo e a história inacabada seria levada até o fim. A deformação da estrutura da consciência, porém, não deve obscurecer a revolta lícita contra a deformação ainda pior da consciência por parte do "inconsciente público". Hegel conseguia deformar as experiências fundamentais porque era capaz de as descobrir. O diagnóstico é irreversível; a terapêutica é que é deformadora.

In Search of Order sublinha o que foi sempre constante em Voegelin: a filosofia tem de evitar os formalismos e bloqueios do sujeito transcendental, formalmente vazio de conteúdo, como sucedeu no idealismo alemão. Aceitar literalmente o trabalho crítico dos idealistas, induz o risco da deformação; rejeitar liminarmente os seus resultados, induz a perda das conquistas críticas. Mas se permanecer viva a consciência da experiência e da simbolização, é possível uma linguagem evocativa na consciência que é parceira do ser. A sucessão das experiências da consciência torna-se uma série de acontecimentos a serem lembrados como a história da *parousia* do além divino e vivo. O que possui história é a manifestação do além na consciência, corporeamente localizada, do homem questionante. É ao filósofo que cabe enunciar como "a história da verdade emerge da busca da verdade".[44]

---

[44] Sobre a oposição entre a distância reflexiva e o a revolução idealista da consciência, cf. em articular OH V, p.48-54 e 68-70.

3. Filosofia da consciência

"Na medida em que a consciência do filósofo não é consciência "pura", mas antes a consciência de um ser humano, filosofar é um acontecimento na história da vida do filósofo – e ainda um acontecimento na história da comunidade e da sua linguagem simbólica, bem como na história da humanidade e mesmo na história do cosmos."[1]

Os gregos e os alemães

A postura filosófica de Voegelin é comparável à dos grandes autores do séc. XX que desempenharam um papel decisivo no longo debate que inflectiu a análise da consciência, como entidade abstracta, para um estudo da consciência como entidade concreta. Tratava-se de romper com o modelo idealista que subentende a consciência como *substância*, no sentido metafísico, ou como *matéria prima* a partir da qual se constitui um *eu* transcendental. Era preciso analisar o dinamismo da consciência, mostrando como a experiência de subjectividade acompanha a experiência constituinte do polo objectivo das operações intencionais. E, na medida em que

---

[1] A 1978, p.33: *"Inasmuch as the consciousness of philosophizing is no "pure" consciousness but rather the consciousness of a human being, all philosophizing is an event in the philosopher's life history – further an event in the history of the community with its symbolic language, further in the history of mankind and further in the history of the cosmos".*

o conhecimento empírico depende dos eventos contingentes que procuramos conhecer, exigia-se uma avaliação das operações nele implicadas. Este tipo de investigação apresenta-se em plano anterior à distinção entre teoria e prática, e implica uma filosofia da consciência.[2] O cerne deste acto noético, de que teoria e prática constituem modalidades distintas, reside na tensão originária com que a consciência se destaca da experiência compacta da comunidade de ser, cuja origem e termo nos ultrapassa. Esta ênfase na realidade interina perspectiva, de modo inovador, a nossa existência como seres conscientes. Dado que a realidade é diferenciada pela consciência, importa saber onde se situa o máximo de realidade. E entre conceber os *ens realissimum* como um objecto do fluxo de existência imanente, ou como um fundamento do ser captado noéticamente, existe um mundo de diferenças no qual se joga o destino da liberdade humana.

Conduzido para a filosofia mediante o reconhecimento que a consciência experimenta a realidade a transcender-se, o pensar voegeliniano cumpre-se através da constatação de que o espírito adquire realidade mediante a articulação da forma espiritual da própria realidade. Para levar a cabo esta exegese formativa da razão, já incoativa no sujeito empírico e que forma a subjectividade que dela se diferencia, a pesquisa retrocedeu até a abertura da alma, na filosofia grega. Tratava-se de recuperar os gestos originais da consciência, as experienicas que originam atitudes que não são reproduções de objectos, mas símbolos indicadores da realidade. Uma tal abertura não se

---

[2] O tema da consciência tem sido dos mais tratados nos estudos voegelinianos. Veja-se BUENO Anibal A., 1981 "Consciousness, Time and Transcendence in Eric Voegelin's Philosophy", CORRINGTON John William. 1978, "Order and Consciousness/Consciousness and Order". HARVARD Jr. William, 1978, "Voegelin's Changing Conception of History and Consciousness"; OPITZ Peter, 1981, "Rückkehr zur Realität: Grundzüge der politischen Philosophie Eric Voegelins"; WAGNER Helmuth R., 1981, "Agreement in Discord. Alfred Schütz and Eric Voegelin"; WALSH David J., 1981, "The scope of Voegelin's Philosophy of Consciousness"; WEBB Eugene, 1988, *Philosophers of Consciousness: Polanyi, Lonergan, Voegelin, Girard, Kierkegaard,*. A mesma tónica surge nos contributos Peter Opitz, patentes em OPITZ Peter e SEBBA Gregor (eds.), 1981, *The Philosopher of Order. Essays on History, Consciousness and Politics. For Eric Voegelin on his Eightieth Birthday.*

confunde com as propostas de um saber prático contraposto a teorético, nem com um método específico para orientar a prática; constitui-se a partir da experiência básica de inquietação, a busca do fundamento transcendente e a resistência às experiências deformadoras. O resultado não tem de vir expresso num sistema com um corpo de proposições e princípios definitivos. O momento irónico da filosofia é *katharsis*, o rompimento das teias ideológicas e a abertura à transcendência do *realissimum*. O momento maiêutico assume a inquietação no duplo movimento de procura e de atracção exercida pelo fundamento: "A filosofia é o amor do ser mediante o amor do ser divino como fonte de ordem".[3]

Entre as dificuldades específicas desta pesquisa, algumas expressas pelo autor, outras que o ultrapassam, contam-se da linguagem adoptada e a incoatividade das apresentações. A pesquisa parece, por vezes, adquirir um carácter algo arbitrário em virtude da proliferação do vocabulário filosófico clássico e cristão, em particular termos platónicos, aristotélicos e agostinianos usados na "tentativa da consciência para interpretar o seu próprio logos".[4] As interpretações poderão ser consideradas aproximativas e pouco satisfatórias para eruditos, caso a sua intenção suprema for avaliada como restauração da filosofia teórica ou prática dos clássicos Gregos. A pesquisa procura, sim, extrair da filosofia clássica o enraizamento da razão na esfera prática através do reconhecimento

---

[3] OH I, p.xiv. *Philosophy is the love of being through love of divine being as the source of order*".[N. E.: A filosofia é o amor ao ser por meio do amor ao Ser Divino como a fonte de sua ordem. Op.cit. p.32]

[4] A 1978, p.148 "*Noetic interpretations arise when consciousness, on whatever occasion, seeks to become explicit to itself. The endeavour of consciousness to interpret its own logos shall be called noetical exegesis. Since the prototype of such an exegesis, the classical one, was essentially successful, the present attempt can relate to it. With regard to the symbols we can even follow the classical vocabulary, especially that of Aristotle*". [N. E.: A interpretação noética surge quando a consciência, por qualquer razão, tenta tornar-se explícita a si mesma. Ao esforço de consciência para interpretar seu próprio logos chamaremos "exegese noética". Porque a tentativa prototípica de tal exegese – a filosofia clássica – teve sucesso no essencial, nosso esforço presente pode tomá-la como um ponto de partida. De fato, quanto aos meios de expressão, podemos seguir, através da tradução, o vocabulário clássico, especialmente o vocabulário de Aristóteles. In *Anamnese*, p.431]

das tensões na realidade interina sem as hispostasiar como se fossem entidades independentes. Isto implica transferir para a análise contemporânea alguns dos resultados indiscutíveis da filosofia antiga cujos símbolos foram criados em confronto com o mito compacto e a experiência primária do *cosmos*. No panorama contemporâneo, a consciência confronta-se com ideologias que não reconhecem a estrutura da realidade e com dogmas que a obscurecem, sendo preciso completar o vocabulário derivado da experiência clássica da razão com os conceitos derivados da análise de constituição da subjectividade, e patentes no trajecto da filosofia moderna, desde o idealismo à fenomenologia.

Através do magistério de Othmar Spann, Voegelin contactara com o idealismo alemão, cuja presença se faz sentir na pesquisa tanto de modo positivo como negativo. Os sistemas fixados no modelo da consciência individual apresentam o homem como substância solitária cindida da comunidade de ser, um fragmento que tem de reconquistar o reino do espírito, da consciência, da obrigação moral, da pertença à sociedade e à história e da relação com o *cosmos* e com Deus.[5] Perante esta cisão semeadora de propostas e de ilusões, os avisos inaugurais de Kant não poderiam deixar de se reflectir no trajecto voegeliniano: a impossibilidade de conhecer objectivamente a realidade numénica; a espontaneidade com que a imaginação transcendental oferece um quadro das formas fenoménicas; o dinamismo da consciência humana, que nos orienta para ideias de totalidade e de perfeição; a impossibilidade de hipostasiar o *ens perfectissimum* como *ens realissimum;* eis princípios da filosofia crítica perante os quais Voegelin teve de se situar.[6]

Como lembrou Jürgen Gebhardt ao analisar o artigo de Voegelin *Das Sollen in System Kants,* a presença de Kant surge mediada por Schelling e reflecte-se mais num incentivo à razão prática que numa mensagem de limitações

---

[5] The Oxford Political Philosophers: *"Systems..."*, escreve Voegelin *"are a modern invention, and I doubt that one can properly speak of a system before Descartes".*

[6] WEBB 1988, pp.130-131.

gnoseológicas.[7] Na esteira do segundo Schelling, Voegelin reconhecia que a força da filosofia transcedental reside na exigência de se situar como conhecimento crítico. A consciência apenas se eleva acima da experiência finita, caso se apoiar na estrutura da subjectividade na qual se origina a constituição da ordem factual objectiva do mundo. As metafísicas dogmáticas de Christian Wolff e Alexander Baumgarten, com as suas proposições definitivas acerca da existência de Deus e a imortalidade da alma humana, tinham inspirado a Kant um salutar receio dos procedimentos especulativos. Os objectos metafísicos apareciam-lhe como ideias da razão, insusceptíveis de se manifestarem na experiência. Neste sentido qualificado, Voegelin segue as pisadas da crítica kantiana e aceita a refutação da metafísica enquanto pretensa ciência cujos princípios, elementos universais e substancias, descrevessem a realidade.

Mas Voegelin não enverada pela redução do pensamento à concepção de uma idealidade transcendental dos números, proibidora de um conhecimento teorético do mundo moral. Considera que a análise kantiana dos fundamentos dos costumes, e da vida institucional, revela uma abertura às experiências subjectivas motivadoras da racionalidade. A vivência decisiva do homem é a espontaneidade que se revela no sentimento do dever. Sendo o dever um fenómeno da existência, permitindo ao homem identificar-se como coisa-em-si, é possível concluir pela manifestação empírica das realidades numenais. A temática kantiana do dever inspira a conclusão que, sem experiências motivadoras, não é possível a captação do real, incumbindo ao investigador abrir-se às experiências não-objectiváveis da realidade e reveladoras da existência.

Para dar corpo a esta intenção, Voegelin não construiu um mundo de valores e verdades distinto do mundo dos factos, no qual os valores seriam as propriedades das coisas e o filósofo não seria mais que um hermeneuta, um dador de sentido, conformado com a irrealidade do mundo numenal. Seguiu

---

[7] OPITZ 1980, p.343.

outro trajecto, sem contudo incorrer numa metafísica surda aos avisos do filósofo de Königsberg. Conforme os ensinamentos aristotélicos, apontou para a relevância das experiências reveladoras do enraizamento da consciência no ser cósmico. Este carácter do homem como epítome do *cosmos*, contraria a proposta de um número humano, isento de contaminação empírica, equidistante da imagem metafísica e da objectivação empírica e que, ao apresentar-se como essência livre e racional, transcenderia as dependências causais do mundo dos sentidos.

Em segundo lugar, a composição entre subjectvidade e razão emerge nas meditações orientadas ao fundamento do ser. A *filosofia crítica* perdera de vista as verdades expressas pelos símbolos numenais. Tais verdades experimentadas são a fonte da ordem na existência humana, na sociedade e na história e a única medida possível de conhecimento. Eric Voegelin extraiu de Kant a exigência de compor subjectividade e razão. Em contrapartida, recusava os impasses perante a realidade numenal, bem como o que considerava ser pseudossolução hegeliana do universal incarnado na história. O primeiro passo para uma ciência da ordem consistira em identificar *símbolos* que exprimam a consciência de participação numa realidade não objectual, e que fossem inconfundíveis com conceitos referentes a objectos situados no espaço e no tempo. Para atingir esse fim, o filósofo deveria restituir as experiências motivadoras que se exprimem nos símbolos do mundo histórico e cultural. Tais experiências eram o elemento concreto da realidade interina, que se apresentava polarizada por dois aspectos distintos, imanente e transcendente, ou outros pares de conceitos que sugiram uma diferenciação entre a soma de objectos mundanos e o *ens realissimum*.

Para além da fenomenologia

Neste contexto, tem particular importância o longo diálogo, iniciado em Viena e depois prolongado nos Estados Unidos, entre Eric Voegelin e Alfred Schütz, a quem se referiu como "parceiro silencioso na consciência" nas palavras que lhe dedicou após o falecimento.[8] Na sequência de uma visita ao seu amigo em Nova Iorque, Voegelin escreveu vários estudos entre 25 de Outubro e 7 de Novembro de 1943. Editados mais de vinte anos depois, como primeira parte da edição alemã de *Anamnesis,* estes estudos revelam que o confronto foi um impulso decisivo. De fenomenólogos como Husserl, Scheler, Hartmann e Schütz, reteve Voegelin a mensagem que o regresso às coisas é essencialmente o regresso às experiências em que as coisas se manifestam. É necessário rejeitar todas as vantagens de subjectivismo porque a realidade possui uma estrutura independente da conceptualização. É preciso atender às estruturas de fundo que se manifestam por debaixo da superfície da experiência. É preciso procurar um saber noético da essência da coisa observada, para além das ciências factuais que exploram os fenómenos. Mas caberão todos estes propósitos no projecto da fenomenologia?

Na carta a Schütz, Voegelin ocupa-se da *Krisis der Europäischen Wissenschaften,* editada em Belgrado em 1936. Considera-a uma obra grandiosa pelo que revela de domínio dos materiais, elevação do estilo, crítica do fisicalismo da ciência moderna e reformulação do tema da subjectividade transcendental. A preocupação de situar a teoria da consciência num quadro histórico da humanidade era um esforço meritório para regressar às raízes experienciais do pensamento. Mas apesar de todos estes méritos, Voegelin estava desapontado com os resultados globais da obra cujo horizonte histórico lhe parecia ferido por deficiência de que já se apercebera na conferencia *A Filosofia na Crise da Humanidade europeia* a que assistira em Viena em 7 de Maio de 1935.[9] Husserl teria

---

[8] Sobre o confronto de Voegelin com a fenomenologia veja-se o estudo de Helmuth Wagner, "Agreement in Discord: Alfred Schütz and Eric Voegelin" in OPITZ e SEBBA 1981, pp.74-90. Baseado no estudo da correspondência entre ambos bem como SCHUTZ 1978. Cf. ainda A 1978, *In Memoriam Alfred Schütz,* pp.18-20.

[9] HUSSERL 1977. Cf. MORUJÃO 1968, sobretudo o 2º estudo "A reflexão sobre a história na Fenomenologia de Husserl".

uma imagem vitoriana de filosofia. Idolatrava o homem europeu que atingira o seu primeiro momento de consciência na Grécia, que, com Descartes, recuperara um segundo mas problemático folgo e ao qual a fenomenologia restituiria o bom caminho teórico após a primeira correcção kantiana. O devir da filosofia aparece como teleologia extrapolada de formas históricas de filosofar, cabendo à fenomenologia apresentar o *telos* com perfeita claridade e apoditicidade. Embora cada filósofo do passado reflicta a finalidade comum, a fundação final surge numa posição privilegiada de fim da história, muito semelhante à atitude hegeliana de clausura. Voegelin estranha particularmente a expressão husserliana de que, ao filosofarmos, somos "funcionários da humanidade" e compara-a aos colectivismos de Averróis e do *logos* estoico que tomam a alma individual por partícula de uma alma do mundo. Mais grave ainda é o facto de a consciência surgir constituída pela captação de objectos do mundo exterior, um procedimento incompatível com a experiência meditativa valorizada pela tradição do pensar clássico e cristão.

Trata-se de um momento decisivo da pesquisa. Afinal o que é meditar? É desviar a atenção dos conteúdos mundanos para uma transcendência em que se revela uma realidade mais eminente que as precedentes. Se a linguagem utilizada for de ordem religiosa, a realidade eminente recebe o nome de "Deus". Se for noética, refere-se a um ser ou fundamento. Uma vez que a meditação pode ser comunicada, origina um diálogo entre quem a inicia e quem é iniciado. A meditação clássica resulta de uma atitude de *contemptus mundi*, exercida no horizonte cosmológico que envolvia o pensar. O filósofo grego e o escolástico exercitam-se para suspender a objectividade do mundo que o cerca. Mas um pensador moderno como Descartes, vindo após a cisão histórica entre razão e fé, após uma crise céptica e após os resultados positivos da nova ciência dos fenómenos, está envolto por um horizonte ideológico em que as abstracções predominam sobre a experiência imediata do existir. O autor moderno visa simultaneamente reconquistar a objectividade das coisas mundanas e apresentar o fundamento do ser. Descartes é simultaneamente o metafísico que abre a consciência ao *realissimum,* e o manipulador de ideias que quer construir um sistema das coisas pensantes e extensas; é um filósofo místico que atinge a transcendência, e é um técnico interessado em construir e garantir uma nova ordem da realidade.

Ora Husserl é de opinião que a fenomenologia é o cumprimento rigoroso da fundação da filosofia moderna por Descartes, cujas meditações cartesianas são uma forma imperfeita de *epochê* orientadas para a fundamentação do mundo objectivo na esfera do eu. Voegelin concorda que é perfeita a apreciação husserliana do modo como no *ego cogitans* de Descartes, o *eu transcendental* se desvia do mundo para os seus próprios pensamentos. Concorda também que Descartes resolveu imperfeitamente a constituição do "eu" ao deixar que o *ego transcendental* fosse preenchido pelo conteúdo mundano da alma. Mas a discordância de Voegelin com Husserl surge a propósito de um terceiro, e mais fundamental, significado do ego: a abertura à transcendência na qual atinge a certeza mística de si mesmo e de Deus. Ao renunciar ao significado teológico da meditação e ao atribuir-lhe um significado apenas epistemológico, Husserl mutila Descartes e a própria fenomenologia; não tencionava ele restaurar apoditicamente a finalidade histórica obscurecida pelo Cartesianismo?

Na *Krisis* esta experiência meditativa parece não ir mais longe que a subjectividade fundante que, por seu turno, funda a objectividade do mundo. Seria Husserl insensível à transcendência? Como situar esta problemática sem desenlace metafísico? Sob pena de arbitrariedade e falta de cientificidade nos resultados alcançados, existem condições a serem cumpridas na formulação de uma teoria da consciência: "A tarefa de uma história do espírito não-deturpadora é investigar as posições espirituais de cada autor até atingir o seu ponto de equilíbrio, ou seja, o cerne onde radicam as respectivas experiências de transcendência". Só é respeitada a historicidade do espírito quando as doutrinas filosóficas são compreendidas como variações sobre o tema das experiências de transcendência, motivadoras da filosofia. Se lidarmos com vastas cadeias de elementos historiográficos, essas experiências permitem reconhecer padrões de ordem. A história tem de as investigar até clarificar a nossa experiência; a finalidade da filosofia é *katharsis* e *illuminatio*. Ora na *Krisis*, Husserl reduziu arbitrariamente os dados historiográficos aos elementos que confirmavam a sua ideia pré-concebida da trajectória do espírito humano. Marginalizou ou omitiu em absoluto inúmeras realizações, em nome de um artificioso fio condutor da história; a *protofundação* na filosofia grega, o momento da *refundação* cartesiana e a fase culminante do trancendentalismo. Na medida em que esta construção apocalíptica exclui a constituição histórica da consciência humana, aponta para uma marcha do espírito cujas três fases se assemelhavam no essencial a propostas de Fiora, Voltaire, Condorcet, Comte, Hegel ou Marx.

Voegelin interroga-se por que razão um pensador tão profundo quanto Husserl, cujo esforço antipositivista e antimaterialista é admirável, adoptou um tão artificial modelo de consciência e de história. Como é possível pensar de modo tão radical as aporias da filosofia moderna, sem passar à problemática da verdade da existência? Considera-o fascinado pela noção de fluxo temporal indevidamente projectado da esfera de percepção sensorial para o decurso dos acontecimentos históricos. Neste aspecto, a variante fenomenológica deve ser colocada a par de propostas evolucionistas, marxistas e psicanalísticas pela importância que dedica ao enraizamento da consciência na esfera da vitalidade. Todas estas teorias presumem que o corpo determina a parte do mundo captada pelo homem. Ora o modelo do fluxo de consciência não deve ser generalizada para todas as situações; apenas explica as percepções em que o corpo é o regulador das tensões da consciência. Se a parte corpórea é tomada pelo todo da existência a ponto de negar outras e mais decisivas estruturas que não são corporeamente determinadas, então o estatuto da consciência fica comprometido e a sua relação com outrem aniquilada. A esta grave limitação do modelo intencionalista, acrescenta-se a equívoca apreciação de situações-limite da existência humana e de processos psíquicos subconscientes. Estes fenómenos que ultrapassam os limiares fisiológicos da consciência, ficam obscurecidos sempre que a consciência perde o carácter de dado prévio. As especulações sobre o limite e o subconsciente implicam uma captação defeituosa da existência, ao reduzirem a consciência quer ao factor fundante corpóreo quer a factores psíquicos.[10]

A análise fenomenológica da consciência centrada na experiência de objectos é incompleta, em parte devido ao modelo de fluxo temporal, em parte devido à teoria da intersubjectividade transcendental. A sedução exercida pela procura de um ponto de fuga da percepção sensorial equivale a uma experiência "reduzida" de transcendência, da qual muitos pensadores esperam uma fundamentação da consciência que não alcançaram por meios espirituais. As investigações de Husserl e Heidegger sobre a consciência interna do tempo, parecem ocupar um lugar deixado vago pela erosão das meditações clássicas e cristãs sobre a relação entre o tempo e a vida eterna. Apesar do esforço de regresso às raízes experienciais, Husserl não se libertava do horizonte apodítico de uma consciência que girava sobre si própria. A criação do eu transcendental como o símbolo central da filosofia implica a construção errónea do ser. A tentativa culminante de ultrapassar o isolamento do ego, mediante a constituição da objectividade na consciência transcendental, impedia a captação do fundamento do ser. O projecto de reconstruir a consciência a partir da subjectividade do *eu,* apenas dissolveria ainda mais os símbolos da meditação clássica, indispensáveis para o tratamento de numerosos problemas de ordem teórica e prática.[11]

---

[10] OH III 1957, p.191.

[11] A 1978, p.165 *"If one overlooks the reality of the consciousness, then the following results occur: (a) the terms of knowing participation turn into data independent of participation, (b) the images and the differential of truth between them turn into events in the time of the world (most suitable for materials of a history of philosophy), and (c) participating man turns into a subject of knowledge beyond participation (which is capable of progressing most delightfully from theology to metaphysics to positive science)".* [N. E.: Desprezar a realidade da consciência terá as seguintes

Nesta inflexão da pesquisa fez-se sentir profundamente a presença do segundo Schelling, da "Filosofia Positiva", e que Voegelin volta a estudar precisamente neste período, considerando-o "entre os maiores filósofos de todos os tempos".[12] O filósofo das *Weltalter* inaugurava uma nova época no pensamento em que a antropologia é a chave para a meditação acerca da existência histórica do homem. O modelo de transição da inconsciência para a reflexão é o que melhor permite interpretar a história e está na origem directa do processo de diferenciação como modelo de compreensão da ordem na história. A existência do *cosmos* adquire inteligibilidade através do processo de *Wiederbewußtwerden*, ou seja, a descoberta de que o significado do mundo externo deve emergir do inconsciente humano. Enquanto a pseudodialéctica de Hegel é a transposição do diálogo para um movimento ilusoriamente absoluto, a dialéctica de Schelling é a conceptualização do diálogo anamnésico, na medida em que se recusa a reduzir Deus, homem e história a objectos do intelecto. Quarenta anos depois em *In Search of Order,* Voegelin regressará a um confronto radical entre a filosofia da identidade de Hegel e a proposta do distanciamento reflexivo. Enfim, Schellin restabelecera a ordem do pensamento mediante um novo mito da alma. O significado epocal da Igreja e das crenças históricas

---

consequências: (a) os termos de conhecimento participatório se transformam em dados independentes de participação; (b) as concepções de realidade e o diferencial de verdade entre eles se transformam em acontecimentos no tempo do mundo (e, então, são esplendidamente adequados para servir como os conteúdos das histórias da filosofia); e (c) o homem participante se torna um sujeito de conhecimento para além da participação (e é então capaz de progredir alegremente da teologia para a metafísica e para a ciência positiva). In *Anamnese*, p.453, op.cit.]

[12] Em HOPI LAST ORIENTATION Voegelin realiza magistral estudo de Schelling. Apoiado na obra de Frederick Bolman *Introduction to Schelling Ages of the World*, 1942, considera-o presente na filosofia da vontade e do *nirvana* do Schopenhauer; no desejo de conversão interior em Kierkegaard; no inconsciente em Freud e E. Hartmann; no *Dyonisos* e na graça imanente em Nietzsche e ainda em Lotze, Bergson, Tillich, Jaspers, Heidegger, Ortega e Berdiaeff. Ver sucessivamente pp.161, 231, 187, 183, 185, 226 e, em particular, 179 *"Man is the world in a small scale. It is certain: anybody who could write the history of his own life from the ground, would at the same time have concentrated the history of the universe (*Weltall*) in a brief synopsis" Weltalter*, I, 8, 207.

correspondia a estratos passados na sua consciência, ponto importante para entender o cristianismo não-confessional de Voegelin. Este conjunto de resultados permitiam conceber a *anamnêsis* como o símbolo de um processo pessoal, social e histórica; pessoal, na medida em que determinada a inserção do indivíduo no tempo; social, porque o partilhamos com outrem; e histórico, porque permitia retornar às origens do questionamento humano.

A experiência clássica de razão

O cumprimento da experiência de razão exigirá de Voegelin um tipo peculiar de *anamnêsis:* o regresso às origens do filosofar. O modelo de transcendência na filosofia clássica deve ser repensado de molde a criar símbolos equivalentes. Mas o pensar clássico não é proposto pela objectividade ou validade supostamente canónica dos seus conteúdos nem pela segurança dos seus métodos: não se trata de aderir a dogmas pretéritos, mas sim de dialogar com princípios comprovados de formulação da realidade. Voegelin está ciente de que há progressos na história da filosofia, sabe que um método é sempre derivado da experiência de realidade. O que a experiência clássica da razão indica é uma atitude originária sem a qual não se conseguirá superar a crise da modernidade. E o essencial dessa atitude reside na descoberta do espírito, como realidade onde humano e divino se sintonizam, e a partir do qual teoria e prática se deixam diferenciar como modalidades distintas da consciência. O agir surge aqui como um âmbito ligado à estrutura originária do homem; não é um produto do conhecimento mas um contexto onde a reflexão ocorre. O rigor não se adquire pela liquidação de pressupostos; mede-se pela alteridade que conquista em relação ao contexto em que ocorre.[13]

---

[13] Cf. "Reason: the Classical experience", in A 1966, pp.89-115.

Através da utilização de fontes primárias e secundárias, Voegelin salienta como a filosofia grega substituiu a experiência cósmica primária pelo horizonte noético do ser. O *cosmos* indiferenciado cedeu o lugar à divindade, concentrada no fundamento transcendente da existência, a um homem com natureza específica e a um mundo com estrutura previsível. Este processo foi descrito como a descoberta do ser através de *psychê*, na época que medeia entre os poemas homéricos e os pré-socráticos. Para Jaeger, os gregos atingiram a ideia do imortal ao atribuirem a origem de todas as coisas a um princípio incriado e identificado como divino. Para Gregory Vlastos, os primeiros filósofos transpuseram "o nome e a função da divindade para um domínio concebido rigorosamente como uma ordem natural e por consequência expurgado de milagre ou magia". Segundo Burnet, a filosofia grega homologa o que é divino na alma e na realidade. E Bruno Snell evidenciou o longo caminho percorrido desde Homero que "não dispunha de um termo para caracterizar a mente e a alma" e menos ainda um centro da personalidade do qual pudessem emergir as decisões de ordem moral e política, até a filosofia conceber a *psychê* com força que mantém vivo o ser humano.[14]

A pesquisa clássica fez a articulação conceptual da tensão entre existência e consciência. Em Sócrates, a experiência (*pathos*) de questionar (*thaumazein*) gera a filosofia. Platão tematizou este complexo simbólico: espantar-se (*thauzmazein*), investigar, buscar (*zetein*) e busca (*zêtêsis*); questionar (*aporein, diaporein*). E Aristóteles, após assinalar que o "filómito é de algum modo filósofo", formula sucintamente os nexos

---

[14] A 1978, p.177 *"The noetic experience brings about a change in the mode of knowledge insofar as (a) it makes transparent the material structure of consciousness which we have called RATIO and thereby provides (b) rational criteria for the correct symbolization of the poles of participation, i.e., man and the divine ground of being".* [N. E.: A experiência noética leva a uma mudança no modo de conhecimento à medida que (a) ela faz transparente a estrutura [Sachstruktur] de consciência que chamamos ratio e (b) oferece com isso critérios racionais para uma simbolização correta dos termos de participação, i.e., do homem e do fundamento divino do ser. In *Anamnese*, p. 468. op.cit.] Cf. ainda A 1978, p.185. ver também JAEGER 1948, p.31. VLASTOS 1970, p.92. BURNET 1914, p.11-12. SNELL 1953, p.8.

entre este conjunto de símbolos: "Um homem confundido (aporôn) ou espantado (thaumazôn) está consciente (kyetai) de estar ignorante (agnoein)". A descoberta da razão como fonte de ordem é acompanhada pela identificação das forças opostas que disputam a posse da alma:

a) ignorância: *agnoia, agonoien, amathis*;
b) fuga à ignorância: *pheugein tên agnoian*;
c) conversão (*periagôgê*);
d) conhecimento (*espistême, eidenai*).

Aristóteles designou por *nous* esta estrutura da ordem que comunica as experiências ordenadoras da consciência e as resistências à desordem pessoal e social. Esta descoberta da razão, o sentido noético marca uma época na existência pessoal. O homem novo é um *daimonios anêr* ou *spoudaios* que se recusa à existência desordenada do *thenetos* ou *anathes*. O seu *modus operandi é a persuasão (peithô)*. O seu ponto de partida é a inquietação, a ignorância relativa que se converte em movimento da alma (*psychê*) para o fundamento:

> The consciousness of questioning unrest in a state of ignorance becomes luminous to itself as a movement in the psyche toward the ground that is present in the psyche as its mover. The precognitive unrest becomes a cognitive conciousness, a noesis, intending the ground as its noema, or noeton; at the same time, the desire (oregesthai) to know becomes the consciousness of the ground as the object of desire, as the orekton (METAFÍSICA 1072 a 26 e ss).[15]

Embora existam símbolos de valor equivalentes, o *nous* a todos sobreleva para indicar o movimento de transcendência para o fundo divino do ser.[16] Em passagens muito conhecidas, Aristóteles contrasta raciocínio ou *razão discursiva* (*dianoia*) com a propriedade superior da *racionalidade* (*nous*) mediante a qual são directamente captados os princípios

---

[15] A 1978, p.91. Cf. PLATÃO, *Teeteto* 155 d; ARISTÓTELES, *Metafísica* 982 b 18.
[16] "Reason the Classical experience", in A 1966, pp.89-115.

da ciência.[17] Noutras, identifica-o com causa, (*aiton*) num sentido específico da responsabilidade. A "vida da consciência" é o fundamento de todas as escolhas da vida. O fundamento procurado é a presença divina que se anuncia como *espanto*, e se experimenta como início de um evento teofânico, que se tornará plenamente luminoso ao encontrar resposta na alma humana. O fundamento só é alcançável pela meditação; não se encontra entre as coisas exteriores nem entre os objectivos da acção política e hedonística. Se em Platão, o Uno (*to hen*) está presente no fundamento como *Sophia kai nous* (FILEBO 30 c-e) em Aristóteles o pensamento em acto, *nou energeia*, é idêntico à vida divina eterna.[18] Esclarece Vogelin:

> There is both a human and a divine nous, signifying the human and divine poles of the tension; there is a noesis and a noeton to signify the poles of the cognitive act intending the ground; and there is generally the verb noein to signify the phases of the movement that leads from the questioning unrest to the knowledge of the ground as the nous.[19]

Ao invés de autores que radicalizam fracturas entre Platão e Aristóteles, Voegelin defende o que lhes é comum; o caminho da alma na dialéctica platónica e na metafísica aristotélica é o mesmo. A leitura da *epistemê* platónica salienta o carácter de *zêtêsis*, a busca incessante que nunca é posse da verdade. A problematicidade da obra platónica, expressa na inconclusividade dos diálogos socráticos e na aporeticidade dos dialécticos, impede que se veja em Platão o criador do fundacionismo teorético e dos totalitarismos práticos que excluem a liberdade. Tais críticas assentam numa epistemologia na qual teoria e prática se distinguem radicalmente, a ponto de o saber teórico não poder intervir no campo ético e político. Para Voegelin, muito pelo

---

[17] ARISTÓTELES, *Ética a Nicómaco*, VI, 6, 1140 b 31-1141 a 8.

[18] ARISTÓTELES, *Metafísica* 1072 b 27-31.

[19] Cf. ainda: A 1978 p.96 *"Plato has introduced the symbol of the beyond, the epekeina, into philosophical language as the criterion of the creative, divine ground (Republic 508-509); and Aristotle speaks of the ground as "eternal, immovable, and separate from the things of sense perception" (Metafísica 1073 a 3-5)".*

contrário, o saber da esfera prática está aberto ao fundamento por via da historicidade da tensão. Esta abertura é a estrutura da filosofia que é um saber orientador que descobre a implicação do *nous* na esfera prática; a prática resulta da deslocação do acto noético, de uma atitude contemplativa para uma atitude activa.

Ao adoptar estes resultados da exegese clássica, Voegelin não pretende restabelecer um método específico. Nada há mais afastado da leitura da *noêsis* grega, que as doutrinas metafísicas e dogmáticas que esquecem como os símbolos foram criados para traduzir experiências e que a historicidade da existência humana impossibilita qualquer regresso puro e simples a conteúdos passados. Tal como recordou Joseph Cropsey a propósito de Leo Strauss, também a crítica voegeliana da modernidade releva mais do interesse pela filosofia que do interesse pela Antiguidade.[20] Este pensar radical em consonância com os Gregos é o mesmo com que Leo Strauss, Max Scheler e Hannah Arendt procuraram orientar o âmbito do agir mediante valores universais. Voegelin utiliza os Gregos para retornar ao nexo entre teoria e prática, que a filosofia clássica enunciou. Recolhe os simbolismos clássicos, para captar a tensão originária entre o imanente e o transcendente. Para corresponder às experiências de transcendência no novo horizonte, criado pelos bloqueios e aporias da modernidade, é preciso uma linguagem inovadora. A cientificidade dos símbolos conceptuais desta linguagem é indissociável do movimento de participação do fundamento na verdade; a filosofia não é um sistema, mas o destino da compreensão.

Teoria noética

A filosofia da consciência é profundamente inovadora, tanto em relação à análise clássica da experiência noética de

---

[20] CROPSEY 1977, p.viii *"The critique of modernity in these papers is to that extent in the interest of philosophy rather than of antiquity"* O contexto da afirmação é a herança spiritual de Leo Strauus. Cf. ainda pp.157-172 sobre a crítica da *modernidade*.

constituição da realidade, como, relativamente às deficiências da análise moderna, centrada na experiência dos objectos do mundo exterior. Reconhecendo a Husserl "a análise mais profunda e competente de certos fenómenos da consciência", Voegelin recusa a estreiteza do horizonte apodítico que toma o mundo exterior como tema central da filosofia.[21] Não se tratava apenas de uma insatisfação pessoal perante os resultados da fenomenologia. Tratava-se da exigência de criar uma teoria noética alternativa, na qual a problemática da constituição do objecto, na constituição reflexiva do sujeito, fosse substituída pela captação do fundamento pré-reflexivo a partir da tensão para o ser transcendente. Ora se a reflexão pressupõe a existência, a teoria principia por articular a existência pré-reflexiva, mediante "uma investigação anamnésica da sua própria consciência, em ordem a descobrir a respectiva constituição através da sua própria experiência da realidade".[22]

Em conformidade com esta orientação, Voegelin coligiu recordações da infância e juventude que permaneciam sugestivas no seu íntimo. A intenção era muito precisa. Antes de qualquer reflexão sistemática, pretendia mostrar que os simbolismos construidos pela imaginação, e expressos em memórias pessoais e em lendas e mitos de alcance público, são formas válidas de autointerpretação. Poderia assim ilustrar, em estilo biográfico, de que modo a consciência se começa a transcender para o corpo, o mundo exterior, a comunidade, a história e o fundamento do ser. A obra resultante é um delicioso fresco de vinte fragmentos, que evocam longínquas experiências de sabor pessoalíssimo. Recorda o som da expressão *"viertzhn Monate"* que, nesta tenra idade, escutou a sua mãe. Lembra o gosto em folhear o calendário, aos dois anos, e de se surpreender com a sucessão dos meses. Evoca

---

[21] A 1978, p.9. Mais expressivo ainda é o comentário da carta a Alfred Schütz, publicada in OPITZ e SEBBA 1981, p.463: *"Phenomenological philosophizing à la Husserl is in principle oriented to the model of the experience of objects in the external world. Classical philosophizing about the political order is equally in principle oriented to the model of noetic experience of transcendent divine being".*

[22] A 1978, p.12 e ss.

o desfile intrigante do Carnaval de Colónia quando tinha três anos; a lenda do monge do eremitério de Heisterbach a sugerir a suspensão do tempo; o Wolkenstein, o Ölberg e o Petersberg, montes e colinas de difícil acesso nos arredores da casa paterna; a passagem dos barcos no Reno e dos mercadores holandeses; a aparição do cometa Halley em 1907; o sabor e a forma de uma fatia de pão; os livros e as canções da escola e a história dos reis da Prússia contada a partir do presente em direção do passado; a mudança para Viena, aos dez anos. Todos estes episódios da consciência do muito jovem Eric apontam para experiências de espanto e surpresa, admiração e encanto, perplexidade e aspiração. No adulto, tomarão a forma de resistência aos horizontes fechados da sociedade e da história. As experiências anamnésicas não se esgotam na forma essencialmente emotiva que adquirem na infância. Indicam uma aspiração por uma plenitude a que pode dar corpo a interrogação teórica, a preocupação moral, a criação artística, a conversão religiosa. Esta constelação de inquietações está sempre a ser aumentada pela sensibilidade moral, espiritual e estética de cada pessoa. Constituem um primeiro momento de *enchuresis*, um encontro com a realidade feito de expectativas. Formam uma primeira manifestação, de tipo mítico, da tensão fundamental em cuja teorização o filósofo se empenhou na sua maturidade. O filósofo está entre dois mitos: o mito das experiências originárias e o mito pessoal com que explora as fronteiras da consciência. Esta situação não impede a positividade conceptual; pelo contrário, é a garantia de que a teorização está sujeita a correcção permanente. A atitude teórica enraíza-se numa busca existencial. E para distinguir entre o que nas experiências originárias é imaginação e o que é realidade, o encontro tem de ser transformado em inquérito, a experiência em teoria. Esta intenção de esclarecer o fundamento do ser, a partir do ser do fundamento, coincide com o sentido agostiniano de *meditação*, em que a *alma* reorienta para Deus a sua *intentio* inicialmente dirigida do mundo.[23]

---

[23] *Anamnetic Experiments* (1943) in A 1978, pp.36-53.

Do confronto com Husserl, extraira Voegelin a exigência de uma teoria que preservasse a distinção entre a luminosidade com que a consciência se apreende como processo no ser e a sub-estrutura de intencionalidade com que toma conhecimento dos objectos. Dados os múltiplos enraizamentos da consciência no *cosmos*, existe mais que um ponto de partida válido para uma teoria deste tipo. Voegelin está atento à proposta dos conceitos de retenção e protenção, introduzidos para ultrapassar as limitações dos conceitos brentanianos de acto e reflexão, na descrição da corrente de consciência. Na análise da percepção levada a cabo em *Ideen I*, Husserl considera que a percepção da cor de um árvore cria um objecto intencionado, o *noêma*, constituído por uma *noêsis* e derivado dos momentos *hiléticos*. O aspecto *noemático* da cor manifesta-se (*schattet sich ab*) em perspectivas variadas, formando um *continuum* de cores sensoriais. A análise é pefeita dentro do horizonte que estabelece. Mas será válida para todos os tipos de experiências?

Como ponto de partida para estudar a configuração da consciência intencional, Voegelin selecciona o fenómeno da atenção.[24] A energia da consciência é finita. Se eu concentrar a minha atenção, estreito o horizonte de fenómenos considerados. A concentração condiciona o campo de atenção e o grau de transparência dos seus conteúdos. O modelo fenomenológico da *corrente* ou *fluxo de consciência* vale para processos muito simples e específicos de percepção. Mas quanto maior a consciência da percepção como processo temporal, mais cada percepção particular se funde com outras presentes na consciência do fluxo. Na percepção de um som apercebemos-nos, não da natureza da consciência, mas sim da nossa consciência da percepção de um som com uma estrutura própria. Se nos concentrarmos numa experiência mais complexa, tal como a apreciação de um quadro, a atenção fica absorvida pelo tema

---

[24] A 1978, p.20. *"The positive starting point for describing the structure of consciousness is to be found in the phenomenon of attention and the focusing of attention"*. [N. E.: O ponto de partida positivo para descrever a estrutura da consciência pode ser encontrado no fenômeno da atenção e do foco de atenção. In *Anamnese*, p.88, op.cit.]

do quadro, cores, composição, valores cromáticos e outras características da mancha pictórica. À medida que constituímos a nossa apreciação penetramos num mundo sensorial sem ligação ao fluxo de tempo ou em que o fluxo de tempo não tem consistência. Só nos apercebemos dele, quando a simplicidade da sensação nos permitir poupar suficiente atenção para ficarmos "conscientes da consciência" do objecto. Caso desviarmos a atenção para um pormenor perceptivo, dando-nos conta da corrente de tempo, tal intensificação da percepção do tempo será acompanhada por percepções intrusas e muito especiosas, como por exemplo a pressão dos pés no solo, o ritmo cardíaco e respiratório, etc.[25]

Os processos elementares de relacionamento entre consciência do tempo e esfera sensorial não explicam a riqueza temporal da existência humana. A experiência do fluxo apenas ocorre quando a atenção, dirigida para o corpo, se fixa no ponto de fuga perceptivo desse movimento, um momento de muito curta duração em que nos sentimos corporeamente enraizados, revelando o corpo como um "gargalo", ou ponto de passagem obrigatório, para o *mundo* que penetra na consciência. Mas que a percepção revele uma *flutuação da consciência* não implica que a consciência *flutue*, ou que seja um *fluxo*. A atenção focada no ponto de fuga não pode ser, arbitrariamente, tomada como modelo de actividade. Na qualidade de *alma*, a consciência consegue constituir um mundo intemporal e inespacial. Uma vez que a consciência não é um fluxo – "a consciência enquanto todo, não flui" – não se coloca o problema que Husserl considerou fundante da filosofia: a definição do *eu* como consciência pura ou unidade prévia constitutiva do fluxo. O fenómeno do *eu* constitui um símbolo muito complexo

---

[25] A 1978, p.15. "*The phenomenon of "flow" can be made present under very specific and favorable conditions, to wit, when the object of perception is so sensually simple that in turning to the object the I can still economize enough attention to become conscious of its consciousness*". [N. E.: Pode-se ficar a par do fenômeno do "fluxo" apenas sob condições muito específicas e favoráveis; ou seja, quando o objeto de percepção é tão sensorialmente simples que, quando olha para ele, o "eu" pode ainda reter atenção suficiente para se tornar consciente de sua consciência. *Idem*, p.83.]

das perspectivas múltiplas e extremamente variáveis presentes na consciência. A pesquisa não se detém na unidade secundária. Ao transitar da *Gestalt* global da percepção para os seus elementos fundantes, eu reconheço-me como participante num processo mais fundamental que o meu *eu*, e que me transcende de múltiplas maneiras.[26]

A consciência é um processo concreto que participa de realidades que a ultrapassam; nunca é uma consciência pura. Afastada a hipótese de uma entidade que se possa intuir a si própria e alcançar a compreensão absoluta da sua natureza, fica aberto o caminho para explorar a capacidade de a consciência se transcender para o *cosmos* e para o fundo do ser, e ainda para os horizontes histórico, social e pessoal da existência. Transcende-se para o corpo através da experiência do corrente no tempo. A consciência transcende-se, através da incarnação corpórea para um ser individual concreto. Transcende-se, para o mundo na percepção sensorial e transcende-se, pela comunicação, para a pessoa de outrem, para a história, através da participação numa comunidade e para o fundamento do ser através de uma *illuminatio* ou *unio mystica*, que nos faz experimentar uma reorientação global da nossa personalidade. Embora não saibamos como comunicam entre si todos estes estratos, sabemos que eles se repercutem como camadas constitutivas da consciência.[27] Voegelin adopta a visão aristotélica da *natureza sintética do homem*, caracterizada pela nossa participação em todos os graus do ser, no sentido de que a consciência é um microcosmos que incorpora as leis do universo exterior.[28]

---

[26] A 1978, p.19. *"The "I" seems to me to be no given at all but rather a highly complex symbol for certain perspectives in consciousness"*. [N. E.: O "Eu" parece-me não ser de maneira nenhuma um dado, mas um símbolo muito complexo para certas determinantes de direção dentro da consciência. *Idem*, p. 88]

[27] A 1978, p.156. *"The tension toward the Ground is the factual structure of consciousness"*. O processo aparenta-se com a *metalepsis* de Aristóteles. [N. E.: A tensão em direção ao fundamento é a estrutura [Sachstruktur] da consciência. *Idem*, p.422]

[28] Ver, por todas, a passagem de OH III 1957, pp.196-198. A substância do *kósmos* é *psyche*, pelo que o fundo criativo do todo penetra na mente humana.

Entre os processos com que a consciência individual se transcende, está a presença de outrem.[29] O acesso ao *outro* não coloca problemas distintos do acesso ao *eu* porquanto ambos partilham de uma sociabilidade fundamental. Se para a fenomenologia é decisiva a pergunta "De que modo se constitui o tu no eu como um alter ego?" para Voegelin é secundária porque o *tu* não é constituído no *eu*; ambos se reconhecem coexistentes nos campos sociais criados pelas respectivas consciências. O reconhecimento do ordenamento comum instaura o fenómeno social e precede a investigação do fenómeno mais complexo do *eu*. Reconhecer outrem como "consciência de outro", é comunicar com uma segunda consciência finita. Apesar de não existir experiência interna de outrem, podemos reconhecê-lo como ser idêntico a nós e aceder à sua intimidade, partilhando com ele actos livres e realizando em comum actos de inteligência, vontade, desejo e sentimento. Se *eu sou eu mas não sou um "eu"*, também outrem é outrem mas não é *um* outrem, ou seja: não se apresenta como um objecto especial, mas como uma consciência que se manifesta através do livre desempenho dos actos.

Afastar o modelo de consciência pura significa que a consciência não é uma entidade ideal que paira sobre um mundo de factos irredutíveis. É um processo no ser, anterior à separação entre objecto conhecido e sujeito cognoscente e na qual confluem subjectividade da pessoa concreta e razão universal. Esta estrutura mostra a intencionalidade como sub-estrutura de uma consciência capaz de se *iluminar*. *Intencionalidade* significa a capacidade de a consciência operar com objectos; luminosidade, o processo de desvelamento da realidade na

---

Idem, p.191 e p.137 que refere de que modo a pulsação impessoal do *kosmos* se repercute na consciência.

[29] A 1978, p.23: *"The "other" as such is just as transcendent for consciousness as a process of nature, but the case is special in that we recognize in the "other" a process that is in principle akin to our own process of consciousness"*. [N. E.: O "outro" como tal é apenas tão transcendente para a consciência assim como um processo da natureza, mas o caso é especial naquilo em que reconhecemos no "outro" um processo que é, em princípio, semelhante ao nosso próprio processo de consciência. In *Anamnese*, p.92, Op. cit.]

consciência. Ao iluminar-se, ou seja, ao concentrar a atenção nos actos que realiza, a consciência torna visível a estrutura da realidade em que participa. Ao transcender-se deste modo, apecebe-se que participa numa estrutura orientadora, designável por *logos* ou *ratio* e da qual decorre todo o relacionamento humano com o *outro*. Esta "tensão para o fundamento do ser" significa que o processo da realidade na consciência é mais abrangente que a intencionalidade. A consciência não se caracteriza pela facticidade; não é um objecto de conhecimento, nem um valor confrontado com um mundo de factos. É um processo de participação, levado a cabo pela subjectividade, na qual confluem a personalidade concreta e o *logos* universal e que exprime através de índices de transcendência.[30]

As experiências de transcendência têm uma duração que dá acesso a uma tensão entre um polo temporal e um outro polo de ser eterno, "experimentado como além de todo o ser temporal". O paradoxo de nos captarmos como seres temporais e fora do tempo mantém-se irresolúvel enquanto os dois termos forem compreendidos como propriedades objectivas. Para captar o sentido iniciático do paradoxo, é indispensável compreender que os dois termos jamais estiveram separados na tensão. Quem os objectiva como espaços finito e infinito de duração, é quem depois declara a impossibilidade de os reunir como objectos. Mas se reconhecermos que cada ponto do fluxo transporta a tensão como o ser eterno, deixando

---

[30] A 1978, p.190 *"Conscious-radical orientation of man in the relation to God and world, society and history is possible only when in the knowledge of active participation the RATIO of this participation is experienced and differentiated"*. [N. E.: A orientação consciente racional do homem em sua relação com Deus e o mundo, a sociedade e a história, se torna possível apenas quando a *ratio* é experimentada e diferenciada. *Idem*, 483]Cf. A 1978, p.149 *"With a view to the thus complete exegesis, we may speak of the RATIO as the material structure of consciousness and its order. Further, we may characterize that which Bergson has called the open soul its rationality; and the closing of the soul with regard to the ground, or the missing of the goal, as its irrationality"*. [No sentido desta exegese definicional podemos falar de *ratio* como a estrutura [Sachstruktur] da consciência e sua ordem; e, além disso, podemos caracterizar o que Bergson chamou a "abertura da alma" como a racionalidade da alma, e o autoaprisionamento da alma contra o fundamento, ou a perda do fundamento, como irracionalidade. *Idem*, p.433]

transparecer a *presença fluente,* então a realidade surge-nos como interina. Tal *realidade interina* não é afirmação exclusiva de um pensador iluminado, de uma escola mística nem se confina aos membros de uma fé ou de uma tradição sacramental. É, sim, um modo de simbolizar a nossa existência na diferença entre eternidade e tempo, aspectos inseparáveis de uma duração que não é um processo linear de tempo, nem um tempo astrofísico mas antes tensão polarizadora.

Ao concentrar-se no facto de existir, a consciência experimenta duas dimensões: passado e futuro. Tenho um passado se puder recordar um processo já ocorrido. Tenho um futuro porque o posso projectar: "Passado e Futuro são as dimensões iluminativas presentes do processo em que o centro de energia está empenhado".[31] A consciência pode conceber este fluxo, quer como estrutura interna, quer como quantidade de tempo mensurável através de um esforço voluntário ou de uma associação livre. As camadas temporais da consciência adquirem um índice de passo, presente ou de futuro conforme o enquadramento na tensão para o ser. A participação no ser eterno cria uma nova camada na consciência que se torna capaz de distinguir entre a existência presente e fases anteriores. Ganha então pleno sentido a afirmação: "Não recordo porque tenho um passado, mas antes tenho um passado porque recordo". E é neste momento em que se torna possível recordar e ter presente todo um processo completo da existência, que a atenção meditativa se cumpre como *anamnesis*. Conclui Voegelin:

> Das considerações precedentes parecem decorrer certos princípios gerais para uma filosofia da consciência. Primeiro: não existe um ponto de partida absoluto para uma filosofia da consciência. Todo o filosofar acerca da consciência é um acontecimento na consciência do filosofar, e pressupõe a própria consciência com as suas estruturas. Na medida em que a consciência do filosofar não é uma consciência "pura" mas antes

---

[31] A 1978, p.20.

a consciência de um ser humano, todo o filosofar é um acontecimento na história vital do filósofo – e ademais um acontecimento na história da comunidade com a sua linguagem simbólica, na história da humanidade, e ainda na história do *cosmos*".[32]

A realidade interina

O relacionamento entre consciência e realidade afirmou-se profundamente inovador em três pontos decisivos:

a) o problema da multiplicação da realidade;
b) a configuração objectivante da consciência;
c) os índices noéticos.

No que se refere à primeira destas questões, Voegelin insiste que a realidade constitui-se por um processo de conceptualização e por uma valoração do que, desse modo, é concebido. O *real* é o que se revela como universal, e comum a toda a humanidade, apesar de se manifestar singularmente na consciência e de estar sujeita a distorsões. É um *xynon,* conforme a expressão de Heraclito, repetidamente retomada na pesquisa. Esta acuidade do universal, face ao carácter multitudinário das coisas particulares, é indispensável para conceber a unidade pontual de teoria e acção e contrasta profundamente com reducionismo corrente. A libertação de aceitar ou recusar o universal explica a intensidade das convicções éticas e políticas que acompanham a estruturação da realidade. A consciência é livre de se abrir ou fechar à realidade noeticamente

---

[32] A 1978, p.34: *"From the preceding considerations certain general principles seem to follow for a philosophy of consciousness. First: there is no absolute starting point for a philosophy of consciousness. All philosophizing about consciousness is an event in the consciousness of philosophizing and presupposes this consciousness itself with its structures. Inasmuch as the consciousness of philosophizing is no "pure" consciousness but rather the consciousness of a human being, all philosophizing is an event in the philosopher's life history – further an event in the history of the community with its symbolic language, further in the history of mankind, an further in the history of the cosmos".*

diferenciada e é livre de multiplicar a realidade. O carácter do símbolo "realidade" não é compatível com um significado claro, distinto e evidente. Equivoca-se o pensamento que pretenda perspectivar a realidade como objecto sem a ajuda da análise noética. A consciência é sempre consciência de uma tensão, entre o fundamento e a finalidade, que a estrutura e diferencia-se em graus sucessivos de esclarecimento a partir do fundo de ser de onde emerge. À medida que penetra na realidade da participação, deixa para trás fases mais compactas e reduzidas de esclarecimento, num processo que pode ser traduzido pelos símbolos da *abertura da alma* ou do crescimento do *logos* e que nos descobre a realidade como multiplicável pelo processo a que chamamos história.

Em segundo lugar, como a consciência é sempre consciência de algo, imprime a forma intencional a todos os dados. A "configuração objectivante da consciência" e, por consequência, a "origem de todos os fenómenos da criação imaginária" assenta na liberdade humana de manter unidos ou de separar a forma e o conteúdo da realidade, que emanam do fundamento do ser.[33] A harmonização da forma e conteúdo surge nos símbolos primordiais de mito, filosofia e revelação mediante os quais a consciência exprime a fonte de ser. A cisão entre forma e conteúdo da realidade, surge em linguagens tão distintas quanto a efabulação, ideologias, magia e outras construções especulativas com que a consciência se aliena do fundamento do ser. As configurações enganosas, imaginárias ou falsas recusam a tensão

---

[33] A 1978, p.168 *"Consciousness, however, has a dimension of freedom in the design of images of reality in which are found such disparate phenomena as mythopoeic freedom, artistic creation, Gnostic and alchemistic speculation, the private world view of liberal citizens, and the constructions of ideological systems. What concerns us in this wide range of problems is only the possibility of a disparity between form and content of reality"*. [N. E.: A consciência, entretanto, tem uma dimensão de liberdade quando desenha suas imagens de realidade. Nesta dimensão encontram-se fenômenos tão disparatados como a liberdade mitopoética, a criação artística, a especulação gnóstica e alquímica, as visões de mundo privadas da burguesia liberal, e construções de sistemas ideológicos. Dentro dessa larga variedade de problemas estamos aqui diretamente preocupados apenas com a possibilidade da separação da forma e dos conteúdos de realidade... *Idem*, 456.]

existencial e veiculam uma revolta contra o *fundamento*. Este fenómeno resultante da fuga ao carácter tensional da existência e que Bernard Lonergan identifica como obscurecimento *(skotôsis)* é referido por Voegelin como *eclipse* ou *perda de realidade (Realitätsverlust)*.[34]

Como bem sublinhou Peter Opitz, a teoria dos índices noéticos foi um instrumento decisivo na análise da consciência. Um índice noético refere-se a um aspecto da realidade resultante da interpretação da experiência.[35] Para compreender um objecto, é necessário integrá-lo na estrutura subjectiva em que emerge. E para compreender esta relação intencional entre sujeito e objecto, é necessário situá-la à luz da configuração de realidade de onde surgiu. Imanência e transcendência não são parcelas da experiência de ser mas sim índices que exprimem polos da realidade, captáveis através da exegese da experiência metaléptica. Os conceitos da filosofia adquirem o carácter de índices noéticos ao cumprir o duplo papel de exprimirem a forma da realidade – a participação na tensão do ser – e o conteúdo – as orientações nela presentes.[36] Dos polos negativos

---

[34] A 1966, p.311 *"Wenn ein Mensch sich weigert, in existentieller Spannung zum Grund zu leben, oder wenn er gegen den Grund rebelliert, d.h. wenn er sich weigert, an Realität zu partizipieren und dadurch seine eigene Realität als Mensch zu erfahren – damn ändert er dadurch nicht die "Welt", vielmehr verliert er Kontakt mit der Realität und erleidet in seiner eigenen Person einen verlust an Realitätsgehalt"*. [N. E.: Quando uma pessoa se recusa a viver na tensão existencial em direção ao fundamento, ou se ela se rebela contra o fundamento, recusando-se a participar na realidade e, assim, a experimentar sua própria realidade como homem, não é o "mundo" que é mudado por isso; ao invés, é ela que perde contato com a realidade e sofre uma perda de conteúdo de realidade em relação a sua própria pessoa. *Idem*, p.459.] Cf. A 1978 p.201.

[35] Opitz e Sebba 1981, p.61. Cf. a 1966, p.323. *"Denn Geschichte ist Geschichte des Partizipierens, und die Symbole, die sich auf dessen Termini beziehen, sind die Indizes der Erfahrung"*. [N. E.: A história é a história da participação, e os símbolos que se referem aos termos de participação são índices de experiência. *Idem*, p.454]

[36] A 1978, p.176 e A 1966, p.316. Entre tais indícios contam-se *"Bewußtsein vom Grund, Offenheit zum Grund, existentielle Spannung zum Grund, Pole der Spannung, Partizipieren, Termini des Partizipierens, von innen, von außen, Realität, Realitätsperspektive, usw."* [N. E.: A consciência do fundamento, a abertura para o fundamento, as tensões existenciais em direção ao fundamento, os polos de tensões, participação, termos de participação, "de dentro", "de fora", realidade, perspectividade de realidade, e assim por diante. *Idem*, p.466]

dos índices derivam os conceitos identificadores do fenómenos de eclipse, que resultam de uma cisão ideológica entre a forma e o conteúdo do real, substituindo a tensão originária pelo dualismo entre facticidade e ideais.

Estes resultados inovadores não seriam possíveis sem um conceito que não é peculiar de Voegelin mas que ocupa um lugar central na pesquisa. O intento mais radical e profundo desta, a intenção noética propriamente dita, é a de situar todas as realidades como *interinas*. Para alcançar este conceito, Voegelin percorreu termos filosóficos – *metaxy* (Platão), entremeio ou diferença (Heidegger) e dimensão metaléptica da realidade (Aristóteles) – até se fixar no *in-between* como símbolo mais denso do modo de participação humana do ser. A *metaxy* designa a tensão fundamental com que a consciência se experimenta atraída por dois polos distintos, a realidade e o realíssimo, e por duas direcções da duração, ser eterno e tempo, num processo de mútua penetração que ilumina a realidade cognoscente como ser humano e a realidade conhecida como ser divino. A utilização platónica da preposição *metaxy* transmite bem este carácter interino da realidade:

> *The whole realm of the spiritual* (daimonion) *is halfway indeed between* (metaxy) *god and man"* (BANQUETE 202ª). *Thus, the in-between – the* metaxy *– is not an empty space between the poles but the* realm of the spiritual: *it is the reality of the man's converse with the gods* (202-3) *the mutual participation…of human in divine, and divine in human reality…*[37]

Analogiae claudicant, afirmavam os medievais, para recordar que a imaginacao elabora implicações erróneas do que a razão concebe. A fim de prevenir equívocos quanto ao seu valor teórico, é necessário situar o símbolo *metaxy*. Para

---

[37] Cf. "Equivalences of Experience and Symbolization in History", 1970, p.7: *"A existência humana tem a estrutura da participação referida pela metaxy platónica, e se houver uma constante na história da humanidade, será a linguagem da tensão entre a vida e a morte, a imortalidade e a mortalidade, a perfeição e a imperfeição, o tempo e o intemporal"*. Cf. outras ocorrências do termo in A 1978, p.103-105. OH IV, p.185 e ss.

desenvolver um saber genuíno da condição humana, é necessário desmitologizá-lo, apurando o que comunica de válido e eliminando o que tergiversa. Ao identificar-se a *metaxy* como local de ocorrência das experiências do ser, é necessário evitar extrapolações dualísticas e não o espacializar como uma região intermédia ou uma diferença substantiva. A *metaxy* não é uma área da realidade nem uma entidade acerca da qual possam ser formuladas proposições objectivas. Voegelin não tem um monismo gnoseológico, característico por exemplo de Heidegger, nem é mais um intérprete idealista do "Platonismo" a isolar o espiritual do material e o eterno do temporal, desvalorizando o segundo termo de cada um destes pares. A tensão no ser *(Seinsspannung)* caracteriza-se pela manifestação de um ser permanente, mais real do que o ser dado na existência do tempo. A tensão manifesta-se no polo humano como impulso *amoroso* para objectivar a permanência do ser; no polo do ser eterno, como *puxão* amoroso que transfigura a consciência. Do polo divino, emana amor e graça; do polo humano, apelo e escuta. A realidade interina é um todo ordenado que a abstracção pode separar em universo físico e entidades metafísicas. Mas é ilusório pensar que os polos correspondem a coisas separadas e é incorrecto presumir que possam ser substantivados como entidades metafísicas *deus* e *homem*. Cabe à filosofia esclarecer esta dimensão metaléptica de realidade, na qual está ainda unido o que a reflexão posteriormente discrimina.

As experiências na *realidade interina* implicam sempre a captação de um *ser* ao qual não são aplicáveis, senão de modo analógico, os conteúdos categoriais referentes a objectos mundanos. Estes *summum bonum* transcendente ao mundo ou *verdade do ser* tanto é fonte como é alvo da tensão fundamental. A sua presença é experimentada enquanto apelo e convite e como entrega e aceitação. Nestes encontros entre algo de divino e algo de humano, a tónica pode recair sobre qualquer dos polos. O ser divino procurando para além dos objectos exteriores, exprime-se como *intimidade divina*. As experiências noéticas dos pensadores da Hélade iluminam, sobretudo, a ordem polarizada pelo ser humano.

Quando a tónica recai no polo divino, as experiências adquirem um carácter "eruptivo", como sucede nas revelações dos patriarcas e profetas de Israel. E o encontro divino-humano culmina na vida, morte e ressurreição de Jesus Cristo, momento de máxima diferenciação em que o próprio *realissimum* interpela o ser humano.

A investigação noética incide sobre a comunidade de ser em que a consciência humana se vê envolvida e em que se move, desconhecendo parcialmente as relações nela presentes e o papel que nela desempenha. Mas ao aceitar que a diferenciação máxima da realidade corresponde ao Deus que se fez homem, o Verbo que se fez carne, o filósofo vive no paradoxo de ter encontrado o significado do *todo* do qual a teoria lhe diz que não pode ter senão uma perspectiva parcial. Cabe ao filósofo distinguir entre "verdade do todo", fonte inefável de ordem na consciência, "compreensão filosófica dessa verdade", expressa em símbolos conceptuais e "verdade da sociedade" que adéqua a ordem social à verdade captada. Voegelin enfrentou este paradoxo reconhecendo a coexistência, em todas as tradições de símbolos primordiais, de dois modos ou linguagens para referir o ser divino: *"Though the divine reality is one, its presence is experienced in the two modes of the Beyond and the Beginning"*. A compreensão do ser divino como princípio *(Beginning, Bereshit)* necessita da experiência mediadora da estrutura inteligível do cosmos. O inexplicável facto de as coisas existirem apenas ganha sentido mediante um princípio, seja este um demiurgo mítico, um *arché* noético ou um criador do mundo. A compreensão do ser divino como além *(beyond, epekeina)* exprime-se de modo imediato no movimento da consciência para o fundo divino de ser. A consciência adquire uma linguagem revelatória e, através da *zêtêsis*, da busca e do questionamento, a ignorância e do conhecimento, da futilidade e do absurdo, da ansiedade e da alienação, de conversões, retrocessos e arrependimentos, através de alternativas de iluminação e renascimento, experimenta toda a grandeza do encontro do homem com o Senhor seu Deus.

Estes dois modos fundamentais de presença da realidade divina não são uma construção especulativa, idiossincraticamente sobreposta aos materiais históricos. São descobertos no processo histórico de diferenciação da consciência. Foram os protagonistas desse processo que desenvolveram os principais símbolos da realidade divina, evocados por Voegelin num *raccourci* poético: *"The divine reality, the theotes of Colossians ii, 9 / That moves man's consciousness from the beyond of all cosmic contents, from the epekeina in Plato's sense / Also creates and sustains the cosmos from the beginning, from the bereshit in the sense of Genesis I, 1"*[38]. A coexistência de ambas as linguagens no mito, na revelação e na filosofia permite um diálogo enriquecedor como se comprova pela sua fusão no caso singularíssimo do *Evangelho* de João, onde o *verbo* cosmogónico da criação se funde com o *verbo* revelatório que interpela o ser humano. Esta fusão dos dois modos de experiência implica o impacto distinto de formas simbólicas equivalentes. A descoberta da presença divina revelada em Jesus Cristo corresponde a um avanço num segmento de existência, mas não na sua totalidade. Confere uma nova ordem à existência humana mas não aniquila a ordem anterior da existência. Como a verdade do todo é maior que a ordem encontrada, surgem sempre conflitos entre formas de verdade que se sobrepõem sem se abolir mutuamente. A revelação imediata do Deus desconhecido não abole o conhecimento da realidade divina mediada pelo *cosmos*. A ordem do todo permanece misteriosa e pode ser simbolizada por um mito plausível, um mito escatológico ou pela permanência do mistério nos dogmas da fé. Em qualquer dos casos, é necessário atender a que o movimento do ser divino está ainda a ocorrer no *cosmos*; não o transfigura definitivamente. É deste essencial reconhecimento do mistério que nasce a pesquisa filosófica. O filósofo não pode conhecer a totalidade do ser. Mas pode adquirir um conhecimento parcial do ser através da criação de símbolos conceptuais que indicam o desconhecido "por analogia com o que é efectiva ou apenas

---

[38] OH IV 1974, p.9.

provavelmente conhecido". A criação por analogia dos símbolos verbais é o processo definitivo para a expressão fiel de uma realidade que se situa além da verificação conceptual.

O quadro de referência

A primeira tarefa da filosofia é constituir-se como forma de pensamento dotada de símbolos conceptuais próprios. Voegelin cumpriu esse objectivo ao elaborar de modo inovador os temas e os conceitos recolhidos da história do filosofar. Dos Gregos preservou o equilíbrio entre o *cosmos* e a consciência, acolhendo a diferenciação da *razão* como *estrutura material* da consciência. Da Patrística e da Escolástica colheu a afirmação de uma realidade que está em movimento para além da sua estrutura presente, em direcção a um *fim* divino.[39] Ao operar no contexto contemporâneo, confrontando-se com dogmatismos que escondem a estrutura da realidade e com ideologias que a deformam, teve de completar a linguagem clássica e cristã, do fundamento do ser, com conceitos derivados da análise da constituição da realidade interina[40]. O primeiro resultado deste procedimento é uma teoria do conhecimento que esclarece intencionalidade e luminosidade como modos distintos de captação da realidade interina. O ser humano não é obrigado a conceber como trancendente o fundo de ser a partir da qual ordena os demais componentes da existência. Mas se a transcendência fôr posta à margem das operações que esclarecem a estrutura da existência, surgem falsificações diversas e "segundas realidades", como se

---

[39] OH IV 1974, p.228. *"It becomes its task to preserve the balance between the experienced lastingness and the theophanic events in such a manner that the paradox becomes intelligible as the very structure of existence itself"*

[40] A 1966, p.284. A *Existenzerhellung* de Jaspers tem idênticas características. Cf. A 1978, p.192 *"The classical noesis and mysticism are the two predogmatic realities of knowledge in which the logos of consciousness was differentiated in a paradigmatic way"*. [N. E.: A noese clássica e o misticismo são as duas realidades predogmáticas de conhecimento em que o logos da consciência foi otimamente diferenciado. In *Anamnese*, p. 486. op.cit.]

comprova nas especulações ideológicas, gnósticas e mágicas que impedem a racionalidade ao proclamarem a autossalvação do homem, levando-o a trocar a verdade incerta por uma inverdade certa.

A ontologia de Voegelin, tal como a de destacados mentores da filosofia contemporânea, apresenta-se como saber experimental do lado do ser virado para o homem. Dada a inadequação da linguagem para expressar totalmente as estruturas fundamentais da existência, todo o conhecimento do fundamento do ser deve formar-se de modo analógico, argumentando a partir do dado para o desconhecido, do fragmentário para o total, em oposição a métodos especulativos de identidade, que não são mais do que modalidades de gnose. Voegelin descobre o homem como parceiro de uma comunidade de ser, que se estende para além da personalidade individual e que culmina numa fonte transcendente de ser. Tal como Scheler e Hartmann, identifica estratos vários de ser – *apeíron*, matéria inorgânica, vida orgânica, psiquismo, espírito, ser divino – sem os reduzir a um único plano entitativo e sem recorrer a um sistema conceptual uniformizador.

Na sua antropologia, considera Voegelin que a personalidade se revela nos actos de ruptura com a redução humana à esfera do natural e do material. Para Scheler, na sua mais significativa fase, tal experiência de abertura estende-se até aos valores objectivos e ao Deus transcendente ao mundo. Para Bergson, a descoberta da realidade é acompanhada pelas aspirações morais que criam a sociedade aberta. Para um Jasper, é do interior da existência que se reconhece a transcendência. Mas quer se possa ou não demonstrar a existência de Deus como fundamento do ser e do homem como ser teomorfo, certo é que apenas uma antropologia da transcendência preserva a dignidade do homem. Na falta desta dimensão, o homem substitui o *ens realissimum* por realidades parciais tais como a grande personalidade histórica, a humanidade, a ideologia, a natureza, etc. Somos livres de escolher entre a realidade e a pseudorrealidade acarretando as consequências das nossas escolhas.

Este tipo de antropologia filosófica, por consequência, é também uma justificação moral do homem, uma antropodiceia conforme a expressão de Aloïs Dempf. A ética estabelece o primado da tensão orientadora entre o bem e o mal como fonte a partir da qual se torna possível a decisão moral. Voegelin não aceita uma moral na qual os juízos sobre factos assentem em valores, sobre os quais a inteligência não se pode decidir senão de modo exterior à respectiva constituição. Tal indeterminabilidade racional do objecto repercute-se sobre os actos humanos, que deixam de ser discrimináveis em bons e maus. A curto ou médio prazo, tal tolerância teórica degenera em permissividade moral. A ética deve ser uma teoria da acção humana, baseada na antropologia clássica e cristã e completada à luz da pesquisa noética. As noções de finalidade, valor e liberdade da escolha nacional dos fins do agir devem ser verificáveis na experiência da pessoa responsável e, se necessário, elaboráveis em abstracto. Deve também permitir hierarquizar os bens sociais segundo critérios derivados da experiência de ordem.

Ao estudar os métodos da ciência como modo alternativo de consciência, Voegelin demonstrou que epistemologia tende a incorporar uma reflexão histórica, se pretender situar a verdade das proposições abstractas e leis genéricas da ciência. Para definir verdades necessárias e eternas, a nova ciência da natureza nascida no séc.XVII teve de destruir a opinião que os desvios de fenómenos naturais se deveriam a imperfeições da substância material. Mas ao subsumir as imperfeições da matéria em relações matemáticas, proporciadoras de um conhecimento rigoroso, a nova ciência aboliu a normatividade presente nos símbolos clássicos de *matéria e natureza* e criou impasses no relacionamento entre o abstracto e o concreto. Os modernos desenvolvimentos da ciência e da tecnologia revelam que a cada passo positivo da ciência corresponde, quase sempre, um passo negativo do "cientismo". Um dos resultados importante desta filosofia das ciências, é a clara separação entre o caminho do conhecimento científico e a via do abuso cientista.[41]

A filosofia da linguagem de Voegelin sublinha que eu e outrem comunicamos o ordenamento da realidade não só através das formas simbólicas que têm na filosofia modelo racional mas estável e nas ciências exactas e humanas as aplicações positivas, como também mediante formas simbólicas não-noéticas que alcançam expressões primordiais no mito e na revelação. Os conflitos entre símbolos primordiais fazem nascer os símbolos derivados, de tipo doutrinário. A recusa de ordenar a realidade segundo fundo transcendente de ser provoca a proliferação de símbolos terciários, como a ideologia e a gnose, que pervertem a captação do real. Só um pensamento instruído pela filosofia proporcionam princípios teóricos para analisar estas linguagens divergentes, com as quais o homem parte à descoberta do ser ou com o que procura imanentizar a realidade.

Voegelin ponderou repetidamente a dificuldade de criar linguagens para lidar com os problemas de verdade e fundamentação suscitados pela acumulação de conhecimentos sobre os símbolos de ordem. As mais profundas interrogações contemporâneas visam recuperar uma linguagem que restitua o sentido fidedigno da experiência de ordem; mas os resultados estão ainda muito aquém das expectativas.[42] Para obviar a esta dificuldade cria em *In Search of Order* o tema da "distância reflexiva" em confronto explícito com a hegeliana "identidade reflexiva". A "distância" permite recapitular o processo da consciência reflexiva desde as origens mitopoéticas em Hesíodo até à pesquisa platónica. E da reinterpretação destes autores emerge o questionamento sobre a estrutura

---

[41] O que ficou patente no artigo de 1948 *"The Origins of Scientism" Social Research,* New York, 15(4)1948, pp.462-494.

[42] OH V, p.115 *"Their critical value as instruments of interpretation must be re-examined and since this re-examination extends to our common language of* philosophy, being, theology, religion, myth, reason, revelation *and so forth, a considerable upheaval in the convertional use of these symbols is to be expected."*

da realidade. Embora respeitador de "um mistério inacessível à exploração", o movimento questionante é atraído pelo princípio e pelo além, que se manifestam transcendentes às estruturas sucessivamente articuladas na existência humana. À experiência de buscar, corresponde a experiência de acolher os polos da realidade, no processo incessante de luta contra os obstáculos que impedem e deformam a manifestação da ordem na existência.

A tarefa de uma exegese diferenciadora dos modos históricos de simbolização consistirá em evidenciar o processo da realidade, que se ilumina na tarefa de questionamento. Cabe ao filósofo atender de modo crítico à realidade interina do homem. O seu acto de reflexão deve distinguir-se pelo equilíbrio que estabelece entre o carácter finito e final da linguagem concreta, com que cada homem e cada sociedade se exprimem na história, e a infinitude e infinidade prescritas pela abertura da realidade às fontes da própria existência, significada pela notável expressão introduzida na pesquisa – a "distância reflexiva".[43] É a "distância reflexiva" que pontifica entre o carácter absoluto da verdade experimentada pessoalmente e o carácter relativo de sua expressão histórica. O teórico deve incumbir-se de criticar a desordem na linguagem, resultante da acumulação milenar de formas de *consciência deformada* e de criações de *segundas realidades,* identificando-os como actos de esquecimento que obnubilam a estrutura do real.[44] O acto de compreensão noética deverá prosseguir mediante a identificação dos actos de memória que possuem capacidade de desentranhar a realidade das formas inicias de apercepção compacta em que está

---

[43] OH V, p.48: *"The symbolism of reflective 'distance', however, has been formulated in opposition to, and as corrective of, the symbolism of reflective 'identity' developed by the german idealistic philosophers in their great attempt a differentiating the anamnetic structure of consciousness more adequately in its personal, social, and historical aspects".*

[44] OH IV, p.44: *"The confusion of language in the wake of the millenial movements is the syndrome of a disorder that has grown in contemporary Western society to the proportion of an established, in the sense of publicly accepted, state of unconsciousness – not to forget the global extension of the disorder through the power dynamics of western ecumenism".*

imersa.[45] Cumprido o processo de comemoração das fontes e das finalidades fundantes da realidade, a configuração objectivante da consciência cria símbolos finitos informados pela *anamnêsis*. A linguagem da *distância reflexiva* introduz a dimensão pessoal da existência humana, porquanto compreende os símbolos como índices noéticos. Introduz a dimensão social da existência humana na medida em que é no campo social de consciência que se viabiliza a comunicação entre as pessoas empenhadas na verdade. E introduz, enfim, a dimensão histórica, porquanto é a busca de humanidade universal que permite atribuir aos símbolos a validade que lhes corresponde nos contextos históricos.

---

[45] OH V, p.44-45: *"If we want to break out for the public unconscious, we must analyze it and thereby raise it into consciousness. We must remember the historical acts of oblivion; in order to identify them as acts of oblivion, then, we must remember the paradoxic complex of consciousness-reality-language as the criterion of remembrance and oblivion; and in order to recognize the paradoxic complex as the criterion of truth and untruth, we must differentiate the dimension of reflexive distance which stands, compactly implied in the Platonic* anamnesis, *at the beginning of all noetic philosophizing".*

4. Equivalência de símbolos

"De tal modo é claro que o problema do tempo presente consiste na restituição dos símbolos que perderam o seu significado às experiências em que ele constituiu, que quaisquer observações específicas são supérfluas."[1]

As linguagens simbólicas

A exigência de *restituição dos símbolos que perderam o seu significado às experiências em que ele se constitui*, obrigou Voegelin a pesquisar o rasto de símbolos do ser. A consciência individual e concreta exige formulações da *participação no ser*, que não são conhecimentos objectivos, mas registos da realidade na qual a consciência participa, a um tempo abstractos e concretos. Assim, a pesquisa "tem de penetrar os símbolos verbais até atingir as experiências motivadoras", de modo a recuperar a verdade concreta da experiência e o modo abstracto como foi formulada.[2] As *experiências motivadoras* revelam uma equivalência. Podemos conhecer mais que um homem pré-histórico: mas que sentido tem afirmar que existimos mais do que ele, ou do que um eventual indivíduo do séc. XXI? Um não existe *mais* do que o outro. O primeiro

---

[1] OH IV, p.58.
[2] A 1978, p.12. (…) *must penetrate from the language symbols to the engendering experiences*";

passo para alcançar a compreensão dos símbolos, consiste em reconhecer que experiência, questionamento e resposta constituem uma estrutura permanente na realidade interina; não são separáveis em absoluto.[3] Os símbolos preservam a verdade da experiência participativa e a verdade expressa como resposta; a verdade do ser é compreensível mediante a evocação consciente da fonte de realidade que a gerou, e a *verdade* acerca do ser é uma propriedade de símbolos verbais. Para manter a verdade da experiência original, e elaborá-la num grau superior de esclarecimento, é preciso que os símbolos deixem transparecer a estrutura da consciência que os gerou, questionando-os através da chamada actualização meditativa (*meditative re-enactement*).

No decurso da pesquisa, Eric Voegelin utilizou um *corpus* de símbolos provenientes das mais variadas linguagens da consciência. Nas sociedades cosmológicas, a ordem é proposta por uma reflexão mito-especulativa. A revelação de Israel estabelece a parceria da humanidade com o ser divino diferenciado como *Iavé*. Os filósofos têm de encontrar uma linguagem noética adequada à consciência de que a realidade excede a *psychê*. Já o metafísico tende a transformar os símbolos da *noêsis*, em conceitos de uma doutrina objectiva sobre a realidade. O teólogo cria doutrina, a partir da revelação em Jesus Cristo do Deus desde sempre presente no *cosmos*. O apocalíptico imagina um *kosmos* que emerge da consciência. O gnóstico mutila a relação entre princípio e o além, sem se aperceber que está a destruir o mistério da realidade. O neoplatónico distingue entre o Deus Desconhecido e os "filhos dos deuses" que se querem elevar acima do *cosmos*. O místico experimenta a origem da existência, exprimindo-se na linguagem de fé, amor e esperança, definidas na filosofia desde Heraclito, em Paulo na *Carta aos Romanos*, em Agostinho como apelo do

---

[3] A 1978, p.12: *"The insight into a process of reality that let its truth emerge into the luminosity of consciousness and its processes affected my work in years to come considerably inasmuch as I had to abandon an almost-completed, multivolume history of political ideas as philosophically untenable and to replace it by a study of the order that emerges in history from the experiences of reality and their symbolization, from the processes of differentiation and deformation of consciousness".*

amor Dei, em Bodin como a direcção de uma alma purificada para Deus, em Bergson como abertura para o fundamento da existência. O ideólogo bloqueia o acesso à consciência como centro de ordem, e exprime uma rebelião contra a realidade. Cabe à filosofia analisar estas linguagens muito diversas, sabendo que a *razão* é apenas uma das tonalidades entre fontes equivalentes de sabedoria.[4]

Voegelin seleccionou o termo símbolo para indicar como o pensar meditativo emerge da realidade da ordem, para criar ordem na consciência questionante. O símbolo é mais que o conceito; acena para lá de si próprio e da função representativa, para um momento presencial em que a realidade se ilumina. Não pertence apenas ao âmbito da comunicação em que dois interlocutores partilham uma idêntica experiência já concluída; é, também, um modo de predicação que descobre novidades na tensão original. Não é uma referência sensível ao não-sensível, como sucede no pensar alegórico; o seu modo de eclosão, descobre o laço entre sensível e suprasensível, até então encoberto. A sua dimensão não é só metafórica, se por metáfora se entende um modo linguístico e de ultrapassar os limites de um campo semântico; ao colocar-se na origem dos campos semânticos, o símbolo mostra que a diferenciação da realidade apenas se torna consciente através da inovação na linguagem. Todas estas indicações mostram que é no símbolo que ocorre a relação de consciência e ser. A função simbólica é evocativa da experiência de participação no ser, na qual a consciência atinge a transparência para o questionamento originário, e a partir da qual se deixa dizer a palavra meditativa, que articula em repostas o processo da realidade. A expressão simbólica está dependente do evento que a produz; permite consciência da realidade e declina um dos seus modos. É portadora de uma interrogação e de uma resposta, de

---

[4] A 1966, p.330: *"Bewußtrationale Orientierung des Menschen im Verhältnis zu Gott und Welt, Gesellschaft und Geschichte nur möglich (ist), wo im aktiven Partizipationswissen dessen Ratio erfahren und differenziert wird"*. [N. E.: A orientação consciente racional do homem em sua relação com Deus e o mundo, a sociedade e a história, se torna possível apenas quando a *ratio* é experimentada e diferenciada no conhecimento participatório ativo. *Idem*, p.483] OH IV, p.27.

uma experiência de ser e de uma experiência de dizer. E na palavra meditativa que diz a interrogação originária, é possível articular de modo conceptual o processo de realidade de onde emerge a luz da consciência, tal como o comprova o filosofar.

A pesquisa tem de se apropriar da experiência humana, patente no rasto de símbolos, e abordá-los numa sequência que testemunha os avanços da consciência para níveis superiores de esclarecimento. Os diversos modos em que a consciência exprime a tensão original, consentem simbolizações equivalentes. Este princípio de equivalência das formas simbólicas não é exclusivo de um filão cultural, filosófico ou religioso.[5] Aristóteles foi o primeiro a reconhecê-lo através da homologia entre o mito e a filosofia, e o princípio é partilhado por todas as concepções para as quais o problema do conhecimento não consiste em definir uma descrição racional pura da realidade, mas sim em encontrar símbolos adequados à investigação da realidade. Este estatuto está obscurecido na cultura ocidental pelo monopólio da revelação para os símbolos cristãos, de razão natural para os símbolos filosóficos e o de imaginação para os símbolos míticos. Imaginação, revelação e *noêsis* apresentam tónicas diversas na diferenciação da verdade existencial que comunicam de modo equivalente. São formas simbólicas primordiais, que se equivalem na comunicação, da verdade do ser e que nascem na consciência de personalidades que transmitem novidades significativas sobre a ordem do ser à comunidade em que vivem, sem que exista uma explicação absoluta sobre a sua génese. Transmitem a *verdade da existência* e o empenhamento consciente no *drama do ser*.[6]

---

[5] Sobre os simbolismos na génese do pensamento ocidental, veja-se BRANDON, S.G.F., 1973, *Religion in Ancient History. Studies in Ideas, Men and Events*, CORNFORD F.M., 1957, *From Religion to Philosophy. A Study in the Origins of Western Speculation*, COWELL, F.R., 1952, *History, Civilization and Culture. An Introduction to the historical & social Philosophy of Pitirim A. Sorokin*, FRANKFORT Henry (ed.) 1946, *The intellectual Adventure of Ancient Man*, GUSDORF Georges 1971, *Mythe et Métaphysique. Introduction à la Philosophie*, LOVEJOY Arthur, 1960, *The great Chain of Being*, ONIANS R.B., 1973, *Origins of European Thought*.

[6] OH I, p.4. Cf. OH II, p.200: "*The analysis must be restricted to the representative thinkers whose discoveries decisively advanced the understanding*

Para referir este estatuto paradoxal de símbolos, equivalentes na comunicação do existir mas com graus distintos de articulação, Voegelin utilizou as categorias de *compacto* e *diferenciado*. A historiografia obscurece esta distinção ao projectar os simbolismos numa sequência de tempo linear; cria os "antes" e "depois" com que atira as novidades significativas para o caixote de lixo da sequência dos símbolos "ultrapassados": antes da filosofia era o mito, antes do cristianismo, o paganismo; antes de monoteísmo o politeísmo; antes de ciência, a superstição; antes da filosofia, o evangelho. Mas a dinâmica da realidade está presente em todas as épocas; o que muda é o grau de diferenciação. Cada uma das grandes tradições simbólicas constitui uma autocompreensão de sociedades cuja consciência de ordem, plenamente válida no seu questionar e completa nas suas respostas, estabiliza o processo da história em épocas de maior ou menor duração. O fechamento da ordem em torno dessa forma só se torna reconhecível mediante a diferenciação consciente introduzida por uma nova época. A história é feita de símbolo, com os quais a consciência verbaliza a sua experiência de novidade. O símbolo tem um estatuto semelhante ao da interrogação; alude à experiência ordenada e ao retorno diferenciante da interrogação. Não bloqueia o tempo numa sequência obrigatória mas abre-o por uma erupção epocal que articula o presente com o passado.

Conforme posturas de aprofundamento ou recusas das erupções da realidade, distinguem-se simbolismos primordiais que enunciam a tensão fundamental; secundários, que formalizam as verdades recolhidas em experiências noéticas e pneumáticas; e terciários que mantêm a forma mas pervertem o conteúdo da realidade. Os símbolos primordiais repartem-se segundo o grau de diferenciação da tensão existencial:

---

of the order of man and society". [N. E.: (…)a análise deve se restringir aos pensadores representativos cujas descobertas promoveram de modo decisivo a compreensão da ordem do homem e da sociedade, Trad. Luciana Pudenzi, Ed. Loyola, 2009, p.275. As traduções de OH II são da mesma fonte.]

a) O mito, susceptível de factura mais cosmológica ou mais antropológica, mais compacta ou mais diferenciada;
b) A filosofia que, em maior ou menor grau, abre a consciência para o fundo transcendente de existência;
c) A revelação, cujo carácter anunciado em Israel, é consumado na *parousia* de Jesus Cristo.

Mais profunda que a do filósofo são as experiências do profeta e do místico cuja autoridade tem maior impacto no ordenamento concreto das sociedades, através das formas culturais das religiões. A comunicação destas experiências está sujeita a efeitos perversos de expansão descontrolada para uma crença de massas ou confinamento na consciência individual. A desordem tanto pode ser consequência da desorientação de maiorias ansiosas por um credo seguro, como pode resultar do egoísmo de minorias que reduzem a verdade ao sectarismo. Não faltam exemplos trágicos. No antigo Israel, Jeremias refere a queda do povo na idolatria dos falsos deuses. Na Grécia do século V, Sócrates e Platão mostraram como estavam conscientes do problema, ao aceitar a permanência de mitos populares a par da vida de razão. As ideologias contemporâneas disputam entre si a predominância no campo social da consciência. Em todos estes casos surgiu um problema institucional que teve um desenlace trágico, sempre que a segurança das opiniões estabelecidas teve de esmagar a aventura das verdades recém-descobertas.[7]

Se a consciência esquecer a oposição entre os termos polarizadores do processo de participação, aliena-se da realidade. As experiências ocorridas na *metaxy* são deformadas numa sequência imanente e a perda patológica de realidade é inexoravelmente sucedida pela construção de uma "segunda realidade".[8] Surge uma legião de signos, mitos e ideias que

---

[7] A p.187 *"The symbols of ideological dogmatism dominating the contemporary thought of western societies do not express the reality of knowledge but the rebellion against it"*. [N. E: Os símbolos de dogmatismo ideológico que dominam o pensamento contemporâneo nas sociedades ocidentais expressam não a realidade do conhecimento, mas uma revolta contra ele. In *Anamnese*, p.480. op.cit]

[8] A 1978, p.176. *"Philosophical anthropologies construing man as a non-transcending, world-immanent being thus belong to the class of dogmatic derailments*

deformam a estrutura da realidade, a consciência que nela se move, as instituições sociais e a visão da história. Entre eles incluem-se símbolos apocalípticos, messianismos políticos, gnosticismo, hermetismo, magia e alquimia, neoplatonismo, puritanismos e fundamentalismos; a massa informe de seitas, heresias e heterodoxias religiosas; sucessivas sociedades secretas, movimentos, partidos, frentes e vanguardismos, que se sucedem desde o Iluminismo; expressões artísticas patentes na sequência Maneirismo-Renascença-Romantismo-Simbolismo-Surrealismo.[9]

As dificuldades criadas pela pesquisa das equivalências estão de tal modo ligadas à sua pujança, que se torna indispensável esclarecer melhor este problema. O saber noético ocorre historicamente segundo uma variedade de modos, entre os quais o saber racional é apenas uma totalidade. A interpretação noética não é a única na pretensão de veracidade, e está exposta às pressões do símbolos dominantes. Como garantir o valor de verdade a uma pesquisa que passa pelas experiências pessoais, com que a consciência busca o fundamento do ser, e que podem ser consideradas subjectivas? Convém esclarecer vários pontos. À medida que a pesquisa se desloca dos símbolos de autointerpretação das sociedades para os símbolos reconhecidos na dimensão da consciência pessoal, aumentam os riscos que os testemunhos sejam tomados por subjectivos. Essa subjectividade corre mesmo o risco de ser tomada por solipsista, caso os procedimentos de selecção de testemunhos não forem compreendidos. Se a classificação e destrinça entre

---

with the help of which "second realities" are constructed". [N. E.:As antropologias transcendentais que constroem o homem como um ser não transcendente, imanente do mundo, pertencem, então, à classe de descarrilamentos dogmáticos, através dos quais são criadas "segundas realidades". *Idem*, p.467.]

[9] Como exemplo de materiais que ainda não digerira, cita Voegelin o estudo sobre a Magia em oito volumes de THORNDIKE 1958. Cf. CEV p.149. Cf. ainda 1982 "Wisdom and the Magic of the Extreme. A Meditation". Cf. in SEZNEC 1961 a persistência do paganismo na Arte Renascentista e em PRAZ 1963, a sequência das estéticas Maneirista, Romântica, Simbolista e Surrealista. Para as aproximações entre Literatura, Teosofia e Ocultismo, cf. FABRE 1963 e AMADOU e KANTERS 1950, introdução. Para apreciação recente deste tema cf. WALSH 1990, pp.107-116.

o carácter primário, secundário e terciário dos simbolismos fosse empreendida no interior de um círculo hermenêutico, provocaria um efeito perverso. Recorrer a símbolos tidos por mais autorizados, a fim de avaliar outros como sendo derivados deformadores provocariam uma circularidade na argumentação. Como justificar teoricamente a selecção, inicial? E não seria esta hermenêutica demasiado simplista, dada a enorme variedade, das expressões simbólicas? Não será ingénuo confiar nos simbolismos originais enquanto verbalizações da transcendência?

O modelo teórico e os critérios da pesquisa voegeliniana enquadram-se na intenção hermenêutica de conquistar a distância entre a linguagem e o seu intérprete. A inevitável participação do intérprete nas linguagens verbais que investiga origina o paradoxo do *círculo hermenêutico:* a compreensão de cada parte depende da compreensão do todo, mas este não é prévio à compreensão da parte. O intérprete tem de presumir a unidade do múltiplo, dar-lhe um nome e usar esse nome para definir a unidade. A evidência inicial persuade-o a definir regras. Depois, recorre a um conceito com valor de preceito e com base no qual selecciona aspectos que considera relevantes: é o conceito que então prescreve regras.[10] Esta oscilação

---

[10] Não faltaram teorias da interpretação a corrobar este modelo. Paul Ricoeur, ao ponderar as "hermenêuticas da confiança" patentes na filosofia helénica e as "hermenêuticas da suspeita" suscitadas por Marx, Nietzsche, e Freud, lembrou que a tradição filosófica clássica poderia e deveria ser completada por um estudo das condições de exercício da consciência, problema vital para o pensamento político. Segundo a sua fórmula concisa, ou a realidade manifesta sentido ou o oculta. Interpretar é empenhar-se numa leitura do real cuja pluralidade impossibilita uma interpretação unívoca. As estratégias de reminiscência coexistem com estratégias de suspeita, cabendo ao teórico decidir da oportunidade de as empregar de acordo com o contexto interpretativo. (Cf. RICOEUR 1969, passim. Cf. também as considerações introdutórias in POEGELER 1972) Hans-Georg Gadamer desconstruiu as etapas do conflito entre verdade hermenêutica e método científico lembrando que a ciência política implica uma interpretação. Ao comentar a actualidade hermenêutica de Aristóteles e ao reconhecer a importância do relacionamento entre ciências humanas e filosofia moral, demonstrou a utilidade do procedimento tópico-dialéctico nas questões de filosofia prática, deixando claramente assinalado que a filosofia moderna não satisfaz tais requisitos (Cf. GADAMER 1965, pp.296-307). Charles Perelman fundou a abordagem hermenêutica do concreto na distinção entre filosofia prática e sistemas formais jurídicos e morais, deixando escrito que "o raciocínio

entre uma unidade postulada e uma unidade assumida criticamente resulta de que, segundo a fórmula concisa de Paul Ricoeur em *Le Conflit des Interprétations*, ou a realidade manifesta genuinamente sentido, ou o oculta. Interpretar envolve sempre um empenhamento numa realidade.

Para ultrapassar o paradoxo de uma linguagem participante na ordem do ser, Voegelin seguiu um caminho muito diferente do modelo hermenêutico. É preciso analisar os testemunhos da consciência, até o ponto em que se torne clara a experiência que os gerou. O intérprete tem de transitar dos símbolos que articulam as experiências para as experiências articuladas pelo símbolos, criando uma distância interpretativa. Se, num primeiro momento, a exegese noética consiste na realidade da participação, o decurso da pesquisa revela que a realidade da participação é conhecimento. A *noese* traz à luz da consciência uma realidade que é conhecimento. E o desejo de conhecimento, característico da participação humana na comunidade de ser, repercute-se na transparência da realidade a conhecer. Por consequência, o pensar não está condicionado pelo circulo hermenêutico. A exegese da realidade metaléptica deve emergir da diferenciação dos acontecimentos; não é um posicionamento do sujeito perante o objecto. A participação na comunidade originária de ser ultrapassa os bloqueios criados por camadas seculares de ideologia. A equivalência apresenta-se como restauração de um sentido manifesto, que interpela o intérprete. Apresentando-se como modo inicial de experimentar a verdade, a

---

prático, aplicável na moral, não deve inspirar-se no modelo matemático, inaplicável à ocorrência, mas na virtude, caracterizada pela medida e pela consideração de aspirações diversas e de interesses múltiplos, denonimada *phronesis* por Aristóteles e que se manifestou de forma brilhante no direito e na jurisprudentia dos Romanos". (Cf. "Ce que le philosophe peut apprendre par l'étude du droit" in PERELMAN 1968, p.133) Para Jean Ladrière, a ciência política deve virar-se para o método hermenêutico, indispensável na análise das relações particular e geral, indivíduo e totalidade, parte e todo. (LADRIÉRE 1978, p.143). Segundo Allan Bloom, o estudo dos textos políticos é indissociável das tarefas de educação política. (BLOOM 1980, pp.113-138). Enfim, Rolf Bachem (Cf. in BACHEM 1979 o sumário de leitura de textos) chama a atenção para o carácter empenhativo dos textos políticos.

resistência à inverdade transforma-se em acto de reminiscência, re-colecção da realidade do belo como imagem do bem no mundo, na imagem kantiana, *anamnêsis* na linguagem platónica.

O princípio de equivalência estabelece a distância entre experiência e verificação, traduzidas em símbolos autointerpretativos e conceptuais; por outro lado conquista a distância entre ambas as instâncias, mediante o acto de participação na realidade originária no qual se originam as linguagens hierarquizadoras dos simbolismos. Este estatuto paradoxal obriga a que o intérprete tenha de começar por acolher os símbolos sem nada acrescentar de pessoal. Tem de os aceitar sem crer nem descrer, procurando apenas compreendê-los com rigor. E o único modo genuíno de os compreender, é participar no sentido que lhe é comunicado. Numa segunda fase, o intérprete tem de assumir que esse significado depende da iniciativa de uma consciência alheia. Os símbolos interpelam-nos porque são proclamações da consciência endereçada a *alguém* que é semelhante a mim mesmo. Para referir esta força persuasiva, é preciso conferir à linguagem um alcance transcendental.

De acordo com o principio de equivalência, os símbolos originários veiculam uma autoridade superior à dos simbolismos derivados. A pesquisa reconhece-lhes plena autoridade para expressar as experiências formativas da humanidade. E a tal ponto essa confiança se torna um principio metodológico que, segundo Voegelin, quem pretende denunciar as formas simbólicas primordiais terá ainda de se expressar simbolicamente. A racionalidade da pesquisa não é ameaçada por este horizonte de transcendência. A tendência para reduzir o mistério do universo que nos envolve, corresponde à redução da existência a ideias e dos símbolos a sinais, subjectivos ou objectivos. "O ser humano está naturalmente orientado para o mistério", escreveu Lonergan para exprimir a nossa participação numa área de experiências acerca da qual sabemos o suficiente para formular perguntas cujas respostas ignoramos. Esse *"known unknown"* constitui um objecto inteligível, para o qual ainda não existe uma apercepção intelectual, um mistério permanente, para além da dialéctica de questionamento e resposta.[11]

Símbolos primordiais

a) Mitos

Na medida em que se concebe imersa no *cosmos*, a consciência responde às *erupções de realidade*, através de mitos cujo estudo é trabalho para filólogos e críticos literários, especialistas de religião comparada, arqueólogos e paleoantropólogos, orientalistas e medievalistas. É possível descobrir as estruturas gerais da natureza humana, desde que as linguagens de narrativas, credos e tradições não sejam hipostasiadas como referente a objectos e desde que a tolerância na análise não se converta em relativismo. A componente de racionalidade no mito permite destrinçar entre factores teogónicos, cosmogónicos, antropogónicos, que repartem as coisas entre vários modos de existir; a componente imaginária faz com que os mitos apresentem verdades equivalentes sobre a presença do homem no *cosmos*. Muito embora não possua a fundamentação da filosofia nem a autoridade da revelação, não se transcende existencialmente a visão analógica que o mito transmite: "The mythical language was, at the time of its original employment, the precise instrument for expressing the irruption of transcendental reality, its incarnation and its operation in man".[12] Voegelin recorre às conclusões de autores como Henry Frankfort, James Pritchard, Thorkild Jakobsen, Mircea Eliade, Rudolf Otto e Gerardus van der Leeuw para correlacionar os vários tipos de mitos, com camadas da consciência em estádios distintos de compactação e diferenciação:

---

[11] LONERGAN 1963, p.546 e p.673: *"Man is by nature orientated into mystery"*. [N. E.: O homem é por natureza orientado para o mistério] Sobre a *skotosis* cf. LONERGAN 1958 pp.191-203.

[12] FETR, p.21.

a) Os mitos cosmológicos surgem em sociedades cuja autointerpretação ocorreu antes dos dogmatismos, e transmitem a experiência de *consubstancialidade,* descrita por Frankfort.

b) Os mitos literários apresentam os anseios existênciais de modo imaginativo, e incluem mitos populares, pessoais, poéticos.

c) Entre os mitos especulativos incluem-se os mitos pessoais dos filósofos e de poetas-filósofos que respondem com os símbolos do polo divino à realidade narrada por um deus.[13]

No primeiro volume de *Order and History*, Voegelin elucidou o que é a comunidade primitiva de deus, homem, sociedade e mundo.[14] Ritmos vegetativos e orgânicos, revoluções celestes e todo um mundo de sobrevivências no céu e na terra permitem que o *kosmos* seja tomado para modelo da sociedade, considerada como um *mikrokosmos.* Como, por sua vez, é no homem que se joga o facto social, surge a autointerpretação da sociedade como *makroantrôpos.* Este primeiro padrão experiencial afirma-se já na pré-história cujos símbolos de totalidade cósmica, existente em inscrições petroglíficas, os desenhos simbólicos das cavernas *(mandala, rasta, omphalos)* mostram que a humanidade emerge da relação a poderes cósmicos e divinos englobantes. As civilizações arcaicas do Próximo e do Extremo Oriente introduzem as narrativas que remetem a existência das "coisas" para obra solene de deuses, semideuses, dinastias, instituições e antepassados. A multiplicação das experiências de ordem, em civilizações diferentes, cria a consciência do valor relativo dos mitos. Os documentos testemunham como se passou do monismo para o pluralismo, através de uma genuína flora mítica "ondulante e diversa" que multiplica as entidades que configuram a comunidade de ser. Esta veemência politeísta é amiúde interrompida por movimentos de insatisfação sumodeísta e monoteísta.

---

[13] OH IV 1974, pp.59-113. Sobre a componente racional de mito cf. KOLAKOWSKI 1981, p.30.

[14] OH Vol.I, p.1-16.

Mas enquanto a simbolização do divino se basear em analogias extraídas da existência cósmica, não há razão para desaparecer a tolerância politeísta. As analogias apenas empalidecem quando o esclarecimento, trazido por profetas e filósofos, exigir distinções entre as partes da comunidade originária de ser em nome da intangibilidade do divino.[15]

A ultrapassagem do mito cosmológico traz novas formas de imaginação. Surgem os mitos personalizados de filósofos e ficcionistas e a imaginação religiosa de místicos e de visionários. A experiência do além é articulada pelas palavras de revelação com que os espíritos religiosos correspondem às solicitações divinas. O *alêthês logos* é o verbo através do qual o divino além fica presente na existência. Nos pré-Socráticos, como nos poetas trágicos e em Platão e Aristóteles, o mito indica que a realidade é mais ampla que a *psychê*. Esta desce ao fundo do *cosmos*, para emergir desse fundo inarticulado de existência com uma nova verdade sobre o homem. Para Voegelin, têm particular relevo escritores como Baudelaire, Flaubert, Albert Camus, Robert Musil, Hermann Broch, Heimito von Doderer, Thomas Mann e todos os que observaram a dissolução das respectivas sociedades e a criação do "homem sem qualidades". Ao invés de ideológicos que se reclamam de materialismo, estruturalismo, historicismo, estes autores deram-nos mitos literários convincentes sobre a estrutura da existência humana sem a pretensão de serem científicos. O investigador fica orientado por temas como a *perda da realidade,* a *criação de realidades imaginárias, o homem revoltado,* e outros procedimentos que deformam a vida da razão. Reconhecer-lhes o valor não é substituir a ciência pela literatura. Trata-se de mostrar que o impulso noético dessas obras preenche uma vasta área da vida latente da razão, e que todas encontraram respostas adequadas para a ansiedade existencial.[16]

---

[15] Veja-se o sentido do termo 'teologia' em *República*. 379 a.

[16] Cf. apud CEV, considerações diversas de Voegelin sobre estes autores. A imagem criada por Baudelaire no *Adresse au Lecteur* das *Fleurs du Mal* para descrever a condição humana, *"C' est le Diable qui tient/ Les fils qui nous remuent".* [N. E.: É o diabo que detém/ os fios que nos movimentam]

b) Símbolos pneumáticos

No contexto da sabedoria de Israel, os símbolos do relacionamento de realidade e verdade derivam da sua comum origem na palavra-realidade divina, *ruach* ou *pneuma*. A parceria israelita com Deus derrubou o predomínio da experiência cósmica primária. A cosmogonia do *Génesis* quebra os simbolismos compactos dos deuses intracósmicos, de civilizações anteriores, ao identificar o deus-criador do princípio com o Deus reconhecido do além. O acto criador é assim simbolizado como o decurso da acção divina, que se mantém desde o principio até ao presente em que se realiza a interpretação. A realidade do *cosmos* torna-se uma história a ser contada, desde as origens, por quem participa na história narrada pelo Deus. A identificação da corrente de símbolos que culminaram no "Eu Sou Aquele que Sou" do livro do *Génesis*, transmite os estratos mais profundos da realidade divina. O "verbo divino" – "palavra-realidade" – enuncia a evolução do ser, desde a matéria até aos seres vivos e ao homem. E o homem – pela palavra e oração de patriarcas e profetas esclarecidos – responde ao verbo enunciado na teofania. E se é excessivo ver aqui uma pré-filosofia, é já acertado referir como Gilson, que existe uma metafísica do *Êxodo*.[17]

é comparada ao mito platónico dos Bonifrates(*peteutes*) Leis 644 b-d-, que apresenta os seres humanos como bonecos sujeitos às cadeias de ferro das paixões e à atracção exercida pelo cordão de ouro das Leis, p.139; Em *Bouvard et Pécuchet* e *Tentation de Saint Antoine*, Flaubert traça um panorama tragicômico das ligações entre heresia e crueldade resultantes das perversões de tipo gnóstico. CEV, p.25/ Camus, p.18; No conto de Thomas Mann *"Felix Krull"*, a evolução do *cosmos* é expressão da fantasia divina a ser continuada pela imaginação humana CEV, p.137. *A Morte de Virgílio* é o testamento filosófico de Broch, que abandonou a criação literária em prol de estudos de psicologia de massas, em ordem a combater a desorientação da época presente. Cf. o artigo de Wolfram Mauser in SANTOLI 1968, pp.551-570, em particular pp.568-569. Sobre Musil cf. HEYDEBRANDT 1966, em particular pp.213-6, sobre *"die Utopie des andern Zustands"*

[17] Etiènne GILSON, *L'Esprit de la Philosophie Médiévale*, 2ª ed., Paris, 1948, p.50, nota 1: *"Não se pode sustentar que o texto do Êxodo imponha à humanidade uma definição de Deus. Contudo, se não existe uma metafísica no Êxodo, existe uma metafísica do Êxodo"*. Cf. OH 1, p.407-413, passim.

A história de Israel é o progresso de um povo que, desde a Nova Aliança de Abraão ocorrida cerca de 1400-1500 a.C., passando pela confederação das tribos de Israel jurada em Siloé, pela amalgamação de Hebreus e Cananeus feita por Gedeão, pelo governo teocrático dos Juízes de que Samuel é modelo, pela criação da monarquia de Saúl, atingirá o clímax mundano com a expansão e criação do Império, sob a égide de David e Salomão. Este clímax imperial vem marcar uma transformação no significado da *aliança*, até então compreendida como um elo entre Jeová e o seu povo. A partir de agora, a novíssima aliança, entre David e o Senhor de Israel, diferencia-se da primitiva aliança entre Jeová e David. O simbolismo não consegue esconder o vácuo institucional suscitado na ordem da Aliança, apesar da instituição da monarquia de origem divina, assinalada pelos salmos imperiais. Ao surto imperial, corresponde uma diminuição da função sacerdotal. Esta diminuição torna-se polémica se o monarca não cumpre a sua função mediadora, como desde logo se assinala no episódio de David e Betsabeia e nas advertências de Natã. Quando cair o Império dos herdeiros de Salomão, os dois reinos divinos de Israel e Judá revelaram-se incapazes de cumprir as promessas da aliança na existência mundana. A revolta tomará, então, a forma de um regresso às origens, ao qual devemos as grandiosas pregações dos profetas e a compilação das *escrituras*. A elaboração das *escrituras* cujo ponto fulcral reside na teologia do *Pentateuco*, constituiu uma tentativa com o êxito de repristinação da ordem. No confronto entre a ordem de Faraó e a ordem de Jeová, Israel, representado por Mosheh e o filho de Deus e representante individual de um processo social, tem de escolher entre ambos.[18] A simbolização mais candente do Deus pessoalmente revelado ocorre no episódio da *sarça ardente (seneh)*, episódio cuja contrapartida pública é dada no *Sinai*. Da revelação pessoal emerge a configuração de Deus como *Eu-sou-Aquele-que sou (Eyeh asher eyeh)*. Da revelação pública, emerge o *decálogo*, de cujo cumprimento depende da

---

[18] BÍBLIA, *Salmos*, 18.

existência de Israel como povo eleito para uma história vivida em parceria com o Senhor.

Todo este reforço das *escrituras* tem como paralelo o esforço profético. Em oposição aos sacerdotes de Baal, Elias assinalara como o *dia do Senhor* introduzia a exigência de seguir as vias do Senhor. Do mesmo modo, Jeremias apela para o cumprimento do *decálogo;* porque caso contrário, o Senhor castigaria o mundo. A partir de Isaías e da sucessão profética, este apelo será interiorizado e origina a experiência individual da revelação. A *aliança* passa a estar inscrita na intimidade do individuo, ao qual, demasiadas vezes, ficará reduzido o *povo eleito.* O profeta é o homem eleito, filho real de Deus, novo Moisés, servo de Jeová, Senhor da história. Este trajecto da noção de eleito criará condições para a ocorrência do estádio final de irrupção de ordem: o messianismo.[19] O profetismo hebraico acolhe uma tensão muito peculiar cujos polos Voegelin designa pelos vocábulos *metastasis* e *metanoia*. Por um lado, o messianismo tem o carácter de uma experiência de *metanoia,* de transformação da consciência. Em nome do apelo a Jeová e do apelo à intervenção de *Immanuel, príncipe da paz,* o profeta interpela a sociedade presente condenada pela iniquidade. Mas por outro lado, as deformações que Voegelin designa por *metástase,* emergem da erupção de ordem pneumática, sempre que se pretende substituir as condições reais da existência pelas visões de uma sociedade transfigurada. Provoca-se deste modo um desequilíbrio entre a consciência e o *cosmos,*

---

[19] Na cultura helénica o profeta é um anunciador de uma mensagem que lhe é anterior. Lembra PLATÃO no *Fedro* 262d que os poetas são *"profetas das musas"* e Heraclito assinala *"é preferível indicar do que dizer",* DIELS-KRANZ 1957, f.93. Na cultura hebraica, a compreensão da figura do profeta (nâbî) tem origens sacerdotais. O profeta é um homem chamado por Deus – *"La signification de nâbî est simplement "appelé", participe passif".* [N. E.: O significado de *nâbî* é apenas "[aquele que é]chamado", do particípio passivo] DHORME, 1959, p.xii – distinto do vidente poético. Apesar de interpretações naturalísticas do profetismo como a de VANDER LEEUW 1970, mormente pp.210-217, que considera o estado profético como uma possessão, em contraste com a mensagem evangélica que é incarnada, os estudos bíblicos estabeleceram o carácter teúrgico dos *nebiim.* Veja-se, por exemplo DHORME 1959, pp.xi-xvii. LODS 1969 e NEHER 1972. Para Voegelin, consultar OH I, pp.228-232, em particular quanto à distinção entre o profeta, *nâbî,* e o vidente, *rô éh.*

sendo mau profeta aquele que pretende suplantar a ordem do *cosmos* com as visões que dimanam da irrupção pneumática. Apesar destas divergências, é do interior do profetismo que surgirá uma derradeira elaboração enriquecedora do significado da existência como um processo histórico resultante da Revelação, realizado de parceria com Deus. Trata-se da figura do servo sofredor no *Deutero-Isaías,* o representante de todo o povo eleito e que passa a ser portador da aliança. Do novo *sheol* de Babilónia saíra esse *servo sofredor,* chamado *discípulo de Deus* e *luz das nações* porque aceitou o sofrimento como modo de existência, e será um dia redimido como representante de Deus. Cumpria-se assim o último êxodo de Israel: o êxodo de si próprio. Fugido de si mesmo, Israel regressava à vida do *Senhor.*[20]

c) Símbolos de filosofia

É no esforço de articular a experiência de filosofar, *amor da sabedoria,* sem incorrer em filodoxias, *amor de opinião,* que se torna possível a tarefa crítica. A filosofia é porta-voz dessa tradição que leva a cabo o debate racional. Mas para que a verdade se torne *vida de razão,* é necessário um longo caminho que converterá os símbolos em conceitos com valor noético. Os poemas homéricos constituem um poderoso testemunho de como a consciência mnemónica constitui o passado. A *Ilíada* confronta a estabilidade da ordem constitucional dos reis aqueus com a desordem introduzida pelas patologias específicas dos heróis gregos e troianos, as designadas *ira de Aquiles* e *eros de Páris.* A *Odisseia* regista como a fonte de corrupção da ordem estão dependentes da interacção entre os humanos e os deuses. E o poeta cria, implicitamente, uma dimensão histórica ao apontar para estádios diferenciados da consciência que obrigam a distinguir entre passado, presente e futuro da existência. As transformações surgidas na estrutura gentílica

---

[20] A tradição profética hebraica entra notoriamente em declínio no séc. I d.C., substituída pela literatura apocalíptica e visionária. Veja-se LÉON-DUFOUR 1975, pp.79-80.

das sociedades helénicas e o declínio das aristocracias, com a consequente mobilidade social, possibilitaram uma surpreendente elasticidade das concepções míticas. Hesíodo representa mais um passo nesta transição, ao introduzir uma liberdade mitopoética até então impensável. O seu mito pessoalíssimo sobre as idades do mundo é acompanhado pelas referências à virtude do trabalho e pelo estabelecimento da distinção entre verdade e verosimilhança. Finalmente, quando filósofos como Xenófanes iniciam a sua aventura intelectual, dá-se o rompimento definitivo com o mito enquanto forma simbólica exclusiva e compacta de expressão da verdade do ser.

As conhecidas censuras de Xenófanes a Homero e Hesíodo, mais tarde retomadas por Platão, a insistência no monoteísmo e o ataque às divindades olímpicas, o apelo à universalidade da razão face às idiossincrasias da *polis*, a diferenciação da nova forma simbólica da filosofia, eis outros tantos marcos desta ruptura com o monopólio do mito. Restava identificar as qualidades que definiam o novo campo de simbolização da existência humana. Hesíodo esboça o elogio de uma virtude – o trabalho. Nos novéis poetas e filósofos helénicos torna-se sistemática a definição das virtudes humanas *(aretaí)* por contraste com as inverificáveis excelências olímpicas. Tirteu elogia o *valor guerreiro*, Sólon a vida boa *(eunomia)*, Píndaro exalta as *proezas físicas*. Deste elenco das diversas virtudes emerge uma nova questão: onde reside a fonte de autenticidade e de unidade das virtudes? Na tradição, na *alma* individual ou noutra instância?

É a esta questão que Parménides responde através da inovadora concepção da "imortalidade da alma". O eleata criou os simbolismos da visão da verdade do ser, mediante a separação radical entre a vida da *doxa,* opinião que tanto poderia ser tradicional como individual, e a vida da *alêtheia,* verdade cujos conteúdos absolutamente válidos não se aplicam ao mundo de objectos. Esta captação noética do "É!" – que a historiografia filosófica traduz complacentemente por *"ser"* – abre um imenso domínio de análises lógicas, que permitirão à filosofia, apesar da comprometedora dualidade entre *doxa* e *alêtheia*, firmar os símbolos conceptuais que transitam para a geração socrática. Será papel de Heraclito investigar em que domínio poderão coalescer saber divino e humano. Localiza-o na *alma* cujo carácter é o elemento divino no homem. É pelo carácter que o homem apreende noeticamente que, para além do fluxo de objectos em que está mergulhado, existe uma realidade comum – *xynon* – uma entidade universal – *logos* – uma natureza do mundo – *kosmos* – e uma lei natural – *nomos*. Deste modo, segundo Voegelin, ficavam constituídos todos os elementos de uma filosofia da ordem, capaz de conferir inteligibilidade à existência civil do homem e sem a qual a existência recairia em mundos privados.[21]

O século de Atenas, decorrido entre 500 e 400 a.C., acolheu toda a sabedoria acumulada pela memória grega e projectou-a para além do âmbito da realização pessoal, mediante a instituição do culto público da tragédia, uma das mais pregnantes formas simbólicas acerca da acção humana jamais concebidas. A lição da tragédia é que só há verdadeiramente acção e apenas se ultrapassa a rotina da existência quando surge uma decisão na alma. A acção autêntica nasce após a "descida" na experiência, de onde a alma traz uma opinião esclarecida e justa. Em *As Suplicantes* de Ésquilo, o rei Pelasgo tem de sondar as profundezas da alma, para obter o bom conselho que permitirá resolver o pedido das suplicantes, a contento do povo.[22]

O próprio esplendor da cultura ateniense espalhou as sementes de desintegração, já visíveis no abastardamento do significado da acção em Eurípedes. Ademais, essa queda foi acelerada pelos ensinamentos dos sofistas, preocupados em

---

[21] Para Voegelin era grato estabelecer paralelos entre símbolos existenciais como os *sonâmbulos* de Hermann Broch e os *dikránoi* de Parménides, separados por 2500 anos. Sobre o pensamento filosófico de Broch, e em particular sobre o significado da atitude dos *"Schlafwandler"* que vivem à margem da existência genuína cf. KAHLER 1962, *passim*.

[22] *As Suplicantes*, versos 407-8: *"Há necessidade de um conselho profundo e Salvador, como o de um mergulhador que baixa à profundeza, com olhos atentos e sem grande perturbação"*. Cf. NSP, p.72 e OH II, 249.

responder a questões curriculares e inventariar problemas. O declínio agudiza-se com a imanentização das filosofias de Parménides e Heraclito, levada a cabo nas doutrinas de Zenão, Anaxágoras e Demócritos. Surge todo um novo clima de opinião, caracterizado pelo que Gilbert Murray designou por "failure of nerve", mas que também pode ser interpretado como uma quebra do orgulho humano. A humanidade que antes se considerava mediadora entre ordem e desordem, é agora recebedora das dádivas dispensadas pelos céus, atitude que abre o caminho para mensagens de salvação.[23]

O diagnóstico final da crise helénica, mas não a terapêutica, é efectuado pelos historiadores que a observam como um ciclo de génese e declínio do poder. Se o sonho persa de domínio mundial pôde ser contrariado na medida em que os gregos ainda possuíam um *xynon*, um mundo comum a defender, já os desentendimentos que levam às guerras civis têm de ser explicados pela perda de *ethos* manifesta no assalto e conquista da política por poderes que se consideram noeticamente equivalentes à verdade. Como o atesta o discurso dos embaixadores atenienses em Melos, a *ordem* grega decaíra a ponto de a força dos argumentos ser totalmente substituída pelo argumento da força. A *noêsis* desaparecia da representação existencial da sociedade, refugiando-se na consciência de espíritos isolados.

No terceiro volume de *Order and History,* intitulado *Plato and Aristotle* (1957), Voegelin demonstra como o pensamento de Platão representa um derradeiro esforço para criar uma filosofia da ordem, perante o descalabro da política helénica. A magistral análise do diálogo *República*, inspirada numa notável genealogia de estudiosos devidamente referidos, constitui uma obra-prima de exegese. Aí nos surge um Platão consciente de que o fosso entre *alêtheia* e *doxa* impedia a representação pública das grandes verdades da alma, definidas por Sócrates e seus antecessores. Em consequência, a forma simbólica da filosofia tem de ser trabalhada, de

---

[23] Cf. MURRAY 1955, p.xiii e todo o cap. IV.

modo a albergar mitos verosímeis que comuniquem a sabedoria aos olhos e ouvidos da multidão.[24]

A *República* é um dos locais clássicos de apresentação desses mitos verosímeis. O jogo dos símbolos de ascensão e queda, luz e trevas, bem como o choque entre forças anímicas, descreve a condição humana na maior generalidade possível de situações no espaço-tempo. Face à Atenas que descera ao nível dos Trácios considerados Bárbaros, ergue-se a filosofia que vai procurar recuperar a altura divina da sabedoria, inscrita na ordem de Delfos. Face às *doxai* sofísticas acerca da justiça, reflexos da opinião multitudinária, ergue-se a pesquisa dos paradigmas que permitem implantar ordem na alma e na sociedade.

Atribui Voegelin particular importância ao que designa por *princípio antropológico* – "o homem é uma cidade em ponto pequeno e a cidade um homem em ponto grande" – mediante o qual Platão transfere o tratamento do problema da justiça de ordem individual para o plano da justa ordem da cidade-estado. A primeira parte da *República* descreve a criação da ordem, através da instituição do mercado económico, da educação física e literária, da constituição política e do culto das virtudes. Esta *poleogonia* consiste na descrição modelar do conteúdo político, comum a todas as sociedades. Não é uma utopia nem um ideal contraposto à realidade das coisas. É a *Ideia* da qual se aproximam as sociedades históricas.

A segunda parte da *República* coloca o problema da inserção histórica da ordem e enuncia as condições para a sua aplicação: a abolição do interesse privado dos guardas da cidade e o aparecimento do "filósofo-rei". Este constitui o símbolo máximo da aliança entre poder e sabedoria e a garantia de que é possível transferir a sabedoria contida na alma individual para a cidade-estado. Sob pena de não ser persuasiva, a inserção histórica da ordem deve respeitar a tensão essencial da existência humana. O filósofo tem de

---

[24] Cf. OH III 1957, p.50 nn.1-3. Em particular Kurt Hildebrandt e Francis M.Cornford.

aceitar mitos verosímeis para conservar a justiça na cidade, entre eles a igualdade indiscriminada entre cidadãos. Mas a descoberta do bem como princípio an-hipotético e centro das virtudes éticas abre à alma um espaço de liberdade, duplamente ameaçado pelo vazio moral e pelas propostas antimorais, Scylla e Caridbis da existência comunitária.

Restava descrever a desintegração da ordem na terceira parte do diálogo. A unidade somática da cidade, procurada mediante a instituição da comunidade de bens e a abolição da família, acabava por ser vítima de um destino que conduz para a corrupção *(phthora)* todos os organismos naturais e todas as instituições sociais. Surgem governantes timocráticos, oligárquicos, democratas e tirânicos, em graus sucessivos de decadência do tipo humano, projectando as respectivas paixões da alma nos regimes que protagonizam. Salva-se do descalabro social quem guardar na memória, e eventualmente consiga transferir para o domínio da acção, a visão do bem que é fonte de toda a vida e sociedade humanas.[25]

O que Voegelin procura na *República* não é uma doutrina de ordem mas tão só os níveis de elucidação da consciência que a obra apresenta. Se a justiça obriga a colocar o problema da origem da ordem e o problema do bem, é a transcendência do próprio bem que impede afirmações totalmente adequadas ao seu conteúdo. A visão do bem forma a alma mas não permite fundar de modo transcendente a cidade. A questão da origem da ordem faz emergir a ordem da alma que, salvo um acaso divino, não pode ser polo da construção da cidade. Nesta tensão para o fundamento que coincide com a impossibilidade de fundar uma forma política verdadeira, a ética e a política surgem pesadas radicalmente porque não se pode colher abstractamente a ordem que as origina; é a alma que tem de procurar conferir substância à liberdade.

---

[25] A poleogonia de Platão em *República* é um projecto de ordem (Cf. IRWIN 1977, cap. VII) totalmente distinto da redacção de uma Constituição, de que *Leis* é uma aproximação. Sobre o significado político da filosofia em Platão cf. MÜLLER 1971, pp.1-65. Sobre o platonismo como racionalização da experiência religiosa cf. FINDLAY 1974.

Em diálogos como *Fedro, Político, Timeu, Crítias Leis*, Platão utilizou a de criação mítica e conceptual sugerida pela sua teoria das formas simbólicas, para criar os símbolos da consciência histórica, anteriormente esboçados. A teoria dos ciclos cósmicos, de importação oriental, e o mito do *Timeu* que estabelece um paralelo entre a coeternidade do ser, representada por Atenas, e a do devir, representada pela lendária Atlântida, exemplificam como a substância da ordem depende da aventura anamnética do homem. Mas dadas as escassas possibilidades de a alma transferir para a cidade o ordenamento pessoal alcançado, estipula no diálogo *Leis* as instituições que preservem o essencial da ordem da cidade, opondo um dique às forças avassaladoras que minavam o mundo helénico.

Na perspectiva da filosofia da ordem, o pensamento platónico criara símbolos doutrinários tais como *imortalidade* e *ordem justa da alma*, o *ser verdadeiro da Ideia*, e a *ordem* do real através da *participação na Ideia*. Tais símbolos são indispensáveis para a descrição das formas assumidas pela ordem na realidade pragmática mas eram usados por Platão com um extremo cuidado hermenêutico, sempre na tensão entre várias formas simbólicas. Ao canonizar estas problemáticas, a Academia Platónica reorientou-se para questões relativas às ramificações internas da presença das formas. Aristóteles, em particular, distinguiu-se na investigação de "problemas internos", ou mais expressivamente *imanentes*, como os de substância e acidente, a essência como objecto de definição, o acto e a potência, a matéria e a enteléquia, bem como os problemas lógicos coleccionados no *Organon*.

Como sugerem as censuras aristotélicas endereçadas a Platão, Voegelin admite que a filosofia das ideias poderia aparecer como uma filosofia da duplicação, efabuladora de formas separadas e despiciendas para a análise da estrutura da realidade.[26]. Por esse motivo, e embora formado na concepção platónica fundamentadora do ser em formas imateriais,

---

[26] Sirva de exemplo o chamado *argumento do terceiro homem*, utilizado por Aristóteles.

Aristóteles acabou por dirigir críticas acertadas ao uso especulativo do ser, ao considerar que a interpretação platónica do ser imanente trata o ser absoluto como um género, do qual as variedades do ser imanente são espécies. Consciente dos "excessos" do mestre, reduziu as experiências de trancendência à concepção de Deus como *primeiro motor (noêsis noêseos)*; reduziu o *eros* para o bem a *agapêsi,* prazer resultante da acção cognitiva; considerou *imortal* apenas a parte da alma que corresponde ao *intelecto agente;* e reduziu a virtudes dianoéticas a vida mística negativa de ascensão à ideia de bem, descrita no *Banquete.*

Apesar do seu génio pessoal, o estagirita criava a possibilidade de um descaminho filosófico. Surgiriam equívocos interpretativos sempre que os símbolos conceptuais fossem retirados do contexto experiencial em que tinham sido gerados, e sempre que fossem tratados como conceitos referentes a dados da experiência sensível. As narrações das experiências de transcendência perderiam o seu sentido se deixassem de ser compreendidas analogicamente. Ao trocar a visão sinóptica da realidade pela concentração do intelecto em domínios restritos da ordem do ser, o pensamento antigo pós-aristotélico e pré-cristão não alcançou a concepção de um pensar analógico. E dada a correspondência entre a ordem da alma individual e a ordem da cidade, este crepúsculo da sabedoria helénica foi acompanhado pelo fim da cidade-estado. O surto imperial macedônio foi a expressão pragmática de uma nova época, surgida após o fracasso das ligas helénicas. A consciência historiográfica, preparada pelos clássicos gregos, acabou por encontrar em Políbio o autor capaz de forjar a forma simbólica que captasse o sentido das novas movimentações planetárias.

d) *Símbolos de revelação cristã*

O intento mais profundo da pesquisa de Voegelin cumpre-se através da compreensão dos simbolismos da existência humana como respostas a uma experiência cuja estrutura é a de uma escolha entre a vida e morte. O conteúdo do questionamento não é uma informação prestada sobre um facto, mas a forma orientadora com que a experiência ocorre. Atracção e resistência, abertura e clausura da consciência e demais indices noéticos, não se referem a objectos mas a fases da existência. A realidade interina é experimentada na tensão humana para o ser. E ao assinalar que a realidade da experiência é mútua participação do humano e do divino, os filósofos, profetas e evangelistas estavam seguros do carácter revelatório dos seus escritos. Os mitos especulativos dos filósofos acerca da vida e da morte, como forças que prendem e que libertam, são um conto de salvação em que se refere a atracção que o divino exerce sobre o homem. Os profetas proclamam a sua palavra como sendo de Iavé. Platão diz que o seu Mito dos Títeres *(Leis* 644-5) é um *alêthês logos,* seja recebido de um deus ou de um homem. E o que distingue de modo iniludível o cristianismo é o testemunho da vida, morte e ressurreição de Cristo, no qual a linguagem simbólica desvenda o verbo como uma vida.[27]

A descoberta da condição humana, como a de um ser suspenso entre forças de vida e forças de morte, é uma revelação que não se confina num único tipo de simbolismo. Na área helénica, a descoberta dessa condição exigiu um longo caminho, desde as epopeias homéricas da guerra e da paz, os poemas dos líricos sobre as virtudes, os dramas dos poetas trágicos, a filosofia dos Pré-Socráticos, de Sócrates e Platão, até a plena definição aristotélica do *athanatizein* na *Ética Nicomaqueia* X, 7-8. E a pesquisa só é viável se, para lá dos horizontes intelectuais, procurar o mistério da intimidade que um homem vive a braços com o destino, na profundidade da sua consciência e que não consta de qualquer processo social nem histórico.[28]

---

[27] Gogarten 1958 afirma que após a recepção da cultura latina por parte da Patrística houve uma helenização forçada da mensagem Cristã, em autores como Clemente de Alexandria e Orígenes. Por outro lado, intérpretes como Tresmontant 1962, Hengel 1973 e Boman 1968 insistiram no facto de as categorias do pensamento hebraico serem predominantes na tradição Cristã.

[28] Dilthey 1944, p.117 "O que um homem vive na sua alma solitária, lutando com o destino, na profundidade da sua consciência, existe para ele, não para o processo universal nem para nenhum organismo da sociedade humana".

Essa chave interpretativa é evidente na leitura voegeliniana do duplo sentido de vida e morte, ou seja: de uma vida que é mortal e de uma morte que pode merecer imortalidade. Em *Górgias* 492c, Platão resume o texto das *Euménides*, de Eurípedes, que estabelece a homologia entre vida e morte e, de seguida, desenvolve o seu próprio mito do *julgamento dos mortos*. Na *Apologia*, chegada a última hora, conclui o diálogo com a interrogação de Sócrates sobre quem terá melhor sorte, se ele que vai morrer se os que continuam a viver. Na *República*, atribui a Er o Panfílio, o homem de todas as tribos, o conto da reincarnação. E a morte de Sócrates que, como referem os diálogos platónicos, poderia ter sido evitada, autentifica a verdade dessas realidades.

No parábola da caverna (*República* 515e) a tónica recai na resistência e passividade oferecidas pelo homem que se prepara para salvar o próximo. O destino infligido ao prisioneiro da caverna, a paixão do Sócrates arrastado para a luz, e do Er que se ergue dos mortos para contar o conto salvador, antecipa a paixão de Paulo na estrada para Damasco. Mas o mais intrigante é por que razão está o prisioneiro amarrado? Que força o liberta? Porque deve sair e voltar? Porque não saem todos? Para lá do *helkein*, há o *anthelkein*, a força sombria que mantém a condição humana dentro dos limites da mortalidade. Por detrás da questão a que o mito salvador responde, está a questão mais enigmática por que razão há questões. A essas perguntas, Platão deu em *Leis* a resposta de que os homens são como títeres, puxados em direcções opostas: os cordões de ferro das paixões arrastam-no *(anthelkein)* para baixo; o cordão de ouro das leis puxa-o *(helkein)* para cima. Quem seguir a força suave do cordão do ouro, salva-se. Mas essa força precisa da colaboração livre de quem a sente. O homem que buscar *(zetein)* tem de decidir livremente com qual das atracções irá colaborar. O mito não é receita mágica para a abolição de *anthelkein* mas a confirmação de que só há vida através da morte na luta da existência. Em *Fedro* 238a, Platão identifica a estrutura da situação:

> Quando a opinião nos encaminha através da razão [*logos*] para o melhor [*ariston*] e é mais poderosa, o seu poder chama-se temperança (*sôphrôsyne*); mas quando o desejo [*epithymia*] nos arrasta [*helikein*] para os prazeres e domina dentro de nós, o seu domínio é chamado excesso [*hybris*].

Platão reconhecera no final da *República* que o homem necessita de um salvador para corresponder ao seu desejo de comunicação com o Deus supremo. O "povo eleito" anunciou o protagonista pessoal que restabeleceria a sintonia com a ordem divina. O que singulariza os símbolos da revelação cristã é o facto de apontarem para o salvador em que se manifesta plenamente a presença de Deus. Jesus Cristo é a resposta dada à humanidade, a *forma spiritualis* maximamente diferenciada, a participação de Deus no sofrimento humano. Ergue-se do princípio dos tempos como a divindade, e inclina-se do além para a humanidade como um ser que vive, morre e ressuscita. Traz a revolta contra a injustiça do destino humano e traz o reconhecimento de que há a graça. Na esteira da cristianismo, sabe-se que sem *fides caritate formata*, o homem nada é. Conforme a livre escolha, a vida pode tornar-se em morte e a morte em vida eterna. E a quem se queixar da dureza da existência, será dada uma resposta como a de Jeremias, o grande realista espiritual: "O que construí, deitarei abaixo".[29]

Em João 12, o evangelista relata a entrada de Jesus em Jerusalém na semana que precede a Páscoa. Soube-se da ressurreição de Lázaro e a multidão quer ver o homem que soergue os mortos. Todo o mundo *(kosmos)* vai atrás dele. Depois, chega um grupo de Gregos, estrangeiros em Jerusalém, que também O querem ver (Jo., 12:33). "Chegou a hora de o Filho do Homem ser glorificado", afirma Jesus e prossegue com a parábola do grão: "A menos que um grão cair na terra e morrer, fica só grão...". Quem ama a sua vida, perde-a; quem aceita a

---

[29] Jer. 45, 4-5. Cf. PAULO *Romanos* 8:13. "Viver Segundo a carne é morrer"; Mat., 16;25-26. Paul SHOREY alerta para paralelo entre final de *República* e Epístola de Tiago 1;27.

sua morte, ganha a vida eterna. Na intimidade, Jesus poderá posteriormente hesitar um momento perante a gravidade dessa missão. Mas à Sua submissão "Faça-se em mim segundo a Vossa vontade", responde Deus com o trovão indicativo de que o príncipe deste mundo vai ser julgado e não prevalecerá. Estabelecida essa sequência, interroga-se Voegelin se João 12 não exprimirá uma concepção helenístico-ecuménica do drama da existência e morte de Cristo. Interroga-se mesmo se não existirá aqui um jogo pré-gnóstico com o termo *kosmos*, que significa, sucessivamente, todo-o-mundo, a *oikoumenê* ou morada de onde o homem deve ser extraído e o domínio do príncipe deste mundo, de onde Jesus, quando sair, extrairá os homens. Não será gnosticismo apresentar Jesus como um rival de arcontes supremos na luta pelo governo dos homens? A resposta de Voegelin é negativa, porquanto o evangelista conclui com declaração enfática de Jesus: "Eu, a luz, vim ao mundo [kosmos] para que quem acreditar em mim não fique nas trevas" (...) "eu não vim para julgar o mundo mas para o salvar" (Jo., 12;44). O mundo não é o *habitat*, mas os habitantes a serem salvos. Do drama cósmico, regressamos ao drama da existência que a luz do mundo vem salvar das trevas. O dia do *juízo final* de João é a resposta definitiva à questão do sentido de vida e morte.

A dinâmica das grandes tradições simbólicas, hebraica e helénica em direcção à revelação plena do Deus desconhecido tem o desenlace no cristianismo. O pensar noético mostrava que a essência do homem reside na capacidade de participar, através da razão humana, na razão divina. Contudo, para que este amor centrado no homem fosse correspondido pela divindade, seria preciso ultrapassar deficiências da antropologia e da teologia gregas, mormente a ausência de amizade entre o homem e Deus e ausência de uma concepção plena de fraternidade humana. Os hebreus regiam-se por uma revelação do além divino e de tipo *pneumático*. E esse anseio de revelação era tão forte que afastava formas mais compactas de participação no divino. O anseio por uma ordem de ser superior à existência aumenta o sentido de responsabilidade, e provoca o horror perante o esfacelamento da divindade em politeísmos e idolatrias. O povo hebreu aprendeu, à sua custa, que a completa actualização do Deus oculto exigia o trânsito da entidade colectiva de Israel para a alma do profeta e do servo sofredor. O cristianismo é a culminância destes movimentos de ordem, patentes nos *saltos no ser* em Israel e na Hélade, pelo facto de apontar a pessoa de Jesus Cristo, humana e divina, como o ser onde irrompe a realidade divina no *cosmos*.

Símbolos secundários

a) Especulação filosófica

Para resistir ao esgotamento do mito e aos descaminhos da sofística, a filosofia clássica preenchera a tensão existencial com o conteúdo da realidade, e traçara uma imagem verídica da comunidade de ser. O êxito na articulação da experiência do ser permitiu que desenvolvimentos posteriores se concentrassem na *camada superior dos resultados noéticos,* chegando mesmo a ofuscar o ponto de partida. Demasiadas vezes foi a exegese da *realidade interina* preterida pela articulação abstracta das suas componentes. A tendência recrudesceu nas escolas helenísticas que abandonaram a experiência da tensão fundamental como centro motivador da pesquisa. O estoicismo ofusca sob o vocábulo *tasis* a tensão que a tradição clássica desdobrava no riquíssimo complexo de símbolos do *nous*. Ora quanto mais a experiência concreta da realidade interina é referida em abstracto, mais é esquecido o fundo existencial de onde emerge o questionamento e o alcance pessoal e social das respostas filosóficas.

Voegelin designou por descaminho *(parekbasis)* este processo pelo qual se geram falsidades a partir de uma verdade situada fora do contexto que lhe confere sentido.[30]

---

[30] A 1978, p.187. *"As philosophy struggled to maintain itself in opposition to theology in the second phase, it retained the form of dogmatism in which philosophy had entered the Judaeo-Christian realm of truth. This play of dogmatic position*

O processo de transformação dos símbolos da *noêsis*, em conceitos de uma metafísica doutrinária, repetiu-se na Modernidade. Ao autonomizar-se na época moderna, a filosofia adoptou a forma dogmática com que a teologia penetrara na mentalidade judeo-cristã. O jogo de oposições dogmáticas permaneceu a forma dominante do pensamento ocidental e agravou-se a partir do século XVIII com o peso das ideologias. A adulteração iluminista dos símbolos da tradição clássica e cristã constitui uma etapa grave nesta degradação da racionalidade. A resultante paródia da filosofia expressou-se na asserção dogmática de "verdades", conforme o sistema que as gerava. E o reconhecimento do grotesco da posição, provocou a substituição da filosofia pela moderna ciência natural enquanto modelo do saber.[31]

A tensão entre filosofia genuína e deformação secundária explica aparentes oscilações de Voegelin na apreciação do filosofar. Um caso exemplar desta postura, a merecer ulterior análise, é ilustrado pelas oscilações na apreciação de Aristóteles. Em OH 3, detecta na obra do estagirita a tendência para a

---

and opposition has remained the dominant form of self-understanding for the order of Western Civilization into the modern period". [N. E.: Enquanto a filosofia lutava por afirmar-se diante da teologia na segunda fase, reteve a forma de dogmatismo que caracterizou a filosofia quando entrou no reino judaico-cristão da verdade. Essa influência recíproca de posição dogmática e oposição permaneceu a forma dominante de autointerpretação na civilização ocidental até o período moderno. In *Anamnese*, p. 479. op.cit.] Cf. ainda p.186: *"The dogmatism of the schools is the* Parekbasis *of a noesis that in turn had differentiated itself vis-à-vis the myth.* [N. E.: Os dogmatismos das escolas são a *parekbasis* de uma noese que se tinha diferenciado a si mesma do mito. *Idem,* 478]

[31] A 1978, p.165 *"When the symbols become detached from the experience for the exegesis of which they were created, they become images in a mistaken sense. Then there develop the secondary phenomena of philosophy, e.g. the manipulation of noetic symbols as if they were propositions (this being called metaphysics), also the eternal truths found by philosophy, or the idea of a philosophia perennis (sixteenth century), or the quarrel of the isms about the correcteness of the images"* [N. E.: Quando os símbolos se tornam destacados da experiência para cuja exegese foram criados, tornam-se imagens no sentido errado referido acima. Como resultado, emergem os fenômenos secundários de filosofia como, por exemplo, a manipulação dos símbolos noéticos como se eles fossem proposições, uma prática que chamamos metafísica; o descobrimento filosófico de verdades eternas ou a ideia de uma *philosophia perennis*, que surge no século XVI; e a briga entre os "ismos" acerca da correção de suas imagens. *Idem,* p. 453]

abstracção não verificada, que perde de vista o horizonte concreto de experiência donde emergem os símbolos filosóficos. Em *Anamnesis* corrige frontalmente esta apreciação inicial, e Aristóteles aparece-lhe como exemplo maior de pensador preocupado em comunicar a riqueza concreta da experiência humana. No plano geral, em *A Nova Ciência da Política*, censura a rejeição da metafísica pelos pensadores modernos mas em *Anamnesis* descreve a metafísica pós-clássica como "a perversão da exegese noética pela rigidez dos seus termos numa ciência proposicional de princípios universais e substâncias". Em OH 2, mito e metafísica são complementares; os símbolos compactos do mito abrangem tonalidades da experiência que escapam aos conceitos metafísicos diferenciados; a linguagem da metafísica confere precisão "ao significado que permanece inarticulado no mito". Em contrapartida, OH 4 refere depreciativamente a "metafísica proposicional", "resultante da compreensão literalista de símbolos mitopoéticos" e Anamnesis condena frontalmente o "jogo das oposições e oposições dogmáticas" a que a filosofia clássica não escapou. Em conclusão: a reflexão torna-se especulativa e pseudofilosófica e origina simbolismos secundários, ao esquecer a sua origem na experiência da realidade interina que é condição de verdade das respostas humanas às interpelações do fundamento do ser.[32]

b) Simbolismos religiosos derivados

Uma esclerose semelhante à que se observa nos símbolos derivados da filosofia, ocorre nas formas pneumáticas derivadas da Revelação, tais como Alegoria, Doutrina, Religião e Escritura. Os símbolos respectivos possuem também um estatuto secundário porquanto o seu fundamento é menos importante que a intenção apologética ou a conciliação metodológica.[33] Um caso exemplar de *simbolismos pneumáticos*

---

[32] Cf. sucessivamente NCP, Introdução; A 1978, p.193; OH II 1956, p.127; OH IV 1974, p.43.

[33] A Introdução de *A Era Ecuménica* aborda sucessivamente estas formas. Cf. OH IV, Alegoria pp.33-36; Doutrina pp.36-43; Religião pp.43-48; Escritura pp.48-57.

secundários é a variante de doutrina neoplatónica correspondente ao pensamento de Fílon de Alexandria. Voegelin analisa-o na introdução de *The Ecumenic Age* em confronto com a sua própria análise do episódio Mosaico no volume inicial de *Order and History*.[34] Baseado num conjunto notável de estudos de Harry Wolfson, o grande especialista da área, e ainda de Jean Daniélou, Henri de Lubac, Martin Hengel, e Henri Crouzel, Voegelin estabelece que, no contexto intelecutal em que Fílon se move, o termo *mito* denota estritamente e, alias, de modo desprezivo, um mito politeísta. O termo *filosofia,* por seu turno, tanto denota pensamentos como as opiniões sobre Deus ou sobre o mundo. Ao lidar com a narrativa do *Génesis,* Fílon tinha forçosamente de rejeitar tudo o que nela lhe parecia mito, apresentando-a também como filosofia de nível superior ao conhecimento platónico. Em consequência transformou Moisés em filósofo, em particular ao interpretar o episodio da *sarça ardente.* Moisés jamais vira uma sarça arder mas, estando à procura da natureza das coisas, exprimiu na narrativa metafórica, acerca do arbusto que arde sem morrer, o seu espanto de que as coisas nasçam e pereçam. Uma vez que o mistério divino da criação não pode ser desvendado, ouviu ainda a voz divina dizendo-lhe *Não te aproximes!,* sugerindo que a natureza das coisas é inacessível ao homem. Movido pelo desejo de saber, quis ainda conhecer quem lhe falava, mas teve de se deter perante a resposta *Eu sou Aquele que sou!,* por parte Daquele cujo rosto se mostra. Em traços muito breves, foi assim que um pensador intelectual e espiritualmente profundo como Fílon, motivado pela intenção de separar radicalmente mito e filosofia, interpretou inadequadamente o símbolo da sarça ardente. Esta fragmentação do simbolismo retoma os membros isolados, como alegorias de experiências diferentes. Convertendo Moisés em filósofo à força, Fílon perdia de vista a experiência propriamente pneumática da realidade divina a revelar-se, obnubilada pelo esforço de criação de uma cosmogonia de tipo espiritual, dependente de uma

---

[34] Cf. OH I, pp.27-36 com OH IV, p.31-32.

misteriosa e íntima experiência da consciência. Ao mesmo tempo, fornecia um padrão de interpretações alegóricas inadequadas, que persistiram durante mais de um milénio, na área do cristianismo, do islão e do judaísmo.

Símbolos terciários

Hermetismo e Ocultismo, Magia e Pseudociências, Gnose e Apocalipse, Ideologia e "blá-blá" cultural, Pneumopatologia e Magia do extremo, eis algumas das expressões de que se podem revestir os símbolos terciários. O que torna simultaneamente genial e perturbante a análise de Voegelin, neste particular, a ponto de ele próprio recear o abuso, é a selecção do conceito de *gnose* que identifica habitualmente as concepções de seitas judaico-cristãs no séc. II d.C., como modelo de todos os simbolismos que recusam a estrutura da realidade.[35] Conforme lembrou Gregor Sebba num notável artigo de 1980, "trinta anos atrás, o gnosticismo antigo era ainda, para a maior parte dos leitores comuns, uma obscura heresia cristã dos primórdios, quase demente e com crenças aparentemente repugnantes".[36] Continuava-se a encará-lo como fenómeno situado entre os séc. II d.C e o séc. VI d.C. e com afloramentos esporádicos na Idade Média. À gnose que desde as origens acompanhou o cristianismo como uma sombra e cujas seitas foram classificadas por Ireneu no *Adversus Haereses,* escrito por volta de 180 d.C., acrescentavam-se ainda variantes judaicas, pagãs e muçulmanas, brotadas do tronco comum que Toynbee designou por área pré-cristã da civilização siríaca.

---

[35] CEV, p.149: *"I paid perhaps undue attention to Gnosticism in the first book I published in English,* The New Science of Politics". Sobre *Wissenschaft Politik und Gnosis.* Cf. a recensão in *Nouvelle Revue Théologique,* Museum Lessianum, 92(4)1960, p.443.

[36] Cf. de Gregor Sebba "History, Modernity and Gnosticism" in Opitz e Sebba 1981, p.190: *"Thirty years ago ancient gnosticism was, for most general reader, still an obscure early Christian heresy with absurd, almost demented and seemingly repulsive beliefs".*

Neste bloqueio erudito com que os especialistas de história das religiões cercavam a *gnose* antiga, persistindo em considerá-la indiferente à história, ecoava a visão de Spengler para o qual a relação entre gnose e modernidade era impensável.[37] O termo *modernidade* mascarava o facto que a fase final da civilização presente se caracterizaria pelo concepção dualística da história mundial. Surgida nas religiões persa e judaica após a época de Ciro, tal concepção atravessou uma fase apocalíptica e alargou-se nas religiões orientais pós-cristãs. Atribuía-se unidade histórica a este longo período, mediante um evento salvífico que dividia o lapso de tempo decorrido em dois *eons* que se confrontavam. Mas no início do século XIII, o monge Joaquim de Fiora transformou este dualismo estático em projecto dinâmico ao anunciar a "Terceira Era do Espírito Santo" e o "Reino dos Santos na Terra". Posteriormente, esta visão mística foi secularizada e converteu-se na versão corrente do esquema triádico ocidental de *Antiguidade / Idade Média / Modernidade*. O esquema retinha de Fiora o impulso escatológico, mas deformava-o em promessa imanentizada de progresso, perfeição e consumação da existência humana na terra. Em suma, para Spengler, o esquema *fáustico*, expressivo da posição do activista moderno e ocidental, substituíra definitivamente o esquema mágico, oriental e *gnóstico*.[38] A ligação entre gnose e modernidade é também recusada nas especulações de autores como Fritjof Schuon, René Guénon, Raymond Abellio e Julius Evola, representantes notórios de posições que se reclamam de uma *tradição* expressa pelo tempo árabe *ma'arifah* e pelo sânscrito *jnana* e equivalente à *gnose* ocidental.[39] Esses termos designam o conhecimento esotérico revelado numa suposta sequência providencial de mensageiros divinos que, de Buda a Maomé, manifestariam o verbo de forma cada vez mais pura, até ao limite de compreensão do intelecto humano; em particular, até conferir aos eleitos o poder de

---

[37] Puech 1957, p.63.
[38] Spengler 1924, Segunda parte, Cap. III, Secção B-A alma mágica, nº 12, pp.354-359.
[39] Schuon 1963, p.115, nota 1, Guénon 1946, e Evola 1934 e 1973. Walsh 100.

compreender o absoluto. Tais autores são gnósticos de uma variante que não admite a dogmatização da transcendência.[40]

Perante estas desencontradas perspectivas, o Colóquio de Messina em 1966 procurou criar um consenso detectável nas cinco propostas do documento final. A proposta IV, sobre a melindrosa questão de periodização, identificou como período do *gnosticismo clássico* os duzentos anos que decorrem entre o séc. I e III d.C., flanqueado, no passado, pela época das origens da religião cristã e, no futuro, por uma franja de movimentos que abarcam uma longa época, que se estende desde o Priscilianismo até aos Cátaros. Esta preocupação evidencia que a definição e localização do gnosticismo deixara de ser pacífica, em virtude da acumulação de investigações sobre novas vertentes do fenómeno, mormente o relacionamento com a política e a modernidade.[41] Ora Voegelin chamara a atenção para o facto de que a problemática do gnosticismo do séc. XX era precedida por uma história de mais de dois séculos de antecedentes, assinalada por obras como *Versuch einer unpartheiischen und gründlichen Ketzergeschichte,* 1748, de Mosheim; o capítulo 54 do *Decline and Fall of the Roman Empire,* de Gibbon, 1749; *Genetische Entwicklung der vornehmsten gnostischen Systeme,* 1818, de Neander; *Histoire critique du gnosticisme et de son influence sur les sectes religieuses et philosophiques des six premières siécles de l'Ére chrétienne,* 1828, de Matter; e, muito particularmente a obra de Christian Baur *Die christliche Gnosis, oder die Religionsphilosophie in ihrer geschichtlichen Entwicklung,* 1835. O que surgia como *disjecta membra* da história do Cristianismo, movimentos, seitas, doutrinas e sistemas – arrumava-se numa evolução que vinha desde a Alta Idade Média, passava pelo *dualismo ético* da Reforma protestante e pela filosofia de Jakob Boehme, até culminar no primeiro Schelling e em

---

[40] Os comentadores dedicaram significados estudos a este tema. Veja-se BORGUI, Giuliano (ed.), 1979, *Transcendenza e Gnosticismo in Eric Voegelin,* SEBBA Grefor, 1981, "History, Modernity and Gnosticism", WISER James L., 1980, "From cultural Analysis to Philosophical Anthropology. An Examination of Voegelin's Concept of Gnosticism".

[41] Veja-se em BIANCHI 1967, o documento final de xx pp., em várias línguas.

Hegel. A gnose antiga constituía o primeiro passo de um trajecto milenário culminante na filosofia hegeliana da religião, que descrevia a evolução do conceito *(Begriff)* de religião mediante a história empírica das manifestações da divindade. Relembradas estas sequências de investigações comprovativas de que o movimento gnóstico "adquirira uma relevância social maciça no Iluminismo e no Idealismo", Voegelin apontava os estudos antecipadores da tese exposta em *A Nova Ciência da Política:*

> Em relação com a história interna da ciência gnóstica podem consultar-se as sínteses históricas de Wilhelm Bousset, *Die Hauptprobleme des Gnosis* (1907) e do gnosticismo ambas as obras prestam informação tal como *Die Gnosis* de Hans Leisegang, 4ª ed. de 1955. Uma introdução sucinta é dada por um dos melhores especialistas do tema, Gilles Quispel na sua obra *Gnosis als Weltreligion*, 1951. Em virtude do influxo deste aprofundamento do conhecimento do gnosticismo e do seu relacionamento com o Judaísmo e o Cristianismo, pôs-se em marcha uma nova interpretação da história do espírito europeu e da política moderna. Como obra representativa da compreensão da moderna história alemã desde o século XVIII, devemos mencionar *Apokalypse der deutschen Seele*, de Hans Urs von Balthasar, 1937; o primeiro tomo foi reeditado em 1947 sob o título "Prometheus". A obra paralela para a história francesa é *L'Homme Revolté* de Albert Camus, de 1951. A concepção subjacente às reflexões do meu livro recebeu um notável impulso da obra de Henri de Lubac, *Le Drame de l'Humanisme Athée*, 2ª ed. de 1945. Para estabelecer o Taubes *Abendländische Eschatologie* de 1947. Para compreender o essencial das seitas políticas desde o séc. XI até o séc. XVI, é imprescindível a obra *The Pursuit of the Millenium*, de Norman Cohn de 1957, que apresenta um vasto material. E por último, permita-se-me citar os meus próprios estudos sobre gnosticismo moderno em *A Nova Ciência da Política*, de 1952".[42]

---

[42] 1959 *Wissenschaft, Politik und Gnosis*, pp.13-14.

No capítulo IV *de A Nova Ciência da Política*, "Gnosticismo; a natureza da modernidade", inseriu Voegelin uma das suas mais controversas teses: a que descreve o gnosticismo como um movimento milenário surgido na Antiguidade, transformado ao longo da Idade Média e emergindo desde o séc. XIII como a mais poderosa fonte de perturbações e desordens no mundo ocidental. O que aproxima o gnosticismo radical da Antiguidade das metamorfoses modernas é uma idêntica concepção de unicidade do real. O gnóstico helenístico só conhece Deus e reduz o mundo criado a nada. O moderno coloca o peso da realidade no mundo: o resto é ficção. Ambos se reconhecem consubstanciais à plenitude do real e opostos às massas alienadas. Enquanto as motivações de ordem religiosa prevalecerem, a unicidade do real será preservada a expensas da realidade do mundo. Mas quando o processo de imanentização atingir estádios mais adiantados, a unicidade será mantida a expensas da realidade de Deus. De corrente mística, a gnose transforma-se num tipo particular de política, a que destrói a realidade. Estes critérios mostram como Voegelin se afastou da noção erudita de gnose em mais do que um sentido. O fenómeno gnóstico coincide com o curso da civilização ocidental posterior ao cristianismo, e não pode ser circunscrito a um só período; as correntes modernas de gnose são socialmente mais relevantes que as formas helenísticas; o movimento tem continuidade até o mundo contemporâneo.[43]

O perfil do gnóstico potencial começa a desenhar-se no indivíduo que, desencantado pelo politeísmo e entusiasmado pela revelação, busca alternativas próximas da fé que não

---

[43] Seriam de analisar as seitas judeo-cristãs originadas nos Estados Unidos da América – Mormons, Testemunhas de Jeová, Movimento Moon e Meninos de Deus; as correntes de divulgação de sabedorias orientais – escola budista Trungpa e escola de Zen Deshimaru, movimento Hare Krishna, movimento Sôka Gakkai, Meditação Transcendental do Maharishi Mahesh Yogi, Missão da Luz Divina; as confrarias da superstição cientificista – Cientologia e *Christian Science;* os movimentos ocultistas da Teosofia de Mme Blavatsky, antroposofia de Steiner, movimento espírita de Alain Kardec, rosacrucianismo de Max Heindel. Como informação sobre o tema, veja-se NEEDLEMAN 1975, WOODROW 1977. Para uma análise aprofundada dos fundamentos cf. PUECH 1970, 2º vol., pp.1363 e ss.

contenham o espectro de incerteza racional que a acompanha. Ora a fé não consiste num estado psíquico de segurança, mas antes numa demanda ansiosa em que, a todo o momento, se podem romper os tênues vínculos da consciência humana:

> A vida da alma aberta a Deus, a espera, os períodos de aridez e enfado, culpa e desespero, desamparo e esperança quando já não há esperança, o frêmito silencioso do amor e da graça, o tremor diante de uma certeza que, se conquistada, é perda – a própria leveza desse tecido pode-se constituir num manto por demais pesado para os homens que anseiam por uma experiência maciçamente possessiva.[44]

É nesta fase que o gnosticismo se insinua como atitude animicamente reconfortante e socialmente razoável, substituindo a verdade empiricamente indemonstrável da fé por uma inverdade que traz a segurança da realização escatológica. Surge a tentativa de converter um mistério divino num saber humano. Assim nasceram os sistemas de Márcio, Valentino, Basílides, Carpócrates e Simão. Todos isolam da experiência mediadora do *cosmos* o movimento escatológico, revelado pela presença divina na consciência. Depois, edificam a realidade como um psicodrama intelectual que principia por uma queda na divindade, prossegue com o encarceramento de partes da substância pneumática num *kosmos* criado por um demiurgo iníquo, e termina com a libertação da substância aprisionada através do regresso à divindade primitiva.[45]

O conhecimento *(gnôsis)* do psicodrama é a condição para a libertação que, ao referir o pretenso estado de alienação do homem, inculca a necessidade da rebelião contra o deus iníquo. Como demonstra a história dos zelotas e outros movimentos de apocalípticos da Antiguidade, a alienação e revol-

---

[44] NSP, p.122.
[45] 1963 "History and Gnosis. The Old Testament and Christian Faith", p.64.
"Under the aspect that concerns us presently, gnosis is a mode of existence which distorts the order of being by placing negative accents on world and history and correspondingly positive accents on the means of escaping from them".

ta entregues a si próprias não produzem necessariamente a gnose. É uma cegueira peculiar, provocada pela luminosidade do além, que vem criar a ilusão de um *kosmos* que emerge na consciência. O gnóstico mutila a relação entre o princípio e o além, sem se aperceber que está a destruir especulativamente o mistério da realidade. Enfim, o drama da queda divina é a prova concluente, sem mais provas necessárias fossem, que a *líbido dominandi* avassala a mente gnóstica. Um tal processo não é inocente porquanto o gnóstico deseja a inverdade apesar de conhecer a verdade do "mistério da iniquidade". A *gnôsis* é afinal *agnoia*, ignorância da verdade e os seus símbolos são terciários, porque resultam de uma inversão de símbolos secundários que já perderam a capacidade de apelar ao questionamento originário. E tal como Platão expulsa da cidade os imitadores que estão três pontos afastados da realidade, também Voegelin expulsa da vida de razão os símbolos terciários.

Cada época tem problemas próprios para reconstituir o sentido do questionamento. A gnose antiga constituía um bloqueio à vida de razão, proposta pelos filósofos. Mas a filosofia, concebida no contexto da cultura helenístico-romana que precede o evangelho, também se questionava sem atingir uma resposta culminante. As dificuldades não resultavam de qualquer insuficiência da razão chamada natural; resultavam, sim, do horizonte cosmológico que diminuía o alcance das respostas filosóficas, como se comprova com o mito do *Timeu* de Platão ou com o *primeiro motor* em Aristóteles. O evangelho veio oferecer uma resposta, neste impasse. Todos os pais fundadores da Igreja salientaram a interpenetração entre o *logos* da filosofia e do evangelho. Sem a vida de razão, o cristianismo ficaria uma seita obscura semelhante à gnose; mas o *logos* do evangelho é mais enérgico que o da filosofia. Através deste *logos,* operante em gregos como Platão e em bárbaros como Abraão, na expressão de Justino o Mártir, foi possível cumprir a filosofia e foi possível ao evangelho da *ekklêsia tou theou* tornar-se a cristandade. O obstáculo ao progresso da filosofia não era as limitações da razão natural, mas o modo cosmológico da representação. Uma cultura onde a sacralidade da ordem pessoal e social é simbolizada por deuses não cederá facilmente à *theotês* que vem dessacralizar a ordem tradicional.

Considera Voegelin que a situação actual inverteu as condições da Antiguidade. A desculturação alimentada pelo anticristianismo e pela antifilosofia distorce, esconde e proíbe o valor dos símbolos primordiais e provoca a perda da questão. Numa sociedade multicultural, a grande dificuldade é de se fazer ouvir uma resposta como sendo verdadeira mas sem acarretar a posse de uma doutrina. Em vez de se abrir aos princípios do cosmos, o homem enclausura-se numa das suas parcelas constitutivas. O "clima de opinião dominante" que deprava a razão e faz esquecer o sentido do questionamento, transforma os *intelectuais* do século XX em grupo social cujas opiniões se submetem tendencialmente à vontade de poder, colectiva ou individual.[46] No que se refere aos crentes, estes repousam muitas vezes no acto de fé, sem que lhes ocorra por

---

[46] NCP, p.128 "Enquanto forem estigmatizados como reaccionários o reconhecimento da estrutura da realidade, o cultivo das virtudes da *sophia* e da *prudentia*, a disciplina do intelecto e o desenvolvimento da cultura teórica e da vida do espírito", a renovação da sociedade não é exequível. Stephen Toulmin chamou a atenção para a dependência dos quadros conceptuais perante o desenvolvimento e organização das profissões intelectuais. (TOULMIN 1972) Eduard Shils elucidou a revolta que os intelectuais alimentam contra a sociedade e as instituições contemporâneas (SHILLS 1972). Nesta perspectiva de Sociologia e do Conhecimento é ainda de consultar GURVITCH 1946. Sir Isaiah Berlin seleccionou a figura de Moses Hess como o protótipo do intelectual moderno que se suicida intelectualmente em busca de uma nova dissidência (Cf. RIEFF 1970). George Orwell, retrata o desencanto do intelectual nos anos trinta, quer o militante como ele próprio, quer o cínico como Henry Miller. (De Eric Arthur Blair (aliás George Orwell), ver *"Inside the Whale"* in ORWELL 1961, pp.493-527). Julien Benda retrata a *"trahison des clercs"* que se eximiram às responsabilidades do *officium sapientis*. (BENDA 1950 Cf. sobre Benda NIESS 1956). Albert Camus descreve *"l'homme revolté"* como possuído por uma visão do mundo insensata e trágica e provocadora da violência (CAMUS 1965). Nos EUA, Russell Kirk (KIRK 1954 e 1955) apontou o abandono das raízes político-religiosas como a origem da perversão da vida intelectual nas Academias americanas, visão retomada por Alain Bloom ao descrever o processo que designou por *"closing of the american Mind"*. BLOOM Allan, 1988, *A Cultura inculta*, Mem Martins, Europa-América. Na perspectiva libertária, também Robert Nisbet fez a "autópsia" do intelectual (RIEFF 1970 pp.307-339). No que toca ao mundo soviético, o papel dos *dissidentes* russos foi analisado pelo malogrado Andre Amalrik, AMALRIK em *Sobreviverá a União Soviética em 1984?*. CHAFAREVITCH 1977 esboçou as origens medievais do socialismo e BESANÇON 1979 as origens intelectuais do leninismo.

que razão a sua crença é uma resposta equilibrada aos mais fundos anseios humanos; não lhes ocorre que o evangelho deu a sua promessa a pobres em espírito, a mentes inquiridoras e não a cristãos, ou seja, aos possuidores de uma revelação. A dificuldade de reintroduzir a filosofia na vida da Igreja resulta do escasso papel que a vida de razão possui na existência, tanto do crente como do ateu. E o evangelho só encontrara indiferença se não mesmo desprezo entre as mentes fora da Igreja e não serve o homem inquieto enquanto associado a uma postura unicamente dogmática.

A desculturação é uma situação, não é um destino. E uma situação nunca é desesperada porque a estrutura da realidade está sempre presente com a sua orientação. O evangelho jamais foi uma letra morta que dê uma informação, para pegar ou largar. A filosofia é impensável sem a persuasão pessoal. A desculturação não constitui uma nova era mas apenas uma massa de detritos e a simples possibilidade de analisar a destruição da razão mostra que ainda há espírito sob as cinzas da desculturação. A característica da época presente não é a de constituir uma nova era, mas sim uma arena de confronto entre processos de racionalidade e os processos de deformação de razão que são muito antigos. A desculturação leva já séculos de incubação no Ocidente, e provocou a massa grotesca dos *ismos* contemporâneos que nada têm de novo a oferecer. Mas a vida da consciência e a dinâmica dos paradigmas clássicos e cristãos são processos milenares da consciência humana, perfeitamente capaz de ultrapassar os bloqueios contidos nos símbolos terciários que provocaram o inconsciente público, e de restituir os símbolos que perderam o seu significado às experiências em que ele se constitui.[47]

---

[47] Cf. OH V, p.44-45: *"If we want to break out of the public unconscious, we must analyze it and thereby raise it into consciousness. We must remember the historical acts of oblivion; in order to identify them as acts of oblivion, then, we must remember the paradoxic complex of consciousness-reality-language as the criterion of remembrance and oblivion; and in order to recognize the paradoxic complex as the criterion of truth and untruth, we must differentiate the dimension of reflexive distance which stands, compactly implied in the Platonic* anamnesis, *as the beginning of all noetic philosophizing"*.

5. SER OU NÃO SER CRISTÃO

> Anónimo – *"Are you a Christian?"*
> Voegelin – *"I try to be!"*

O filho do "deus desconhecido"

A exegese voegeliniana do cristianismo é um ponto culminante da pesquisa e uma das mais inovadoras teologias filosóficas do nosso século, dada a impressionante combinação de conhecimentos e intuições, assentes numa original superação da dicotomia entre fé e razão e numa comovente experiência da realidade de Jesus Cristo. Esse contributo apoia-se numa abordagem tão rica que a partir dela se poderia compor um panorama da tradição da grande Igreja. Aí vemos surgir o lugar central do evangelho e o papel de Jesus como Deus incarnado no homem; a visão paulina do ressuscitado nas Epístolas; a doutrina de Clemente de Alexandria ou de Justino o Mártir, de que escritura hebraica e filosofia grega são os dois "Antigos Testamentos" da cristandade: a posição antignóstica de Irineu contra as falsas espiritualidades; o *sacrificium intellectis* de Atanásio, ou seja, a obrigação de não operar como intelecto humano em áreas que lhe sejam inacessíveis; a tensão agostiniana entre as realidades da Incarnação e do mundo decaído. De Anselmo de Cantuária vem a noção de *fides quaerens intellectum*, de Pedro Damião a objectividade dos sacramentos. De Francisco de Assis, recolhe o sentido da pobreza evangélica e de Tomás de Aquino, a *fides caritate formata*. Em Gerardo de York, Hooker, Newman e nas encíclicas sociais, colhe importantes dados sobre a relevância da Igreja na história. Assinale-se ainda a recepcao de neotomistas como Gilson, Sertillanges, Jacques Maritain e de autores de tendência agostiniana como Hans Urs von Balthazar e Henri de Lubac, de teólogos existenciais como Bultmann, de biblistas como Edouard Norden, Karl Barth, Gerhard von Rad, a escola bíblica sueca.[1] E poder-se-iam acrescentar muitos outros nomes citados com rigor e louvor. Por outro lado, as mais pungentes críticas são endereçadas às fés de tipo errado que, em todas as épocas e igrejas, cometem desordens em nome de Cristo: gnósticos e apocalípticos da Antiguidade; movimentos heréticos sub-institucionais do "povo de Deus" na Idade Média; a arrogância dos que, como Calvino, colocaram o Estado ao serviço da religião e dos que, como Warburton, puseram a religião ao serviço do Estado; enfim, o *amor sui* de soberbos e hipócritas que praticam a violência.[2]

Essa exegese do cristianismo não é uma excrescência da pesquisa. Na sequência da análise noética do polo divino da consciência, a pesquisa confronta-se com a existência histórica de Cristo. A problemática da realidade interina permite correcções essenciais no que se designa por "infraestrutura da tensão".[3] A finalidade presente nos "saltos no ser" é a mesma que se revela nas diferenciações na consciência e ambas se revelam como prefigurações da teofania que tem Cristo por centro. A dinâmica da realidade é permanente; o que muda são os graus de diferenciação. As articulações mítica, clássica

---

[1] *Autobiographical Memoir* apud SANDOZ 1981, p.25. Cit. por SANDOZ 1981, p.64.
[2] O texto decisivo de Voegelin é "The Gospel and Culture" in MILLER/HADIDIAN 1971, pp.59-101. *The Pauline Vision of the Ressurected* in OH IV pp.239-271 e os estudos dispersos de HOPI são também indispensáveis neste tema. Cf. in KIRBY e THOMPSON 1983, o conjunto de comentários das exegeses voegelinianas dos Textos Sagrados. Cf. de Bruce Douglass *A Diminished Gospel: A Critique of Voegelin's Interpretation of Christianity* in EVSOH pp.139-143.
[3] 1974 "Reason: the classical Experience", in A 1978, p.242.

e revelatória da ordem da existência surgem, à nova luz da resposta evangélica, como a simbolização do Deus Desconhecido presente no cosmos. As cosmologias míticas mostram uma sofisticada capacidade para imaginar os deuses em cosmogonias e teogonias, que atestam a unidade do deus e do cosmos. Nos hinos de Amon do séc. 13 a.c., contemporâneos de revelação a Moisés do Senhor de Israel, detecta-se um movimento para a captação do Deus Desconhecido que está para além dos homens e dos deuses. E, contudo, foram necessários treze séculos de história, até o evangelho apresentar o momento culminante deste questionamento. A experiência clássica da razão veio completar a simbolização de áreas de realidade que se configuram como distintas do centro divino. As propostas de sabedoria helénica sobre a vida e a morte e o ritmo natural de *genesis* e *phthora*, do qual o homem se salva através do *athanatizein*, antecedem a dinâmica cristã da *aphtharsia*, a nova vida que não é perturbada pela corrupção. E de novo mais doze séculos foram necessários para que os Escolásticos compatibilizassem na linguagem da *fides quaerens intellectum*, a distinção entre o ser necessário divino e o ser contingente mundano.

Se a revelação for tomada a sério, se o termo exprime a presença divina efectiva na consciência e no cosmos, então estamos perante um mistério na história: o mistério de uma realidade em trânsito para uma nova estrutura que começa por se apresentar de modo escatológico. A vida constitui "a resposta a um acontecimento teofânico" do qual dependem o ordenamento da consciência e a verdade da existência.[4] Escreveu Voegelin em *The Ecumenic Age*:

> Consequentemente, o que se torna visível com a nova luminosidade, não é apenas a estrutura da própria consciência (na linguagem clássica: a natureza humana), mas também a estrutura de um avanço no processo da realidade. Ademais, o local do avanço não é uma

---

[4] OH IV, p.218. A utilização do termo teofania pode ter sido sugerida a Voegelin pela obra *Theophanie: der Geist der alt-griechischen Religion*. Cf. OTTO 1959.

entidade misteriosa chamada 'história' que existiria independentemente desses avanços. O local é antes a própria consciência que, no estado de luminosidade noética, realiza essas descobertas. Os acontecimentos teofânicos não ocorrem na história; constituem a história juntamente com o seu significado. A teofania noética, finalmente, revela que a consciência tem a estrutura de uma realidade metaléptica, da *metaxy* divina-humana. Em consequência, a 'história', no sentido de área da realidade em que progride a intuição acerca do significado da existência, é a história da teofania.[5]

A filosofia clássica detinha-se na expectativa de transformação do mundo pelo bem, captado como *terminus ad quem* do movimento de transcendência experimentado na alma. A revelação cristã desloca definitivamente a tónica para a salvação que liberta o homem da desordem mundana. A conversão resulta da experiência de um mundo incorruptível, no qual a realidade se transfigurou em perfeição por um novo nascimento. O encontro turbulento e redentor com o Deus desconhecido que se tornou o Deus conhecido pela sua presença em Cristo, eis a novidade absoluta do cristianismo perante os mitos, as filosofias e as religiões da Antiguidade.

A simbolização da nova ordem da existência humana centrada na teofania cristã é um processo muito rico e exigente e que se estende ao longo de séculos. Apesar dos esforços das teologias, da informação histórica abundante e da identificação das deformações introduzidas pelos simbolismos secundários, o clima de opinião actual faz perder de vista que o Deus Desconhecido, afirmado pela milenar tradição hebraica e por simbolismos religiosos universais, é o mesmo Deus que se revela plenamente em Cristo. Sempre que se agudiza a separação entre doutrina teológica e teologia mística, e se agrava até ao ponto de ruptura a tensão entre fé e razão, perde-se a capacidade de conceber essa realidade divina presente em Jesus Cristo. Conforme Eduard Norden demonstrou no seu livro

---

[5] OH IV, p.252.

Agnostos Theos, 1913, Irineu converteu em pedra de toque da oposição entre cristianismo e gnosticismo essa tensão entre o Deus escondido e o Deus revelado, particularmente expressa na passagem de Mateus 11;25-27: "Ninguém conhece o Filho senão o Pai como ninguém conhece o Pai senão o Filho e aquele a quem o Filho O quiser revelar". Se no gnosticismo, o Deus desconhecido de Jesus, o "abismo" *(bythos)* é diferente do demirugo de Israel, já para o cristianismo, o Deus revelado por Jesus é o Deus criador da tradição de Israel. Estaremos perante um conflito dogmático? Uma afirmação de Jesus não é uma informação mais ou menos digna de crédito. Se assim fosse, qualquer pessoa produziria afirmações semelhantes, tal como fizeram Márcio, Valentino, Basílides Carpócrates, Simão e outros gnósticos descritos no *Adversus Haereses* (ca. 180 d.C); o mesmo fizeram Fichter, Hegel, Fourier e Comte, e todos os que presumiram apresentar os novos Cristos. Quem separa, em Jesus Cristo, o Jesus histórico do Cristo doutrinário, perde consciência de que o evangelho foi gerado na *realidade interina.* O evangelho não é uma biografia que situe Jesus no espaço e no tempo, nem um catálogo de verdades eternas oriundas do além mas sim o relato dramatizado da realidade experimentada como drama do Filho de Deus, testemunhada pelas fontes do evangelista e transmitida ao leitor. O drama do Deus oculto desde a origem dos tempos e que se revela em Jesus que o comunica a outros homens, foi continuado pelo apóstolo que transcreve o acontecimento para o texto. Mas antes de ser texto, o evangelho é acontecimento e guião do drama, representado por Jesus Cristo e por quem Nele reconhecer a presença do Deus revelado.

Na IV parte de *The Gospel and Culture,* uma obra-prima de exegese, Voegelin utiliza o episódio da estrada de Cesareia para situar no contexto existencial da época a passagem de Mt. 16,13-20: "Que dizem os homens quem é o Filho do Homem?". Entre as respostas várias, Jesus ouve dizer que é Elias, um Jeremias, um mensageiro como João Baptista. Só Pedro afirma: "Tu és o Cristo, o Filho do Deus vivo!" Mt. 16,16. E Jesus responde: "Abençoado sejas Simão filho de Jonas porque não foram a carne e o sangue quem to revelou mas o Meu Pai que está nos céus". A filiação de Jesus não é uma informação dada por alguém mas um reconhecimento em resposta a uma interpelação do Deus que incarnou; reconhece Deus quem o experimenta dentro de si. O episódio encerra com a evidenciação da diferença entre revelação e informação: "Não digam a ninguém!", apela Jesus, porque nada há para dizer a quem não tiver reconhecido o Filho de Deus. Esse mesmo segredo protector da revelação reaparece no episódio da paixão. No julgamento do Sinédrio, ao escutar a pergunta "És o Cristo, o Filho de Deus?" Jesus limita-se a responder: "Tu o disseste". Depois, falando de judeu para judeu, recorda o símbolo apocalíptico do Filho do Homem (Mt. 26,13). No julgamento perante Pilatos não vale a pena invocar tal aviso, pelo que permanece silencioso perante a mesma pergunta, (Mt. 27,11-14). E na crucificação, quando tudo parece ter sido consumado pelo destino mortal comum – "Se és o Filho de Deus, desce da Cruz" (Mt. 27,40) – os guardas romanos acabarão por exclamar após o cosmos se romper em prodígios: "Este era verdadeiramente o Filho de Deus". (Mt. 27,54).

Aquilo a que Norden chamou o *Messiasgeheimnis* reaparece noutras passagens. Ao andar sobre as águas, Jesus deixara que discípulos o descobrissem "És realmente o Filho de Deus" (Mt. 14,33). No *logion* 11, 25-27 declarara "o Meu jugo é suave e o meu fardo é leve". Os possessos de Gadara (Mt. 8,29) tinham-No reconhecido como o Filho de Deus. O segredo do Filho de Deus era afinal conhecido de todos, tanto os que o aceitavam como os que lhe resistiam. Mas afinal em que consiste um segredo que todos parecem conhecer? O evangelho não é poesia dramática nem biografia histórica: é o símbolo de um movimento que se estende da pessoa de Jesus Cristo para os apóstolos, e para a sociedade e a história, em planos sucessivos de revelação. Primeiro, vem o autorreconhecimento de Jesus. Depois, os grupos sociais que reconhecem, ou debatem, a *potência* que viram nas Suas palavras e milagres; os apóstolos e a multidão dos simples acreditam, os dirigentes públicos resistem. Enfim, surge o drama histórico do reconhecimento de que o Deus Desconhecido sofreu a morte num homem e de que Jesus é o Filho de Deus. Este reconhecimento só é exequível como clímax de um movimento milenar que preparara o ambiente simbólico para imaginar o Filho de Deus. O mistério da presença divina na existência é universal. Símbolos como o Filho de Deus, Messias, Filho do Homem, reino de Deus, vinham do Egipto, de David, dos profetas e dos Apocalipses, filtrados por tradições iranianas e mistérios helenísticos. O segredo do evangelho não é o mistério da divina presença, já conhecida. Não é a sua articulação em símbolos; estes já existiram. O segredo do evangelho é o cumprimento da revelação de Deus na vida e morte de Jesus. A contradição entre níveis simbólicos e fases de develamento dissolvem-se, desde que Cristo seja compreendido na plenitude da sua paixão e ressurreição.

Que a plenitude da vida, morte e ressurreição seja um grau Maximo de compreensão, torna-se muito claro em Mateus, cap. 11 e 16. Quando os discípulos de João Baptista vêm inquirir se Jesus é o mensageiro de Deus *(o malak* profetizado em Malaquias 3,1) Jesus evita dar resposta directa. Pede que relatem ao Baptista os milagres e curas que pratica, o que bem sabe ser insuficiente para caracterizar o emissário de Deus e acrescenta: "E bem-aventurado aquele que não encontra em Mim ocasião de escândalo" (Mt. 11,2-6). Dirigindo-se depois às multidões, explica-lhes que João não só é um profeta mas é o próprio emissário. E o texto de Mateus mostra que a citação de Mal. 3,1 "Preparai o Meu caminho diante de Mim" é transformada em "Eis que envio o meu mensageiro diante de Ti para Te preparar o caminho". A mudança de pronome representa a transformação do Baptista: de precursor do Iavé de Israel torna-se o precursor do Deus Desconhecido, agora revelado em Jesus (Mt., 11;7-10). Chegou ao fim o tempo de Iavé; vai começar o reino de Deus pregado no sermão da montanha e na oração universal descritas em Mt. 11,25-30.

A diferenciação perante os antecessores continua em Mt. 16. Se até aqui Mateus usara "Cristo" para descrever Jesus, a partir de agora serão os próprios intervenientes no drama da Boa Nova que indicam Jesus, o Messias, como o Cristo, o Filho de Deus. Tal como o *malak* de Malaquias se tornara o precursor de Jesus, o Messias tem de adquirir características que não possuía em Israel. A nova simbolização traz para a história do cristianismo toda a gama da existência humana. Num extremo, o Filho de Deus surgirá como o verbo de Deus de cujas vestes escorre sangue, tal como o descreve o Apocalipse: "Vi o céu abrir-se e um cavalo branco aparecer: o seu cavaleiro chama-se Fé e Verdade" (Ap. 19,11-16). No outro, surge o Jesus que promete o pacífico tesouro das bem-aventuranças, aos pobres em espírito e aos puros de coração. O ungido do Senhor, transmitido pela tradição hebraica, tornou-se um símbolo do passado de Jesus que se revela no presente como o Filho de Deus. Assumida a consciência do Filho, Jesus começa a revelar aos apóstolos a sua missão e o significado da sua futura morte. Quando Pedro tenta dissuadi-lo de seguir esta via, é repudiado como Satã e *skandalon* (Mt. 16, 21-23). Na linguagem mais arcaica, o *"Vade Retro Satana!"* ou *"hypage Satana"* exorciza a via do homem que, ao não escolher os caminhos do Senhor, cai necessariamente na via do demónio. Torna-se "Satã" todo o homem que contrai a sua existência à existência imanente do eu e se recusa à atracção exercida pela realidade divina central. Na nova linguagem, Jesus dirá: "Quem quiser ganhar sua vida perdê-la-á: mas quem perder a sua vida por Minha causa, encontrá-la-á" (Mt. 16, 24-26)

Cristianismo e gnosticismo

Com as suas incursões nos textos sagrados, Voegelin não pretende colocar-se na posição de um teólogo nem pode avaliado como tal. A sua análise não se endereça ao dogma mas sim às experiências de teofania. Não está a aceitar nem a rejeitar uma doutrina teológica mas sim a salientar que uma revelação é, antes de mais, um acontecimento na *metaxy* que não deve ser cindida em dois polos: um polo subjectivo, ditado pelo homem, e um polo objectivo, autorizado pela teologia. Os símbolos de revelação possuem uma dupla origem, divina e humana. Para o filósofo, não há outro "objecto" senão a interpelação veiculada pela revelação, nem existe outro sujeito além da resposta em que na consciência se diferencia a experiência inicial. Fiel ao critério de que a compreensão dos símbolos exige que se recriem as experiências que os originaram, Voegelin procura o modelo de consciência que se manifesta nos conteúdos do evangelho, nos escritos de apóstolos, primeiros padres da Igreja, escolásticos e outros teólogos relevantes. Ao situar-se para além da dicotomia fé/razão, coloca-se numa posição interior ao cristianismo e apresenta os elementos centrais da ortodoxia à luz surpreendente da exegese noética. Todos os grandes conceitos da teologia surgem polarizados pela imanência e pela transcendência: o carácter divino e humano que Jesus emerge como a realidade do ressuscitado; a acção da Igreja e dos crentes consubstancia-se no *corpo místico* de Cristo; fé e razão são experiências paralelas de revelação; natureza e graça são âmbitos de realidade criada e transfigurada; poder espiritual e poder secular são expressões complementares da ordem divina.

Com esses critérios, Voegelin reconstrói o pensamento paulino no capítulo de IV de *The Ecumenic Age* como exegese de um acontecimento na realidade metaléptica, ou seja, em trânsito para uma nova estrutura cujo desenlace é o "reino de Deus".[6] E tal como análise paulina está centrada na vida e ressureição de Jesus Cristo sem o que a fé seria um escândalo, também a teofania joanina mostra a realidade transfigurada, após a luta apocalíptica em que a desordem foi vencida. A existência presente convive com expectativas messiânicas. A realidade possui um movimento que é a história e que se

---

[6] Cf. OH IV, pp.239-271. O texto paulino mais citado por Voegelin é a *I Epístola aos Coríntios,* em particular: xv, 50 *(aphtharsia);* ii, 12 (espírito do mundo e espírito de deus); ii, 16 (*nous* de Cristo); cap. xiii (hino ao *ágape*); xv, 12-19 (relação entre *kerygma* e visão); E ainda *Romanos* vii (autoanálise); *I Gálatas* i, 11-17; *Colossenses,* ii, 9. Entre as obras que utiliza, Voegelin cita *Paulus* de Günther Bornkamm, Stuttgart, 1969.

dirige para uma finalidade que transcende o mundo. O *telos* é a manifestação do além divino que começou a ser desvendado na consciência do visionário e que se manifestará como *aphtharsia* ainda na vida presente, durante a qual "todos seremos transformados num momento, num abrir e fechar de olhos, ao som da última trombeta".[7] Para manter a liberdade humana e o carácter amoroso da manifestação divina, os apóstolos mostram Jesus Cristo como *eschaton* do movimento que se apresenta como *princípio* dos cosmos e *além* da consciência. Como lembra a fusão joanina no verbo destes dois modos de presença divina, a epifania de Cristo é a mais radical das experiências de teofania e o desejo de encontrar a realidade divina transcendente tem na ressureição uma confirmação gloriosa. Que sucedaria, porém, se o movimento escatológico fosse extrapolado do contexto experiencial em que surge, e tornado base autónoma de especulação e de acção? E que sucederia se o desejo de união a Deus não fosse logo preenchido?

O cristianismo é o grande catalizador da história humana.[8] A diferenciação máxima da transcendência implicou que a presença divina deixasse de estar ligada a locais, épocas e pessoas específicas. A intensidade e a turbulência da presença do Deus revelado secundarizaram e desdivinizaram a existência do cosmos: "*Por que* razão há-de o cosmos existir se não é mais do que um mundo transitório?" e "Por que não acabou o mundo após a incarnação de Cristo?" eis perguntas legítimas da pessoa espiritual. E a inquietação gerada pela epifania será tanto maior quanto mais desprovida dos vínculos da fé, caridade e amor que ordenam o crente a Jesus Cristo e aos compromissos com a pessoa, a sociedade e a história que Dele decorrem. Se a espiritualidade se volve em presunção de dominar racionalmente o mistério de um cosmos que se move de um princípio para um além também divino, então o cosmos torna-se um mal a ser ultrapassado, para que Cristo regresse

---

[7] *I Coríntios* xv, 51-52.

[8] OH IV, p.20. *"I am inclined to recognize in the epiphany of Christ the great catalyst that made eschatological consciousness an historical force, both in forming and deforming humanity"*.

em sua glória. Como a direcção escatológica aponta para um significado absoluto da existência, surge a sedução para antecipar em gnoses e apocalipses os detalhes da segunda vinda. Na medida em que este movimento para o termo da história absorve a realidade, desiquilibra a existência que decorre na realidade interina. A ânsia de revelação do Deus, antes desconhecido, é agora preenchida pela visão do alvo do movimento escatológico na consciência. E mesmo que esse desejo não seja preenchido, mantém-se o seu impulso a exigir uma experiência maciça de fé. A força inspiradora da conversão cristã tem tal turbulência que intensifica a desordem da consciência, já revoltada contra os desequilíbrios patentes no cosmos. A gnose antiga nasce como uma metástase da revelação.[9]

Cristianismo e gnosticismo partilham experiência comuns: a transcendência separada da existência tangível; a revelação de Cristo como chave de compreensão do cosmos; a experiência do Além como um mistério em cuja vertigem a própria existência se pode aniquilar. Como impedir que as expectativas geradas pela epifania de Cristo degenerem em gnoses, apocalipses, apostasias e outras formas turbulentas de autoafirmação de pessoas, seitas e civilizações? Como impedir que o gnosticismo seja o efeito perverso do cristianismo? A falácia específica da gnose consiste em extrapolar do momento transfigurador no presente para a sua definitiva realização. Em vez de aceitar que a consciência emerge do *kosmos*, o gnóstico insiste que o *kosmos* emerge da consciência. Os psicodramas de autores como Carpócrates, Márcio, Valentininano, etc. assemelham-se a novelas metafísicas com inúmeras personagens celestiais que, em episódios sucessivos, desenrolam a expansão do além para o princípio. São especulações sincréticas que tomam materiais de empréstimo a várias tradições, sem reconhecer qualquer ortodoxia. A vocação enciclopédica

---

[9] Cf. OH IV, p.239. É possível que o conceito de metástase tenha sido sugerido a Voegelin pelo confronto entre mentalidades escatológicas e apocalíptica introduzido por Aloïs Dempf na sua obra *Sacrum Imperium*. Cf. DEMPF 1954. Sobre a exegese voegeliniana de Paulo cf. BOERS, Hendrikus, 1981, "Interpreting Paul. Demythologizing in reverse".

conduz esses autores para explicações de *omne re scibilli et inscibilli* e para disfarces da mitologia sob a capa de racionalização. Presumindo-se iluminado e liberto pelo saber divino, o gnóstico sente-se numa vida nova. Na realidade, está possuído pela gnose que o confirma na certeza de possuir o *saber*. A negação do livre-arbítrio e a afirmação determinista a que repetidamente se entrega não é casual. É o grito de um processo que clama pela libertação. Adequadamente, Voegelin lembra que tal intensidade de crença deriva "de uma alienação intensamente experimentada e de uma revolta igualmente intensa contra ela. Os pensadores gnósticos tanto antigos como modernos, são os grandes psicólogos da alienação, portadores de uma revolta prometaica".[10]

Foi no período helenístico-romano, *time of troubles* segundo Toynbee, que se agudizou a tensão entre a presença escondida do ser divino e a carência de sentido da existência humana. Vários factores contribuíam para as "erupções gnósticas" desse período: a contractação da realidade total até o nível da experiência pessoal; a dificuldade de expressar uma posição anticósmica com um mito pró-cósmico; a articulação gradual do anticosmismo na história israelito-judaica; o desejo paradoxal de moldar a desordem e o sistema de libertação "na forma de um sistema bem ordenado e inteligível".[11] Esta crise originou um largo espectro de movimentos que avaliavam a existência como alienação e a sua recusa radical como libertação e que produziram corpos sociais viáveis. O maniqueísmo, como mostrou Puech, conseguiu fundir num sistema coerente e que se propagou durante décadas os gnosticismos dispersos desde as extremidades orientais do império persa até aos confins oci-

---

[10] OH IV, p.19: "*Gnostic thinkers, both ancient and modern, are the great psychologists of alienation, carriers of the promethean revolt*". Em NSP pp.123-4, traça-se o quadro político desta alienação: "*Gnostic societies and their leaders will recognize dangers to their existence when they develop, but such dangers will not be met by appropriate actions in the world of reality. They will rather be met by magic operations in the dream world, such as disapproval, moral condemnations, declarations of intention, resolutions, appeals to the opinion of mankind, branding of enemies as aggressors, outlawing of war, propaganda for world peace and world government., etc*".

[11] OH IV, p.22 e ss.

dentais do império romano. Para ponderar a natureza destas forças espirituais deve ainda reconhecer-se que, em virtude da conversão cristã, o politeísmo greco-romano deixara de atrair os espíritos. A supremacia do cristianismo no confronto entre teologias civis e a luta entre os vários tipos de verdade que disputavam a representação transcendente, desdivinizou a esfera temporal do poder e afastou a possibilidade de um regresso ao passado. E o mesmo sentimento que gerou gnoses, apocalipses e apotasias na Antiguidade e na Idade Média, transformou-se nos tempos modernos numa sequência de revoltas, prolongadas até a actualidade, que procuram aniquilar a tensão da consciência. Se a realidade mundana condenável não pode ser radialmente substituída por intervenção divina, então há quem se decida pela revolução exclusivamente humana.

Numa primeira leitura, parece difícil transpor o fosso entre a aparente desmitologização na exegese das teologias joanina e paulina em *The Ecumenic Age*, e a ortodoxia do cristianismo. Voegelin, porém, é o primeiro a chamar a atenção para as deficiências de um Bultmann que atribui a Paulo e João elementos genuinamente cristãos, como sendo de origem gnóstica e helenística. Será que Voegelin presume ser mais cristão que os apóstolos, ao afirmar que Paulo e João originaram tendências que depois degeneraram em gnose? A linguagem de simbolização adoptada importa menos que o modelo de consciência que manifesta. Voegelin pretende mostrar que a filosofia deve intervir no esclarecimento das experiências de teofania, chamando a atenção que a base cósmica da consciência não é abolida pela conversão a Cristo. Cada pessoa, sociedade e época, têm de se descobrir na tensão entre imanência e transcendência, entre a espera escatológica e a presença apocalíptica, entre o compromisso criador e a radicalidade inconformada. A consciência só poderá afastar-se de modos deficientes de fé, se experimentar uma vida nova que consiste em transformar o mundo segundo o bem, em emulação das palavras de Critso: "Eu não vim para julgar o mundo mas para o salvar".[12]

---

[12] OH IV, p.20.

Nos inéditos de Hopi, Voegelin mostra como Paulo se ajustou à nova leitura da *parousia*, através dos compromissos da fé com as dimensões da consciência e de um modo que antecipa soluções semelhantes dos pais fundadores da Igreja. Paulo completou a descrição da luta de potências cósmicas, que exprime o movimento na realidade para o desenlace divino, enunciando de que modo o processo de transfiguração do homem decorre nas dimensões da pessoa, sociedade e história. A ênfase na ressureição é completada pela definição muito clara dos compromissos essenciais com as condições da vida humana. O primeiro e decisivo compromisso é com a dimensão pessoal e cifra-se na doutrina do *corpo místico* de Cristo. Cada um traz para a Igreja os talentos que possui. O segundo compromisso estabelece-se com a sociedade política e está patente na distinção entre o que é de César e o que é de Deus. Sendo toda a autoridade proveniente de Deus, é aos governantes instituídos que se deve obedecer. Em caso de conflito entre Deus e César, as exigências da hierarquia sagrada são superiores à civil. Em terceiro lugar, existe um compromisso com a história. A mensagem de salvação não vem modificar a lei mas aperfeiçoá-la. Tal como recolheu os legados hebraico e helénico, a Igreja poderá acolher todas as vindouras aquisições culturais da humanidade onde reconheça sementes do evangelho. E estas linhas de força guiaram a constituição do povo cristão que viria a emergir lentamente do mundo, transformando nações e civilizações na imagem do reino de Deus.[13]

Os compromissos estabelecidos com a fragilidade natural do homem, com o poder político e com o conteúdo histórico das sociedades, permitiram ao cristianismo tornar-se a grande força civilizadora da humanidade, capaz de acolher a totalidade de pessoas com suas ocupações, hábitos e instituições e de nelas projectar o evangelho. Os compromissos depositaram-se em sacramentos cuja administração é apanágio da Igreja. A doutrina dos sacramentos, de que a Igreja se constitui como criadora e zeladora, é fiel depositária da graça

---

[13] Cf. Hopi II, Christianity and the Nations, p.38.

como realidade objectiva. Todos são chamados a participar no *corpo místico* de Cristo, mediante a recepção de sacramentos cuja validade não depende exclusivamente da atitude íntima de quem os recebe, de quem os partilha ou de quem os administra. Para participar não basta a fé, ou seja, a vontade pessoal; é indispensável a experiência de conversão ministrada pelos sacramentos. O sacramento é também acto de liberdade porque não é o próximo que julga o estado da alma do sacramentado. Enfim, ofício sacerdotal e objectividade do sacramento são independentes da valia pessoa do sacerdote, conforme a doutrina de Pedro Damião, passos decisivos para compreender que a graça mediada é realidade objectiva. Estes desenvolvimentos permitiram à Igreja harmonizar as expectativas escatológicas com a atmosfera de civilização e conferir propósitos sobrenaturais aos talentos naturais. A socialização da graça dispensava a revolução social; o sacrifício vicariante de Cristo contribuía para que todos os que correspondessem livremente ao apelo, participassem na obra de salvação. Em vez de se reduzir a minorias de eleitos, a Igreja pôde operar com a massa e utilizar os talentos individuais para promover a vida cristã.

O critério de fé

A permanência do cristianismo para além do quadro civilizacional em que foi gerado, exige que as suas grandes questões sejam reformuladas com a linguagem e as preocupações existenciais de cada época. Se a conversão a Cristo é determinante da vida humana, a graça divina da incarnação não cria ordem só por si, exige a cooperação dos crentes através das obras. Cada época tem de harmonizar a história transfigurada com a valorização intramundana, a obra de salvação com o progresso civilizacional e o significado cristão do trabalho com a obra da graça. Mas ao afiar o gume da consciência escatológica, o cristianismo criou uma força histórica que tanto pode servir para formar como para deformar a humanidade: veio trazer uma espada. E se a história e as sociedades parecem incapazes de realizar totalmente essa ordem, a revolta anticristã não explica tudo. Se Cristo é a realização definitiva da ordem, decerto que a incapacidade humana de acolher a Sua plenitude é fonte de desordem. A insconsistência das respostas; a fraqueza e debilidade em salvar o próximo; a profusão de heresias, eis alguns dos sintomas que revelam existir uma insuficiência que, em grande medida decorre da incompreensão ou da inaceitação – ambas radicadas na falta de amor – do modo de presença de Cristo no cosmos.

O simbolismo de revelação sobre os fins últimos do homem tem de ser completado pelo simbolismo filosófico que articula a ordem da existência pessoal e social no tempo, tarefa para a qual Voegelin retornou repetidamente a Tomás de Aquino. Desde as citações de *Die Politischen Religionen* de 1938 e as referências à "metafísica do Êxodo" no primeiro volume de *Order and History*, passando pelo capítulo que lhe dedica nos *Studies in the History of Political Ideas* até a célebre resposta de 1974 ao Professor Altizier e ao escrito *Quod Deus Dicitur*, o "Anjo das Escolas" foi um interlocutor privilegiado da pesquisa. Nele vê Voegelin o clímax da reflexão cristã mormente pela demonstração de que a *fides caritate formata* liga ambos os polos da tensão existencial: o movimento da fé para Deus em resposta à atracção divina e o movimento da graça divina em resposta ao apelo do homem. O que o filósofo conhece através do intelecto, o crente sabe através da revelação. Fé e razão não estão em conflito porque ambas emanam do intelecto humano marcado pelo intelecto divino. Esta harmonia não significa coincidência. Além das verdades acessíveis, a fé revelada contém verdades inacessíveis à razão. E este modo de definição e resolução do relacionamento entre fé e razão mantém-se substancialmente válido, enquanto não existir uma concepção alternativa da fronteira entre verdades naturais e sobrenaturais.[14]

---

[14] Cf. Hopi, V, *Sacrum Imperium;* Climax; Chap. 2 Thomas Aquinas, pp.215-250.

É patente que esta aceitação das propostas tomistas sobre a concordância entre razão e revelação surge uma linguagem distinta da dos neotomistas. Voegelin valoriza particularmente a definição da essência da fé como *amititia* entre Deus e o homem, inserida na *Summa Contra Gentiles*, q. 116. A fé carece de uma componente intelectual porquanto é impossível amar a Deus sem captar a visão beatífica do *summum bonum*, como finalidade da vida humana. Para alcançar tal desiderato, é necessário o complemento deliberado do amor pois é pela vontade que o homem confirma o que apreendeu pelo intelecto. A relação de *amititia* é mútua e livre. Não depende só de um impulso humano mas supõe também a actuação da graça divina que eleva por forma sobrenatural a natureza. Através do uso analógico do termo aristotélico *forma*, Tomás descreve a infusão de graça como a *fé formada pela caridade*, ou seja, como a realidade da existência orientada para Deus. Tal doutrina é uma obra prima de descrição empírica e permite estabelecer uma tipologia da fé, com modalidades plenas e deficientes. A fé pode apenas ser uma orientação intelectual sem amor; ou um impulso sentimental desacompanhado da graça; ou uma emoção utilitária, marcada pela ansiedade e medo das consequências. Mas nenhuma destas crenças é a fé cristã, que é uma vida integral. O momento culminante da filosofia e da teologia helénicas e não-cristãs, o movimento da transcendência para o *realissimum* que atrai o homem movido pelo impulso de *eros*, era ainda um movimento unilateral da alma. A participação na ideia não é uma relação mútua. O homem, segundo Platão, procura a divindade; mas a divindade não se inclina graciosamente para aceitar a declaração de amor humano. Neste sentido, não existe um equivalente helénico para uma afirmação como "Deus é amor" (I Jo. 4).

Este clímax medieval de interpretação do cristianismo com a cultura e da fé com a razão, é para Voegelin a razão de ser do Ocidente e o critério pelo qual se deve avaliar a trajectória cultural posterior. E nesse curso, em mais do que um sentido, o cristianismo tornou-se vítima do êxito social e histórico de suas respostas. A desintegração do núcleo doutrinário da *amititia* degenerou em revolta contra Deus como base da ordem imanente da sociedade. E este surto de negações da realidade transcendente ameaça a continuidade da civilização ocidental. Nos estudos de Hopi, Voegelin opera com uma sequência linear de longo curso onde o final do séc.XIII representa um clímax, a partir do qual se alterou profundamente a compatibilidade do cristianismo com o mundo. Até então, a Igreja absorvera extremos de crença e racionalidade: os movimentos religiosos populares foram canalizados para as ordens mendicantes; Alberto Magno e Tomás de Aquino absorveram o intelectualismo arábico-aristotélico. Após 1300, a Igreja tem dificuldades crescentes em absorver activismos religiosos. Uns são empurrados para a heresia, alguns suprimidos e outros, como Hussitas, esmagados com violência. A tentativa de criar uma constituição parlamentar para a Igreja acaba por falhar e os papas cismáticos são diminuídos pelas pressões nos Estados nacionais. Após 1500, os movimentos espirituais tornaram-se suficientemente poderosos para romper com as instituições e criar as Igrejas cismáticas. É este período de 1500 a 1700 que deveria ser apresentado como o dos "séculos protestantes", no plano inicial de *Order and History*, para descrever a amálgama entre movimentos espirituais e políticos nos Estados nacionais. Por outro lado, a contrarreforma da Igreja católica revela uma considerável força de recuperação e ensaia soluções espiritualmente válidas. O problema é desenvolver a doutrina cristã através da diferenciação da cultura mística e da reinterpretação dos símbolos dogmáticos. Após 1700 o cisma da fé estende-se à apostasia da razão: os credos imanentistas do Iluminismo pretendem ultrapassar a própria vida da consciência proposta pela filosofia clássica.

A extrema variação das circunstâncias e a própria liberdade humana impedem que a canalização de movimentos espirituais tenha sempre êxito. Para vivificar a instituição, a Igreja sempre realizou reformas, grandes e pequenas. Entre as soluções para estabilizar esta tensão entre o clero e o leigo, conta-se a absorpção dos movimentos religiosos populares por novas congregações religiosas. Após as ordens cenobitas fundadas na regra de S. Bento, surgira já uma primeira vaga de congregações reformadas: a ordem de Cluny, nascida na diocese de Mâcon, Borgonha, uma encruzilhada da Europa, fora a primeira a submeter-se à autoridade do Papa; e a ordem de Cister, que atinge plena maturidade com Bernardo de Claraval, teve particular importância no êxito do espírito militante das cruzadas. Uma instituição, contudo, comporta sempre um risco de fossibilização a par do desafio de regeneração. A mediocridade dos grupos dirigentes solicita as pessoas a soltarem as amarras da obediência. Se problemas candentes não forem resolvidos e se os grupos dominantes não satisfazerem legítimas queixas, cresce o perigo de revolta. O ressentimento começa por ser dirigido contra valores incorporados na instituição, termina com a queima de livros, abolição de propriedae e supressão da cultura. Quando a sociedade medieval cristã começou a ficar ameaçada por toda esta teia de movimentos espiritualmente regressivos, reapareceu a gnose como atitude que aliciava a consciência a expandir-se até ao ponto em que presume abranger Deus. E o movimento recrudesceu quando os protagonistas substituíram a fé na Igreja de Jesus Cristo por outros modos de participação da divindade, como demonstrou Soderberg a propósito dos Cátaros. Uma fórmula célebre de Voegelin compendia toda esta dinâmica: "imanentização falaciosa do *eschaton* cristão".[15]

As rupturas com a escatologia cristã numa variedade de frentes deixaram um rasto de revoltas político-religiosas contra a ordem medieval assente no equilíbrio entre poder espiritual e poder temporal. A estrutura das movimentações é a de *turning of the tables*. Para o "povo de Deus" desprezado soou a hora da reforma espiritual e da revolução social. A estrutura social dos movimentos é muito complexa. Poderão ter origem urbana ou rural. A revolta dos tecelões, ou do Patarenos em Milão, é um caso típico de movimentação urbana; as agitações do Lolardos e Taboritas nascem de revoltas camponesas.

---

[15] NSP, p.121: *"The attempt at constructing an* eidos *of history will lead into the fallacious immanentization of the Christian* eschaton*".*

Os dirigentes podem provir da classe média; noutros casos, são populares. No que se refere à estrutura moral dos movimentos, o elemento de ressentimento e violência, inspirado por leituras sectárias do Antigo Testamento, manifesta-se na revolta contra a propriedade privada e contra as obrigações civis. Mas também sucedia os iluminados pregarem o divino estupor e a santa apatia sem olhar às aparências externas. A indiferença às aparências pode ainda conduzir os entusiastas a encarar a modéstia e a decência como marcas de corrupção interior de uma alma que ainda está sob o domínio da lascívia e incapaz de se unir à divina natureza. Na exibição despudorada de luxúria vão suceder-se os paráclitos do "povo de Deus", semideuses e pseudo-Cristos, mas sobretudo demasiado humanos nos seus desejos: Kannler de Eichstädt, 1381, Cantor de Kameryk, 1411, Joris de Basel, 1556, Niclaes e a Família do Amor,1580, Naylor,1660 Jan van Leyden, 1534. As doutrinas adamíticas da nudez iniciática, as práticas de libertinagem sexual nos Anabaptistas de Amsterdão são repetidas por Begardos, Boémios, *Alumbrados* de Toledo, Quakers em Salém e por uma miríade de seitas semelhantes de que as obras de Bosch nos dão uma ilustração. O movimento do "livre espírito" converte-se em libertinismo, com o duplo significado de livre pensamento e de licenciosidade.[16]

Esta trajectória do "livre espírito" permanecerá obscura enquanto persistir o uso de termos como "medieval" e "moderno" para designar períodos em vez de movimentos com expressão sucessivamente sub-institucional e institucional. Naturalismo e humanismo renascentistas bem como o cristianismo intenso da Reforma e da Contra-Reforma foram cronologicamente simultâneos mas ideologicamente distintos. Só o desenvolvimento do cristianismo heterodoxo à margem das instituições explica por que razão a reforma luterana assumiu proporções gigantescas e conduziu a um cisma irreversível. Tal reforma tem evidentes raízes na religiosidade

---

[16] Cf. HOPI, VIII Transition, chap.3, "The People of God", pp.1-105. Em particular pp.4,25,93.

medieval popular. O que estava imerso nas doutrinas de um Escoto Eriúgena e viera esporadicamente à superfície em seitas como os Paulicianos, Bogomilos, Patarenos, Valdenses e Cátaros num movimento sub-institucional que se estendeu de Oriente para Ocidente e cronologicamente desde do séc. VIII ao séc. XIII, explodiu no séc. XVI: "O gnosticismo move-se da imanentização parcial dos meados da Idade Média para a imanentização radical da actualidade".[17] Por outro lado, a Reforma é precedida por uma modernidade intelectual, firmada de modo espectacular no ano de 1516, data muito especial na história da cultura. Maquiavel terá então terminado *O Príncipe*, Erasmo publica o *Novo Testamento*, em grego e latim e a a *Institutio Principis Christiani*, e reeditou as obras de S. Jerónimo; Pedro Pomponazzi apresenta as teses do averroismo latino em *De immortalitate animae* e Tomás Moro lança a *Utopia*. A novidade dos acontecimentos da Reforma irá soterrar este elemento moderno dos humanistas e naturalistas. Apesar de revolucionários, autores como Erasmo e Moro (cujas ideias não foram tocadas pela Reforma) são ultrapassados pela explosão de Lutero em 1517, depois ampliada por vagas sucessivas de contrarreformas e reacções protestantes. E apesar de raízes medievais sub-institucionais, as profundas alterações institucionais provocadas pela Reforma tornaram-na em motor da modernidade. Este quadro reflecte-se necessariamente na apareciação do cristianismo por parte dos grandes nomes do séc. XVI.

Para Voegelin, o cristianismo de Erasmo é humanístico, ou seja: a posição é cristã mas o apelo é humanista. Na *paraklesis* que antecede o *novum instrumentum*, pede-se para ler o *Novo Testamento* comparando a "filosofia de Cristo" com a de outras *seitas* como as de Platão e Pitágoras. Numa era em que se está a regressar às fontes, porque não poderia a filosofia cristã ser exposta com a mesma radicalidade? Por que razão não deveriam os cristãos estudar o seu mestre com o mesmo zelo

---

[17] NSP p.176: *"Gnosticism moves from the partial immanentization of the High Middle Ages to the radical immanentization of the present"*.

com que os professores de filosofia estudam Aristóteles? Cristo era um mestre descido do céu e a sua filosofia está contida em poucos e pequenos livros, não em tratados laboriosos. O cristianismo é uma doutrina contida num documento literário. O humanista erudito torna-a acessível na língua original e convida a que todos a adoptem como filosofia de conduta. Embora deseje que o texto surja em língua vulgar mais acessível, considera que grego, latim e hebraico são indispensáveis a um estudo sério e reverente da "filosofia cristã", como modo de vida realizado na pessoa de Cristo a ser seguido com devoção por quem a tiver compreendido. Tudo isto são cristão mas não é muito diferente do que afirmava Sigério de Brabante, um averroísta latino oposto a Aristóteles. Podemos interrogar onde cabe nesta concepção a Grande Igreja e o que sucedeu à trajectória de mil e quinhentos anos de cristianismo e ao vasto sistema especulativo da teologia patrística e escolástica. Pretenderia Erasmo reformar o cristianismo, confiando a cada cristão a compreensão de uma fonte literária tão profunda como a Bíblia, agora transcrita em grego e hebraico com meia dúzia de comentários em latim? Aparentemente, pensava assim, até a experiência o corrigir.

> O caso de Tomás de Moro revela um antifilosofismo semelhante. Sendo a *Utopia* um diálogo, Moro não se contenta evidentemente em apresentar o seu argumento algo oportunista e pouco espiritual. Mas quando esperaríamos ver surgir a posição radical, surge apenas a resignação do viajante apátrida. A vida espiritual, verdadeira alternativa, está ausente. *Ratio* e *religio*, os princípios ordenadores da conduta humana, são considerados opostos na utopia. Os utópicos condescendem em ter sectários religiosos que são celibatários e trabalhadores. Mas reduzem a religião oficial a um mínimo de dogmas: existência de Deus, imortalidade da alma, sanção no além e governo da providência. O dogma mínimo é aceite em nome da paz pública, o mesmo argumento do Grande Inquisidor, no romance *Os Irmãos Karamazov* de Dostoievsky. A mesma posição reaparecerá em Locke

que aceita um deismo sem teologia e que tolera todas as crenças desde que se mantenham privadas e não exijam reconhecimento público. A ideia de *corpo místico* de Cristo tonou-se sociedade secularizada. A religião é privatizada, separam-se *ratio* e *religio*, Igreja e estado, sobrenatural e natural. Se o horizonte de secularização fecha o horizonte da experiência humana em sociedade, cresce a desordem e o social-absolutismo substitui a relativização cristã do valor do mundo. O cristão cujo destino é beatitude transforma-se no Hitlodeu, o caçador apátrida de ideias. Onde os irá encontrar? Moro é suficientemente cristão para saber que os ideais apenas existem em nenhures, na *Utopia*.

O "novo cristianismo" de Lutero, como se demonstra no longo estudo que Voegelin lhe consagra em Hopi, utilizando as conclusões de Henri Denifle, tem origens "medievais" muito distintas da "modernidade" dos humanistas. Tal como a conhecemos de outras fontes, transparece na doutrina luterana uma angústia muito pessoal: a tentativa de obedecer à lei; o desespero do perfeccionista que não compreende os problemas do pecado; o medo da danação; a ansiedade de aniquilação; a convicção de que a natureza humana é irreparavelmente corrupta e que a salvação provém da descarga do pecado em Cristo. O tom poderá ser optimista mas a experiência espiritual é trágica. A descarga do pecado mediante a fé é apenas a convicção de salvação que consola a alma. Esta fé não redime a natureza caída nem eleva o homem à *amititia* com Deus através da graça, como se comprova pela notória expressão *pecca fortiter*, inserida na carta a Melanchton de 1 Agosto de 1521: "Sê um pecador e peca ainda com mais força (*pecca fortiter*) mas ainda mais fortemente procura ter fé e alegria em Jesus Cristo que é o conquistador do pecado, da morte e do mundo". Este *pecca fortiter* não é decerto um apelo ao deboche, mas exprime a resignação de que a natureza humana não pode ser redimida. A certeza da salvação através da fé "mesmo que fornicássemos e assassinássemos mil vezes ao dia" é um prenúncio do que está para vir. A relação do homem para com Deus é de confiança. A *amititia* degenerou no sentimento de confiança mútua, característico da classe média. Tais fórmulas permitem a qualquer sectário considerar-se habitado pelo Espírito. Lutero permaneceu firme na convicção que uma nova terra e novos céus estariam além do mundo. Nada que o homem fizesse na esfera natural poderia afectar a salvação da alma, positiva ou negativamente: e a justificação pela fé abrange só a "alma": não afecta o velho Adão.

Ao destruir-se o equilíbrio entre as autoridades institucionais, espiritual e temporal, todos os homens ficam a pertencer quer ao *Reich Gottes* (os fiéis) quer ao *Reich der Welt* cuja espada pune os actos malvados. Os cristãos não carecem da espada porque vivem em paz; mas devem respeitar o poder da espada porque é útil ao seu próximo. E assim seria possível satisfazer o reino de Deus e o reino do mundo. Infelizmente, não é fácil satisfazer a dois senhores. A *civitas Dei* e a *civitas terrena* de Agostinho não são reinos no tempo. Na história concreta existe Igreja e Império. A Igreja representa a *civitas Dei* mas boa parte dos seus membros pertencem à *civitas terrena*. A salvação é um dom divino inperscrutável. Lutero regressa à posição de Tyconius. A Igreja é destruída pela doutrina que só a fé salva, e que ser cristão é comprar a Bíblia de Lutero, e seguir os ditames da consciência. A *civitas dei* torna-se demasiado fácil e visível. Se aparece alguém que se considera bom cristão e que só pratica iniquidades que se lhe pode responder? E se for um movimento de massas que pede a abolição da autoridade temporal porque o *reino de Deus* já chegou? No caso de abusos de liberdade evangélica, a solução seria remeter os abusadores para o redil do governo temporal. Mas se o governo temporal age mal? Se interfere com os cristãos e os proibe de ler as Bíblias que Lutero traduzira? Deverá o cristão resistir? Em resumo, e por muito que Melanchton e Calvino procurassem colmatar as brechas anti-filosóficas do reformador com escolásticas protestantes, não há solução no luteranismo para o problema da relação entre os dois poderes.

Quando a ordem institucional destruída fica à mercê do decisionismo da consciência individual resulta em guerra de todos contra todos. A nova ordem terá de ser imposta às consciências rebeldes. Esta é a origem da razão de estado que virá a ser aceite pelas Igrejas nacionais. A princípio, a liberdade evangélica significava, por exemplo, o que vinha no III dos Doze *Artigos* dos servos camponeses revoltados de Münster (1525) um documento de inegável grandeza humana:

> Tem sido costume até agora que os homens nos possuam como sua propriedade; e isto é lamentável vendo que Cristo nos redimiu a todos com o precioso derramamento do seu sangue, aos humildes bem como aos grandes, sem excepção de ninguém. Portanto é conforme às Escrituras que sejamos livres e assim o queremos ser.

Que respondeu Lutero?

> Isto é tornar a liberdade cristã uma realidade totalmente carnal. Não tiveram também escravos Abraão e outros patriarcas? Este artigo tornaria todos os homens iguais e converteria o reino espiritual de Cristo num reino mundano e externo; e isso é impossível porque um reino mundano não pode ficar em pé a menos que nele exista a desigualdade, de modo a que uns sejam livres, outros presos, uns senhores e outros súditos.

Os camponeses não o escutaram, seguiram outra interpretação das Escrituras, tomando a decisão da revolução social violenta. Em 1523 Lutero aconselhara em *Von weltlicher Oberkeit*: "A heresia é um assunto espiritual que não pode ser cortado com o ferro, queimado com o fogo ou afogado em água". Em 1525 pediu aos nobres e aos cavaleiros para massacrar os heréticos. Os cavaleiros não se fizeram rogados. Foi o fim do sonho da reforma através da palavra. Lutero viveu ainda 20 anos. Mas nada mais tinha para dizer. Em cerca de oito anos criara ideias decisivas para o decurso da história da consciência moderna perante as quais o cisma protestante é quase secundário:

1. Destruíra o núcleo da cultura espiritual cristã ao atacar a doutrina da *fides caritate formata*. A consciência empírica da justificação pela fé cria uma ruptura na natureza humana. Ao retirar a intimidade da graça, reduzíra a fé a um acto de confiança ainda mais exposta às tentações do orgulho e da soberba.
2. Destruíra a cultura intelectual ocidental ao atacar a escolástica aristotélica. Se o esplendor medieval foi escurecido pelas lentes torpes dos modernos, parte da responsabilidade deve-se a Lutero. A atitude antifilosófica foi agravada por sucessivas gerações de intelectuais iluministas, positivistas, marxistas e liberais.
3. A justificação *sola fide* arruína o equilíbrio da existência humana. A ideia de um paraíso de amor industrioso, transferiu a ênfase da *vita contemplativa* para a ideia de realização humana através de um trabalho e de um serviço útil. O homem confia em Deus; depois vai à vida. No nosso tempo, essa atrofia da cultura intelectual e espiritual degenera no pragmatismo do êxito.
4. Fala-se de Lutero como de alguém que possuía as virtudes e os vícios típicos do alemão. Mas se pensarmos, para só referir teólogos, em Alberto Magno, Eckhardt, Tauler, Nicolau de Cusa e o anónimo de Frankfurt, então ele nada tinha de germânico. Criou um tipo humano: o revoltado voluntarista que deseja impor a sua razão como o centro da ordem institucional.

Para Lutero nada se poderia sobrepor à grande tarefa de reformar a Alemanha, ou seja, a criação de uma sociedade nacional-cristã. Como a sociedade universal era a Igreja, que não deveria ser abolida, era indispensável a reforma da Igreja alemã, por muita confusão e cisma que causasse na Igreja universal. Poderia não concordar com sectarismos, como se comprova pelo seu apelo contra os camponeses (um escrito habitualmente interpretado como uma fraqueza momentânea). Mas pretende efectivamente criar uma nova ordem social e fica admirado quando indivíduos radicais o ultrapassam no trabalho de destruição. "*So haben wir es nicht gemeint*", eis a situação do aprendiz de feiticeiro que quer resolver complicados problemas intelectuais e sociais com uma destruição limitada, mas que assiste ao desencadeamento de forças que não controla.

A obra de Lutero enquadra-se na tensão entre o cristão que é membro de uma comunidade política e de uma comunidade religiosa. No séc.XVI, a religiosidade do leigo era uma ameaça séria para a Igreja sacerdotal. A vivência religiosa fazia crescer a revolta contra a objectividade do sacramento e provocava o desejo de um papel no sacerdócio universal. O ataque contra a função sacerdotal tomará depois a forma de rebelião contra o monopólio eclesiástico de mediação da graça através dos sacramentos. Se a instituição eclesial é destruida, cai tambem o estatuto carismático da governação na ordem cristã e surge a ruptura da Igreja universal em numerosas Igrejas nacionais e seitas. A ordem secular e temporal é quebrada pelo aparecimento de Estados seculares com objectivos sectários. As Igrejas parciais são integradas nos Estados nacionais e estes, por seu turno, ficam expostos às vagas de movimentos anticristãos que se sucederão após a apostasia iluminista com a razão. E neste longo período que decorre entre a dissolução do equilíbrio medieval de fé e razão e a apostasia da razão, a indigência espiritual degenerou em deismo, fideismos e panteísmo estéreis que trazem Deus para dentro do mundo a expensas do símbolo trinitário. A imanentização radical do *eschtaon* cristão estava consumada.

À medida que os símbolos essenciais do cristianismo pendiam a "transparência para a relidade transcendente", os dogmas foram degradados como proposições alienantes que projectavam as limitadas capacidades humanas num ser perfeito e infinito. A rebelião iluminista contra a vida consciente fixou-se na ilusão que a religião é uma superstição em conflito com a ciência. Os Iluministas registraram correctamente que o espírito humano progride de análises antropormóficas para análises científicas, mas celebraram esse avanço como passagem do mito obscuro à clara ciência. Ao reduzirem o universo a fenómeno, proporcionaram a continuação de progressos nas ciências da natureza mas provocaram uma regressão na vida consciente. O século XVIII criou símbolos que dominam ainda o pensamento ocidental e ideologias que bloqueiam a consciência. A pseudofilosofia expressa-se na asserção dogmática de absolutos. O modelo de pseudofilosofia criou a oposição entre razão e fé, que forma o cerne imanentista da desculturação contemporânea.

Uma teologia filosófica

A meditação de Voegelin sobre o cristianismo desafia as habituais limitações da razão. Além do pronunciamento sobre a existência do Jesus histórico, revela uma dependência acentuada, e rara em filósofos, entre a mensagem e os factos da vida, morte e ressurreição de Jesus, onde detectamos componentes de Cristologia, escatologia, mariologia e teologia fundamental. A pesquisa reflecte que a incarnação é o centro da doutrina cristã e que a presença divina em Cristo se refere não só a Jesus como a todo o homem. Falando dogmaticamente, afirma que Jesus Cristo é Deus incarnado no homem. O Deus transcendente presente no Cristo é a realidade mais profunda da história e a revelação mais acessível da Sua verdade. O mesmo princípio permite discernir na doutrina cristã o símbolo original dos apóstolos, contido nos evangelhos, e encarar a teologia como força cultural constituida com base na filosofia grega. Voegelin aceita os dogmas essenciais como diferenciações pneumáticas que se tornaram transparentes através da obra da razão. Respeita o equilíbrio entre a humanidade e a divindade de Jesus, tal como ficou definido no concílio de Calcedónia. Não só proclama a historicidade da incarnação como também afirma o seu carácter único; a ressureição é uma realidade e uma problemática perante a qual os filósofos não podem ficar neutros. Mantém, ao contrário do que sucede em tantas propostas contemporâneas, o carácter central do triunfo de Cristo sobre a morte. Numa palavra, é fiel ao espírito evangélico, ao considerar que o que mais importa em Jesus "é o seu modo de vida e o seu modo de morte e ressureição" e não o mero exemplo da sua existência. Enfim, consciente de que a doutrina seria unilateral se negligenciasse a participação na criatura humana na obra de salvação, escreve que a dogmática mariana estabelece a medida desse contributo para a obra de Deus, ao equilibrar o esplendor dos recursos divinos com as limitações da vida humana. Ao repor a integridade da doutrina mediante a proclamação dos dogmas da Imaculada Conceição e da Assunção, e o esboço da Co-Redenção e da Mediação de todas as graças, a Igreja Católica mostra que essa participação não está entregue ao arbítrio humano como, deliberada ou inadvertidamente, pretendem a maior parte das doutrinas protestantes.[18]

Esta exegese não é simples porque o cristianismo não é uma religião simplista. Poder-se-á, talvez, objectar que a Voegelin não o consome "o zelo pela casa de Meu Pai" e que a sua voz não busca o diálogo directo com Jesus Cristo. Mas certamente que fala a partir do interior da fé quem considera Cristo como a figuração definitiva da graça e quem sustenta que só existe propriamente civilização onde for possível compreender Cristo, mesmo que mediante um simbolismo de valor equivalente. Outras dificuldades surgem, todavia, e novas perguntas ficam em aberto. Em particular, torna-se difícil conceber se, como e por que razão Deus age no mundo, transformando-o em antecipação da consumação do Seu "Reino". Em vez da bíblica imagem de um Deus cuja presença e propósitos na história são manifestos, a pesquisa esboça a imagem de um fluxo divino cujo termo é um mistério. Será que Voegelin considera problemática a intervenção activa de Deus na história sem a mediação da consciência humana? A vida da consciência é a fonte de ordem no homem e na sociedade. Mas será que receia atribuir a qualidade de mandamento divino a uma veleidade

---

[18] Carta a Alfred Schütz de 1/1/1953, transcrita apud OPITZ 1981, pp.449-457. Em particular p.455.

humana? Estaremos perante mais uma idiossincrasia protestante? Existirá aqui um tom trágico que exprime certa frustração e temor face à situação do homem na história? Não estará a sugerir que a experiência de teofania mais não fornece que uma evanescente satisfação em vez de se consolidar numa fé na providência? E, como argumentou na polémica contra os gnósticos, será impossível alcançar uma visão directa da realidade transcendente e dela extrair uma visão irreformável do justo e do verdadeiro? [19]

Tudo se passa como se Voegelin marcasse passo enquanto não se libertou completamente das hipóteses de Max Weber sobre o desencanto do mundo, trazido pelo cristianismo e a re-divinazação do mundo, exigida pela ética da responsabilidade. As dificuldades prendem-se, primeiro, com a incerteza psicológica resultante da realidade tensional. Ao considerar que o cristianismo tem por cerne a experiência de fé no sentido de Heb.11, "a evidência das coisas invisíveis a substância das coisas esperadas", Voegelin antecipa um risco original do cristão: o desejo humano, demasiado humano, de certeza, no qual as ânsias de verificação racional e de crença absoluta se exasperam mutuamente. Se a componente racional não encontrar respostas, a consequência é o ateísmo de massas. Se existir um excesso de fé, sobretudo um excesso de fé do tipo errado, surgem os activistas e os predestinados, nos quais a crença legítima em finalidades escatológicas provoca um efeito perverso. Para encontrar um justo meio entre a indefinição mística da fé e o excesso escatológico surgem os dogmas, formas de protecção contra falsas interpretações que desde sempre assediaram a doutrina. Os choques entre poder espiritual e poder temporal obrigam a Igreja a tomar posições defensivas de reforço dos dogmas, situação agravada pelas revoltas introduzidas por movimentos de descrença e ceptiscismo. A fixação nas respostas dogmáticas provoca uma soberba da verdade que se traduz na perseguição violenta dos heréticos e que impede

---

[19] OH IV, p.174, e também pp. 215-216, 226 e 241, e 269-270.

a tolerância mística para com as religiões irmãs. Deixará a Grande Igreja de poder manifestar a sua voz de verdade no seio de um sociedade multicultural? Um weberiano empedernido poderia afirmar, com alguma razão, que Voegelin sustenta uma idiossincrasia assente na decisão de reanimar o cristianismo. Será assim?

A doutrina weberiana de que a esfera de poder temporal está radicalmente desdivinizada, impossibilita a aceitação de uma lei natural originada por Deus como criador do mundo e da natureza humana. Decerto que o cristianismo desdivinizou a ordem temporal ao rejeitar as ilusões do politeismo e do panteismo e ao negar os deuses da cidade. Mas a doutrina cristã é, também, o máximo concebível de diferenciação da transcendência porquanto aperfeiçoa a ordem natural incompleta. O ponto melindroso surge quando se trata de saber se esta tensão extrema entre desencanto e transcendência não compromete a presença de Deus no mundo. O cristianismo foi o mais radical movimento de transcendência jamais concebido. Mas a doutrina da transcendência exclui a providência divina?

Voegelin sublinha que a consumação da vida cristã será encontrada na vida após a morte. Em termos simples, Voegelin é cristão enquanto Weber parece não o ser. Mas até que ponto Voegelin se libertou da suposição weberiana de que o cristianismo implica um sacrifício intelectual da razão? Por que razão não reconhece explicitamente a doutrina cristã em temas que analisa de um ponto de vista histórico, tais como a presença real de Cristo nos sacramentos e a providência especial de Deus em apoiar a infabilidade da Igreja universal? Porque não aceita a possibilidade de que Deus providencia um magistério eclesiástico? Voegelin receia que esta crença seja só uma ilusão criada pelo desejo humano de certeza. Mas não será que a rejeição da possibilidade de certeza pode derivar de um medo desordenado de se confrontar com os pedidos não ambíguos de Deus? Existirá aqui apenas uma visão subjectiva do cristianismo e da relação do homem com Deus?

É característico de Weber considerar a natureza humana como inerentemente paradoxal e desordenada; donde, a relativização do cristianismo como doutrina de ordem e a imprescendível ética de responsabilidade. Ora ao definir o gnosticismo como o efeito perverso do cristianismo, não estará Voegelin apenas a deslocar o paradoxo da área da natureza para a área da realidade interina? É indiscutível que muitas das doutrinas que Voegelin condena como erros gnósticos são incompatíveis de facto com a revelação. Mas até que ponto este género de antignosticismo é cristão? Até que ponto um ataque que recai sobre antigos gnósticos da Antiguidade, católicos como Joaquim de Fiora, protestantes sectários, cristãos puritanos, ideólogos laicos e ateus, em suma, até que ponto uma reacção a um gnosticismo generalizado, não o leva a perspectivar erradamente o cristianismo? Voegelin censura justificadamente os gnósticos, antigos e modernos, que presumem libertar-se do que supõem estar mal na natureza humana. Critica bem as falsas certezas que o ateísmo moderno colocou no lugar de Deus; mas será que propõe uma crítica definitiva do gnosticismo? O gnóstico supõe que a natureza humana é inerentemente paradoxal e desordenada; mas a tensão entre verdade e inverdade não colocará também o homem num paradoxo inerente? É ortodoxo insistir que a revelação divina é um mistério cuja verdade não pode ser compreendida nesta vida pelo homem; mas é polémico descrever o carácter incontornável da tensão entre a verdade e a inverdade, como se a tentativa de encontrar a verdade e separá-la da inverdade destruísse a existência humana. Voegelin critica e bem os gnósticos antigos e modernos que rejeitam o princípio transcendente divino e que promovem falsas certezas ideológicas. Mas escreve sobre a posse assassina da verdade, como se houvesse mal em livrar-se do erro através de dogmas que se opõem às falsas certezas que desafiam a verdade divina.

Para compreender esta exegese complexa é necessário situá-la num plano de equivalência entre as linguagens simbólicas primordiais. A linguagem de Voegelin não é a de um teólogo, porque nesse caso não se justificaria a suposição de que o mistério da revelação impede a definição dogmática de artigos de fé; mas também não pode ser definida como exclusivamente racional, se por tal se entende uma autonomia absoluta da razão ante a fonte máxima de realidade. A sua intenção é considerar que o cristianismo deve ser completado pelo simbolismo que articula a ordem da existência pessoal e social na história. Esse simbolismo é a filosofia; só assim é possível rejeitar a grande fonte de aberrações para a humanidade, e para o próprio cristianismo e que reside na reinvindicação gnóstica de certeza humana nos assuntos de verdade divina. Voegelin tem também uma intenção teológica ao considerar que os símbolos do cristianismo são indispensáveis para dinamizar o filosofar. A relação entre revelação e filosofia não é de justaposição nem de dupla verdade; é uma relação tensional. A linguagem da revelação é uma descrição *sui generis* da erupção de realidade transcendente do homem, e cujo significado seria incompreensível sem o simbolismo da racionalidade. O cristianismo energiza e reforça a filosofia através da razão e da fé, numa vasta gama de soluções históricas que vão desde o equilíbrio alcançado por Tomás de Aquino até à absorpção gnosticizante de Hegel.

Voegelin situa-se, assim, numa encruzilhada superadora da distinção entre fé e razão, criada a *posteriori* pelo entendimento. A pretensão humana de sustentar uma moralidade e filosofia convincentes, está dependente da harmonia entre fé e da razão. O único fundamento possível dos valores humanos é Deus. Se fossem espúrias as fundamentações religiosas dos deuses e de Deus, então não existiriam valores humanos fundamentados. Esta posição reflecte precisamente o modo como Voegelin se libertou do clima de opinião contemporânea. O crítico que se abalançasse a questionar o significado da razão e da revelação com acuidade suficiente para se tornar um interlocutor válido, tornar-se-ia necessariamente metafísico e religioso ao tocar o cerne de todos os simbolismos, judaicos, islâmicos e cristãos, que estabelecem um equilíbrio entre transcendência e imanência como polos de existência humana. Os símbolos de revelação são uma força, na medida em que o seu movimento escatológico para o além não eclipsa o necessário ajustamento a este mundo. São uma fonte de fraqueza se eclipsarem os polos de ordem e liberdade na existência humana.

É indubitável que Voegelin elege o cristianismo como o mais excelente símbolo de revelação.[20] Em rigor, considera-o uma concepção trinitária e não monoteísta, porquanto combina em um único símbolo experiências diferentes de teofania. A primeira de tais experiências reporta-se à transcendência radical de Deus que Tomás de Aquino definiu como tríplice:

a) Do ponto de vista filosófico, como "Ser";
b) Do ponto de vista teológico, como "Deus pessoal" com um nome;
c) Enquanto objeto de discurso sobre o radicalmente transcendente, como *tetragrammaton*.

A segunda experiência é a intervenção divina na natureza, ou seja, a sobreimposição de uma *forma supernaturalis* aos entes existentes. A terceira experiência resulta da presença do espírito de Cristo (*pneuma*) na comunidade dos fiéis, originando o "corpo místico de Cristo". Uma vez mais, Voegelin está a apreciar o significado da dogmática cristã à luz da doutrina tomista da *analogia entis*. Tomás reconheceu que os juízos teológicos não são asserções acerca de conteúdos

---

[20] Voegelin reiterou este ponto em numerosas passagens da pesquisa, mormente no seu último escrito 1 de 985 *Quod Deus dicitur*, pp.180-182 e p.204. Uma das passagens mais expressivas ocorre *in* A 1978, p.199: *"In his discussion of Pseudo-Dionysius' De divinis Nominibus, Thomas Aquinas has brought the problem of the depth of the ground to the following formulation: the name HE WHO IS is most proper for God because it goes beyond the particular forms of mundane life. Beyond that name, there is the name GOD, because it signifies the divine character of the ground; and beyond that there is the name Tetragrammaton, since it expressed the incommunicability of the divine substance (S[umma] T [heologia]. 1ª, q.XIII,11, [1])"* [N. E.: Em sua discussão dos *De divinis nominibus* [Dos nomes divinos] do Pseudo-Dionísio, Tomás de Aquino deu ao problema da profundidade do fundamento a seguinte formulação: O nome *qui est* [O que é] é o mais apropriado para Deus porque não se refere a formas particulares de existência imanente. Para além desse nome, há o nome Deus, porque designa o reino do ser como divino; e para além dele há o nome *tetragrammaton*, já que indica a incomunicabilidade da substância divina (ST 1.13.11). In *Anamnese*, p. 493. op.cit.]

mundanos, pois combinam um sujeito transcendente – do qual só existe uma experiência de fé – com um predicado cujo conteúdo originário imanente está idealizado. Tais proposições tomam-se absurdas, caso sujeito e predicado sejam tomados à letra. A inverificabilidade da analogia, tão censurada por iluministas, positivistas e modernistas, constitui o ponto de partida da teologia. Os símbolos supraconceptuais da *revelação, criação, imaculada conceição, imagem de Deus, queda e pecado, redenção*, foram criados para conferir transparência a processos transfinitos. São o fruto sazonado de um processo de espiritualização que decorreu ao longo da história, tendo recolhido a herança ancestral de simbolismos politeistas e monoteistas e, dentro destes, de símbolos de divindade pura. Se o contexto experiencial for esquecido, torna-se possível racionalizar os conteúdos em fórmulas especulativas. E os pseudofilósofos procurarão eliminar o que julgam ser sobrevivências míticas, presumindo reduzir a margem de erro nas explicações da experiência humana. Ora a dogmática cristã constitui uma rede simbólica descritiva de experiências religiosas muito ricas; essa é, aliás, a explicação da insistência da Igreja no carácter misterioso e racionalmente impenetrável dos dogmas. Só assim foi possível acumular de um modo cooperativo, durante dois milênios e com um sentido único de continuidade, um tesouro de pensamentos cuja riqueza transbordante contrasta com especulações de tipo monoteista, panteista ou dualista, assentes na experiência limitada de cada pensador, mesmo que esse pensador seja da estatura de um Bruno ou de um Hegel.[21]

É quase certo que, para um fundamentalista, Voegelin surge como demasiado liberal, tal como um teólogo liberal

---

[21] Carta a Alfred Schütz in OPITZ 1981. Cf. OH III, p.278, acerca da grande fonte de conflitos aberta com a introdução das categorias filosóficas na teologia cristã: *"According to the philosopher's attention to the transcendent source of order, or to order in immanent being, or to the order as reflected in science, the essences can be found in separate existence, or embedded in reality, or in the concepts of science. Correspondingly one can be develop "philosophies" which place the essence* ante rem, in re, *or* post rem; *and the respective idealists, realists, and nominalists can criticize one another's position"* to shreds ad infinitum*"*.

chamá-lo-ia de literalista ou teocrático. Avaliado por critérios de obediência a qualquer confissão cristã, seria heterodoxo, dada a sua visão da Igreja visível e a sua afirmação de que os dogmas são uma forma secundária de fé. Aliás, criticou publicamente as Igrejas cuja moralidade arrogantes as leva a perseguir povos de culturas não-cristãs; teria dúvidas em impor uma adesão obrigatória ao dogma; não participava da vida sacramental de qualquer Igreja; e talvez considerasse que o discurso filosófico se deve calar acerca da fé íntima. Na sua obra não faltam indícios da preocupação em não dessacralizar o que é misterioso e mais de uma vez criticou quem reduz a proposições racionais os conteúdos encontrados pelo verbo da revelação. Mas Voegelin não está do lado da razão contra a fé, nem do lado do credo contra a razão. Não é um inimigo do dogma mas somente da idolatria que o separa da experiência da fé e da prática da caridade. O que apresenta como cristianismo essencial coincide com a missão católica de repetir a incarnação através da eucaristia e com uma hierarquia específica, durante dois milénios. E as suas críticas às violências cometidas e consentidas, em nome de Cristo, não invalidam a tese central de que só existe civilização onde é possível compreender Cristo mesmo que mediante um simbolismo de valor equivalente. Quem escreve que a história é Cristo escrito em letras grandes; que o nascimento de Jesus Cristo é o cume da humanidade porque a Incarnação é o eixo da história; que o cristianismo corresponde à diferenciação decisiva na história da humanidade, é indubitavelmente um cristão, seja de que variante for.[22]

---

[22] Cf. OH IV, p.252: *"What becomes visible in the new luminosity, therefore, is not only the structure of counsciousness itself (in classical language: the name of man), but also the structure of an "advance" in the process of reality. Moreover, the site of the advance is not a mysterious entity called "history" that would exist independent of such advances; the site rather is the very counsciousness which, in its state of noetic luminosity, makes these discoveries. The theophanic events do not occur in history; they constitute history together with its meaning. The noetic theophany, finally, reveals consciousness as having the structure of metaleptic reality, of the divine-humane Metaxy. As a consequence, "history" in the sense of an area in reality in which the insight into the meaning of existence advances is the history of theophany".*

Esta perspectiva estabelece uma ponte entre cristianismo institucional e questionamento universal. O homem questionante, seja ou não cristão, beneficia da capacidade de reconhecer as experiências de fé como problemas racionalmente debatíveis. Se for crente, sentirá que o filósofo está preocupado em ir além de instâncias de recta pronúncia e estrita obediência que reduzem a dimensão da fé a um decisionismo. Se não for cristão, poderá sentir que a revelação datada e institucionalizada é uma resposta a ter em conta nas interrogações fundamentais da humanidade. E ambos se elevam deste modo a um nível místico de diferenciação do pensar que compatibiliza a fé pessoal com a razão universal.

Face a um panorama de incertezas, Voegelin apela por uma renovação das experiências que originaram a "ordem da alma". O renascimento da sociedade tem de começar pelo renascimento da vida da razão, que aponta apara participação no ser transcendente como cerne de toda a ordem e liberdade. O essencial desta renovação experiencial é a abertura da razão aos estádios diferenciados pela filosofia e pela revelação. A simples resistência à coisificação dos símbolos não garante valor ao novo começo. Por vezes a reacção é pior que o *status quo*, como é o caso dos *novos cristianismos*. Ou os protestos em nome da tradição são estéreis, como sucede no fenómeno dos *neo-ismos*. Outras vezes, ainda, os renovadores não compreendem que o novo homem espiritual exige um novo tipo de comunidade extrapolítica que as instituições existentes não podem propiciar. O que há para recusar não é o que é velho, mas sim a perversão do que foi antigo. O que tem de ser novo não é a intenção da filosofia; é o modo de filosofiar. O que tem de ser novo não é o cristianismo; é cada Cristão.

6. ANTROPOLOGIA E ÉTICA

"O que é o homem, é um problema da vida da razão".[1]

Antropologia filosófica

A fim de transitar dos símbolos que articulam as experiências para as experiências articuladas pelos símbolos, é papel do teórico analisar os testemunhos da consciência, até esclarecer as respectivas experiências motivadoras.[2] A relevância de um simbolismo, verídico ou deformador, resulta do sentido que comunica de participação na realidade. Para tocar a abertura da consciência, a partir da qual se estabelece a ordem e

---

[1] Eric Voegelin in AA.VV. 1960, p.302: *"Et j'ajouterai ici que d'insister sur les problems de la vie de la raison équivaut à une sorte de nouvelle déclaration des Droits de l'Homme contre les idéologies. A mes étudiants, je dis souvent: 'Dieu n'a pas créé ce monde seulement pour les idéologies; l'homme aussi a le droit d'y vivre'. Et ce qu'est l'homme, c'est là un problème de la vie de raison."* [N. E.: Devo acrescentar que insistir nos problemas da vida da razão equivale a um tipo de novas declarações dos Direitos Humanos contra as ideologias. Às vezes digo aos meus alunos: "Deus não criou este mundo tão somente para as ideologias: o homem também tem direito de viver." Eis o que é o homem, um problema da vida da razão.]

[2] Carta a Alfred Schutz de 1943. Cit. In OPITZ e SEBBA 1981, p.458: *"This history of the spirit is to penetrate every historic spiritual position to the point at which it comes to rest in itself, i.e., where it is rooted in the experiences of transcendence of the respective thinker".*

o fundo de desordem do qual as ideologias derivam força, a pesquisa tem de procurar, por debaixo da superfície intelectual dos símbolos, base experiencial que os motivam. As respostas abstractas dificilmente auxiliarão a quem perdeu o sentido das questões que as motivaram. E como as ideologias bloqueiam a experiência de verdade, é necessário ultrapassar inverdades e desordens existenciais, até atingir as fontes de ordem. Se o regresso à realidade interina remove as ideias pretensamente claras e as ideologias obscuras, o passo seguinte comunica a verdade descoberta e restabelece o questionamento.

A este novo passo da pesquisa podemos chamar *princípio de teorização*. Por *teoria*, entende Voegelin a elucidação de classes de experiências portadoras de inteligibilidade e que são captadas em fases distintas do processo meditativo. As respostas teóricas são ideias em situação, com que se procura simbolizar a existência de modo crítico. A teorização cumpre-se ao acolher as fontes de ordem que informam a personalidade. O objecto genuíno da filosofia civil é a teorização do reino do homem (*realm of man*) que abrange todos os fenómenos originados pela participação no ser.[3] Como toda a teoria bem construida da existência na história e na sociedade, a de Voegelin tem por centro uma antropologia que descreve a realidade interina, caracterizada pela tensão entre vida e mortalidade, tempo e eternidade, verdade e inverdade, insensatez e significação. E esta antropologia tem de ser completada por uma ética que esclareça e oriente a luta entre os opostos apercebidos na vida consciente, e que ordene os valores da existência pessoal e das instituições públicas.

É tarefa da antropologia voegeliniana mostrar que a estrutura humana fundamental da qual procedem todas as áreas parciais – consciência moral e jurídica, instrumentos e armas,

---

[3] A 1978, p.207.Cf. a decisva afirmação de Voegelin na sua recensão do livro de Hannah Arendt *The Origins of Totalitarianism in Review of Politics* 15(1953) p.68. *"It is not possible to classify adequately political phenomena without a well-developed philosophical anthropology"*. [N. E.: Não é possível classificar adequadamente o fenômeno político sem uma antropologia filosófica bem desenvolvida.]

mito e ciência, religião e filosofia, sociabilidade e historicidade, império e representação – apresenta-se como realidade tensional, na qual o polo enraizado no cosmos reflecte a presença de um ser além do cosmos. O *daimonios anêr*, que se move entre o *divino* e o *humano*, é uma realidade interina. Considerado como parte do cosmos, é uma coisa entre coisas. Caso substantivar como natureza o que é só interino, concebe-se como um resíduo do todo. Mas "homem" é também um índice noético que aponta para o polo opaco e inerte de mortalidade, é preciso escolher qual predominará. Essa escolha é caracterizada pelo livre-arbítrio, porque não é determinada pela estrutura do campo de existência. E a escolha só será plenamente livre se o homem caminhar para a fonte de ordem que lhe abre a possibilidade de participação no bem supremo.

Esta abordagem reflecte até certo ponto o pensamento de Karl Jaspers cujos cursos sobre Kierkegaard Voegelin seguiu em Heidelberg em 1929.[4] Em *Vernunft und Existenz*, Jaspers atribuíra ao pensador dinamarquês a parternidade do conceito de *existência*. No primeiro volume da *Philosophie* distinguira entre "análise da existência", "esclarecimento da existência" (*Existenzerhellung*) e "metafísica". Enquanto a metafísica lhe surge como "análise sistemática da objectividade absoluta" ou seja, análise de todos os possíveis conteúdos reais do polo objectivo da consciência, a *Existenzerhellung* penetra na experiência particular e subjectiva de existir, criando cifras às quais nenhuma realidade objectivada pode corresponder. Para Voegelin, versado em disciplinas científicas, a análise jasperiana do *Dasein*, como objecto de conhecimento científico positivo, não desperta interesse de maior. Mas na *Existenzerhellung* via

---

[4] Cf. WEBB 1988, pp.102-103 e pp.119-1222. No símbolo "*leap in being*" há uma sugestão do conceito de *salto* na existência introduzido por Kierkegaard que abre a 1ª Parte do Livro II do *Postscriptum Não-científico às Migalhas Filosóficas*, de 1846 com o parágrafo "Atribuível a Lessing", chamando a atenção para o abismo intransponível existente entre eternidade e história e sugerindo a exigência do *salto*. Em muitos outros passos das suas obras, (cf. MALANTSCHUK 1971, pp. 81 e ss., 284-286) reitera o carácter decisivo dessa descontinuidade entre estádios de consciência, sem a qual não existe nem filosofia nem, sobretudo, Revelação.

uma unidade de teoria e de acção, que se reclama da lucidez do singular face à opacidade dos conhecimentos genéricos. A Voegelin interessam modelos que apresentem a consciência como um processo que admite graus diversos de esclarecimento, em conformidade com a abertura ou clausura do ser. Esta atitude era confirmada na tradição dos moralistas franceses que se estende de Pascal, Rochefoucauld e Vauvenargues até Thibaudet e Paul Valéry e com a qual Voegelin contactou primeiro através da obra de René Lalou, *De Descartes À Proust*. Se a estes acrescentarmos Jean Bodin e Henri Bergson, teremos completo o quadro dos pensadores franceses que fornecem à pesquisa um filão de pensamento existencial.

De acordo com o princípio de interinidade, a natureza humana é rígida enquanto a estrutura fundamental do homem é insusceptível de modificações exercidas por instâncias exteriores, é plástica, no sentido que cada indivíduo adquire livremente uma substância que não é dada *a priori*. Se temos de falar de natureza humana, então afastem-se as afirmações que a estatuem como existente *de jure* ou *de facto*, e compreenda-se que lhe não corresponde um conceito abstracto absoluto. A natureza humana não é entidade que exista por si, nem uma espécie biológica entre outras, nem um produto automático do reconhecimento de um grupo social. Não é um objecto do mundo externo, identificável como espécie *homo sapiens*, nem sequer um dado da história, porquanto também os vindouros pertencem a esse grupo máximo. Numa palavra, a sua constância não se caracteriza nem pela rigidez nem pela plasticidade, abstracções introduzidas que camuflam a estrutura constante da experiência interina do homem.[5]

---

[5] A 1978, p.150: *"We casually work with the concept of human nature as if we considered it constant, as did the classics, or maleable, as do the ideologues. We forget that the concept was not developed inductively but as an expression of the love for the divine ground of being that a philosophizing human being experiences concretely as his essence"*. [N. E.: Trabalhamos displicentemente, por exemplo, com o conceito de natureza humana, quer a consideremos uma constante, como fizeram os clássicos, quer maleável, como os ideólogos, e esquecemos que o conceito foi desenvolvido não indutivamente, mas como uma expressão de amor para com o fundamento divino do ser – um amor que um ser humano filosofante experimenta concretamente como sua essência, como sua natureza.

A revelância destes critérios é antecipada pela lição aristotélica exposta na *Política* e na *Ética a Nicómaco*. A par da *natureza sintética*, o homem possui como *natureza científica* a vida consciente. Ambas compõem o que Voegelin designa por "natureza integral do homem" e que se estende desde a humanidade universal à corporeidade individualizante. Na natureza sintética do homem repercutem-se os estratos vegetativo e animal, característicos de formas elementares da vida orgânica, mas cujas tendências e estruturas de acomodação mantêm o seu peso no quotidiano e transferem-se para a organização social e política. O psiquismo é palco de forças elementares que se confrontam na luta pela afirmação do homem como *zôon*, e que se transferem para a realidade política como aspirações de poder. Na consciência, a razão funciona como centro de ordem da existência.[6] No que se refere à *natureza específica*, as fórmulas de *zôon noun echon* e de *zôon logikon*, que, através da tradução latina *animale rationale*, se tornaram consensuais no Ocidente, assinalam a finitude da existência mundana e a participação na estrutura do ser. Ao deslocar a análise para a ordem da existência em sociedade, Aristóteles criou a figura do *zôon politikon*. E se, acrescenta Voegelin, porventura teorizasse a historicidade da existência, sugerida pela análise da passagem do mito à filosofia, decerto formularia o termo *zôon historikon*.[7] Trata-se de aspectos complementares. É na dimensão da pessoa que a consciência

---

In *Anamnese*, p. 434. op.cit.] Cf. ainda de Voegelin in AA.VV . 1960, p.294: "*La nature de l'homme est donc un problem multiple, puisque, d'une part il nous conduit à la question de la transcendance et de la participation à cette transcendance et d'autre part c'est un terme qui doit être accepté dans son sens classique, faute de quoi il perd toute sa signification*". [N. E.: A natureza humana é desse modo um problema múltiplo, pois, de um lado nos leva à inquirição da transcedência e da participação nessa transcedência e de outro, é um termo que deve ser aceito no seu sentido clássico, sem o qual perde todo significado.]

[6] 1964 "Der Mensch in Gesellschaft und Geschichte", p.1. Cf. ainda A 1978, p.208 "*The objective lines, along which the exegesis expand toward interpretation, are, first, the line from man to humankind and, second, the line from consciousness to the corporeal foundation*". [N. E.: As linhas de movimento ao longo das quais a exegese se expande em direção à interpretação são, primeiro, a linha do homem para a humanidade e, segundo, a linha da consciência para a fundação corpórea [Leibfundament]. *In Anamnese*, p.506. op.cit.]

[7] 1940 "The Growth of the Race Idea", p.91.

se individualiza e caracteriza pela liberdade de acolhimento do fundo de ser. Na dimensão social, reconhece-se semelhante a outrem através da constituição de campos sociais, que culminam na humanidade universal em tensão com o campo político dominante. A dimensão histórica revela-se como um processo no ser, com uma multiplicidade de pontos nodais e em trânsito para a finalidade que está já presente como ser eterno no tempo.[8]

De acordo com paradigmas clássicos e cristãos, Voegelin apresenta o homem como uma unidade de corpo, alma e espírito que deve ser investigada por ciências apropriadas a cada uma das dimensões particulares; o património genético não determina o carácter moral e espiritual dos indivíduos nem dos grupos humanos; as instituições e a história não se sobrepõem à *"grandeza de alma"*. Os autores clássicos e cristãos e os modernos como Leibniz, Wolff, Herder, Kant e Schiller, conscientes da reciprocidade entre "proeza física e nobreza

---

[8] São de importância notória, e muitas vezes imediatamente situadas na abertura das obras, as passagens nas quais Voegelin indica estas três dimensões. Veja-se NSP, p.1 *"The existence of man in political society is historical existence; and a theory of politics, if it penetrates to principles, must at the same time be a theory of history"*.OH I, p.X: *"The study on* Order and History, *of which the first volume is here presented to the public, is an inquiry into the order of man, society, and history to the extent to which it has become accessible to science"*.[N. E.: O estudo de *Ordem e História*, cujo primeiro volume é aqui apresentado ao público, é uma investigação da ordem do homem, da sociedade e da história até a medida em que esta se tornou acessível à ciência. OH I. p.29] A 1978 p.3 *"In 1943 I had arrived at a dead-end in my attempts to find a theory of man, society and history that would permit an adequate interpretation of the phenomena in my chosen field of studies(...)"*. A 1978, p.45 *"...in the personal, social, and historical existence of man, as the specifically human mode of participation in reality"*. Cf.,enfim, A 1978, p.208: *"(1) The existential tension toward the ground is man's center of order. Starting from this center and moving along the line toward humankind, three objective areas can be distinguished: (a) In the first place, the order of the concrete-human consciousness from which the movement originates; following, (b) the order of human existence in organized society, as well as the order of nonorganized social fields; further (c) the order of human and social existence in history"*. [N. E.: A tensão existencial em direção ao fundamento é o centro ordenador do homem. Começando deste centro e movendo-se em direção à humanidade, três áreas de sujeito podem ser distinguidas: (a) o primeiro lugar é tomado pela ordem da consciência do humano concreto da qual o movimento noético se origina; é seguida pela (b) ordem da existência humana na sociedade organizada, assim como a ordem dos campos sociais não organizados; depois disso vem, a seu turno, (c) a ordem da existência humana e social na história. *Idem*, p. 506.]

espiritual", sempre consideraram o homem como entidade física e mental; nele concorrem as mais diversas características, desde o polo divino do ser até os campos de força inorgânicos. Sob as designações de *corpo e alma* coexistem no homem os atributos morfológicos da espécie animal e as qualidades espirituais que o opõem genericamente à animalidade. É classificável como mamífero vertebrado dotado de marcha e postura vertical, regressão das maxilas e dentes, oponibilidade de polegar, desenvolvimento da laringe e capacidade craniana bem como de outros atributos. Mas *homem* designa, também, a capacidade de desenvolver uma vida consciente que permite questionar a situação no universo e a possibilidade de a modificar livremente conforme a abertura ou clausura ao fundamento do ser. Seja como for, a pergunta "Quem é o homem?" não pode ser decidida em sede biológica porque o homem é um microcosmos, uma imagem sintética da totalidade do ser. Nos longíquos trabalhos dos anos vinte nos laboratórios de Thomas Hunt Morgan, em Nova Iorque; na monografia de 1933, *Rasse und Staat* onde considera a natureza humana como "substância corpórea e histórica"; na meditação sobre a antropologia aristotélica inserida em *Anamnesis*; no debate da teoria do campo biológico, criada por Adolf Portmann, com base das descobertas de Thomas Leakey nos anos 60; e na recepção dos estudos de Marie König, a arqueóloga de Saarbrücken, sobre as inscrições petroglíficas, Voegelin afirmou ser discutível o conceito de espécie biológica humana, datado de Lineu, dado que a utilização de instrumentos caracteriza as "espécies animais" designadas por *homo faber* desde há cerca de 3.000.000 de anos, enquanto os vestígios simbólicos do *homo sapiens sapiens* têm cerca de 30.000 anos.[9]

De acordo com a classificação recuperada e actualizada por Voegelin, o homem, enquanto ser vegetativo tem um centro estático de individualidade; enquanto psiquismo animal

---

[9] Cf. CEV, pp.75-90. Adolf Portmann foi um dos fundadores e principal animador do *Eranos Jahrbuch*, publicação indispensável para o estudo de história das religiões. Cf., entre nós, a apreciação semelhante em SILVA 1985, p.9 que apresenta um notável panorama desta área.

individualiza-se perante o organismo; enquanto *animale rationale*, emerge do meio através da consciência e participa em todos os graus do ser, do inorgânico ao espiritual, passando pelos escalões intemédios da consciência fundada na corporeidade.[10] Como ser vivo, é capaz de modelar a pluralidade espacio-temporal numa individualidade corpórea e anímica. Através do corpo, participa na realidade orgânica, animal e vegetal e nos campos de forças que compoem os elementos inorgânicos. Enquanto o corpo, analisável química e fisiologicamente, não dispõe de interioridade e está sujeito às influências, positivas e negativas, do ecossistema em que vive. As modificações do meio ambiente repercutem-se nos estratos mais profundos da natureza humana, sem que os centros afectados manifestem uma ipseidade; são órgãos e partes que não constituem unidades *realiter* mas que, não obstante, dependem do meio exterior para a plena manifestação das respectivas virtualidades positivas e síndromes negativos. A existência afirma-se, ainda, como psiquismo que se desdobra, objectivamente, como ser vivo ou animado e, subjectivamente, como consciência pessoal.[11]

A componente vegetativa da natureza humana desdobra-se por funções de nutrição, crescimento e reprodução, ordenadas à satisfação de carências e caracterizadas pela ultrapassagem de obstáculos, conferindo uma individualidade ao ser humano a que a degradação mortal do corpo põe termo. O homem partilha com o mundo vegetal uma expressividade patente no carácter não funcional e não utilitário de muitos dos seus órgãos, que não possuem outra regra senão estética. A floração humana parece ter como seu coprincípio uma regra

---

[10] A mais completa exposição desta hierarquia do ser ocorre em *Reason: the Classic Experience* 1970. Aí enumera Voegelin como sete graus ontológicos *"Divine Nous, Psyche-noetic, psyche-passions, animal nature, vegetative nature, inorganic nature, apeirontic depth"*.

[11] Trata-se da sequência antropológica aristotélica recuperada por SCHELER 1928 p.29 e segundo o qual o homem recolhe na sua individualidade todos os graus da existência em geral, da vida e da natureza inteira, que nele atingem a unidade mais concentrada do seu ser retomada por Voegelin dentro dos limites já apontados.

de fantasia que diferencia os comportamentos e faz desabrochar personalidades muito diversas. É óbvio que as funções elementares da hierarquia global da natureza surgem enriquecidas ao repercutirem-se no ser humano. Diferentemente da planta, a natureza humana manifesta-se pela busca espontânea de alimentos, escolha deliberada de parceiro sexual, margem de actividade motora, e todas as tendências específicas permitidas pela presença de um sistema nervoso que lhe confere uma riqueza surpreendente de comportamentos. Mas sob esta diferença específica permanece, como tendência muda e regulada pelo chamado sistema nervoso vegetativo, o conjunto de comportamentos que permitem reconhecer como o homem também se enraíza nesse estrato primitivo do cosmos.

O factor animal do psiquismo humano viabiliza a forma mais primitiva de liberdade do indivíduo face às servidões da espécie. Os comportamentos pragmáticos veiculados por instintos, memória associativa e inteligência prática, permitem uma capacidade de adaptação etológica. Apesar de os comportamentos instintivos surgidos em bandos e hordas serem rígidos, o ritmo de tentativa e erro permite acomodações capazes de, nalguns casos, adicionar características inventivas aos aspectos inatos e hereditários. A capacidade mnésica possibilitada pelo aparecimento do arco reflexo, a distinção entre comportamentos sensoriais e comportamentos motores permite imitar actos e expressões sugeridos por outrem.

Enquanto no plano dos viventes irracionais a capacidade de imitação se restringe à aprendizagem individual – aliás variável na mesma espécie conforme a inteligência dos indivíduos – no homem, a capacidade de tradição acrescenta à hereditariedade biológica uma dimensão que poderá atingir desenvolvimentos geniais. A tradição diferencia-se em capacidade de transmitir conhecimentos que exigem retenção e progresso para a adaptabilidade a novas situações. Nasce a inteligência prática como forma de compreensão inopinada de um estado de coisas ou de valores, apresentados pelo meio, e de articulação em uma unidade de um conjunto inicialmente amorfo. Compreender uma estrutura parcialmente dada, é função psíquica que o homem herda do cosmos juntamente com as suas capacidades animais.

Num grau mais avançado da hierarquia de ser, o humano ultrapassa os psiquismos mais elementares e a inteligência geral dos animais superiores e configura-se como racionalidade. O pensar noético transforma o meio onde vive em um mundo disponível para a transformação. Neste patamar de existência, o *nous* manifesta-se na pessoa humana como centro de actos livres para além das circunstâncias biológica e psicológica. É na vida da consciência, *bios thoeroretikos*, que culminam as motivações independentes das disposições fisiológicas do organismo humano e do meio, permitindo-lhe substantivar a realidade vivida, agir livremente e transformar os objectos constituidos. Os símbolos da vida da consciência foram identificados pelos filósofos-místicos gregos: *agathon* platónico, *nous* aristotélico, *logos* estoico ou de Heraclito e *homonia* de Alexandre Magno. Coube ao cristianismo diferenciar essa *abertura*, ao estabelecer que o laço entre membros de uma comunidade resulta da participação de cada pessoa no *pneuma* de Cristo.[12]

A vida consciente é existência em tensão entre vida e morte, saber e ignorar numa mútua participação do humano e do divino. Dado que a presença divina confere orientação às inquietações, o desdobrar da consciência noética é experimentado como processo de imortalização, o complemento da vida mortal. E apesar dos ataques e incompreensões de que tem sido alvo, a imortalização é o único modo de simbolizar a experiência indiscutível de que a vida não é dada, mas tem de ser ganha através da cooperação humana com a revelação inicial.

Na medida em que o homem se capta como ser distinto do meio e o informa com um mundo espiritual, descobre-se como interino, situado entre o nada e o *nous*, ou seja: entre a possi-

---

[12] "The Growth of the Race Idea", p.303 *"The unifying force is the transcendental divine personality of Christ and the community might be called "open" because it is not a closed mundane entity but an aggregate of persons finding its common center in a substance beyond the field of earthly experience".*

bilidade absoluta de as coisas *não serem* e a fonte de ordem de todas as coisas. O homem pode livremente conceber o *nada* em contraste com a ordem presente da existência quer porque se coloca à margem de toda a natureza, orgânica e inorgânica, e se volta para si próprio através de um recolhimento, quer porque reconhece que as coisas existentes emergem de um fundo de existência. Mas caso se erigir em centro da realidade, esquece o polo humano de ser em tensão com a vacuidade experimentada como fundo do ser. O polo divino do ser constitui a essência do homem, tanto quanto o relacionamento deste com o mundo. A presença do *nous* modifica as dimensões temporais do passado, presente e futuro. Este *nous* divino não deve ser compreendido como uma coisa entre outras, mas como o ser que é princípio formativo. Os símbolos devem representá-lo na distância reflexiva entre o símbolo criado e a experiência que o motivou, de modo a não o deixar degenerar em mero ente de razão, admitido pela metafísica, ou postulado teísta de um deus limitativamente pessoal. Deus existe para alguém; não é um ser primordial que ganha consciência de si próprio no homem, nem existe independentemente da criação.[13]

Para sistematizar as relações entre ambos os polos, Voegelin distingue entre direcções de formação e de fundação. Ao destacar-se do mundo natural em direcção ao fundamento divino – ordem de fundação – o homem transporta consigo os estratos inferiores de ser. Uma antropologia reducionista tornaria os estratos superiores como super-estrutura determinada pelas pujantes tendências vitais. É certo que, na medida em que dependem materialmente dos inferiores, os estratos superiores se apresentam como mais débeis: as manifestações de transcendência estão condicionadas pelos equilíbrios alcançados nos planos transcendidos. Mas os estratos mais elementares do cosmos manifestam formam reveladoras de um princípio incondicionado, além de todo o ser mundano. Nesta perspectiva em que a consciência se movimenta em planos sucessivos da hierarquia de ser, desde a divindade até ao

---

[13] Cf. OH V, pp.30-31.

fundo do ser ou *apeíron* – ordem de formação – reconhecendo condicionamentos entre os vários níveis, o homem aparece como polo de uma realidade que se não esgota na existência presente. Na perspectiva da fundação, o homem é capacidade de regenerar as tendências animais, silenciar as linguagens tumultuosas da sensibilidade e recolher-se no interior da personalidade. Nos modelos de mística que conduzem até ao asceticismo, a espiritualidade aparecerá mesmo como sublimação que conduz o homem para fora do mundo. Na ordem de formação, a vida noética surge como capacidade de reconhecer, nas estruturas mais elementares da existência, o princípio de ordem apercebido nas camadas superiores. Através da espiritualidade, o homem penetra o mundo com a sua mística positiva em resposta ao apelo divino.[14]

Reconhecida esta presença ordenada de estratos do cosmos no que genericamente se designa por humanidade, descobre-se uma hierarquia de bens entre os quais é legítimo estabelecer preferências, e que originam as instituições específicas da sociedade. Ao nível biológico dos instintos correspondem os impulsos primários, ao nível psicológico a satisfação e, ao nível ético, a solicitude. Os bens externos que incluem a propriedade são indispensáveis; bens corpóreos como a saúde também vitais. Entre os bens anímicos, ou virtudes, o carácter apresenta-se como o mais decisivo. A existência corpórea do homem é a base da existência social, que se desdobra desde a relação familiar até as grandes unidades políticas reveladas na história, e que constituem a base para a boa sociedade.

---

[14] Neste contexto, Voegelin destaca o papel de Anaximandro cujo símbolo *apeíron* esboça a transcendência e envolve uma tensão participativa num polo da realidade que o homem não domina. Ao descrever o *apeíron* como *arché* de todas as coisas, as que necessariamente perecem e cedem o lugar a outras, Anaximandro sugere um processo cósmico em que as coisas emergem do *ápeiron* e desaparecem na não-existência. O homem experimenta a realidade em dois modos: na intemporalidade típica do fundamento das coisas e na existência perceptível das mesmas coisas. Nem idêntico ao divino nem confundido com o mortal, existe na realidade interina de um processo governado pela "tensão entre vida e morte". OH IV, p.175 *"Hence to exist means to participate in two modes of reality (1) in the Apeiron as the timeless arche of things and (2) in the ordered succession of things as the manifestation of the Apeiron in time".*

O factor corpóreo exige o poder ao qual incumbe assegurar a ordem exterior da sociedade e a representação política. São inaceitáveis as doutrinas que contemplam apenas um dos polos do par "vivente racional" ou, o que é o mesmo, que só atendem a uma das direcções da hierarquização dos planos da existência humana. Privilegiar a animalidade cria visões pessimistas e belicosas donde habitualmente resultam doutrinas antiliberais, fundadas no direito da força que não reconhece barreiras. Ao invés, a aceitação unilateral da racionalidade favorece o optimismo e o progressismo abstractos. O estado pristino do homem, descrito pela Bíblia, foi muitas vezes secularizado como bondade natural. E o sentimento da perversão radical do homem, em consequência do pecado original, domina boa parte do pensamento reaccionário.

Em ordem a sistematizar as consequências decorrentes destas considerações, Voegelin apresentou em *Reason. The Classic experience* uma rede conceptual com duas coordenadas: um eixo vertical do enraizamento da consciência no cosmos e um eixo horizontal do dimensionamento pessoal social e histórico da consciência. O eixo vertical não deve ser confundido como determinação unívoca, que se dirija da altura divina para o fundo do ser; nem se deve considerar que a dimensão divina é uma projecção antropormófica. A primeira atitude corresponde a antropologias "angélicas", unilaterais; a segunda, a um endeusamento do modo humano de existir. O eixo horizontal não deverá fazer esquecer que o homem participa, livremente, no trânsito da realidade para um fim que se configura no presente como um além, veiculando de modo específico as estruturas que se manifestam nos restantes planos do cosmos. Enunciadas estas precondições, Voegelin apresenta os princípios que decorrem da rede conceptual.[15]

1. *Princípio antropológico*. O homem participa em todos os níveis do cosmos, do qual constitui um epítome. A pesquisa antropológica deve atender a todas as coordenadoras de realização humana.

---

[15] Cf. *Reason. The Classical experience*, 1970.

2. *Princípio de formação*. Os graus superiores da escala indicam finalidades mais valiosas para a existência humana que os graus inferiores. Cabe à vida consciente seleccionar os valores e instituições adequadas aos fins mais dignos. Se esta ordem de formação for mal compreendida, como causalidade que opera do topo para baixo, provoca a alienação típica do gnosticismo.
3. *Princípio de fundamentação*. A luta pelo cumprimento das finalidades mais elementares condiciona as finalidades de ordem superior. Quando a ordem de fundamentação é distorcida como causalidade que opera de baixo para cima, a consciência aparece como super-estrutura ideológica.
4. *Princípio de complementaridade*. Os processos de fundamentação e de formação são complementares. Os erros mais frequentes resultam da generealização indevida da dependência material da consciência, e do ordenamento formal da corporeidade. Da descontrução de tais erros, conclui-se que os estratos superiores dependem materialmente dos inferiores, enquanto estes são formados pelos primeiros.
5. *Princípio de dimensionamento*. Sendo o campo de consciência universal partilhado por pessoas em sociedades e épocas diversas correspondem-lhe dimensões distintas de pessoa, sociedade e história. Qualquer distorsão desta sequência implica efeitos perversos, entre eles, a presunção de um manifesto destino histórico, em nome do qual se pode sacrificar a sociedade e o princípio *salus populi suprema lex esto* a justificar todos os sacrifícios pessoais.
6. *Princípio de completude*. A vida consciente tem de ser verificada em todas as áreas determinadas pela coordenada vertical de inserção da consciência no cosmos e pela coordenada horizontal das dimensões da existência pública. Esta regra, contudo, não afecta a casualidade condicionante que constitui a própria essência da fundamentação, nem se admitem inversões da ordem de

fundamentação. São especificamente excluídas como falsas todas as *filosofias da história* que hipostasiam sociedade ou historia, eclipsando a existência pessoal.
7. *Princípio de realidade interina.* O homem é realidade interina a situar numa escala de campos de consciência, pessoal, social e histórica, aberta no topo e na base. Devem ser excluídas as tentativas para converter tais limites num fenómeno interior à rede conceptual. Esta regra não afecta os genuínos simbolismos, que exprimem as experiências de um movimento no interior da realidade para além dela, e de que são exemplo os símbolos da *vida eterna,* e que invocam realidades situadas fora do âmbito dos campos sociais da consciência.

Ética e vida da consciência

O estatuto da ética de Voegelin reflecte a importância do princípio de realidade interina. Antes de determinar o bem humano supremo e o escopo de responsabilidade, Voegelin examina as normas de acção recta, à luz do movimento noético para o fundamento. Antes de fixar regras morais para um sujeito que lida com objectos, medita a génese da acção justa. Antes de seleccionar meios razoáveis de acção, debate a racionalidade dos fins da existência que são o fundamento da moral. Antes de insitir em regras de acção ou em comportamentos especificamente morais, fundados na natureza do homem e das coisas, procura o princípio comum a factos e normas de onde dimana o valor das acções. Numa palavra, antes de ser norma, a ética é a vida consciente em que se revela a verdade da existência tal como relembra a máxima de Heraclito: "*ethos anthropo daimon estin*".[16]

---

[16] NSP, p.56: "*The* spoudaios *is the man who has maximally actualized the potentialities of human nature, who has formed his character into habitual actualization of the dianoetic and ethic virtues, the man who at the fullest of his development is capable of the* bios theoretikos. *Hence, the science of ethics in the Aristotelian sense is a type study of the* spoudaios." Cf. WEBB 1981, pp.158-9.

Esta abordagem ganha todo o seu sentido quando confrontada com o tipo predominante de discurso ético. A reflexão ética contemporânea tem as suas raízes e motivações nas respostas à crise dos valores, no início do século. Pense-se em Nietzsche e na transmutação de todos os valores; ou na manutenção dos valores em espaço subjectivo, à maneira de Weber; ou na fundação em chave objectiva por Scheler. As orientações estéticas, religiosas, morais e políticas destes autores apontam para um discurso dos valores cuja estrutura de racionalidade se hipoteca ao positivismo, ao colocar entre parênteses o problema da verdade. A predominância da acepção económica no uso corrente do termo "valor", como o que é independente das mercadorias qu se trocam, é sintoma de que os supostos positivistas continuam a esconder o carácter de estimativa, que o valor também possui. E embora tais "filosofias dos valores" parecessem, por um momento, a única via para pensar o existir humano, deixavam impensada a raiz comum de onde dimanam facto e valor, quer renunciassem a valores universais, quer propusessem escalas axiológicas.

As tentativas de introduzir valores na ética permanecerão no interior do positivismo enquanto tentarem superar a tirania da facticidade sem valores, mediante valores isentos da factualidade. E as críticas intelectuais da ideologia e as defesas teóricas da virtude são ineficazes, porque os adversários podem aderir, de modo arbitrário, a premissas ideológicas. Aquilo a que Karl Manheim chamou a suspeita geral das ideologias, caracteriza-se pela pretensão de que a racionalidade pura, e sem preconceitos, oriente a acção humana. Ora as ideologias não derivam a respectiva força da visão que propõem mas sim da participação na realidade. A experiência da acção decorre num âmbito mais fundo que a superfície intelectual das ideias e das normas. A afirmação niilista da vontade subjectiva não é vencida pela convicção objectiva moral; Nietzsche demonstrou de modo radical que o processo da razão discursiva assenta numa disposição prévia: toda a ideologia é vontade de poder mascarada. Foi para tocar esta disposição anterior à distinção entre teoria e acção, que Voegelin centrou a ética na busca da verdade da existência. A busca do *ens realissimum* é um dinamismo da atitude contemplativa e dos actos que dela decorrem. E uma vez que teoria e acção são modalidades da consciência, é necessário examinar de que modo os propósitos da acção revelam a sua postura na realidade interina.

É de senso comum observar que cada um age em ordem a um bem final, quer o reconheça ou não. A tarefa da filosofia consiste em esclarecer essas preferências, e apurar o respectivo sentido ético. Segundo uma definição corrente, age razoávelmente quem escolhe os meios adequados ao fim que tem em vista. Mas do ponto de vista teórico, esta definição envolve um paradoxo. O que no plano da opinião se supõe constituir um fim racional da existência, acumular bens, felicidade, êxito, etc., revela-se como um momento instrumental para um fim ulterior. Enquanto *racionalidade da acção* significar a capacidade de coordenação dos meios em ordem a um fim, qualquer fim pode ser considerado como um meio, criando-se uma progressão indefinida em que o fim suposto se torna em meio para uma nova relação. E mesmo que se tente debelar este paradoxo, decidindo unilateralmente que a racionalidade apenas tem sentido pragmático e é adequação de meios a fins, tal suspensão deliberada dos fins e do estatuto da própria relação, confirma a exigência de ultrapassar as definições vulgares de racionalidade de acção. É preciso pensar em direcção à fonte comum de meios e finalidades e interrogar a estrutura de realidade donde emergem. Alude-se à existência como um facto a que se poderia, ou não, atribuir sentido, valor e finalidade. Ora a existência não é um facto. É um acto na realidade interina, experimentado como participação em um movimento cuja direcção não dominamos; por isso nos inquietamos acerca do seu "sentido", debatemos que "valores" a orientam, e que "finalidade" deveria ter.

Os gregos foram os primeiros a apresentar a estrutura desta tensão existencial. Desde os pré-Socráticos a Aristóteles, culminando no conjunto de símbolos do *nous*, ficou constituída a exegese dessa inquietação que tem um significado incial de finitude; não somos nós que fazemos a realidade; o homem não é *causa sui*. E essa inquietação move a pessoa a completar a experiência pela busca de uma realidade mais eminente. A insatisfação actual e a ânsia de perfeição que o mundo imediato não oferece levam-nos a encontrar dentro de nós graus distintos de existência. Se esta inquietação fôr radical, acabaremos por nos espantarmos com a existência de uma *causa primeira* e procuraremos transcender-nos para atingir esse fundo de ser. Espanto e procura são experimentados como indícios do ser, que se tornará cada vez mais luminoso à medida que encontrar respostas na consciência, prática e teórica. Uma vez que o fundamento se encontra sempre além das coisas do mundo exterior e dos objectos de acção, é simbolizado como divino. A vida consciente resulta deste movimento em que a pessoa se apercebe portadora de uma realidade mais eminente que a de outros estratos do cosmos.

A inquietação com que a consciência no estádio de ignorância procura o fundamento, nela presente, decorre entre forças opostas de ignorância e saber, tempo e eternidade, vida e morte, simbolizadas na filosofia clássica como regiões opostas da alma humana. As antropologias secularizadas degradaram esta consciência dos opostos tão evidentes na dialéctica platónica, através do que Voegelin designa por "fenómeno da exteriorização do mal". Apresentaram o mal como circustância exterior ao homem e ultrapassável pela acção; a pessoa jamais seria responsável pela iniquidade. Esta objectivação do *império das trevas* ou *império do mal* que ameaça do exterior o grupo dos eleitos, esta *cegueira libidinosa* que impede a visão dos polos negativos da realidade interina, encerra a consciência em campos sociais, dentro dos quais tudo se resume ao choque entre forças imanentes. Ora a desordem ética, política e histórica resulta de acontecimentos que não se esgotam no conceito de choque de poderes. A precariedade da vida política e as misérias sociais, que acompanham o crescimento e a queda de civilizações e regimes, são instâncias de uma realidade mais ampla e mais misteriosa que o processo do poder. Como afirmou Gabriel Marcel, "todo o mal é sofrimento mas nem todo o sofrimento é mal". A existência de injustiças, violências, explorações e corrupções só ganha sentido à luz do confronto íntimo entre forças de abertura e forças de clausura.[17] A existência do mal no mundo depende de cada indivíduo em particular, ninguém se pode eximir a responsabilidades nas imperfeições da sociedade e das metas históricas.[18] E a pessoa só será plenamente livre ao encontrar um bem a partir do qual consiga estimar as demais realidades. Mas uma vez que a pessoa se caracteriza pela radical liberdade de movimentos na realidade interina, pode recusar-se a aceitar a estrutura da realidade e trocá-la por uma existência deficiente.[19]

Voegelin dedicou páginas sucessivas a investigar como surge esta recusa. A desordem existencial que começa pela recusa da vida consciente e culmina na construção de uma "segunda realidade" tem uma longa história e as mais diversas designações: rebelião contra o ser, deformação, magia, metástase, má fé, alienação, *aspernatio rationis*, egofania, descaminho, apostasia ou eclipse da razão e, enfim, gnosticismo. A desordem não consiste tanto nas opiniões discrepantes acerca do que será uma existência boa ou má, mas na recusa da estrutura tensional da existência. E as designações são variadas porque emergem em pensadores que resistem a pressões concretas. Já Heraclito distinguiu entre os que vivem no mundo comum, homologado pela razão, e os que vivem nos mundos privados (*idios kosmos*) concebidos pelas respectivas

---

[17] A afirmação de Marcel pode ser aproximada das conclusões de RICOEUR 1963, em particular, do cap. II da 2ª parte "Le Dieu méchant et la vision "tragique de l'existence". DODS 1968 apresenta a penitência como reflexo da culpabilidade na tragédia grega enquanto ROMILLY 1971 salienta o conflito entre a lei divina e a lei humana. Em ambos os casos, estamos perante um esquema típico da tradição ocidental, compreensível como lei moral de reciprocidade do crime e castigo, e processo natural de génese e corrupção.

[18] 1944 "The Growth of the Race Idea", p.306: *"Man is an essentially imperfect being, burdened with original sin, and leading his life under the categories of grace and repentance, damnation and salvation"*. Idem, p.307: *"The idea of evil becomes dissociated from its Christian context of human imperfection and sin, and is transferred from an internal problem of the soul to the external problem of the unsatisfactory state of things which may be overcome by intelligent and concerted action of man"*.

[19] WEBB 1981, pp.151-4.

paixões e imaginações.[20] Ésquilo refere a revolta prometaica contra o fundo de ser (*nosos*). Os estoicos criaram os termos de *oikeiosis* e *allotriosis* para identificar essa rebelião. Cícero fala da *aspernatio rationis* como uma doença da mente que resulta da rejeição da razão. Todos os diagnósticos apontam para uma génese idêntica: a inquietação é desviada do fundamento e dirigida para realidades parciais. E estes sintomas clássicos reaparecem no nosso processo em que o Ocidente apostasiou da fé e da razão, trocando a graça de Deus pela razão que progride através do homem, até atingir a solução niilista dos intelectos perfeitos dos iluministas, revolucionários e positivistas pseudoproféticos no séc. XIX e do super-homem dionisíaco do séc. XX, anunciado por Nietzsche, e que experimenta o horror de quem confere a graça a si próprio.

Em *From Enlightenment to Revolution*, Voegelin analisou este processo de destruição da vida consciente. A apostasia da razão é uma tragédia de ensimesmamente e contracção da experiência, um drama de diminuição da consciência pública. Autores como Voltaire, Turgot e Diderot começaram por reduzir o homem a um mero ser prático, movido pela utilidade. Depois identificaram o contemplativo com o inútil, o *fainéant*. E Helvétius, Saint-Simon e Comte acabaram "por mutilar a ideia de homem para lá de todo o reconhecimento"; neles, "o termo 'homem' não designa o homem com maturidade da tradição humanista e cristã, mas antes o fragmento mutilado e utilitário".[21] Nas modernas antropologias fragmentárias, o símbolo *homem* tem muitos sinónimos: *o lobo do homem* descrito por Hobbes; o *autómato* sedento de prazer nos utilitaristas; o *megalómano*

---

[20] Cf. em particular artigos como *The Turn of the Screw*, 1971, *On Hegel: A Study in Sorcery*, 1971; *Reason: the classical experience*, 1974, *Wisdom and the Magic of the Extreme: A Meditation*, 1981. Voegelin evoca o contraste heracliteano do frag.B 89 entre o *xynon* e o *idiotês* em "Reason the classical experience" 1970 e em HOPI "The Middle Ages, The Church and the Nations", p.295.

[21] FER, p.95: *"This reduction of man and his life to the level of utilitarian existence is the symptom of the critical breakdown of Western civilization through the atrophy of the intellectual and spiritual substance of man. In the progressive, Positivist movement since the middle of the eighteenth century....the term "man" no longer designates the mature man of the humanist and Christian tradition, but only the crippled, utilitarian fragment"*.

intelectual de Condorcet e Comte; o *super-homem* de Nietzsche, que concede a si próprio a graça de existir. Na verdade, *homem* pode ser tudo excepto a "substância individual de natureza racional", na síntese de Boécio.

A apostasia da razão converte a discórdia entre verdade e inverdade, numa discórdia entre os homens. A experiência de imperfeição do mundo é intensificada até criar a base pneumopatológica para transformar a realidade humana, de acordo com um *novo catecismo*. Em Comte, o movimento efectivo da realidade para além de si própria é rebatido sobre o curso da história; o esforço deverá consistir em quebrar com o transcendente e colaborar no progresso imanente da humanidade. Para Marx, o *divino* proletariado revolucionário fará cessar os debates, sendo o oponente satânico identificado com a burguesia, a classe dominante. A consciência revolucionária encara o movimento da realidade como a única verdade da experiência e relega o mundo presente para uma situação de inverdade. Os símbolos secundários do *materialismo dialéctico* e do *materialismo histórico* prevalecem contra os símbolos primordiais. A *libido dominandi* surge justificada pelo projecto de transformar o mundo e de lutar contra as injustiças reais. Escreveu Voegelin:

> É essencial a nítida compreensão de que essas experiências constituem o núcleo activo da escatologia imanentista, pois de outro modo se tolda a lógica interna do desenvolvimento político ocidental a partir do imanentismo medieval até chegar ao marxismo, passando pelo humanismo, iluminismo, progressivismo, liberalismo e positivismo.[22]

---

[22] NSP, p.125. Cf. FER, p.3 *"The eighteenth century has been variously characterized as the century of Enlightenment and Revolution or alternatively as the Age of Reason. Whatever the merit of these designations, they embody a denial of cognitive value to spiritual experiences and seek to enthrone the Newtonian method of science as the only valid method of arriving at truth. The apostatic revolt, for such it was, released a movement of ideas which would shape decisively the political structure of the West"*. LIPOVETSKY 1981, p.7, traça um quadro da *era do vazio*, que comunica admiravelmente a conclusão voegeliniana: *"Notre temps n'a réussi à évacuer l'eschatologie révolutionnaire qu'en accomplissant une révolution*

Ao transformarem a inquietação esperançosa na ansiedade moderna, ideólogos e intelectuais de todos os matizes continuam, no séc. XX, a manipular pressupostos sobre o que seja história, sociedade e pessoa, e pulverizam o sentido da realidade comum em visões privadas, recusando a possibilidade de teorias não-imanentes da existência humana:

> (...) Na moderna história ocidental da inquietação, desde o hobbesiano "medo da morte", até à *Angst* de Heidegger, a disposição [*Stimmung*] transferiu-se da participação alegre numa teofania para a *agnoia ptoiodes*, para a alienação hostil de uma realidade que se esconde mais do que se revela. Hobbes substitui o *summum bonum* pelo *summum malum* como força ordenadora da existência humana; Hegel constrói o seu estado de alienação num sistema e convida todos os homens a serem hegelianos; Marx rejeita a busca aristotélica do fundamento e convida-nos a que se lhe juntemos como "homem socialista" no seu estado de alienação; Freud diagnostica a abertura ao fundamento como uma "ilusão", uma "relíquia neurótica" e um "infantilismo"; Heidegger aguarda uma "parousia do ser" que não chega, o que recorda o *Waiting for Godot* de Samuel Beckett; Sartre sente-se condenado a "ser livre" e espoja-se na criação de objectivos substitutos do objectivo que lhe falta; Lévi-Strauss assegura-nos que não se pode ser cientista se não se fôr ateu; o símbolo "estruturalismo" torna-se a palavra de ordem de uma moda de fuga à estrutura noética da realidade, etc.[23]

---

permanente du quotidien et de l'individu lui-même: privatisation élargie, érosion des identités sociales, désaffection idéologique et politique, déstabilisation accéléré des personnalités, nous vivons une deuxième révolution individualiste". [N. E.: Nossa era não conseguiu banir a escatologia revolucionária que concretizasse uma revolução permanente do quotidiano e do próprio indivíduo: expansão do particularismo, erosão das identidades sociais, descompromisso ideológico e político, desestabilização acelerada das personalidades, nós vivemos uma segunda revolução individualista.]

[23] A 1978, p.101-102. A enumeração refere-se a fontes sobejamente conhecidas; *Leviatã* de Hobbes; *Fenomenologia do Espírito* de Hegel; *Economia Nacional e Filosofia* e Marx (MS. De 1844 de Paris); *O Futuro de uma Ilusão* de Freud;

Quais as motivações desta clausura? A *ignorância* não constitui explicação aceitável, porquanto figuras como as referidas possuíam um indesmentível génio teórico que lhes permitia combater algumas especulações erróneas. A explicação tem de provir do levantamento das experiências motivadoras. Voegelin aproveita de Schelling o termo "pneumopatologia" para referir que muitos dos pseudofilósofos sofrem de cegueira espiritual que lhes esconde a realidade.[24] A patologia *psicopneumática* leva-os a desconhecer os limites da participação numa realidade polarizada pelo *apeiron* e pelo *nous*. Ao submeterem o espírito a uma construção humana, ficam presos à vontade de poder. Ao perderem de vista o *nous*, perdem a estrutura interina da realidade e entram na corrida libidinosa para o *apeiron*. Para protegerem as especulações com que definem a pseudorrealidade, transformam os fenómenos em instâncias de um sistema egofânico, mediante construções semelhantes à gnose antiga. Este apelo à magia especulativa da *Zauberwort*, confunde a razão com um conteúdo parcial: razão torna-se sinónimo de historicidade, classe, sexo, nação, proletário, inconsciente, etc. Ou então, tudo é relativizado e razão torna-se sinónimo de diferença pura. Esta apostasia da razão é uma fuga à realidade, e cujo optimismo Iluminista acabou por desvendar a face niilista nas preocupações contemporâneas com a morte e a ansiedade. E assinala Voegelin que, um dia, os psicanalistas descobrirão a análise clássica como a base apropriada para a psicopatologia do nosso tempo, ou seja, a perversão da razão com que os representantes da *agnoia ptoiodes* moderna reclamam, para a sua doença mental, o estatuto de saúde.

A cultura elaborou desde finais do séc. XVII as categorias que reduzem a pessoa a entidade imanente ao mundo, e referida como *ego*, indivíduo, sujeito, etc. A língua inglesa é particularmente expressiva deste fechamento do eu sobre si próprio: *self-conscious, self-control, self-restraint, self-assertion, self-reliance,*

Introdução à Metafísica de Heidegger; *O Ser e o Nada* de Sartre: *O Pensamento Selvagem* de Lévi-Strauss.

[24] Esta é a tese principal de *Wissenschaft, Politik und Gnosis*, discurso inaugural de Voegelin na Universidade de Munique em 1959.

self-culture, self-repression, self-realization, self-expression. Mas esta progressiva ênfase no *eu,* saudada como "libertação" das paixões obscuras da tradição e da vigilância exercida pela razão noética, revela-se como um novo tipo de encadeamento da razão às paixões; a rebelião contra o fundamento toma a forma de escolha de um grau diminuto de participação no ser. A pessoa que se assume como *eu,* não deixa de ser pessoa nem a estrutura da realidade é modificada. Para camuflar a perda da dimensão transcendente, a consciência alienada desenvolve uma estratégia compensatória; constrói uma *segunda realidade,* segundo a fórmula de Robert Musil, e substitui o questionamento da *metaxy* por um modo deficiente de existência. Surgem assim atitudes de optimismo, pessimismo, niilismo, egoísmo, altruísmo e surgem ideologias como liberalismo, conservadorismo, egoísmo, e surgem ideologias como liberalismo, conservadorismo, socialismo, comunismo, positivismo, capitalismo, consumismo, etc. O passo seguinte é o da revolta contra a estrutura da realidade. Após reduzir a natureza humana aos limites imanentistas, aniquila-se o que dela resta, em nome da perfeição das novas metas imaginárias. Em vez de procurar em tudo um além, fala-se da matéria, energia, deuses, astros, etc. Em vez do símbolo da imortalidade, participa-se na sociedade e na história. Em vez da questão radical do princípio, estatui-se a origem absoluta das espécies, civilizações, vida, universo, etc. Estas imagens falaciosas tornam-se depois publicamente eficazes. Como o homem deformado vive em sociedade, tenta forçar outrem a aceitar o seu sonho e a reduzir a participação no ser. A pressão exercida numa consciência que mantém a forma da realidade, mas que lhe pervete o conteúdo, toma um aspecto de distorsão do real. O símbolo extremo desta distorsão é a magia, a tentativa de substituir o real por uma imagem manipulável. A *magia do extremo,* na expressão de Nietzsche, consiste em forçar a realidade a transfigurar-se, aqui e agora.

Um passo decisivo desta claussura da consciência foi descrito por Voegelin como *proibição-de-perguntar:*

> Surgiu um fenómeno, que penetrou tão profundamente na nossa sociedade moderna, que a sua omnipresença

nos impede de o ver; um fenómeno desconhecido na Antiguidade: a proibição-de-perguntar. (...) Trata-se de opiniões cujos defensores sabem que não resistem e sabem porque não resistem a uma análise crítica, e por isso mesmo estabelecem a proibição de examinar ou analisar as suas premissas em ordem ao conteúdo do dogma. Esta atitude consciente de se fechar à *ratio*, especulativa e deliberadamente, constitui o novo fenómeno".[25]

A proibição-de-perguntar toma os mais variados modos: silêncio, revisionismo, tabus, desatenção às críticas fatais, difamação pessoal e, enfim, a perseguição violenta dos dissidentes, até culminar no assassinato pessoal e na liquidação em massa. As medidas de interdição e perseguição à vida consciente são muito variadas. A proibição essencial refere-se à própria liberdade de teorização. Os governos proíbem o debate público de questões sobre a verdade da existência, indispensável a uma sociedade ordenada ao bem. Os intelectuais silenciam os problemas da vida consciente, ao imporem a posição imanentista como condição de debate. Se o debate surge, apesar de tudo, os participantes ideólogos esquivam-se aos problemas, reiteram premissas e recorrem a tácticas e artifícios de mistificação retórica. A substituição da argumentação por *longos discursos tipo Protágoras;* a psicologia do *criado de quarto* que aponta as motivações do interlocutor em vez de responder cabalmente aos seus argumentos; a classificação dos argumentos segundo *–ismos* correntes, eis consabidas tácticas de evasão do argumento. A constituição de sistemas pseudocientíficos, (positivismo, marxismo, empirismo lógico, condutismo, estrutursalismo, pós-modernismo,) impede o debate racional e mistifica os cultores das ciências humanas, outros dos aspectos graves de oposição à vida consciente e que se tornou um fenómeno de massas nas sociedades contemporâneas.

O diagnóstico dos processos de destruição da vida consciente no nosso tempo está feito: quando a consciência é controlada

---

[25] 1959 *Wissenschaft, Politik und Gnosis,* pp.31-32.

por um sistema especulativo, é fácil passar do imperialismo intelectual para o assassínio em massa. Mas, no início da modernidade, foi necessário camuflar a proibição-de-perguntar sob a aparência de doutrina religiosa. Recorria-se à Sagrada Escritura nas passagens que abonavam a *causa* da rebelião, e desenvolveram-se dois géneros de respostas para combater as críticas. O primeiro consiste na padronização das Escrituras, ou seja, a apresentação de um modelo definitivo de sociedade. Essa formulação de um *Corão gnóstico,* sugere no *Evangelho Eterno* de Fiora, as *Instituições* de Calvino, a *Enciclopédia* de Diderot, o *Catecismo Positivista* de Comte, O *Capital* de Marx. O segundo recurso é o boicote e difamação de quem emprega instrumentos de análises proibidos. A Reforma proibiu a filosofia clássica e a teologia escolástica. Iluministas e positivistas lançaram interditos sobre a religião e a filosofia, ditas doutrinas obscurantistas. O marxismo-leninismo qualificou de *burguesas* as teses que se lhe opunham. Fascismo e judaísmo tornaram-se em devido tempo *bodes expiratórios* de intelectuais progressistas e de nazis. E nos meios de comunicação de massa, a argumentação teórica é vedada e as teses discutidas permanecem viciadas, caso não houver efectivamente disposição para aceitar e empregar a vida consciente.[26]

Estas fantasias estão sujeitas às pressões da realidade, porque são criadas a partir de conteúdo concretos. A segunda realidade mascara a existência primordial mas não a abole. A imaginação eclipsa a realidade e obriga as pessoas a conformarem-se com o modelo alienante de comportamento. Mas como a realidade continua a exercer pressão, cada fragmento da humanidade reclama para si próprio, com ansiedade e violência, o carácter exclusivo do todo. Tecnocratas, feministas, racistas, ideólogos, milionários, apresentam-se como mais válidos que o ser humano universal, seja ele homem ou mulher, rico ou pobre, branco ou negro. Esquecer a realidade do universal, porém, não o liquida como que por magia. A pressão

---

[26] NSP pp.138-40. Sobre o problema da perseguição política cf. STRAUSS 1952, em particular o cap. II.

mortal do *apeiron* faz-se sentir à medida que esse polo noético é esquecido ou deformado. E o sistema de segundas realidades é ameaçado pela descoberta da verdade da existência, pelo simples facto de não mentirmos, de sermos autênticos, de não ocultarmos o real. Mesmo o homem que *mortaliza*, permanece um *zôon noun*. Quanto mais *mortaliza*, mais precisa de reformular a morte na imagem da vida. Mesmo se rejeita a razão, a rejeição tem de assumir a forma da razão, ou cair no tédio e na indiferença. E mesmo os sistemas que oferecem a imortalidade através da participação no sentido imaginário da história, acabam por se confrontar com o fim-da-história.

Devemos a uma longa geração de pensadores do século XX um trabalho crítico de denúncia destas pseudofilosofias. Mas por vários motivos, o retorno da racionalidade é muito complexo; os resultados nunca são totalmente satisfatórios e não há método seguro para afastar simbolismos deturpadores. Uma via de acesso às experiências de ser, consiste na crítica e rejeição dos simbolismos terciários de rebelião contra o fundamento, e no retorno à realidade que eles agridem.[27] Segundo Voegelin, o historicismo tornou-se insustentável após a demonstração de Karl Löwith em *From Hegel to Nietzsche*; o atomismo lógico está liquidado desde a análise que lhe consagrou Urmson; a psicanálise freudiana ficou insustentável após *The Mind of the Moralist*, de Philip Rieff, enquanto a variante de Jung foi desmistificada pela obra *Mysticism Sacred and Profane*, de Robert Zähner; a utopia é insustentável depois de obras como o *Brave New World* de Aldous Huxley, e *1984* de George Orwell; os romantismos políticos são inaceitáveis, depois de *L'Homme Revolté* de Camus; o hegelianismo político é insustentavel após a autodissolução, mormente na análise de Adorno em *Negative Dialectik*. E este elenco, meramente

---

[27] A 1978, p.188 *"Whoever has had enough of rebellion against the ground and wishes again to think rationally needs only to turn around and toward that reality against which the symbols of rebellion aggress"*. [N. E.: Quem quer que esteja cansado de revoltar-se contra o fundamento e queira de novo pensar racionalmente precisa apenas voltar-se para a realidade almejada pelos símbolos de revolta. In *Anamnese*, pp.480-481. op.cit] Cf. in CEV as referências às seguintes obras; Rieff 1959, p.18; Zähner 1957, p.32, Adorno 1975, p.131.

exemplificativo, poderia ser prolongado até constituir um catálogo das linguagens de deformação do real cujas insuficiências são camufladas pelo campo social predominante. É grande o fosso entre os indivíduos que progridem na vida consciente e os que se recusam a nela participar, cultivando o *divertissement*; certo é que a reconstituição da ética não atinge habitualmente os destinatários mais carecidos, ou seja, os que se proíbem de entrar no debate devido à ideologia. Contudo, as linguagens deformadoras têm um ritmo próprio de consumação: se existe todo um conjunto de possibilidades de mau posicionamento do ser, há tambem um limite para essas falácias: o *fundamento* acaba sempre por recair em áreas específicas do homem: razão, sociedade, corpo, raça, libido. À medida que vão sendo dissolvidas as falácias que situam unilateralmente o fundamento em cada uma dessas instancias, redescobrem-se os princípios do campo de consciência. E, assim, a crítica da sequência de fantasias ideológicas que dominam a opinião contemporânea acaba por restabelecer a vida consciente.

Consta as ideologias secundárias, a ética luta pela abertura da consciência, pelo empenhamento na luta a que se é chamado, e pela livre recuperação da experiência de ordem. A argumentação é insuficiente para purgar a mente das *inverdades* infiltradas na linguagem, no subconsciente e na doutrinação. O oposto de verdade, neste caso, não é falsidade ou inexactidão, mas sim o obscurecimento *(skotôsis)* da realidade pela clausura existencial. Não se trata de um debate racional, no qual a informação superior triunfa sobre as forças mortais do intelecto mas de um diferendo entre dois modos de existência. A existência consiste na luta pela verdade, inciada na intimidade pessoal. E a grande tarefa da ética é instaurar a verdade da existência a que o ser humano é chamado. Essa verdade não é um ideal: é uma experiência contraposta às inverdades que são motivos de desordem. A ciência só tem sentido se oposta à antignorância *(agnoia)*; a justiça, à depravação; o filósofo, ao sofista; a verdade, à mentira; a teofania, à egofania. A verdade existencial não é um dom passivo que se receba da tradição;

cada um deve descobri-la por si. E, embora as imperfeições não desapareçam pelo facto de as conhecermos, podemos modificar o nosso grau de participação na verdade do ser, uma tónica pascaliana evidente na ética de Voegelin. *Travaillons donc à bien penser*, porque a moral começa pela descoberta da realidade e a imoralidade pela perda da verdade.

Este redimensionamento da ética tem particular incidência na formação da pessoa. Sempre que esta se abre à realidade maximamente diferenciada, encontra uma fonte de ordem e uma verdade, superiores à ordem estabelecida pela autointerpretação da sociedade. Se estiver orientada, realizará o acto justo. Nenhum critério racional de acção e nenhuma fórmula moral objectiva poderão substituir o papel da "abertura da alma" à medida da ordem. A vida consciente como força ordenadora da existência não é uma informação que possa ser transmitida em generalidades; é uma unidade moral, que resulta da resistência à desordem e que ordena a consciência na luta pela imortalização da *psychê*, em resposta às forças mortais que a oprimem. Na prática, é impossível escapar à *realidade interina* e coincidir com qualquer dos polos. Há sempre uma tensão mínima, uma ansiedade residual, para lembrar que somos mais que animais e menos que deuses. E é a ansiedade de perder a orientação nesta realidade interina, que faz nascer o inquérito acerca do sentido da vida, com um misto de confiança no que já se experimentou e de esperança pelo porvir. Antes de ser objectivada como facto ou de se procurar um "sentido da vida" subjectivo, a existência é realidade cuja inquietação jamais desaparece, mesmo quando se perde o bem que confere substância à liberdade. É possível silenciar a filosofia, mas não é possível anular a inquietação. Mito, filosofia e revelação utilizam termos como *philia, eros, elpis*, para sublinhar essa confiança que é anterior à distinção entre teoria e prática. Tal confiança é um aviso contra os descaminhos da razão. Se a razão é a abertura da existência consciente, a clausura distorce a estrutura da *psyche*, sempre que tal contexto for ignorado ou os símbolos noéticos se tornarem abstracções, preenchidas por conteúdos irracionais.

A realidade da pessoa não é atingida através da conquista do "eu" mas antes como o desenvolvimento das pontecialidades escondidas no "eu". De acordo com o discurso clássico, a existencia humana, que busca e é atraída pela vida consciente ocorre na modalidade que Platão designa por *daimonios anêr* (*Teeteto* 176b), o homem espiritual que contrasta com o *thnêtos* e o *amathês*, o homem mortal e o insensato. Esta atitude de procurar a vida consciente, realizar o bem e ordenar a existência de modo prudencial, foi descrita por Aristóteles como o modo de vida da *pessoa de bem (spoudaios)*, que deseja o que é *em verdade* desejável e que emite juízos correctos.[28] A consciência do *spoudaios* é a medida da acção moral, porque contém uma verdade orientadora da conduta e é raiz de um novo grau de sociabilidade. Tal maturidade é transferível, sob a forma de senso comum, para o nível pragmático em que se desenrolam a maior parte dos acontecimentos da vida privada e pública. A ordem manifestada na consciência é partilhável por todos, até o ponto de abrir a sociedade. Ao comunicar a experiência de ordem, a pessoa responsável inspira tipos de conduta que poderão vir a ser livremente aceites e melhorados por outrem. Este equilíbrio pessoal exige uma diferenciação de ordem existencial. Quando a pessoa encontra a fonte de ordem que a despertara, cria um mundo novo para acolher o novo sentido e liberta-se do mundo velho. Mas se falha e recai nos estados de complacência e satisfação gerados pelo *amor sui*, então surge a clausura.[29]

---

[28] NCP, p.56: *"Aristotle was the first thinker to recognize this condition of theorizing about man. He coined a term for the man whose character is formed by the aggregate of experiences in question, and he called him the* spoudaios, *the mature man"*. [N. E.: Aristóteles foi o primeiro pensador a reconhecer esta condição de teorizar o homem. Cunhou o termo para o homem cujo caráter é formado pelo agregar das experiências em questão, e ele o chamou de *spoudaios*, o homem experiente.] *(Ética a Nicómaco 1113a, 29-35).*Cf. ainda ARISTÓTELES 1970 1113 a 32-34. Para o filósofo todos desejam o que é bom, mas esse desejo é obscurecido pelas paixões. Se inquirirmos a um grupo o que é bom, recolheremos opiniões muito distintas. Devemo-nos pois dirigir aos *spoudaioi*, que veem "a verdade no concreto" *(hekastois)*.

[29] A 1978 p.65: *"Man experiences himself as tending beyond his human imperfection toward the perfection of the divine ground that moves him. The*

A insistência de Voegelin na vida consciente ganha todo o seu alcance, se compreendermos que o esforço humano da busca de ordem tem de ser completado pelo acolhimento da medida de ordem sobre-humana. A penetração da realidade exige um esforço e uma graça. O convite à consciência pessoal deve ser livremente respondido. A pesquisa acentua a concordância entre as conclusões clássicas e o evangelho. A vida é um campo de tensões, no qual o homem tem de escolher entre a atracção exercida pela realidade divina central e as realidades mundanas que o encerram em si mesmo. Em João, Voegelin encontra o termo *helkein*, idêntico ao de Platão. Cristo "puxa" para Si todos os homens. (Jo. 12,32) Deus "atrai" todos os homens. (Jo. 6,44) A mensagem de Cristo é de que o *logos* se torna carne através da vida e morte de Jesus: "Pai, o mundo não Te conheceu mas Eu conheci-Te" (Jo. 17,25-26). E o que deve ser dito ao mundo, é a história da atracção divina exercida através de Cristo: "E assim é a vida eterna, Conhecer-te, o único deus verdadeiro e Jesus Cristo a quem eviaste!". (Jo.17,3) A abertura da alma à medida invisível de ordem, deve ser correspondida pela revelação da própria medida. Na linguagem filosófica, à *zetesis* deve corresponder a *helkein*. O cerne noético é o mesmo mas o *daimonios anêr* de Platão não é o *eikon to theou* de Colossenses 2,9: "Nele toda a plenitude da realidade divina vive incarnadamente". O horizonte cosmológico da filosofia grega limita a diferenciação da pessoa humana; aí, a imagem do eterno é o cosmo de *Timeu* 28-29c. E embora Voegelin não acentue que a acção justa é a conforme ao apelo do Cristo que vive na consciência pessoal, refere que só em Cristo se dá a definitiva revelação da verdade da acção. A acção moral segue o exemplo da virtude em Cristo e deve corresponder à experiência de graça consumada pela Sua vida e morte, e que sobrepõe uma forma sobrenatural à natureza humana.[30]

---

spiritual man, the daimonios aner, *as he is moved in his quest of the ground, moves somewhere between knowledge and ignorance..."*

[30] "The Gospel and Culture", p.89.

Estas reflexões éticas poderão surpreender pelo pouco que dizem sobre regras universais de moralidade: tal como nos diálogos socráticos, mostram que não existe definição universal de virtude. Ao valorizar a vertente espiritual do senso comum, Voegelin está próximo dos autores que consideram o lado cognitivo da acção moral como menos decisivo que a vertente volitiva. Aproxima-se também da compreensão aristotélica da sabedoria prática, que determina o bem humano segundo a prudência e o senso comum. Mas em vez de propôr o pensar clássico devido à objectividade dos seus conteúdos ou à suposta segurança do seu método, como sucede em respostas recuperadoras da Metafísica e da Escolástica e nos vários movimentos de reabilitação da filosofia prática, acena para o gesto originário da vida consciente sem a qual não é possível extrair os valores da realidade interina. A insistência de que a vida consciente é o centro de ordem, que confere sentido e responsabilidade à acção, coincide com os resultados de uma ética personalista, embora o ponto de partida seja distinto.

Tal ética não se configura como proposta de novos, ou velhos valores mas como questionamento da realidade interina do homem; faz emergir um pensar que ultrapasa as soluções subjectivistas, objectivantes e neutrais que estão no centro da dicotomia entre factos e valores, e traduz-se em propostas que nos orientam para a raiz comum de onde eles emergem, sem a obsessão moderna do sistema autossuficiente que elimina supostos teóricos e históricos e que reconstrói a realidade moral a partir da tábua rasa. Haverá aqui uma debilidade do pensar? É certo que a pesquisa remete a pessoa, de modo muito livre, para a abertura à realidade iminente da qual dimana a acção justa e o pensar verdadeiro. Mas a razão de ser desta orientação reside na acentuação de que agir e pensar surgem ligados à estrutura originária do homem; não são âmbitos produzidos pelo conhecimento objectivante, mas contextos no qual a consciência se situa, modalidades distintas da existência da pessoa. E tal como o rigor do *logos* não se ganha pela liquidação de pressupostos, mas é medido num contexto, também a moralidade da acção resulta na realização progressiva da vida consciente.

7. A DIMENSÃO SOCIAL

> "O cerne da ciência Política deverá ser sempre o que hoje em dia se chama a antropologia filosófica e que corresponde realmente ao primeiro capítulo da Ética a Nicómaco"[1]

Campos sociais

A exemplar interpretação voegeliana do que é uma comunidade política bem como a direcção do seu esforço, têm de ser compreendidas como resposta aos impasses caracterísitcos da ciência política moderna. A pesquisa enfrenta as insuficiências do modelo da tábua rasa, que pulveriza a sociedade numa soma de indivíduos, mediante o artifício do estádio originário de natureza e as figuras político-jurídicas do contrato e da soberania; e recupera o elemento de universalidade que confere substância à liberdade humana e dá valor teórico às conclusões. Se as relações sociais forem consideradas como acção recíproca entre pessoas, dissolvem-se num fluxo de propósitos individuais cuja unidade é problemática. Os vínculos económicos, jurídicos e políticos, apresentam o homem como seguidor de normas, consumidor de bens e

---

[1] Eric Voegelin in AA.VV., 1960, p.291: *"Ainsi le centre de la science politique devra toujours être ce que l'on apelle aujourd'hui l'antropologie politique, qui correspond en fait au premier chapitre de L'Éthique à Nicomaque".*

cidadão desejoso de segurança. Até que ponto, porém, tais vínculos definem a existência humana em comunidade? A dificuldade não reside na integração dos múltiplos factores que concorrem para o ordenamento social, mas sim no facto que uma sociedade não contém dentro de si as raízes explicativas da existência. Apenas são inteligíveis os seus paradigmas ordenadores e apenas se pode definir a essência da sociedade, não a sua existência concreta.

Embora modificasse ao longo dos anos as categorias explicativas, Voegelin delineou uma alternativa aos impasses apontados. Em vez de apresentar propostas normativas, enfrentou as aporias políticas dominantes na modernidade, recorrendo à concepção de campo social proposta por Aaron Gurwitsch. A sociabilidade partilhada por *mim* e por *outrem* instaura *campos sociais* que extravasam os limites das pessoas e das sociedades em que ocorrem. A variável *campo*, situada entre a ordem e a história, recebe configurações muito diversas. A mesma pessoa pode integrar uma família, uma empresa, ser membro de um agrupamento cívico, de uma confissão religiosa ou de um grupo desportivo, participante numa comunidade científica ou inspirada na vida consciente. Um homem pode simultaneamente ser ateniense, grego, filósofo e pagão, enquanto outro é europeu, cristão e cientista. A grande flexibilidade da organização da sociedade em famílias, linhagens, associações locais, igrejas e outros campos sociais, permite que a pessoa livre não se esgote nas afinidades que a ligam a outros indivíduos, a instituições e nações; integra-se em campos sociais, cada vez mais abrangentes, até ao campo social culminante, a humanidade universal definida pela participação na vida consciente.[2]

A primeira prioridade de uma sociedade é existir, ou seja: assegurar a sobrevivência física e a coesão social dos seus membros, expostos a pressões internas e externas. A luta bem sucedida pela satisfação de carências materiais é uma condição necessária da existência corpórea e a que funda a vida

---

[2] Cf. abordagem semelhante in DILTHEY 1944, p.80-81

consciente. E precisamente porque a contingência e a casualidade são difíceis de suportar, os membros de cada sociedade assumem-na como superior a um simples acidente ou contingência e criam um *kosmion:* A fundação da *cidade* como a forma vital com que "a sociedade política passa a existir e a actuar na história" origina conflitos entre facções. Cada grupo caracteriza-se por aspirar a um campo social, de que a luta política se encarregará de estabelecer a relevância. Dado existirem limites ditados pela necessidade de coesão para a diversidade de campos sociais numa comunidade humana, e um outro género de limites para a diversidade de lealdades pessoais, cada sociedade adopta um campo social dominante. Se o não fizer, é destruída pela desintegração das crenças e impedidas de ser uma unidade actuante na história. Voegelin designa por *teologia civil* esse campo social que surge na consciência de minorias representativas e que aponta às maiorias as finalidades da existência pública. Baseados na definição platónica dos *tipos de teologia*, os estoicos elaboram a tripartição da teologia em *mítica, física* e *civil*, classificação explicitada por Varrão na sua obra de 47 a.C., *Antiquitates*. Agostinho modificou este esquema ao aglutinar os termos *mítica* e *física* no equivalente latino de *teologia natural*, expressão cujo uso se estendeu até hoje. Dado que a teologia fabulosa referia o culto dos deuses, integrou-a na teologia civil, e acrescentou a teologia sobrenatural para identificar a exegese cristã.[3] Ciente que estas fontes se projectavam nas concepções de *idée directrice* em Hauriou e de *pressões de conformidade* em Bergson, Voegelin utilizou a expressão para sublinhar que verdade representativa e coesão social derivam da mesma fonte.

A abertura à vida consciente surge em confronto com o campo social predominante. A humanidade universal forma um campo culminante na história e que prolifera através do reconhecimento do fundamento do ser. A descoberta de um

---

[3] PLATÃO 1980, p.91, 379ª. Sobre a teologia tripartida nos estoicos cf. POHLENZ 1950, p.266. Todo o Livro vi da *Civitas Dei* é relevante para este tema; cap. 5 a divisão de Varrão; cap.6, a crítica agostiniana; no cap.7 as semelhanças entre teologias mítica e civil; cap.10-11 as críticas de Séneca; cap.12, conclusões.

campo de máxima universalidade inicia-se na intimidade da experiência pessoal e passa para os mais diversos ritos, mitos, doutrinas e teorias que transmitem a experiência de que o homem se reconhece *humano* em virtude da sua participação numa comunidade transfinita de ser. [4]A natureza dos elos que tornam os humanos coparticipantes no ser, não depende de uma descoberta teórica mas sim do reconhecimento de uma comunidade de natureza. [5] As descobertas da ordem em Israel e na Hélade viabilizam os símbolos *homem* e *humanidade*, "símbolos criados por homens concretos, datáveis historicamente, como expressão do carácter universalmente representativo das suas experiências do fundamento". Ao reconhecer-se universal, a humanidade não desvenda nem a verdade última da sua existência, nem confere um sentido finito ao processo histórico. Trata-se de reconhecer que a realidade humana está em trânsito, para além da sua estrutura presente. E este índice escatológico de participação na realidade comum é antecipado como *imortalidade* em simbolismos inaugurados por autores como Heraclito e Platão *(athanatizein)* e transformados em Paulo *(aphtharsia)* e Agostinho.

Conceber a vida consciente como origem do campo social culminante tem importantes corolários. 1º) A experiência de ordem jamais ocorre numa consciência não-concreta. A pesquisa abandona noções como *consciência colectiva, eu*

---

[4] A 1978, p.150: *"The statement that the known nature is not merely the nature of one person who concretely has the experience of his essence, but rather that of all men, implies the premise that all men are equal qua men, regardless of whether or not they experience their human essence in the clarity of differentiated consciousness"*
[N. E.: A afirmação de que esta natureza conhecida não é meramente a natureza daquele ser humano que experimenta concretamente sua essência, mas a de todos os homens, pressupõe a premissa de que todos os homens, *qua* homens, são iguais em essência, independente de experimentarem ou não sua essência humana na claridade da consciência diferenciada. in *Anamnese*, p.434. op.cit.]

[5] A 1978, p.24. *"The basic function of the myth, to finitize the transcendence, proves itself historically rather in the creation of finite humane communities as mythically constituted units, which present man as such in their own image".*
[N. E.: A função básica do mito, finitizar a transcendência, é autenticada historicamente principalmente na aparição de comunidades humanas finitas miticamente constituídas, que apresentam o homem como tal em suas próprias imagens. *Idem*, p.93]

absoluto, consciência transcendental, consciência da humanidade, espírito universal. Estes termos equivalentes deturpam as experiências de transcendência: não enunciam a afinidade com outrem, nem indicam a estrutura da existência humana. 2º) A humanidade universal apenas se manifesta desde que homologada pelo ser transcendente. Que os homens sejam verdadeiramente homens e que todos sejam iguais, é um progresso específico da vida consciente, logrado pela filosofia clássica, aperfeiçoado pelo cristianismo e que se oferece ao questionamento contemporâneo. A ideia de igualdade apenas se esclarece à luz da igualdade perante Deus. Nem os avanços na biologia, nem as ideologias de raiz iluminista, mudam este princípio. No sentido que Condorcet lhe conferiu, a perfectibilidade que pretende transfigurar o homem em super-homem choca com o saber empírico de que dispomos.

Através do conceito de ordem, a pesquisa define a tensão entre a consciência que pertence a uma sociedade dotada de um campo político predominante e a consciência que o transcende, ao reconhecer a humanidade universal. O carácter interino da existência permite uma teorização, que não é, unilateralmente, politizadora nem neutralista, nem liberal nem totalitária, mas que assenta na coexistência de ordem e liberdade. Os antigos toerizam a ordem da sociedade, os modernos a liberdade. Como podem coexistir em ordem e liberdade, eis o *punctum pruriens* da problemática social e no qual radicam os problemas constitutivos da ciência política clássica. A criação de uma boa sociedade depende da experiência do que Aristóteles chamou *bios theoretikos*. A vida consciente deve animar o indivíduo a intervir na sociedade, e o que determina a natureza de cada sociedade é o acolhimento da vida consciente. Esta conclusão clássica tem de ser completada pelo questionamento do tempo histórico e da tensão pessoal para o fundamento do ser. Em considerações inúmeras vezes retomadas, Voegelin prova que a ordem na sociedade não é um dado *a priori:* nem o seu significado se confunde com o de *sociedade ideal,* nem a liberdade pode ser definida genericamente porque é no concreto que a consciência se distancia da pressão dos campos sociais. Ordem e liberdade têm valor analógico: a ordem não pode ser definitiva porque depende da liberdade pessoal; não é um sistema homeostático, porque resulta da livre infusão de ordem por parte dos que acedem à vida consciente, e da livre aceitação dos que a recebem. Esta postura permite reorientar a ciência política. Implica reconhecer que o agir constitui uma modalidade originária da consciência e que, como tal, não é um determinante nem um produto do pensamento. A comunidade política não é fundada pela teoria, mas um contexto onde a reflexão ocorre. A filosofia política não é um exercício do tipo *tábua rasa*, mas exercita-se em tensão com a comunidade onde emerge.

Tipos de ordem civil

Num fundamental artigo, a resumir conclusões dos livros *Rasse und Staat* e de *Die Rassenidee* (...) e que corresponde ao capítulo inédito de abertura de Hopi, Voegelin ilustrou de que modo cada sociedade se interpreta como um factor de ordem na história, e como se substantiva num mundo dotado de significação própria. Assim, existe uma sequência limitada de "ideias de corpo", ou seja, de ideias de ordem com que os membros de cada sociedade conferem significado à estrutura a que pertencem, às suas relações com outras comunidades e à existência na história.[6] As variantes principais, *cidade, corpo místico* e *raça* não se sucedem arbitrariamente; os laços de *cidadania, fraternidade* e *consanguinidade* remetem-se entre si e as inúmeras variantes formam padrões que repetem um número limitado de tipos básicos. Em segundo lugar, nota-se a tensão crescente entre o símbolo da coesão social e a realidade que

---

[6] 1940 "The Growth of the Race Idea", p.285: *"By a body idea we understand any symbol which integrates a group into a substantial whole through the assertion that its member are of common origin, and any symbol which has used in its evolution a body idea in the stricter sense, however far the transformation may have gone".*

deveria originariamente referir.[7] Enquanto os símbolos mais primitivos do *clã* e da *tribo* ainda aderem significativamente a relações biológicas, já os de *fraternidade* e *cidade* simbolizam a sociedade política como um campo de ordem espiritual. A pesquisa da dimensão social tem de perceber esta tensão entre um estádio compacto de autointerpretação, no qual a ordem civil de cada sociedade histórica capta a teoria como objecto, e o estádio diferenciado em que a teoria se distancia das autojustificações e capta a ordem como objecto.

O símbolo helénico da *polis* integra subtipos mais primitivos, que se estendem desde as relações familiares elementares até aos laços mais diluídos de cidadania. O primeiro subtipo abrangido pela *polis* é o grupo restrito da *anchisteia*. Corresponde ao clã no sentido estrito, unidade dotada de leis familiares, regras de herança e obrigações funerárias e que se forma e se desfaz com a procriação e a morte. A sua dimensão não ultrapassa o grupo de parentes vivos, até três gerações, e agrupados em torno do símbolo da paternidade. Como segundo subtipo surge o *genos,* caracterizado pela residência permanente dos seus membros num território e pela consequente acumulação de riqueza e prestígio social. Esta tradição familiar culmina no culto de um antepassado comum, cujo nome era adoptado pela tribo. Os *genê* atenienses tinham lugares de culto e de encontro, um corpo sacerdotal e um tesouro próprios e eram dirigidos por um arconte. A já referida discrepância entre realidade e símbolo acentua-se nesta extensão do grupo para além do círculo dos vivos e era agravada pelas dificuldades da selecção da linha paterna, amiúde escolhida de modo arbitrário. A base realística do *genos* era a experiência social do grupo e o culto do antepassado. A fraternidade, *phratria*, constituia o grupo mais amplo, logo abaixo da cidade, e era formada por *anchisteai, genê,* e outras organizações

---

[7] O caso mais flagrante é o símbolo da instituição familiar. Cf. Voegelin 2(3) 1940, p.286: *"The symbol of blood relation is so powerful that it is frequently forgotten that even when the symbol comes closest to reality, i.e., when it is applied to the family consisting of parents and children, even in this case the unit includes normally at least two persons who are not blood relatives – I mean the parents".*

de culto civil em que todos se consideravam *irmãos* mediante laços de sangue já muito diluídos ou apenas adoptivos. Aliás, a adopção por uma fraternidade e a adesão ao culto comunitário era a forma corrente de se adquirir a cidadania ateniense. Após a reforma de Clístenes, o sistema das instituições aristocráticas baseadas nos *genê* foi substituído pelos *demoi* territoriais, unidades regionais e administrativas baseadas no censo e criadas para formar a *polis*. O novo grupo territorial transformou-se em grupo genealógico porque a pertença cívica deixou de estar fixada pela residência, determinando-se agora pela descendência dos que residiam em cada *demos*. Desenvolveu-se uma genealogia *demótica*, sustentada pelo culto do patrono demótico, o qual veio ocupar o lugar que o antepassado possuía no *genos*.

Considere-se um exemplo, apresentado por Voegelin, para ilustrar a ordem que sustenta numa unidade a massa difusa de actividades individuais e que representa políticamente a pluralidade de campos sociais. Na Atenas do século V a.C., a tragédia endereçava-se a uma plateia que sentia como suas as convicções e as ideias expressas no culto. Ao serem convertidos em motivos habituais de acção, tais convicções originavam uma experiência de relação humana que estabilizava o campo social. Ao compreender o *drama* como um acto de obediência a *dikê*, a plateia ateniense reconhecia os símbolos de uma experiência comum de ordem. Mas um campo social comporta sempre o risco de se disiquilibrar; está dependente da aceitação pública porque é um modo abreviado de partilhar uma experiência de ordem. Os dramaturgos propunham um campo social no qual as experiências representadas eram compreendidas e aceites pelos seus conterrâneos. Mas a eficácia do culto cessou quando as guerras civis e os abusos imperialistas degradaram a sociedade ateniense a ponto de se tornar problemática a coesão social.[8]

---

[8] NSP, p.71. *"Here, for a golden hour in history, the miracle happened of a political society articulated down to the individual citzen as a representable unit, the miracle of a generation which individually experienced the responsability of representing the truth of the soul and expressed this experience through the tragedy as a public Cult".*

Perante esta ilustração, pode argumentar-se que a coesão social antes resulta de certa incoerência simbólica na representação predominante, que de uma convergência de propósitos. Talvez a harmonia dependa mais da suspensão de juízos acerca do que é o bem comum, que de definições radicais da ordem. Ademais, é muito possível que a lição sobre a tragédia como expressão de unidade política não seja generalizável para a totalidade do campo social helénico, no qual *Grécia, Atenas* ou *cidade decadente do século IV,* possuem significados distintos; apenas a observação caso por caso permitiria definir os paradigmas partilhados pelos membros de cada sociedade.[9] Mas tal como Aristóteles, Voegelin insiste que, por *zôon politikon,* se deve entender não só o homem que vive na *polis* como a *polis* que vive no homem. O termo *politikê* aponta para a globalidade da *existência civil,* e não só para *política,* no sentido restrito. No modo de existência na *polis,* Aristóteles via o todo da existência e não apenas uma parte. O homem impolítico surgia-lhe como um ser carente, *idion* ou *idiotes,* remetido para uma vida privada e sem comunicação. E esta riqueza da vida em comunidade projecta-se nos termos de *cidade* e civilização nos quais encontramos um significado orientador da existência, seja qual for o ângulo de abordagem: linguístico, sociológico, histórico, ético, praxiológico, ontoteológico.[10]

NSP, p.74: *"The miracle of the tragedy was short lived; its glory was submerged in the horror of the Peloponesian War (...)"*.

[9] Cf. observações in MOULAKIS 1986, p.126

[10] A Filologia estabelece sentidos múltiplos, nalguns casos apenas verosímeis, da 'tribo' de termos designativos do habitar humano que culminam nos equivalentes em toda as línguas do termo 'cidade'. Nas línguas indo-europeias, da raiz do sânscrito **pur-* emerge *pólis*, com o significado original de castelo ou torre. Da raiz **was* – vem *àstu,* o povoado comercial onde residem os hábeis e astutos artífices. De **kei* – virá *civitas,* relacionável com *kineô*. No latim, da raiz **ple* – surge *populus,* o povoado; *oppidum* é a encruzilhada onde se mora, relacionável com pórtico, *stôa*. *Villa* ou *uilla* e *eìcus* (próximo do grego *oíkos*) é o local de vizinhança *(vicinus)* e *urbs* é o local onde o vereador tem a *vara* ou o *ceptro* do poder. Verifica-se nestas unidades semânticas uma contraposição entre dois sentidos de cidade, tipificados no contraste do início de *A República* entre Pirineu e Atenas, a cidade alcandorada e acidade esplanada, a que escalou os céus da ciência, da arte e da religião e a que decaiu no puro negócio e nos afazeres quotidianos. Outras línguas confirmam este contraste semântico; no

Este princípio clássico de que o viver político é tambem o viver em sociedade, surge no que Voegelin designa por *postulados da política clássica:*

1. Os homens são iguais na pontecialidades face à vida consciente, mas empiricamente desiguais na actualização.
2. Uma sociedade tem estrutura hierárquica no que se refere à actualização das pontecialidades da vida consciente.
3. A qualidade da vida depende de a vida consciente, seguida por uma minoria, se tornar uma força inspiradora da conduta das maiorias.

A boa sociedade deveria ser suficientemente extensa e próspera para que, pelo menos, uma minoria pudesse viver segundo a razão e deveria ser organizada de modo a que a vida consciente se tornasse uma força política. Tais postulados encerram vários tipos de deficiências. Por razões que não são absolutamente inteligíveis, a estrutura da sociedade é, de facto, hierárquica e não igualitária; pessoas com potencialidades idênticas revelam capacidades desiguais na actualização da sua natureza, e a organização social depende do grau de racionalidade. Mas a primeira grande insuficiência dos gregos, consistia na admissão dos seres humanos inferiores por natureza e traduzia-se na existência da escravatura e na escassa mobilidade social. Em segundo lugar, referiam-se exclusivamente à cidade-estado de extensão muito limitada e destinada a soçobrar com as conquistas imperiais macedónia e romana. Enfim, existem novidades históricas impeditivas da recepção directa dos postulados clássicos, entre elas a valorização da dimensão pessoal, do governo representativo e do significado escatológico da existência humana.

Apesar "de que no nosso tempo ainda se não chegou a acordo acerca do que sejam uma vida e uma sociedade boas,

---

árabe entre *alcáçova* e *almedina;* no russo entre *kremlin* e *grad* ou *grod,* no chinês entre o pictograma identificador de cidade I, composto por *wei* (parede) e *tsie* (ceptro) e que se distingue do aglomerado rústico, *pi.* Cf. entradas em D'HAUTERIVE 1949, ERNOUT-MEILLET 1967, POKORNY 1959, CHANTRAINE 1968, LIDELL-SCOTT 1968, BENVENISTE 1969, tomo 1, pp.363 e ss.

e as definições clássicas tais que não serão facilmente aceites na nossa época", a pesquisa procura tornar viável na ciência política o conceito de *ordem*. [11] A ordem na sociedade não contém harmonias escatológicas nem se apresenta como o ponto culminante da história. Em termos contemporâneos, a boa sociedade é incompatível com a fantasia ideológica de um paraíso terreno ou com uma *nova ordem mundial* que se apresente como definitiva. O caminho seguido por Voegelin não foi o de definir a justa ordem da sociedade, mediante a investigação de paradigmas. Procurou, sim, encontrar os símbolos adequados na filosofia platónica do caminho da alma, e na metafísica aristotélica da participação na vida consciente. Em vez de incorrer no mal-entendido modernista acerca da política clássica como proposta de ordem totalitária, procurou mostrar que ela implica um acto de libertação. Se a *polis* fosse entendida como um ideal, de fundação de ordem política, a partir da verdade transcendental da ideia, estariam correctas as censuras endereçadas a Platão e a Aristóteles, em nome da defesa da sociedade aberta, por críticos como Hannah Arendt e Karl Popper. A tentativa de definir a boa sociedade originaria um impasse ontológico se afirmasse que a ordem da *psychê* pode penetrar a ordem da *polis*, até a modelar e ser absorvido por ela. Mas se na NCP Voegelin atribui ao Platão da *República* esta intenção de querer que a cidade incarne a verdade da alma, intenção depois corrigida em *Leis*, já em OH III mostra que, para o ateniense, a justiça da alma é mais importante que a participação política. A *República* trata da recuperação da ordem da alma mediante a resistência à (des)ordem da sociedade: e Platão é o fundador da ciência política, ao demonstrar que a ordem social depende da incorporação do que a teoria descobriu.

Não se deve procurar na *República* uma doutrina de ordem mas tão só desenvolver os níveis de clarificação que a obra comporta, e investigar os seus símbolos. Se a *dikayosynê* coloca o problema da origem da ordem, a transcendência do bem impede que o respectivo conteúdo seja totalmente realizado. Se a

---

[11] Afirmação de Voegelin in AA.VV. 1960, p.293.

visão do bem forma concretamente as pessoas e os grupos que visam actuar, não é um ideal vazio de perfeição. A filosofia civil deve propôr-se como um pensar que não está monopolizado pelo conceito de poder, típico da moderna ciência política, e que, ao afastar o quadro normativo convencional, orienta-se para a questão "Quais os critérios de uma sociedade melhor que a presente?". Se a filosofia civil se cumprisse numa proposta de construção da cidade ideal, seria mais uma *doxa* e não forneceria uma medida para modelos razoáveis de sociedade, a serem implementados de acordo com as circunstâncias.

À medida que nos afastamos da cidade-estado grega, adquire cada vez maior importância a distinção entre modos de articulação social e política. Apesar de que à voz grega *polites* corresponde a latina *civis*, e de *polis* se traduzir por *civitas*, a *civitas* romana distingue-se da *polis* grega pelo seu carácter jurídico. A *civitas* configura-se como uma *civilis societas* que abrange toda a população romana e transforma-se gradualmente numa *juris societas*. Embora estes termos sejam ficções jurídicas que não correspondem a uma ideia autónoma de sociedade, dissolvem efectivamente o conceito de *polis*. Cícero define-a como a aglomeração humana na qual existe consentimento na lei. Ao converter a ordem legal da comunidade em elemento estruturante da política, criou o mito da lei como entidade absoluta que pode ser tratada independentemente da tensão na consciência. A juridicidade substitui a politicidade. E esta *despolitização* da cidade é intensificada na doutrinação estoica; se para Séneca o homem é um *sociale animal* e por consequência impolítico, para outros estóicos é um ser que perdeu a cidade e se resigna a viver na cosmópolis.[12]

É neste contexto de despolitização que se firmou o segundo grande símbolo de ordem social, o *corpo místico*. Trata-se de uma nova via que tempera o domínio do homem sobre o homem, através do sentimento de concórdia entre os membros de uma comunidade. A noção alargou-se na Antiguidade a grupos cada vez mais heterogéneos, até abranger toda a ecú-

---

[12] Cícero, *De Re Pública I*, 25. Séneca, *De Clementia I, 3*.

mena. No famoso discurso de Ópis, Alexandre Magno seleccionou o termo *homonoia,* para exprimir o laço entre Helenos e Persas. Paulo escolheu-o como indicativo da nova comunidade unida pelo *pneuma* de Cristo. Adoptado pela tradição cristã como o termo indicador da comunidade de fins, reaparece em doutrinas políticas anglo-saxónicas na expressão *like-mindedness* e na doutrina social da Igreja como *solidariedade.* Quando no séc. I Paulo usou o termo, *homonoia* aplicava-se a qualquer tipo de comunidade. Ao adicionar o termo *místico* ao símbolo do *corpo,* identificava a substância social da comunidade de fiéis que formam a Igreja. Como se mantinha viva a vigência do símbolo do antepassado, admitiu o conceito de *segundo Adão* espiritual para identificar o Cristo, em contraste com o *primeiro Adão,* o pai físico da comunidade. Quem é recebido na comunidade *(ekklêsia)* participa no *pneuma* de Cristo cuja plenitude *(pleroma)* vive num número indefinido de pessoas e constitui o laço de comunidade que as une. Mas para que a personalidade de Cristo não se dissolva na multidão de pessoas que compõem a *ekklêsia,* Paulo apresenta-a como corpo místico e Cristo como sua cabeça. Jesus Cristo, com um corpo *(soma)* e uma mente *(pneuma),* fornece a analogia para pensar a comunidade humana: "A união entre a comunidade humana e Cristo é concedida mediante a dupla natureza de Cristo como homem e Deus". Na vertente pneumática, a presença de Cristo na comunidade explica-se pela *homonoia;* na vertente mística, refere-se a diversificação do *pneuma* nos dons de Deus *(charismata)* que apresenta a Igreja como *corpo místico* abrangente de toda a humanidade e a aguardar a nova vinda do Messias.[13]

A expectativa desta segunda vida criou nas primeiras comunidades cristãs uma oscilação entre a crença fervorosa na iminência do *reino de Deus* e o sentimento crescente que a espera poderia ser longa. A Igreja era "uma efémera comunidade de homens esperando pelo grande acontecimento". Coube

---

[13] 1940 "The Growth of the Race Idea", p.290. *The union between the human community and Christ is granted through the double nature of Christ as man and God".* Sobre as duas vertentes cf. I *Coríntios,* XII, 12. *Colossensses* I, 18.

a Agostinho mostrar que o *logos* se tornara carne em Cristo, pelo que "não poderia existir divinização da sociedade para além da presença pneumática de Cristo". A Igreja representa a *civitas dei* na terra. A sociedade profana é uma representação temporal do que, na natureza humana, "passará com a transfiguração do tempo em eternidade". O tempo transfigura-se em eternidade, no coração de quem experimenta o êxodo espiritual nessa idade de expectativa, *seculum senescens*. O cristão experimenta uma *"verdade da alma"* superior ao politeísmo; não aceita uma verdade cosmológica que tolera deuses rivais, simbolizadores da verdade da sociedade. A sociedade política romana deixa de representar a verdade superior; sofre uma *capitis diminutio* que afecta a legitimidade e autoridade do Estado. E num processo de dois séculos, marcado pelo martírio de crentes e pela polémica intelectual, o *non possum* cristão abalou os cultos imperiais e acabou por cristianizar o Imperador. Contudo, a dissolução da verdade romana deixava em aberto o modo de simbolizar a permanência histórica e política de sociedades, cujo campo social predominante cristão coexistia com campos sub-institucionais pagãos ou heréticos. Por isso, no que se chama o triunfo do Cristianismo, convém distinguir cuidadosamente entre a imposição de uma nova *theologia civilis* e as conversões individuais. Autores como Agostinho, nas *Retractationes,* foram sensíveis ao facto de que um cristão no trono poderia tratar os pagãos como o imperador pagão tratara os cristãos. A Igreja constitui a organização espiritual de santos e de pecadores que professam a fé em Cristo, a representante da *Civitas Dei* na história. O poder político encarrega-se da existência temporal do homem. O "corpo místico" representava o destino espiritual do homem; o poder imperial, a dimensão temporal. E ao reconhecer pontífice e imperador como culminâncias destas duas ordens, a sociedade cristã criou o seu modelo de ordem na história.

A fim de compreender desenvolvimentos posteriores, importa reter que no conceito medieval de *ordo* estão em jogo ambas as vertentes, pneumática e mística, do "corpo místico" de Cristo. Na perspectiva de Voegelin, esta concepção atinge o clímax com a proposta de Tomás de Aquino. A proposta tomista é medieval, enquanto manifesta a hegemonia cristã na vida dos povos e respectiva visão do mundo; é moderna, porque integra as forças que participaram na construção da Ocidente. Este porta-voz que harmoniza todas as correntes da cristandade medieval criou uma síntese grandiosa dos símbolos de ordem civil. Nele, o personalismo supera o individualismo de João de Salisbúria: o espiritualismo supera o intelectualismo de Sigério de Brabante; o humanismo mostra-se capaz de harmonizar a Grécia de Aristóteles com a herança de Israel; a proposta da comunidade de pessoas livres, corresponde à evocação franciscana; a expansão missionária é mais rica que a consciência de secularização; a evangelização do mundo sublima o movimento monástico; a proposta do povo organizado constitucionalmente é superior à realidade feudal. Através da distinção entre modos de participação *in actu* e *in potentia*, Tomás alargou o âmbito do corpo místico de Cristo, de modo a incluir a participação potencial no *pleroma* de toda a humanidade.[14] Ao adaptar a noção aristotélica de comunidade, ultrapassou os impasses da relação gelasiana entre os dois poderes, numa época em que o Império e a Igreja estavam a ser ultrapassados pelos poderes políticos nacionais com estrutura temporal e espiritual. E não é por acaso que, para diferenciar as vertentes política e social da existência em comunidade, justifica a tradução de *zôon politikon* por *animal político e social*, considerando que "é próprio da natureza do homem que ele viva em sociedade."[15]

A *ordo* medieval foi abalada à medida que se esbateu a comunidade universal do corpo místico de Cristo, no qual cada pessoa tem o seu lugar e função.[16] A deterioração da componente *corpo* possibilita a disseminação do *pneuma* original por

---

[14] AQUINO 1959, *Summa Theologiae*, ii, Q.8. art.1

[15] Egídio Romano, continuador do tratado *De Regimine Principum* define o homem como *"politicum animal et civile"*. *De Regimine Principum*, Livro I, cap. 1; Idem, Livro III,i,2.

[16] Cf. CARLYLE 1953, Vol.III p.135-6; DEMPF 1954,pp.200-209; MCILWAIN 1932, pp.211-6

instâncias diversas.[17] O poder espiritual da Igreja é criticado, o poder temporal desdivinizado. À medida que a consciência de *corpo místico* se desliga da crença católica em Jesus Cristo, e que surgem forças emocionais e intelectuais interessados em alterar o essencial do cristianismo, os símbolos de *homonoia* são imanentizados. Se o aspecto pneumático for acentuado em detrimento do factor místico e em ruptura com os equilíbrios estabelecidos pela Patrística e Escolástica, o caminho fica traçado para a reconstrução do significado espiritual da comunidade segundo linhas divergentes da revelação cristã. As forças do imanentismo, até então oprimidas, substituem a substância cristã em movimentos revolucionários.

Voegelin situa a secularização como o processo em que a Igreja perde a animação da ordem temporal, e os Estados nacionais se revestem de atributos espirituais. Insiste particularmente que, sem a prévia dissolução da ordem temporal e espiritual, pela variante pneumática radical da noção de *corpo mística*, seria impossível o surgimento de sociedades puramente seculares. A *pneumatização* do corpo político prepara o terreno para o mais significativo dos símbolos de corpo político surgidos após o ciclo da *polis* Grega e da *ordo* medieval. O símbolo *raça* faz assentar o campo social predominante na unidade de descendência, injectando um elemento de realismo biológico a unidade política já "espiritualizada". Os reinos medievais nasceram destes elos muito particulares entre laços de sangue, cidadania e corpo místico. Nas nações ocidentais, a ideia do *corpo místico* fora sempre cerceada pelo simbolismo do governo transmitido segundo *linhas de sangue*. A tradição dinástica de origem germânica equilibrava as tradições carismática e imperial. As monarquias nacionais europeias, agregadas em torno de centros de governação régios que operavam no desmembrado campo de poderes senhoriais e feudais e no contexto de desintegração do Império e da Igreja

---

[17] Voegelin, 2(3) 1940, p.291: "*With the decay of Christianity the stricter body idea, which is the most intimately dependent on the Christology, is referred to the background while the idea of the diversification of a spiritual unit into spiritual functions is transferred to spiritual substances other than the pneuma of Christ*".

universal, tiveram êxito na criação de unidades de poder territorial e administrativo. Em contraste com este êxito Ocidental, o princípio carismático continuou a determinar a função do governante no Impérios bizantino e russo, tanto czarista como soviético.

À medida que o *pneuma hagiosynes* de Cristo foi substituido pela razão como substância da comunidade humana, as ideias de homem, sociedade e história fossem secularizadas e surgiram as rupturas com a Igreja como instituição universal. Com a criação de Igrejas Nacionais, o formalismo da *razão* moderna foi preenchido com conteúdos fragmentários e originou a clausura dos símbolos de organismo, pessoa e sociedade. A especulação sobre a 'raça' levou dois séculos até se combinar com os particularismos dos corpos políticos nacionais. A hipótese darwiniana sobre a evolução das espécies forneceu elementos para a clausura do organismo como entidade viva centrada em si própria. A interpretação da personalidade humana como genial e do "daimon" como entidade biológica, na linha que vai de Carus a Goethe e Nietzsche, enclausurou a ideia de pessoa. As pressões exercidas da soberania estatal absoluta, que centra cada sociedade sobre si própria e do Estado comercial fechado, culminam com a atribuição de exclusividade espiritual à nação-estado como sociedade fechada. Tal como a força formativa no organismo e o génio na personalidade, assim a unidade social dependeria de factores imanentes, tais como classe, partido, nação. O símbolo residual torna-se o núcleo de um nacionalismo imanentista e que pode integrar factores económicos como no caso do comunismo estalinista, ou factores biológicos, como no caso do racismo hitleriano. A sociedade interpreta-se em oposição à vida consciente da humanidade universal.

Em *Rasse und Staat*, Voegelin ataca deliberadamente os mais destacados biólogos do racismo, considerando que "a teoria da raça é uma forma de pensamento inautêntico acerca do homem". O primeiro erro das especulações racistas consiste em presumir que a investigação biológica é suficiente para apresentar conclusões acerca da totalidade humana; na verdade, uma hipotética ciência natural da *raça* nada poderia adiantar acerca da unidade ontológica do homem. Outra deformação do biorracismo resulta de aceitar a "superstição do sistema dogmático da ciência natural" assente em dois postulados:

a) o método das ciências naturais seria o único válido para investigar a natureza humana, sendo ilusórios todos os problemas que não possa abranger;

b) a ciência tem um progresso linear, bastando ao cientista conhecer o estado presente da sua especialidade.[18]

No que concerne a ideia de *raça*, seria irrelevante tudo que precedera Darwin ou Lamarck, em particular todas as conclusões da tradição filosófica. Assim, as teorias racistas, desde Klemmt e Gobineau até Rosenberg e a poeira de autores nacional-socialistas, eram o resultado terminal da grotesca destruição da antropologia por ideias liberais e marxistas. O racismo é uma caricatura do liberalismo ao considerar iguais todos os que possuem determinados caracteres somáticos. E é uma caricatura do marxismo, porquanto apresenta as relações biológicas como chave de compreensão da superestrutura espiritual. Os pseudocientistas racistas reduziam o homem a um *"puzzle de factores hereditários"*; ignorando as investigações clássicas, tornavam-se em proibidores da antropologia: "Quem é simplista nas realidades espirituais não é digno de se ocupar delas".[19]

Esta crítica da clausura racista prolonga-se no estudo inovador do que Voegelin chamou as *religiões políticas*, que propõem transformar o homem e a sociedade em nome de um ideal imanentista, precipitando sociedades inteiras em holocaustos e revoluções nefastas. Este tipo de análise não é um procedimento isolado na politologia contemporânea. Norman Cohn, Igor Chafarevich, Jacob Talmon, Albert Camus, Carl J. Friedrich, Hannah Arendt, Raymond Aron e Alain de Besaçon

---

[18] *Rasse und Staat* 1933, p.9-10, 11, 13-14

[19] *Die Rassenidee* 1933, p.23. *"Wer es sich in geistigen Dingen leicht machen, der hat nicht mitzureden".*

descobriram um terreno de experiência comum aos *credos seculares*, tomem estes a forma liberada do liberalismo e do progressismo ou constituem-se em sistemas mais *daimoníacos* como nacional-socialismo e comunismo.[20] As vagas do que Cohn designou por *milenarismo*, Camus por *rebelião contra transcendência*, Talmon por *messianismo político*, Aron por *religião secular*, Nadejda Mandelstam por *Igreja ao contrário*, e Besançon por *gnose ideológica* desfiguram a relação entre o político e o religioso através de uma prática cuja existência é evidente embora a essência não seja clara.[21] Tais investigações confirmam a identidade das interpretações imanentistas da existência. A visão abusiva da história como a marcha de um grupo eleito em direcção à sociedade perfeita; a cosmologia enciclopédica que para tudo encontra respostas de teor providencial ou pseudocientífico; o bloqueio do saber num "Corão" e num grupo de comentários canónicos; a moral tendencialmente maniqueísta; a separação entre os perfeitos militantes e a massa ignara satisfeita com dogmas mínimos; a figura do precursor que anteviu a doutrina; a figura do dirigente iluminado; eis alguns dos traços repetidos *ad nauseam* em movimentos encabeçados por *condottieri*, puritanos, jacobinos, carbonários, bolcheviques, fascistas, nacional-socialistas, neoliberais e demais empresários das grandes revoluções que contribuiram para configurar as sociedades ocidentais.

A filosofia civil propoe-se demonstrar de modo original que todos estes fenómenos decorrem da imanentização de

---

[20] Cf. referências de Voegelin a Urs von Balthazar in NCP, pp. 92-93 e CEV p.149. Sobre a presença da gnose em Nietzsche, Kierkegaard, Comte e Dostoievsky cf. LUBAC 1959, passim. Em *Remarques sur la Gones Léniniste*, artigo, escrito para o 80º aniversário de Voegelin, in OPTZ e SEBBA 1981, p.263, observou Raymon Aron que *"le rapprochement du socialisme au début du siècle et du christianisme à la fin de l'empire romain, je chercherais vainement l'auteur qui en prit le premier l'initiative, l'idée venait d'elle-même à l'esprit".*[N. E.: A aproximação do socialismo do início do século do cristianismo do fim do império romano, procurarei em vão o autor que tomou tal iniciativa, a ideia vem dela mesma ao espírito.]

[21] Cf. JONAS 1958, p.73 e ss. Baseando-se na sugestão spengleriana do fenómeno histórico da *pseudomorfose* Hans JONAS identificou o Gnosticismo como movimento espiritual autónomo no qual a cultura mágica preencheu o envólucro esvaziado da cultura helenística.

experiências religiosas. Não concebe a religião como variante da ideologia nem das ideologias como religiões seculares, o que seria ainda esquecer as diferenças radicais entre ambos os géneros de experiências. A novidade consiste em mostrar que, ao alargar-se à dimensões da sociedade e da história, o processo de imanentização da consciência mantém a forma pública da ordem mas perverte-lhe o conteúdo. Os activistas que recusam a transcendência erigem a nova ordem, em sucessivas vagas históricas desde o séc. XVII. A partir de meados do século XIX, estas novas *religiões políticas* apresentam-se como *sistemas de ciência* ao serviço de desígnios de domínio. O propósito de conhecer exaustivamente o mundo e realizar o inventário de todas as partes, ocupa o lugar da intenção de compreender o mundo segundo uma ordem do ser. Os métodos das ciências naturais determinam os critérios de verdade. Liquidam-se as questões metafísicas declaradas insensatas pelas ideologias do "indiferentismo, laicismo e ateísmo". Os argumentos antirreligiosos substituem linguagens conciliatórias anteriores e a ideologia revolucionária apoia-se crescentemente no cientismo, uma superstição de um novo tipo.[22]

Embora corresponda a uma fase embrionária da pesquisa voegeliana, o capítulo 2 de "As Religiões Políticas" é, talvez, a melhor crítica dos simbolismos característicos das religiões políticas intramundanas. O melhor e o pior da humanidade provêm da esfera religiosa, sendo o poder político um elemento eminentemente instrumentalizável.[23] Assim, a estrutura das religiões políticas é quase constante ao longo da história como revela o exemplo egípcio. Ao apresentar-se como único mediador entre o comum dos mortais e a fonte de realidade simbolizada pelo sol – *ens realissimum* – o faraó reformador

---

[22] OH IV. p.8.Cf. ainda OH IV 1974, p. 331. Como afirmou BESANÇON 1979, p. 22 *"a ideologia poderia ser uma forma tomada pela atitude gnóstica em presença da ciência moderna".*

[23] PR 1938, p.50 *"Die Menschen können den Weltinhalt so anwaschsen lassen, dass Welt uns Gott hinter ihm verschwinden, aber sie können nicht die Problematik ihrer Existenz aufheben (…); wenn die Symbole der überweltlichen Religiösität verbannt warden, treten neue, aus der innerweltlichen Wissenschaftssprache entwickelte Symbole na ihre Stelle".*

Akhenaton usurpou as funções da casta sacerdotal e instaurou a primeira das religiões políticas, assente no símbolo de *hierarquia*. O símbolo passa por Plotino, Fílon de Alexandria, Maimónides e Dante, até atingir o séc.XVI, quando Jean Boudin o racionaliza, como índice da situação em que os súbditos estão para o monarca como este está para Deus. Os paralelos com dirigentes contemporâneos são evidentes para qualquer leitor esclarecido.

Enquanto *hierarquia* exprime a constituição da sociedade *de cima para baixo*, *ekklêsia* exprime a participação horizontal num culto comum. Os cultos dos mistérios órficos e délficos bem como a doutrina paulina do *corpo místico* de equivalente laico e de *likemindedness* e de *consciousness of kind* como elos da substância social. Quando as religiões políticas capturam o simbolismo da *ekklêsia*, provocam o "fechamento intramundano" da alma e da sociedade. Substituem o "máximo de recepção de realidade" pelos conceitos parciais de "povo, nação, estado, humanidade".

A separação da *igreja* original numa metade espiritual e numa outra temporal, criou na história uma área de confronto entre as cidades celeste e terrena, *reino de Cristo* e *reino do mal*. Uma vez que nenhuma das duas cidades corresponde estritamente às instituições *Igreja* e *Estado*, torna-se problemático decidir a qual dos reinos pertencem as comunidades, associações e ordenamentos humanos. As crises e as soluções de equilíbrio sucederam-se ao longo da história, até que a predominância dos interesses temporais face aos espirituais considerados herança de tempos obscuros, determinou a vida das pujantes sociedades intramundas no Ocidente moderno.

O símbolo *apocalipse* indica a experiência determinante da religião cristã, já esboçada por Paulo na divisão do decurso da história em três momentos:

    a) lei natural dos pagãos;
    b) lei mosaica do Antigo Testamento;
    c) Novo Mandamento, transfigurador da humanidade.

No interior da doutrina cristã, este simbolismo de potencial alteração da realidade pessoal é definido nos limites estabelecidos pela conversão cristã. Mas a partir do século XII, no século que medeia entre o nascimento de Joaquim de Fiora e o de Dante, surge o ideal apocalíptico de uma nova era de género humano. A dinâmica intramunda da Renascença promove o ideal da *perfectibilitas* da razão humana. E este *progresso* é disputado pelas ideologias apocalípticas do *novo reino da humanidade,* que se deve a Comte, do *reino da liberdade* descrito por Marx, da *terceira Roma* fascista e do *terceiro Império* nacional-socialista.

Os fundamentos teóricos da comunidade intramundana ficaram definitivamente estabelecidos mediante a simbólica do *Leviatã*. Além de teórico do contratualismo político, Thomas Hobbes tornou-se o teólogo do Estado político-religioso ao estabelecer que as pessoas apenas valem quando estão reunidas no *Commonwealth,* personalidade colectiva incarnada pelo soberano. De um ponto de vista histórico este tipo muito singular de *religião política* penetrou profundamente no mundo anglo-saxónico através da força religiosa da teocracia judaica, propagada por evangelistas e fundamentalistas protestantes. Toda essa relação imediata entre Deus e a comunidade política dissolvem num ciclo vicioso a atenção entre o espiritual e o temporal. O que for considerado pernicioso para a comunidade não é aceite como verdadeiro, porquanto verdadeiro é apenas o que garante a existência comunitária.

A deterioração da experiência da divindade transcendente transfere a relação entre Deus e o povo, tradicionalmente representada pela pessoa do soberano, para uma absoluta devoção ao Estado, povo, ou partido. A *hierarquia* transforma-se em dedicação ao dirigente político-religioso. A *ekklêsia* torna-se substância sagrada originária. Tal como Max Weber referira na análise do processo de *Entzauberung*, o espectáculo do mundo desdivinizado obnubila a tensão entre o temporal e o espiritual; o *apocalipse* torna-se totalmente intramundano. A partir de meados do séc. XVII, surgirão poderosas simbólicas da religiosidade intramundana, que especulam sobre a história, instrumentalizam a existência humana como portadora do progresso, reeditando na modernidade as soluções que, na Antiguidade e na Idade Média, eram veiculadas pelo símbolo *apocalipse*. A pluralidade sem forma (*gestaltlose*) busca existir através de personalidade (*Personlichkeitstränger*). As religiões políticas entram na história do séc.XX através de pessoas e organizações "iluminadas" que aplicam os simbolismos intramundanos, assentes na vontade de poder e em cultos irracionais, às condições de uma sociedade de massas.

Abertura e clausura

Numa célebre sessão dos *Colóquios de Rheinfelden* em 1960, presidida por Raymond Aron e Michael Polanyi, Voegelin afirmou que "insistir nos problemas da vida consciente equivale a uma espécie de nova Declaração dos Direitos do Homem contra as ideologias".[24] A boa sociedade exige que a vida consciente se torne elemento eficaz na organização política e social. E para ser boa uma sociedade tanto carece de livre debate como de ordem para a fixação dos resultados positivos. No séc.XIX, um clássico como John Stuart Mill limitava a vigência das instituições representativas às sociedades onde a vida consciente e o debate racional alcançassem um desenvolvimento suficiente; sem essa precondição, qualquer sociedade soçobraria no caos. A sociedade ocidental permanece *boa*, na medida em que absorveu na sua substância este paradigma clássico e cristão. O facto de a democracia constitucional estar intimamente ligada ao conceito de boa sociedade obscurece o facto de que, na teoria e na prática, a *bondade* não é um atributo das instituições: o valor das estruturas governamentais depende estritamente das finalidades que servem. Quando a sociedade é *boa*, pode funcionar sob a forma de uma democracia constitucional; se o não é, não pode. A história contemporânea comprova que a proposição inversa não é verdade e, quaisquer que sejam suas

---

[24] Afirmações de Voegelin in AA.VV. 1960, p. 302.

realizações noutros domínios, uma sociedade não sobrevive sem o livre cultivo desse núcleo da vida da consciência.

Esta insistência de Voegelin é paralela à de autores como Leo Strauss e Hannah Arendt que contrastam as virtualidades do pensar clássico com as deficiências da moderna ciência política. Criticam que a liberdade privada seja paga com a despolitização do agir e aplaudem na experiência clássica a *philia politikê*, a dimensão comunitária do agir humano. O pensamento clássico considera que a finalidade política resulta da acção dirigida a um bem. Os fins da política intentados na livre acção humana jamais podem ser objectivados; o objectivo da acção não subsiste sem os meios que a estabelecem. A recta *praxes* baseada no modelo de boa sociedade formará a sociedade-modelo cuja a existência se funde com a do livre agir criador do bem político supremo. A justiça dos fins fornece o critério essencial para a justa determinação dos meios que se apresentam como fins incoativos. E consenso paradigmático garante debate permanente dos meios de resolução da questão social. Mas Hannah Arendt procura encontrar em Aristóteles o ideal de cidadania de uma vida livre numa salvaguarda quase personalista da plenitude do sujeito e a que corresponde, afinal, uma óptica moderna; e Leo Strauss fixa-se no direito natural como instância em que se deposita a critério da existência justa. Voegelin segue um percurso mais abrangente. Afirma que a boa sociedade depende da vida consciente, descoberta pela plêide de homens que se sucederam na *era ecuménica*, desde os profetas de Israel até aos filósofos helénicos e aos Padres da Igreja. Os grandes eventos de Israel recolhidos nos simbolismos de *criação, Canaã, Aliança, Êxodo, Sinai, Siquém, Messias;* os símbolos dos filósofos-místicos gregos de participação na vida consciente, *psychê, xynon, logos, kosmos, nomos;* a participação da pessoa no *pneuma* de Cristo; eis os passos da descoberta da humanidade universal.

Voegelin recorre aos conceitos de *sociedade aberta e sociedade fechada* para identificar duas atitudes possíveis perante a humanidade universal. Ao fixar estes conceitos, Bergson confirma que a manifestação da humanidade universal só é possível pela participação no fundamento transcendente do ser.²⁵ O homem das civilações antigas, pré-helénicas e pré-cristãs pertencem a uma *"societé fermée"* e submete-se a uma *"moralité close"*, na qual predominam os deveres sociais criados para conter os destrutivos e irreprimíveis impulsos egoístas. Esta prioridade das exigências sociais impede uma plena liberdade do espírito. Em contrapartida, a *"moralité ouverte"* descoberta por profetas de Israel, filósofos helénicos e doutrinadores cristãos, assenta na experiência da divindade situada além da natureza e sociedade e cuja essência é o amor. Tal exigência cria uma nova liberdade de espírito. Mas tal como a consciência cede à sedução de alargar o significado da ordem ao facto da existência, também cada sociedade tende a absolutizar as respectivas autointerpretações. As propostas ideológicas contemporâneas são provas de que as sociedades podem reverter a entidades fechadas sobre si próprias.

Ao afirmar que existe uma transição decisiva de sociedades fechadas para sociedades abertas, contudo, Bergson não esclarece se tal transição modifica o ser humano ou a sociedade. Na linguagem voegeliniana, não esclarece se tal transição é um processo de *conversão* se uma *metástase*. A ambiguidade é evidente. Caso a natureza humana for interpretada como substancial, é incompatível com a existência de duas modalidades de sociedade. Mas aceitar dois tipos de sociedades sucessivas radicalmente distintas, implica admitir a plasticidade da natureza humana. Segundo Voegelin, ultrapassa-se este dilema reconhecendo a abertura e clausura como índices noéticos da realidade interina social. Os índices apontam para atitudes diversas do querer e do saber dos membros de cada sociedade. Voegelin define como *abertura*, a experiência de ordem que inculca um campo social culminante e configurado como transcendente ao campo social político predominante. A sociedade é aberta por laços espirituais que instauram a solidariedade, e fecha-se ao transferir esse centro de identidade para o seu

---

²⁵ BERGSON 1948, 1º cap. "Societé ouverte et societé close"

próprio interior. O processo histórico não se encaminha, necessariamente, de sociedades fechadas para sociedades abertas; cada sociedade vive na tensão entre forças de abertura e de clausura conforme a gestão das estruturas da consciência.[26]

A abertura ou liberdade começa pela criação de um campo social reconhecido como superior às pressões de conformidade. A *abertura* é um índice noético da participação humana, no mistério da realidade que se move para além da sua estrutura presente. Sempre que a consciência se abre à realidade maximamente diferenciada, encontra uma fonte de ordem e uma verdade superiores à ordem estabelecida pela autointerpretação da sociedade, e rompe com a ideia de entidade fechada sobre si própria. Uma sociedade é livre na medida em que, informada pela experiência de ordem é capaz de manter a tensão entre humanidade universal e campo político-social dominante. A história comprova que esta tensão pode ir desde a quase oposição até a quase coincidência, desde a voz isolada do profeta ou do dissidente, que se revolta contra o *status quo*, até a quase unanimidade da sociedade cosmológica, em que ofício sacerdotal e ofício régio coincidem na personalidade imperial. As verdades que abrem a sociedade estão sempre sujeitas a recusa e perseguição. A comunicação do que é alcançado por minorias, é dificultada pelos meios de comunicação de massa. Nas sociedades arcaicas, o processo de clausura resultava de uma identificação da ordem do ser à ordem do cosmos, sem deixar espaço à aspiração individual. As ideologias de clausura no mundo contemporâneo inculcam a convicção de que a relação ao transcendente é alienante, sendo a natureza humana transfigurável na história. Tais ideologias que lutam contra a universalidade do humano, exprimem-se em seitas milenaristas e apocalípticas; outras em posições liberais e activistas; e outras procuram impor-se com um imperialismo. Neste sentido o séc. XX é uma época de recusa de paradigmas de equilíbrio entre ordem e da liberdade.

---

[26] 1940 "The Growth of the Race Idea", p.303. *"By closing of the substance I mean the processes in the cours of which the transcendental point of union is abolished and the community substance as an intra-mundane entity becomes self-centered".*

A pesquisa voegeliniana da dimensão social esclarece as relações entre campos sociais, tipos de ordem na sociedade, papel na vida consciente e forças de abertura e clausura, com as quais tem de contar a coexistência de ordem e liberdade. Contudo, a introdução de ordem nas sociedades multiculturais contemporâneas, com campos sociais profundamente heterogéneos, apresenta um dilema. A sociedades pluralistas privilegiam a diversidade total de opiniões acerca das finalidades da acção humana. Mas para que a vida consciente se possa converter no núcleo de uma boa sociedade, institucionalmente visível e mentalmente persuasiva, é indispensável a aceitação de premissas filosóficas. A compreensão da acção humana, acção racional de cordenação dos meios em vista de um fim, depende do estatuto dos fins e da relação entre teoria e prática. Para saber se algumas preferências são superiores a outras e depois debater os critérios de decisão entre elas, é preciso examinar se algumas das premissas são mais justificadas que outras. Surge assim a necessidade da filosofia prática na qual a razoabilidade do modelo de relação entre fins e meios assenta na definição racional do bem supremo (*summum bonum*).[27]

A pesquisa atribui um papel central a este debate sobre as finalidades da acção. A descoberta de uma finalidade que responda à exigência de racionalidade na acção depende do que Aristóteles designou por *politikê*.[28] Em toda a acção está presente um fundamento, explícito ou implícito, negado ou afirmado, correcto ou incorrectamente enunciado. Ao reconhecer-se um

---

[27] Para Tomás de Aquino apud *In 1. Politicorum*, nn. 1-8, o bem é a finalidade da nossa apetição e um valor da nossa estimativa. A filosofia prática consegue ver o bem radicado no Ser. Sem a noção de bem a obrigação moral é reduzida a coacção íntima do intelecto sobre o arbítrio, perdendo o sujeito a inteligência de um princípio de unidade dos valores.

[28] A 1978, p.144 *"The earliest known case of a noetic interpretation, the case to which all later ones are linked, occurs in the context of Hellenic philosophy. There the noetic interpretation received the name of political science, the* EPISTEME POLITIKE *[sic]."* [N. E.: O caso mais antigo conhecido de interpretação noética, o caso ao qual os posteriores se ligarão, ocorre no contexto da filosofia helênica, e é neste contexto que a interpretação noética recebe o nome de ciência política, *episteme politike*. In *Anamnese*, p.427. op.cit.]

fundamento último da acção como condição de racionalidade da existência, torna-se possível encetar o debate acerca da razoabilidade das preferências e introduzir critério de relevância nas opiniões acerca do que é preferível. Sendo a *psyshê* um *sensorium*, que articula a experiência de transcendência, torna-se o centro noético do homem e o seu cultivo a primeira das virtudes. A comunidade no *nous*, levada a cabo pelo centro psíquico do homem, é a virtude política básica, designada *philia politikê*. A ordem na comunidade depende da amizade, solidariedade e lealdade exercidas por esse centro noético. Outros interesses não constituem bases duradoras, nem de comunidade nem de governo, e impedem uma selecção razoável de preferências na acção. E assim ressurge a questão sobre a finalidade que orienta a existência humana, e que apenas se esclarece mediante a teorização da *vida consciente*.

Ao determinar as finalidades da acção, é necessário distinguir entre actividade dirigida ao seu acto, *praxis* e acção dirigida à produção, *poiesis*. Ora, as antropologias deterministas degradaram a noção de *práxis*, ao reduzirem a *prática* a *poiética*, atribuindo o sentido de produção de realidades objectivadas. Ao passarem de uma argumentação prático-dialéctica a uma argumentação determinista, equivocaram quanto ao sentido da *praxis*, tomando-a como transformação do mundo, a clássica *technê*, e equivocaram-se quanto ao sentido da finalidade distorcida em transformação da natureza humana.[29] Os modelos de acção positivistas, tecnocráticos e condutistas ocultam a heterogeneidade profunda entre *praxis* e aplicação técnica. Aqui o agir é apenas um afazer, e o saber prático um *saber-fazer (skill)*, destruindo-se o sentido da prudência como orientação num mundo de objectos contingentes.[30]

---

[29] Afirmação de Voegelin in A. VV. 1960, p.294: *"La plus grande partie de la politique idéologique contemporaine s'ecroule en tant que matière à dèbat puisque l'on ne peut parle des changements de la nature de l'homme, que constituent la base du positivisme comtien ou de tout variété de marxisme: leur base est tourjours dans la croyance que la nature de l'homme peut être changée, transfigurée en quelque chose d'autre."*

[30] A Escola Italina de Ciência Política tem sido das mais atentas ao crescimento da tecnocracia, fenómeno histórico cuja explicação recai sob a alçada das

As obsessões neopositivistas impedem a colocação dos problemas práticos genuínos. O tecnocrata *gere* processos sociais de modo semelhante a processos naturais, e tenta reduzir as questões éticas a questões técnicas. A acção fundada na razão ou *vida boa (eu zên)*, é substituída pelo problema do correcto funcionamento das instituições e dos comportamentos. Esta posição é parcialmente corrigida por modelos decisionistas de relacionamento entre teoria e prática, que admitem uma profunda diferença entre o técnico que elabora os meios e o decisor que elabora os fins. Mas ao considerar que os conflitos entre fins e valores não podem ser solucionados racionalmente, mas tão só decididos pela vontade, o deciosinismo compromete a racionalidade do debate sobre as directrizes da acção. Consequência radical desta posição é a existência de partidos, que se consideram vanguardas revolucionárias, e o mito do chefe iluminado.

Ao invés dos modelos de acção deterministas, positivistas e decisionistas, Voegelin recusa-se a deformar a existência como soma de factos a serem manipulados por critérios deduzidos de modo exterior à participação noética no ser. Poderá o discurso sobre a relação teoria-práxis ser norteado pela prudência – *recta ratio agibilium*? Aristóteles identificou a *politikê* com a virtude da *phronesis*, dado que a experiência política é o hábito do senso comum. Concebida como *praxis* e mediada pela dialéctica exercida sobre as opiniões, corresponde-lhe na ordem epistemológica um saber prático e não um saber técnico. O seu objectivo prioritário não consiste em dominar a sociedade, através do exercício da técnica apropriada, mas sim em permitir que cada pessoa se guie

---

leis da *classe política*, da *circulação das élites*, e da lei de ferro das *oligarquias*. Sobre Pareto, cf. ARON 1977. Sobre MICHELS Cf. Introd. de Juan Linz a MICHELS 1966. Sobre Guido Dorso ver HENRIQUES 1990. Recentemente Possenti abordou a aniquilação da categoria do político pelo pensamento do "tecnotrónico" in AA.VV. 1983, em particular cap. III; ainda do mesmo autor Cf. POSSENTI 1986, p.42. BORGUI 1980, pp. 131-161, aborda o carácter *gnóstico* das directrizes técnico-políticas nas modernas sociedades industriais. VALLET DE GOYTISOLO 1982, p.38, cita Voegelin a propósito de riscos de transformação da tecnocracia em nova teocracia.

livremente a partir da vida consciente, cabendo à prudência as escolhas concretas. A acção edificante, construtora de uma sociedade responsável e geradora de uma atitude moral, resulta da transferência de vida consciente para a vida prática. A escolha das finalidades da acção deverá apoiar-se nas necessidades impostas pela natureza do objecto e nas opções pessoais, uma vez garantida a racionalidade fundante. E embora a ciência e a técnica ofereçam auxílios, a escolha prudencial é de ordem intelectual e prática e não se apoia apoditicamente na necessidade do objecto que é um *agendum*, de estatuto contingente.

Na medida em que é estimulado por situações concretas, o juízo prudencial tem um nível cognoscitivo de menor universalidade que o juízo científico. Mas sem a dimensão do concreto seria impossível captar o bem e o mal políticos, que sugem constantemente implicados na acção (*kinêsis*) política. Os factos sociais estão impregnados de valorações e a linguagem política tem um potencial axiológico que deve ser auscultado. Na esfera prudencial, a decisão não se deduz de premissas imutáveis. A verdade prática apela ao raciocínio verdadeiro e ao desejo recto, induzidos por realidades contingentes. Indivíduos inteligentes e morais emitiram juízos idênticos em circunstâncias semelhantes, em conformidade com um desejo que a virtude torna recto. E este modelo da responsabilidade continua a ser não só o mais realista como também o que é preferencialmente vivido pelo homem que decide agir com justiça. Por este motivo, não é procedente a crítica habitual sustentada por uma longa linhagem de autores neomaquiavélicos que censuram o que julgam ser idealismo excessivo na concepção prudencial. Por detrás desta crítica de fachada cientificista não se esconderão critérios falseados? Ao presumirem como válida uma noção errada do que seja a boa sociedade, não estarão a perverter os modelos prudenciais da decisão? Ao declararem a nulidade de qualquer critério de *boa sociedade* não estarão a destruir o senso comum? E ao abrirem as portas da ciência à penetração ideológica, não estarão a impossibilitar a criação de uma sociedade melhor?

Na vida consciente, é preciso distinguir entre edificação paradigmática e racionalidade operatória. A razão possui uma dimensão de coordenação de meios e fins, presente em toda a acção humana; por outro lado, possui uma capacidade noética de experimentar a realidade máxima com que mede as áreas parciais. Ambas as dimensões são relativamente autônomas. Sem racionalidade pragmática, a sociedade não encontraria meios de existência; mas o desenvolvimento económico e técnico é compatível com um alto grau de irracionalidade noético, como se observa pela coexistência contemporânea das depravações ideológicas nas sociedades industriais. Apesar de tudo, as pressões pragmáticas resultantes dos desenvolvimentos de ciência, tecnologia e indústria, diminuiram a credibilidade das ideologias. O acordo pragmático em áreas como a propriedade dos instrumentos de produção e a economia de mercado subtraiu às lutas políticas muitos problemas. Se a fase inicial da industrialização acarretou males que geraram revoltas culminantes no comunismo, as etapas ulteriores consolidaram a viabilidade da sociedade industrial, face à qual se revelam insensatas as revoltas românticas e os sonhos de regresso à liberdade absoluta. Um ponto é certo: a pressão pragmática da sociedade industrial já reduziu, efectivamente, a zona de problemas em que os absurdos ideológicos perturbavam a ordem e a liberdade sociais.[31]

Os factores pragmáticos obrigam a uma reformulação do critério de ordem. As sociedades industriais contemporâneas exigem dimensões de território, população, capital e mercado para racionalizar a acção produtiva e gerar interdependência. Entre os factores desta pressão, contam-se a máquina que separa o operário do seu utensílio e que acaba com a produção individual e artesanal, e a organização do trabalho em grande

---

[31] Para uma apreciação positiva do impacto na existência urbana da tecnologia miniaturizada e com alta velocidade de resposta, veja-se TOFFLER 1970 e 1981, em particular o capítulo "The Architecture of Civilization". Noutras perpectiva cf. o "*small is beautiful*" de SCHUMACHER 1974 e o optimismo tecnológico de MCCORDUCK 1985. MUNFORD 1988 fornece um enquadramento dos modos de recepção da tecnologia nas civilizações urbanas. DURAND 1985, pp.283 e ss. Analisa as utopias do regresso ecorromântico à natureza.

escala nos parques industriais e nas reservas de matérias-primas. A dimensão aconselhável para uma sociedade industrial parece corresponder à escala do mundo americano, do mundo russo e do conjunto dos Estados nacionais europeus. E este problema da extensão adquire tanto maior relevância, quanto a dinâmica do nível de vida tiver de ser equacionada com a ordem; tanto cosmopolitismo como provincianismo têm os seus limites: se um corta as raízes pessoais, o outro pode perverter o indivíduo.[32]

Nas sociedades projectadas pelo racionalismo técnico e científico, desenvolveu-se a cegueira desastrosa que pretende construir a ordem como super-estrutura resultante da industrialização. Enquanto no Ocidente os desgastes causados por esta ideologia estão dissimulados no eufemismo *sociedade pluralista*, os males incomensuráveis infligidos a milhões de pessoas por movimentos político-ideológicos de raiz europeia justificam que se questione a expansão planetária do modelo ocidental. A industrialização rápida de tipo ocidental será o melhor meio de obter uma boa sociedade? As ideologias imanentistas tiveram o seu ponto mais radical na Rússia soviética, onde o comunismo permaneceu estanque à racionalidade dos fins da natureza humana. E as sociedades que apenas adoptaram o lado funcional da racionalidade do Ocidente têm ainda de recriar a sua racionalidade teórica. Nas sociedades islâmicas, chinesa, indiana, africana, as élites parecem viver em planos distintos das massas porquanto estão informadas por um misto de Rousseau, Comte, Marx e Dewey. Afirma Voegelin que os efeitos desta educação corrupta alimentarão, durante muito tempo, uma revolta de tipo fundamentalista contra o Ocidente.[33]

---

[32] Considerava Voegelin em 1960 que os problemas soviéticos tinham adquirido uma forma independente do dogma do comunismo e relacionado com o esforço de construção de uma sociedade industrial, confrontável com os EUA em eficiência e produtividade. Cf. AA.VV. 1960, passim.

[33] Raymond Aron in AA.VV. 1960, pp.15-17. Note-se que as afirmações de Aron bem como as de Voegelin, Catlin, Talmon e outros participantes dos Colóquios de Rheinfelden, enunciadas trinta anos atrás, ganham um tom profético perante a derrocada presente do mundo comunista.

Os bloqueios da vida consciente e a atribuição de um monopólio da esfera pública a instituições políticas seculares, deixou o campo aberto para a redivinização da sociedade a partir de ideologias totalitárias, quer fossem versões mais liberais ou mais socialistas do economicismo, quer doutrinas individualistas ou colectivistas de tribalismo humanitário. A revolução russa dos sovietes, a revolução italiana do fascismo e a revolução alemã do nacional-socialismo, ocorreram em meios sociais, histórica ou momentaneamente, desprovidos de fortes tradições institucionais e muito expostas aos activismos revolucionários e induziram intervenções da América e da Ásia no continente europeu. À medida que estas revoluções ocorreram em sociedades nas quais o paradigma clássico e cristão fora profundamente minado, assistiu-se à cisão permanente da comunidade em fracções laica e espiritualista, como sucedeu nas revoluções que seguiram o modelo de 1789. (Surge, primeiro, um movimento revolucionário espiritual que transcende os limites nacionais.) As forças conservadoras unem-se, originando reacções e guerras de intervenção. Em cada nova erupção e estabilização, a situação europeia complica-se devido ao surgimento de poderes extraeuropeus.

O prestígio crescente que a ciência adquiriu no séc. XIX, como proposta de resolução da questão social, conduziu os activistas a insistir que estavam a criar ciência positiva, ou seja, sistemas de conhecimento baseados na análise quantitativa de dados empíricos. Os progressos da ciência foram pretexto para novas ideologias que eclipsaram o saber político clássico. Cerca de 1850 ficaram disponíveis os materiais da ciência económica que permitiram criar os símbolos do marxismo, decisivos na revolução russa. Na passagem para o séc. XX, estavam reunidos os materiais antropológicos que proporcionaram a criação dos símbolos racistas, característicos da revolução alemã. E o predomínio da psicologia de tipo condutista *(behaviourist)* a partir dos anos 50, prenuncia a criação de um totalitarismo apoiado em factores como o "materialismo económico, a biologia racista, a psicologia corrupta, o cientismo e a crueldade tecnológica" em tudo semelhante ao que George Orwell, Albert Camus e Aldous Huxley, em devido tempo denunciaram.[34] Outras ideologias rompantes da modernidade apresentaram os fenómenos culturais como determinados pelas circunstâncias. As ideologias historicistas justificaram as privações do presente, em nome de benesses vindouras trazidas pela marcha do tempo. Nas ideologias individualistas, o indivíduo seria presa da sua própria *libido,* como sucede na versão liberal securalizada da *sociedade aberta* em Karl Popper ou do *fim-da-história* de Francis Fukuyama.

O vácuo criado pelo que Sergio Cotta designou por "ideologias neoptolemaicas" é depois ocupado por credos humanitaristas, pseudorreligiões e fanatismos ideológicos, que são religiões seculares e variantes do gnosticismo. A modernidade aplicada fervorosamente a actividades intramundanas, apontando como prémio a integração da personalidade numa nova sociedade perfeita. O resultado destas pressões é o espectáculo do *apocalipse da civilização* na sociedade ocidental. Caso não for sustido, este defeito culmina na destruição do sentido da realidade, do discurso racional e da função social da persuasão. Mas a vida consciente permanece a fonte de ordem na sociedade, na história e na consciência e o espírito mantém a sua autonomia mesmo em circunstâncias adversas. A filosofia civil rejeita o cálculo utilitarista e a psicologia condutista do homem desorientado como regra de análise social. As pressões sociais são factores muito relevantes de poder mas não são causas históricas. O espectáculo paradoxal de uma civilização que, ao mesmo tempo, progride e decai no decurso do séc. XX só é compreensível por uma teoria política assente nos paradigmas da vida consciente.

---

[34] NSP, pp.188-89 [considerações finais da obra]

8. Representação Política

> *"O cerne da ciência política deverá ser sempre o que hoje em dia se chama a antropologia filosófica e que corresponde realmente ao primeiro capítulo da Ética a Nicómaco".*[1]

A filosofia civil não visa determinar as características das ordens políticas concretas, nem propor uma ideal político superior às concretizações históricas. A interpretação noética da realidade política tem outro escopo e alcance. Tem de procurar o subsistema político, em que decorre a acção humana, e tem de se colocar no interior da reflexão sobre a prática a fim de colher a origem do político para além das formas de poder. Este desidrato é exequível porque as sociedades manifestam sempre uma ordem, resultante da submissão dos campos sociais variados a um campo predominante. As "teologias civis" traduzem essas formas de autocompreensão dos regimes; a filosofia civil cria uma teoria da ordem, em tensão com a ordem inicial. Os paradigmas da política clássica e cristã sempre assumiram que o destino do homem implica a inconsistência de qualquer ordem social e a impossibilidade de instaurar um regime perfeito e fundado na verdade.

---

[1] Eric VOEGELIN in AA.VV., 1960, p.291: *"Ainsi le centre de la science politique devra toujours être ce que l'on apelle aujourd'hui l'anthropologie politique, qui corresponde en fait au premier chapitre de "L'Éthique à Nicomaque".* [N. E.: Cf. Nota, p. 247.]

Em vez da atitude ambígua de julgar igualmente medíocres todos os regimes, Voegelin exige sem ambiguidade que a filosofia introduza um confronto esperançoso entre a ordem da consciência e as formas políticas históricas. Por algum motivo a filosofia não nasceu nas comunidades cosmológicas de tipo tribal e imperial, criadoras de mitos sociais poderosos, que preservavam a uniformidade dos componentes da comunidade de ser. Em contraste com esta postura, a atitude filosófica origina verdades competitivas com os "deuses da cidade" podendo mesmo entrar em conflito aberto com os mitos do poder. Como afirmou Voegelin, o filósofo é sempre um ateu perante os deuses da cidade, um herético face às ideologias e um revoltado ao confrontar-se com as religiões degradadas.

Esta tensão entre consciência e sociedade impede que qualquer dos regimes políticos transitórios sejam modelos absolutos, e desvaloriza também os ideais abstractos como critério para julgar os regimes históricos. As propostas voegelinianas sobre o mesmo regime têm um carácter minimalista que apenas surpreenderá o leitor menos atento à intenção global da pesquisa: a proposta de um Estado ideal é inviável, porquanto a ordem do ser é tensional. A pesquisa deve, sim, expor as aporias próprias de cada época e de cada sistema, a fim de se libertar da abordagem convencional que atribui as fases transitórias a dignidade de uma ordem natural e que utiliza símbolos condicionados pelo tempo como instrumentos teóricos. A filosofia política clássica é imprescindível para fornecer as bases do que é a realidade política. Mas o mundo conceptual a que pertencem o pensamento de Platão e o de Aristóteles não serve como modelo na análise de outras situações históricas.[2]

Na Idade Média são poucas as questões acerca da personalidade espiritual do homem, e da relação com o próximo e com o divino, que não se relacionam, pelo menos indirectamente, com a realidade política. Mas se adoptarmos como critério a interpretação política medieval baseada na evocação

---

[2] RIEDEL 1975 levantou a questão da *Strukturwandel* dos conceitos políticos que não são idênticos ao longo dos mundos conceptuais de cada época histórica.

da comunidade cristã, temos de concluir que a maior parte dos problemas políticos actuais estão circunscritos em áreas que não são as mais relevantes para a vida consciente. E se, como faz boa parte da ciência política actual, restringirmos a politologia a um inquérito às ideias, estrutura e operação do Estado secular, ficamos cegos para a génese dos fenómenos políticos. O fundacionismo em ciência política perde carácter de teoria, na medida em que utiliza instrumentos como as doutrinas contratualista e de soberania, cujas versões liberais ou absolutistas servem, sobretudo, para legitimar a ordem política do Estado nacional, mas são irrelevantes para o confronto da consciência com as estruturas sociais.

A pesquisa da ordem política tensional obrigou Voegelin a um longo percurso pela história das ideias, em continuidade com gerações de estudiosos que devolveram os horizontes perdidos da antropologia. A filosofia política clássica, e cristã, centrada na substância da ordem, fora substituída pela "nova ordem científica" que reconstrói a sociedade a partir do fenómeno do poder. O conceito de evocação na Hopi e o conceito de representação na NCP foram os lugares teóricos em que Voegelin procurou a essência do político, e a partir do qual é possível descobrir o elemento substancial. A ciência jurídico-política descrevia exemplarmente a representação elementar. A sociologia política acrescentava o plano da representação existencial, ao considerar que o problema da unidade política excede o da forma constitucional. Voegelin recolhe este plano comum a governantes, detentores de poder, e governados que o não possuem, mas acrescenta um plano de evocação ou representação transcendentes. Evocação e representação não devem ser apenas vistas "de cima para baixo", no sentido de comando e de carisma do representante mas tambem de "baixo para cima", como capacidade de um povo simbolizar na história uma verdade que a transcende. E somente a partir dos nexos históricos entre representação e verdade, se poderá perguntar o que seja a substância da política e questionar o silenciamento da ordem na uniformidade "arquitectada" pela ciência política convencional.

Representação política medieval

A dupla representação do homem na sociedade, através dos poderes espiritual e temporal, define toda a Idade Média desde o período da origem, crescimento e maturação da realidade imperial até o surto de forças intramundanas anticristãs. Os passos mais significativos da representação na sociedade medieval – a evolução do sistema feudal para as monarquias nacionais e a centralização do governo da Igreja e as tentativas de constitucionalismo conciliar – foram dados ao abrigo dos equilíbrios entre as duas ordens do *corpo místico* de Cristo. Esta dupla representação não se refere a relações entre Igreja e Estado, mas sim à ordem de poderes na unidade do *sacrum imperium*. A concordata de Worms em 1122, ao estabelecer uma solução de compromisso para a Querela das Investiduras, ilustra esta doutrina: encontrar uma ordem espiritual que satisfaça a vitalidade das comunidades. A estrutura da *respublica christiana* estava exposta a um duplo risco. Doutrinas como a do *rex est imperator in regno suo* justificavam a quebra da estrutura imperial e o surto das novas soberanias régias: por seu turno, a Igreja acumulava a representação do destino espiritual do homem com a representação existencial e a legitimação dos interesses sociais. Enquanto as tarefas de consolidação e expansão civilizacionais ofereceram interesses paralelos às organizações eclesiástica e política, manteve-se o equilíbrio dos dois *gládios*, com momentos de crise mas sem rupturas fundamentais. À medida que a soberania régia centrou cada sociedade sobre si própria, dissolvendo o poder espiritual comum que a todas ultrapassa, e à medida que a Igreja quis afirmar-se como poder hegemônico, o resultado foi a luta entre ambos os poderes.

A ideia imperial da cristandade, o sonho que Dante ainda acalenta no dealbar do séc. XIV, foi impedida pela diversificação nacional, pela tensão escatológica e pelo isolamento das sociedades cristãs. Cada uma das unidades políticas europeias nasceu em torno de um centro de governação, assegurado durante séculos pelas dinastias reais em luta contra poderes feudais e senhoriais e contra a estrutura imperial. A intenção com que os papas intervêm na defesa das liberdades nacionais, coincide com a visão agostiniana de que as pequenas nações livres deveriam ser protegidas contra a tirania de um império poderoso. Alexandre II e Guilherme da Normandia, Gregório VII e Roberto Guiscard rei da Sicília, Alexandre III e Afonso Henriques são parceiros na prestação de vassalagem à Santa Sé, em que a fidelidade cristã surge indissociável da fidelidade feudal. Para Voegelin, marcado pela historiografia germânica que valoriza o espaço da *Mitteleuropa*, esta particularização da comunidade cristã medieval corresponde a um crescimento de sociedades que preenchem com espiritualidades parcelares o vazio espiritual da *respublica christiana*. O elemento positivo do processo é que os vários corpos doutrinários asseguram o carácter representativo de variantes nacionais do espírito cristão e da sua missão na história. O elemento negativo é a dissolução da *ordo* medieval. A coincidência entre reino político e reino espiritual cristão irá originar, a longo prazo, Igrejas e Estados nacionais que são resíduos do *corpo místico* de Cristo, mas desprovido de universalismo cristológico.

A autointerpretação das sociedades medievais europeias através da dupla representação manteve todo o vigor enquanto, além de ser individualmente compreendida como verdadeira, foi também publicamente compreendida como verosímil, ou seja, enquanto as experiências motivadoras se mantiveram vivas nas pessoas e nas instituições que articulavam a sociedade. Mas desde a Alta Idade Média, o conflito latente entre poder temporal e poder espiritual manifestou-se em choques em que cada uma das partes desgastou forças próprias e alheias. A Querela das Investiduras provocada pelo complexo problema da simonia é um caso típico desta luta entre jurisdições que roeu como um cancro a ordem cristã imperial.[3] Voegelin analisa um caso muito particular, a oposição entre o cardeal Humberto e o arcebispo Geraldo de York.

---

[3] DEMPF 1954 Part II charp. 5 *Einheit und Freiheit der Kirche*.

Humberto é um cluniacense e defensor radical do *curialismo* que integra a doutrina política e espiritual do pneumatismo paulino na ordem política do cristianismo. Nos seus *Libri II Adversus Simoniacos* MGH Lib de Li I, (1058) incorpora toda a estrutura da história temporal na manifestação do Espírito Santo. Tal *Realpolitik* resulta do sentimento que, desde os tempos de Roma, o mundo já ganhou muito com o sentimento cristão. Sendo a dignidade sacerdotal inseparável da administração das propriedades da Igreja, o poder espiritual deve ter precedência sobre o poder mundano nas investiduras. Em contrapartida, o arcebispo Geraldo de York eleva o poder régio acima do sacerdotal. Considera que o mundo tem o espírito que baste para que o sacerdote seja uma figura suprema. Através de símbolos medievais, apresenta um sentimento inaudito e plenamente moderno de valorização da época presente, que é de manifestação do reino de Deus. Cria um simbolismo trinitário, segundo o qual após as eras do Velho e do Novo Testamento, o foco da história deslocou-se para o presente, do reino de Deus em que os reis governam, unidos a Cristo na Sua glória. Cristo, que é rei desde a eternidade, adoptou a forma humana do sacerdote, em ordem a redimir o homem do mal e torná-lo membro e potencial corregente do Seu reino. Tais considerações antecipam as posições da reforma protestante e anglicana porquanto Geraldo de York refere o sacerdócio universal *(omnes electi)* considerando ursupadora a Igreja de Roma e defendendo o Sumo-episcopado do rei de Inglaterra e a criação de uma igreja nacional. Mas a posição não é cismática. Ao defender a assimilação do mundo pelo cristianismo, aceita a visão gregoriana de uma humanidade organizada em reinos nacionais, com a importante diferença de que a supremacia papal já não é reconhecida e a cristandade é concebida como uma comunidade aberta de reinos cristãos.

    A rearticulação intramundana da era cristã foi acelerada após 1300, com as propostas doutrinárias e as aplicações nas áreas do Estado nacional, de ideias como a lei natural e direitos individuais, governo conciliar, tolerância religiosa e relações de concordata entre Estado e Igreja. Na sua *History of*

Political Ideas Voegelin resume alguns elementos que corroboram este surto medieval de imanentismo;

1. As pretensões messiânicas de Frederico II, o *dux* da nova era;
2. A caracteriologia pré-maquiavélica de João de Salisbúria;
3. A fé racional típica do aristotelismo averroísta de intelectuais como Sigério de Brabante;
4. A ordem intramunda desenvolvida pelos legistas lombardos do Direito Romano restaurado;
5. A construção milenarista da história em Joaquim de Fiora.
6. A evocação dantesca do "paraíso terreno" e do *dux,* que reúne símbolos de ecumenicidade e universalidade.[4]

Num autor como Marsílio de Pádua, este processo de ruptura com a teologia civil da *ordo* medieval surge definitivamente consciencializado. O *Defensor Pacis* estabelece-se como precursor das visões naturalistas em que a autopreservação e a segurança *(tranquilitas)* consituem o bem supremo *(summum bonum)* do ser humano. Nesta visão voluntarista, o Direito segue os ditames da *pars valentior* do povo, em qualidade e quantidade. A religião constitui um *instrumentum regni* que promete bem-aventuranças eternas a troco de uma vida pacífica no mundo. Para contrariar o extremismo destes ataques à Igreja visível, surgiram as reacções dos que queriam a Igreja como organização omnipotente.[5] Egídio Romano, intérprete do clericalismo papal e Pierre Dubois, intérprete do imperialismo ecuménico de Charles de Anjou, apresentam variações sobre o tema da consciência intramundana secularizada. De acordo com a evocação teocrática, todos os dons especiais de Deus *(charismata),* tanto espirituais como temporais, seriam canalizados pela Igreja. Como campiões do *sacerdotium,* reclamam *jurisdictio coactiva temporalis* e defendem que o

---

[4] GERMINO 1982, pp.128-9. Sobre Dante cf. *De Monarchia* III, 16 e *Divina Comédia, Purgatorio,* Cantos xxix-xxxii, em particular sobre o enviado de Deus (DXV ou DUX) cf. xxxii 39-45.

[5] GERMINO 1982, pp.130-6. Pela bula *Unam Sanctam* de 1302, o Papa Bonifácio VIII reclama contra a usurpação por parte de Filipe o Belo de ambos os poderes definidos pelo Papa Gelásio: *gladius materialis e gladius spiritualis.*

papado arrebate o poder temporal, tradicionalmente concedido ao Imperador. Esta instituição papal do séc. XIV, com tendências absolutistas de organização do poder político e construção da comunidade espiritual, prenuncia claramente o moderno Estado soberano.

Uma proposta derradeira para suster o surto de imanentismo e que procura instituir a *sociedade* como realidade autónoma fora da hegemonia política do Estado, decorre já fora do período insitucional medieval. O momento teórico da separação definitiva entre o social e o político surge com a distinção de Suárez entre *pactum associationis* e *pactum subjectionis*, preparada pelos teóricos jusnaturalistas da segunda Escolástica e antecipada por Tomás de Aquino.[6] Ao harmonizar enciclopedicamente as especulações intelectualistas e voluntaristas, Suárez penetra os *clichés* da terminologia escolástica, de tomistas e escotistas, e atinge uma verdadeira compreensão da dimensão civil. Cria uma ontologia da política na qual o poder encontra o seu fundamento último na ordem. A comunidade está organizada num *corpus politicum* e está dotada de *potestas communis* para ordenar a permanência do grupo *(congregatio)*. A autoridade civil tem indiscutível autoridade; a *potestas* do corpo político é parte da sua existência; foi ordenada por Deus na medida e só nela em que Deus criou o homem como ser comunitário. A autoridade civil não pode ser derivada da autoridade patriarcal de tipo familiar. Este conceito de sociedade implica uma limitação do poder discricionário do Estado, por processos muito diferentes da aceitação de limites estatuídos pelo Direito e pela Moral, já consagrados no pensamento medieval. O consentimento da comunidade é um requisito

---

[6] Os passos mais explícitos ocorrem em *De Legibus,* Livro 3, cap.3, nº 6-7; cap.4, nº 2-6. Cf. *De Legibus,* Livro 3, 1º cap., nº1 apud ALVES 1949 pp.15-16: "É justo conforme à natureza humana haver autoridade civil com poder temporal para reger os homens (...) E isto apoia-se em dois princípios: primeiro, que o homem é um animal social, que tende naturalmente e com toda a razão para viver em sociedade (...) Segundo que na sociedade perfeita é necessário que haja um poder a que pertença o governo da colectividade". A distinção entre o social e o político manteve-se intacta no pensamento católico, quer na Ética Social quer na Filosofia Política. Ver os manuais de UTZ, FRIDOLIN, METZ, LAHR, e, por todos MESSNER, 1967, *De Legibus,* II, 19.

necessário para a constituição do poder legítimo.[7] A humanidade forma uma comunidade unida por laços existenciais de amor e piedade, comunhão utilitária e moral. Trata-se de uma comunidade imperfeita (em contraste com a Igreja, comunidade perfeita) cuja base, *jus gentium,* resulta da fusão entre a lei natural e os costumes praticados por todos os povos.

Em contraste com a solução ocidental, a doutrina da ordem é muito distinta no Império do Oriente. Aí se desenvolveu a forma bizantina do césaro-papismo, em continuidade com a noção pagã de Império. Constantinopla era a segunda Roma, como consta da declaração de Justiniano acerca do *consuetudo romae*.[8] O princípio carismático determina a função do governante, o ofício político adquire carácter sacramental, e a fusão entre Igreja e Estado agudiza a competição pelo Império. Após a queda de Bizâncio, conquistada pelos turcos, a ideia de Moscovo como novo império ortodoxo e *terceira Roma* ganhou peso nos círculos eclesiásticos russos como mostra um célebre trecho de Filofei de Pskov.[9] Esta visão foi institucionalizada por Ivan IV, o Terrível, coroado em 1547 como Czar dos Ortodoxos. Em 1589 o patriarca de Constantinopla instituia o patriarcado autocéfalo de Moscovo, reconhecendo oficialmente a *Terceira Roma*. Este período de cristalização da sociedade russa imperial coincidiu com a consolidação das nações-estado ocidentais, que se tinham a pouco e pouco emancipado do império romano-germânico em desintegração. Em consequência, a Rússia jamais constituiu uma nação no sentido ocidental. Foi sempre uma área civilizacional, dominada pelo povo grão-

---

[7] Para Paulo Mêrea, houve uma evolução no pensamento de Suárez, do *De Legibus* para o *Defensio Fidei Catholica,* no sentido de atenuar a exigência do consenso popular para a legitimação do poder. Cf. MERÊA 1917, em particular pp.58-59. ALVES dilui esta presumível evolução, sustentando que a noção de *pactum associationis* em Suárez, não depende de uma definição abstracta, mas antes se molda aos dados históricos.

[8] *Codex Justinianus I, xvii, 1.10 "Por Roma, todavia, deve-se entender não apenas a antiga cidade, mas tambem a nossa real cidade".*

[9] B MILIUKOV 1945, p.15 e ss: *"According to the prophetic books all Christian empires have an end and Will converge into one empire, that of our gossudar, that is, into the Empire of Russia. Two Romes have fallen, but the third will last, and there will not be a fourth one".*

russo e mantida como sociedade política através de processos, ideias e instituições copiadas do império bizantino. Sob a direcção de Ivan o Terrível, que em 1576 recusara a coroa imperial do Oriente, oferecida pelo imperador Maximiliano IV a troco de auxílio na luta contra os turcos, a teologia civil da Rússia desligou-se da evolução das instituições representativas do Ocidente. O processo de ocidentalização que Pedro o Grande iniciou nos começos do século XVIII não alterou muito o *corpo místico* russo. Nobreza e classe média continuaram a dar corpo a uma sociedade hierática, como se provou pela derrota dos revoltosos liberais de Dezembro de 1825. A estas ideias próocidentais dos *zapadnicki*, seguiram-se doutrinas eslavófilas e antiocidentais com que a *intelligentsia* realçou a velha ideia religiosa da *Terceira Roma*, e a transformou na missão histórica de salvação da humanidade. Dostoievski foi um dos grandes arautos desse messianismo: a Rússia deveria "libertar" o mundo, para depois criar a sociedade que reunisse os verdadeiros cristãos.[10] Tais antecedentes aclaram as razões que levaram o proletariado russo a aderir ao programa comunista de 1917, depois de esgotadas soluções alternativas. Com o triunfo de Lenine, a sociedade russa regrediu na história, e o povo tornou-se o servidor dos "czares vermelhos" e da sua *nomenklatura*, uma nova *oprichnina*, agora baseada numa sociedade industrial e da qual apenas se libertou com o processo de *glasnost* e *perestroika* iniciado por Gorbachev na década de oitenta.[11]

A nova ordem

a) Os símbolos da nova ordem

Para se compreender a radicalidade da nova ordem a partir do séc. XVII lembra Voegelin que é preciso atender à

---

[10] Cf. WALSH 1990, pp.46-48.

[11] Cf. as observações de Raymond Aron in OPITZ 1981, p.265 a propósito da interpretação da "Gnose leninista" por Alain de Besançon: *"Plusieurs traits, dans la Gnose, rappellent invinciblement l'idéologie soviétique"*. A análise de Aron surge num volume de homenagem a Voegelin e foi elaborada em BESANÇON 1979.

destruição maciça causada pelas guerras político-religiosas que se arrastaram ao longo do "tempo de perturbação" iniciado com a Reforma no séc. XVI. A recordação do carácter desesperado de mais de um século de lutas, desde o grande cisma até meados do séc. XVII, criou a exigência de uma nova oportunidade. A substância desta nova forma foi provisoriamente resolvida através dos movimentos que tomaram a forma de "Igrejas nacionais" nos países reformados e de "nações clericais" nos países católicos; onde a definição não era possível, surgia a guerra de religião. Após os combates entre Reformadores e Contra-Reformadores e o período de confusão institucional, foi necessária uma estabilidade que veio a ser obtida mediante o sistema da soberania nacional absoluta. A nova ordem deveu-se à concordância de homens que abdicaram da afirmação dos princípios espirituais na praça pública, para assegurarem a existência da sociedade reduzida à expressão secular. Essa secularização da política e consolidação da razão de Estado, anunciada já pela doutrina de Maquiavel e levada a cabo pelas monarquias absolutas europeias, não correspondeu a uma emancipação da política do contexto religioso. Já Maquiavel queria assegurar a ordem de Itália através da virtude do *Príncipe;* Erasmo concebera a ideia do *príncipe ascético;* Moro examinou soluções institucionais que eliminariam as desordens na sociedade. Assim, o processo que se inicia no séc. XVII é o de um eclipse da vida espiritual do plano da representação pública e a contracção da política a um núcleo secular, dando expressão institucional ao que já fora prenunciado em surtos imanentistas anteriores.

Os autores não-imanentistas dessa época tais como Bodin, Suárez, Hooker, Vico, para apenas citar nomes cimeiros, compreenderam a urgência de uma nova ciência política após a quebra da ordem temporal e espiritual da cristandade. A fixação da soberania nacional como a nova forma política legitimadora tornava urgente a redifinição da substância espiritual da comunidade. Uma interpretação realista da política apenas seria possível, desde que fosse abandonada a busca do Estado ideal e desde que a vida política fosse compreendida como componente de uma ordem mística mais ampla, que inclui todos os planos de realização da vida humana. A nova ciência da ordem atribuiria a cada elemento da realidade o seu lugar na estrutura do cosmos e da vida humana.[12] Mas a ciência política moderna seguiu outro caminho. Ao adoptar o modelo da tábua rasa, tornou o homem como substância solitária que se exprime como indivíduo ou como nação, separados da comunidade de ser. Apresentando-se com símbolos colhidos nas ciências naturais ou, mais exactamente, no método resolutivo-compositivo de Galileu que extrai os componentes de um todo e sintetiza os elementos isolados em um novo todo abstracto, envolveu-se em numerosas aporias e alienou-se da vida consciente que formava o horizonte da ciência de ordem. Como se comprova pela ruptura cartesiana, o questionamento clássico torna-se uma curiosidade remota e estranha para o novo discurso. Mas o método da ciência dos fenómenos revela-se particularmente inadequado para captar a substância da política. A ideia de substância nacional obscurece a experiência de encontro entre os povos que procuram a sua humanidade comum. A ideia de Direito Natural como a questão central da política obscurece o facto de que o *poder* constitui o fundamento imediato da governação. A doutrina contratualista da sociedade não responde à pergunta fundamental por que razão a existência humana toma a forma de uma sociedade política. Em todas as demais aporias que se irão acumulando na ciência política moderna, resultam do pressuposto inicial, sem confirmação empírica possível, que o homem é uma substância isolada.

Considera Voegelin que a nova ordem que domina o Ocidente a partir do séc. XVII começa por apresentar o símbolo de *nação* como substância social. O eclipse do cristianismo como evocação unificadora da humanidade fechava as comunidades sobre si próprias. As individualidades nacionais foram suficientemente fortes para se reafirmarem e para formatarem a unidade do reino de Deus em várias Igrejas. Mas o nacionalismo é uma força espiritual que, quando se arroga

---

[12] Cf. HOPI, "Las Orientation" pp. 204 e 210 BODIN B p.46

de prerrogativas imperiais, choca com outros nacionalismos. As nações irmãs que apostasiaram do universalismo cristão, desenvolvem agregados de ideias e de sentimentos que sedimentam em estereótipos. As diferenças nacionais desenvolvem entre si antagonismos, limitados até certo ponto, na Europa, pela balança de poder, mas que se prolongam em conflitos imperialistas noutros continentes e em conflitos culturais acerca da ideia de humanidade cristã. Esta disputa entre os "corpos místicos nacionais" fechados e os resíduos da ideia de humanidade universal, provoca o obscurantismo espiritual e diminui o papel da vida consciente. Os resultados desta clausura são ainda agravados pela doutrinação das nacionalidades, desenvolvida com base na vontande individual e de que são metamorfoses a doutrina de Rousseau da vontade geral, as doutrinas alemãs do *Volkgeist* e a doutrina marxiana da humanidade revolucionária internacionalista.

O segundo grande símbolo que emerge na tarefa de reconstrução da modernidade é o de *direito natural*. A partir de uma concepção de direitos acrescentados ao "facto" da existência, torna-se possível imaginar que o corpo social resulta de contratos entre os membros da sociedade originária. Entre os primeiros proponentes deste movimento está Hugo Grócio. Cansado dos "santos na terra" tentou, quanto possível, encaixar as relações de poder em categorias legais de modo a mantê-las sob controle. O sistema assemelha-se ao cálculo de prazeres, típicos da *ataraxia* epicurista, dado que está condicionado pelo idieal de prosperidade comercial de uma nação. Como se trata de uma construção jurídica de carácter hipotético, rompe os elos entre moralidade e natureza. Esta posição terá enormes repercussões no futuro da ciência e da prática políticas, nas quais a construção da lei natural a partir da vontade do indivíduo permanecerá o símbolo central. Dela provirão, *inter alia:*

a) O conceito de razão de Estado que subordina o papel das Igrejas à paz social;
b) as propostas de *Naturrecht* e *Staatsrecht;*

c) o modelo de Rosseau do contrato social a partir do estádio originário de natureza.

d) a sociologia de Tönnies com a distinção entre comunidade de tipo orgânico e sociedade de tipo jurídico.[13]

As doutrinas da nova ordem da modernidade – nacionalismo, direito natural, contratualismo, soberania do Estado – tiveram um evidente efeito estabilizador na luta política. Há toda a vantagem em afirmar que os homens beneficiam de participarem numa associação política e de se obrigarem a obedecer à autoridade constituída em um quadro nacional. Contudo, as doutrinas tinham um ponto cego que lhes diminuía o alcance teórico e prático na resposta à questão mais fundamental: por que razão a existência humana toma a forma de uma sociedade política? Por que razão é preferível uma ordem e não outra? Por que razão hei-de eu obedecer à autoridade, pergunta La Boétie? Na medida em que a ciência política moderna elimina estas perguntas, torna-se falsa; na medida em que recupera a razão de ser da sociedade, encontra as dimensões da consciência e restabelece o contacto com os paradigmas clássicos e cristãos. Ora Voegelin propõe-se pesquisar como se situam as soluções da modernidade perante as questões centrais da filosofia civil. Entre elas, destaca:

a) as tentativas das comunidades sectárias para impor as respectivas crenças imanentistas, como sucedeu primeiro na revolução puritana e depois nas revoluções francesa, nazi e comunista;

b) a variante hobbesiana do sistema de Gelásio que "busca adaptar a divisão do poder espiritual e temporal às exigências mutáveis da filosofia, do Estado e das ideologias";

c) o regime civil, que institui uma esfera política separada da vida espiritual e que acabou por se converter no modelo democrático predominante. Nesta tipologia não é difícil ver a raiz da distinção entre regimes totalitários, autoritários e democráticos.[14]

---

[13] The New Order Chap.1 "Tabula Rasa" p.2
[14] Aron 1961, pp.50-52

b) A revolução dos "Santos"

Nas circunstâncias do séc. XVII, a luta dos sectários político-religiosos fez a Europa reverter à época longínqua em que a Igreja combatia as tendências apocalípticas do cristianismo. A organização sacerdotal e sacramental, a objectivação institucional e a mediação da Graça, todos estes dons da Igreja à civilização, decorrentes dos compromissos do cristianismo com o mundo, foram questionados pelos puritanos ingleses. Os puritanos radicais caracterizaram-se pela indiferença à autoridade e à classe governante, a recusa de prestar juramento, servir no exército, obedecer à regulamentação de litígios. Em NCP, Voegelin compendiou os símbolos essenciais desta primeira variante de política totalitária, utilizando o código de Joaquim de Fiora. O primeiro "é a concepção da história como uma sequência de três eras, das quais a última é claramente o terceiro reino final".[15] Entre as variantes de notória relevância política, estão a participação da história em épocas *antigas, do cativeiro e dos santos na terra* que marcou a revolução puritana; a doutrina Iluminista da sucessão de fases *teológica, metafísica e enciclopédica* marca a revolução de 1789; a dialéctica marxista com os três estádios de *liberdade inconsciente, alienação e reino da liberdade* findou em 1989; o ciclo formado por *santo império, império de Kaiser e terceiro império* inspirou o *Reich* nacional-socialista dos mil anos que findou em 1945.[16] O segundo símbolo é o de *dux*, a personalidade dirigente cuja erupção é constante em todos os movimentos revolucionários. Este dirigente desdobra-se por paráclitos agnósticos e ateus conforme a sensibilidade e as categorias de análise da época em que se faz anunciar. O símbolo ressurge nos *príncipes novos* da Renascença, nos *iluminados* do século das Luzes, nos *revolucionários* de 1789, nos *gênios* do Socialismo

---

[15] NSP, p.115

[16] Moeller van den Bruck criou o símbolo do *Dritte Reich* em obra com idêntico título, editada em Hamburgo, em 1923, ao trabalhar na edição das obras de Dostoievsky sobre a Terceira Roma. A sua intenção claramente nacionalista mas romântica era incompatível com a ideologia nacional-socialista que se apropriou do termo.

e nos *dirigentes totalitários* do século XX. O terceiro símbolo é o do *profeta* da nova Era, que pode surgir confundido com o dirigente. O próprio Joaquim de Fiora representa o primeiro modelo do intelectual que presume ter uma visão do curso da história como um todo acessível ao conhecimento. Sucessivas vanguardas iluminadas irão reclamar-se de idêntico conhecimento da marcha do tempo, e propor as suas especulações como a lógica da história. O quarto símbolo é o da *irmandade ou fraternidade* que se estabelece entre os que participam no Espírito. A noção de uma comunidade de perfeitos que vivem sem autoridade institucional e sem a mediação da Graça presta-se, segundo Voegelin, a inúmeras variações históricas. Ressurgiu nas Igrejas puritanas dos *santos* e em numerosas ideologias da modernidade, em cujos autores a razão se incarnara tão perfeitamente que consideram a própria mente como critério de verdade; alguns, como Lenine e Hitler, desceram à arena política para canalizar os movimentos de massa para acção destrutiva.[17]

c) Thomas Hobbes

Voegelin selecciona Thomas Hobbes como o mais radical de entre os arquitectos da ciência política moderna que constroem a forma legítima do Estado a partir do modelo da tábua rasa. Enquanto um Maquiavel tinha um espírito de observação histórica e ainda era animado por um idealismo nacional quase "romântico", o autor do *Leviatã* era movido pelo dedutivismo *more geometrico,* de tipo cartesiano, ao serviço de postulados políticos imanentistas. Constatara no decurso da sua vida e das suas investigações, mormente ao confrontar-se com a variante puritana dos *santos,* que a permanente luta das seitas religiosas para ganhar representação existencial destruía a ordem pública e impedia a viabilidade da sociedade. Considerando prioritário estabelecer uma nova teologia civil

---

[17] Cf. considerações semelhantes em CHAFAREVICH 1977, passim; BEASENÇON 1979, passim.

que pusesse termo à guerra de todos contra todos,[18] apresentava a sua solução profundamente simplista da autonomia absoluta do Estado perante a fé e a moral:

> A teoria hobbesiana da representação vai directo ao âmago da questão. De um lado, há uma sociedade política que deseja manter uma ordem estabelecida na existência histórica. Do ouro lado, há indivíduos na sociedade que desejam alterar a ordem pública, se necessário pelo uso da força, em nome de uma nova verdade. Hobbes resolveu o conflito decidindo que a única verdade pública era a lei da paz e da concórdia na sociedade; qualquer opinião ou doutrina conducente à discórdia era consequentemente mentirosa.[19]

Esta formulação moderna da origem do político parte da pergunta "Como construir uma ordem social composta por indivíduos isolados, sem direcção nem propósitos comuns e apenas motivados pelas paixões pessoais?" Movido pela observação desencantada e quase cínica da realidade política, Hobbes converteu a observação do "homem lobo do homem" em princípio da existência. Em vez de principiar a ciência *política* pela análise dos propósitos das acções humanas, tendo em vista o seu escalonamento em ordem ao *summum bonum*, considerou que os fins não constituem objecto válido de investigação. Em vez de reconhecer "a paixão como a fonte de corrupção na vida do espírito", concebeu "a vida do espírito como o extemo da paixão existencial". Apesar do risco de anacronismo, pode afirmar-se que foi o primeiro a desenvolver uma psicologia das motivações e uma ciência política isenta de valores. A sua proposta de novos símbolos políticos contrapunha "à imanentização radical do *éschaton*", que ameaçava a existência, uma imanência radical da existência, que negava o *éschaton*.[20] De acordo com esta nova psicologia *moderna*,

---

[18] NSP, pp. 144-12. Sobre o carácter caduco do Estado moderno cf. BOSS 1984.

[19] NSP, p.153. Cf. ainda OAKESHOTT 1957, p.31. Cap. XVIII do Leviathan.

[20] NSP, p.179: *"Hobbes countered the Gnostic immanentization of the eschaton which endangered existence by a radical immanence of existence which denied the eschaton."*

"superar continuamente o próximo é a felicidade; a acção do homem do *mundo* é totalmente movida pelo *amour-propre*, conforme tinham indicado Pascal e Rochefoucauld. Em segundo lugar, considerou como normal o tipo desorientado de homem. Em confronto com a "ciência da *psychê* saudável" em que a "ordem da alma é criada por uma orientação transcendental", a consciência do homem da modernidade "necessita ser ordenada através de um equilíbrio de motivações".[21] Criou, enfim, uma "nova politologia" que apresenta no *Leviatã* o destino trágico dos revolucionários destinados a serem tragados pela construção da nova ordem social. O resultado composto destas inovações apresentava o ser humano como originariamente *mau* e correspondia como que a uma secularização do conceito de pecado original.

O projecto de abolir as tensões entre a ordem política existente e o campo social culminante da humanidade universal, definido pela vida da consciência, revela as intenções gnósticas de Hobbes e explica a sua ruptura com os paradigmas clássicos e cristãos. Ao afastar o bem supremo, eclipsava a fonte de ordem na vida humana. A ordem da comunidade depende da participação na *vida de razão*, da *homonoia*. Como Hobbes recusava que a existência pudesse ser orientada por um *summum bonum*, concluiu que a ordem política teria de ser motivada pelo medo do *summum malum*, a morte. Perante esta redução brutal da acção humana a um mero equilíbrio de poderes, são secundários os demais conceitos arquitectónicos que Hobbes extrai das incipientes ciências humanas do tempo. Em particular, não são essenciais os símbolos contratualistas com que expõe o movimento de cessão e recuperação dos direitos individuais e a génese do *Leviatã*. A descrição da origem do Estado mediante a combinação de indivíduos numa comunidade, sob a autoridade de um soberano, era uma simbolização jusnaturalista corrente na época. A sua nova ciência mecanicista da política introduz um modelo que se repetirá vezes sem conta na modernidade. A forma do Estado congeminada pela teoria, assenta numa

---

[21] NSP, p.184-85.

caracterização puramente lógica da génese da comunidade; visa mostrar que a obrigação política é justa desde que fundada na vontade racional de indivíduos iguais. O espaço real e concreto da política, com as suas complexas dimensões pessoal, social e histórica, é deslocado para um espaço abstracto no qual os pactos que legitimam a relação comando obediência vêm substituir a guerra de todos contra todos. Cria-se a ficção que os cenários do jusnaturalismo e do contrato social são suficientes para analisar de forma racional os confrontos políticos. Apesar da contradição flagrante com a realidade histórica, este suposto mantém-se em toda a ulterior reflexão política e condiciona a teoria e prática da modernidade.

Hobbes surgiu no momento apropriado para redescobrir que a sociedade deve existir como *kosmion,* antes de se dar ao luxo de representar a verdade de uma consciência que ele entendia esgotada pelas lutas político-religiosas. Mas este seu mérito em reconhecer que a estrutura da ordem pública exigia uma nova teorização da realidade política, foi contrariado pela deficiência dos conteúdos e categorias interpretativas que estabeleceu. Ao tentar preencher o vácuo da ordem espiritual com a injecção do cristianismo enquanto teologia civil inglesa; ao defender a doutrina de que o rei é cabeça da Igreja no seu reino; e ao postular a identidade político-religiosa, estava a regredir para uma solução "fundamentalista" ultrapassada, pelo menos, desde Gelásio I. Ao deturpar o cristianismo, identificando-o estritamente aos ditames da razão; ao esquecer o significado da verdade da alma e ao derivar a autoridade suprema da sanção governamental mostrou-se impotente para "interpretar a natureza do homem a partir da posição privilegiada do máximo de diferenciação através das experiências de transcendência".[22] Quando as doutrinas políticas modernas deste tipo foram canalizadas sob a forma de *verdade da ordem*

---

[22] NSP, p.180: "Hobbes...*could not interpret the nature of man from the vantage point of the maximum of diferentiation through the experiences of transcedence so that passion, and especially the fundamental passion,* superbia, *could be discerned as the permanently present danger of the fall from true nature; but he had, on the contrary, to interpret the life of passion as the nature of man, so that the phenomena of spiritual life appeared as the extreme of* superbia".

pública para o novo enquadramento imanente da existência, revelaram o seu destino contraditório: tornaram-se fonte de opressão, de violência e de holocaustos, como ficou patente no séc. XX.[23]

d) John Locke

Enquanto Thomas Hobbes representa a versão pura e dura da nova ordem política, John Locke corresponde à versão moderada que recebe aplausos de vários sectores. Hobbes exige a reconstrução radical da sociedade e, nessa medida, vê-se repudiado pelos contemporâneos de facções opostas e reclamado por vindouros que militam em campos contrários. Locke estabelece compromissos com a realidade institucional e contenta-se com uma descrição pouco consistente da origem do governo porque sabe que o triunfo virá da prática política, como aliás sucedeu. Apoia-se no prestígio de conceitos como Deus, natureza, razão e equidade e, sem se dar ao trabalho de os definir com exactidão, coloca-os literalmente ao serviço da nova ordem política e mesmo que lhes contrarie o espírito. Considera Voegelin que o *Second Treatise on Civil Government*, sec.6 apresenta o homem, criatura de Deus, como um castrado espiritual, uma caricatura do puritano burguês triunfante. Locke invoca amiúde a razão; mas esta é apenas poder de racionar, não é capacidade de participar no ser; e o espírito é apenas inteligência pragmática, não é personalidade espiritual. Estas notórias insuficiências implicam um novo relacionamento entre teoria e acção: Locke é o criador, *avant la lettre*, da ciência dos sistemas políticos e desiste de uma antropologia fundamental.

O momento capital da nova ordem surge na *First Letter on Tolerarion*, 1689: "*The commonwealth seems to me to be a society of men constituted only for the procuring, preserving, and advancing of their own civil interests*". Esses interesses civis

---

[23] Segundo WEZEL 1983, só a agitação revolucionária permanente na política totalitária evita o regresso da tradição pré-revolucionária.

são a vida, liberdade, saúde, o corpo e a posse de bens externos, como dinheiro e outros bens móveis e imóveis. A moral pública consiste em proteger a propriedade e a primeira propriedade do homem é o seu corpo. Perante este propósito essencial do chamado individualismo possessivo e esta descrição cínica da pessoa como um bem capital com direito ao uso e abuso de si próprio, são de somenos importância os termos, importados da linguagem jusnaturalista e contratual, com que Locke descreve a origem da sociedade. No estado da natureza original todos são proprietários mas, através do trabalho, alguns apropriam-se de mais objectos que outros. Numa terceira fase, o homem tem de fundar um Estado e executar as leis que garantam o direito universal à propriedade. A nova ordem afirma-se plenamente com a introdução do dinheiro. *(Second Treatise, §36).* O acordo tácito do reconhecimento do valor dos bens duráveis, que são convertíveis em dinheiro, acaba com a economia do valor de uso; o estádio igualitário da sociedade cede o lugar ao regime civil caracterizado pela propriedade desigual. Totalmente alheio a qualquer preocupação de justiça social, este aspecto é decisivo para a compreensão do factor económico na modernidade. Se a propriedade desigual não é direito natural mas sim um direito de alguns consentido pela maioria (§37) então cai por terra o sistema de garantias dos direitoos naturais e regressa-se ao sistema político assente na gestão das paixões. A diferença específica de Locke consiste em admitir que as paixões aquisitivas são fonte de desigualdades legítimas.

O seu grande princípio político parece ser que o Estado deve proteger igualmente as desigualdades humanas. Este critério cínico revela uma impotência espiritual que reduz o homem a objecto de direitos de propriedade sobre bens móveis e imóveis. A pneumopatologia do individualismo possessivo faz desparecer a mística pessoal e amoralidade pública, baseadas na substância espiritual. O que fica é a paixão pela propriedade. A ciência económica no séc. XVIII partiu deste suposto que o interesse individual pela propriedade permite optimizar o equipamento da sociedade em bens. Mas um problema completamente distinto é o de saber o lugar que os bens económicos ocupam na hierarquia dos valores humanos. A pesquisa da ordem económica tem de debater qual é o preço dos outros valores humanos sacrificados. Se as leis positivas do mercado forem confundidas com critérios de acção política, como sucedeu no período de liberalismo selvagem manchesteriano do séc. XIX e o sistema de relações capitalistas for considerado a ordem justa da sociedade, o campo fica aberto para a crítica marxiana. A visão da sociedade como *"joint-stock company"* na frase de Tawney, simboliza o elemento capitalista contra o qual se levantarão as revoluções socialistas nos sécs. XIX e XX. A revolta marxista, porém, não modifica a ideia de que a conduta humana é uma super-estrutura de interesses económicos; apenas substitui a protecção da propriedade pela protecção do planeamento colectivista da economia o que implica também o esquecimento de que o estatuto do homem depende da sua inserção pessoal no todo social e não das obsessões individualista e colectivista, que lhe negam dignidade. A caricatura dos valores humanos da sociedade burguesa no individualista possessivo de Locke corresponde exactamente à imagem traçada no *Manifesto Comunista*; não corresponde, obviamente, à realidade histórica da burguesia, porque uma classe média tão depravada não sobreviveria aos embates da realidade. Vale sim, como descrição do homem cuja mente está desorientada pela paixão possessiva e que aceita princípios depravados como critérios da ordem política.

As circunstâncias históricas em que se gerou o êxito do chamado *regime civil*, e que o permitiu vasar, primeiro numa teologia civil e depois numa constituição, surgiram nos finais do século XVII, aquando da luta heroica de populações cristãs em busca de uma existência pacífica. Assentaram elas que uma comunidade nacional de cristãos não permitiria que a luta política absorvesse legítimas diferenças de dogma e organização clerical. O poder político deveria limitar-se à organização de um domínio específico da existência. Criada e experimentada nas colónias americanas, esta orientação esteve na origem da constituição dos Estados Unidos em 1797 e tornou-se um dos modelos das nações europeias ao longo do século XIX.[24] O regime civil tem por antepassado teórico imediato o *civil government*, que Locke estatuiu no *Second Treatise*, ao exigir que o poder político assuma a defesa de um domínio da existência ao qual pertencem bens como a vida, a liberdade, e a propriedade. Essa protecção da sociedade é criada tendo em vista adversários internos e exteriores. Razão e espírito constituem áreas privadas que ficam aquém dos limites da esfera pública. No domínio do espírito, deverá predominar a liberdade de crença e de investigação; no da razão, a liberdade de pensamento e debate. A esfera assim definida tem o monopólio de ser pública. O culto de Igrejas será de ordem privada. O governo civilista é tolerante para com todas as convicções que se restrinjam à afirmação privada; mas revelou-se profundamente intolerante para com todas as seitas e personalidades que quiseram disputar-lhe o predomínio da esfera público.[25]

Ao teorizar a regra da maioria no *civil government*, John Locke contribuiu poderosamente para fixar nas nações anglo-saxónicas a autonomia da sociedade perante o poder. O liberalismo definiu os motivos racionais que se apresentam como objecto de competição social: no plano económico, conduziriam idealmente a um equilíbrio do mercado; no

---

[24] Entre os documentos básicos da vida política dos EUA contam-se o *Mayflower Pact* (1620), *Fundamental Orders of Connecticut* (1639), *Agreement of People* (1647), *Instrument of Government* (1653), *Declaration of Rights of Virginia* (1776). Todos elaboram o mito constitucional dos peregrinos na terra que legitimam o governo pelo voto eleitoral. Cf. Morris 1964, pp. 14-15. A obra de Voegelin sobre os Estados Unidos Über die form des Amerikanischen Geistes integra-se no pequeno mas selecto grupo de interpretações globais da sociedade americana, a par de clássicos como Tocqueville 1951 [1ª ed. 1835], Bryce 1900, Aron que apontam a especificidade da democracia americana face às congéneres europeias. Sobre os riscos de destruição das referências político-religiosas na actual sociedade americana cf. Bunzel 1967 e Bloom 1988.

[25] Aliás, quando se desenvolveu orignariamente na Grã-Bretanha, Católicos, Maometanos e Niveladores não possuíam estatuto da cidadania. Sobre a teoria político-económica de Locke cf. McPherson 1962, p. 3: "*The difficulties of modern liberal-democratic theory lie deeper than has been thought that the original seventeenth-century individualism contained the central difficulty which lay in its possessive quality*".

plano político interno, a uma definição da vontade maioritária; no plano geopolítico, originaram uma balança de poderes entre sociedades. Todas estas posições são valiosas na medida em que isolam a sociedade civil da pressões do Estado, ao qual cabe garantir a competição entre várias formas de *amor sui* através de administração pública. Os problemas do regime civil residem noutro plano. Ao relegar para a esfera privada a vivência do *amor Dei* e do *êxodo espiritual*, exigidos pela busca do fundamento transcendente da sociedade, soterrava a substância da pessoa, sociedade e história com fenómenos que diminuem a sensibilidade espiritual e que tendem a confundir a substância da ordem política com uma ordem de sobrevivência. Ao mesmo tempo, abria caminho para que a sociedade seja agitada por sectários político-religiosos, insatisfeitos com a distribuição dos bens económicos e culturais.

A democracia, originariamente desenvolvida no interior de nações-estados que possuíam os resíduos cristãos, foi também activada em áreas exteriores ao Ocidente. Sob a forma contemporânea de democracia constitucional, o *regime civil* converteu-se na mais representativa forma política de todo o planeta. É preciso conhecer as suas linhas mestras para julgar a que condições obedece o seu correcto funcionamento, que novas condições lhe são exigidas pelo mundo contemporâneo e onde se joga a sua defesa no caso de estar ameaçado. A questão consiste em saber até que ponto uma sociedade pluralista deixa o campo livre para as sedimentações dos movimentos intelectuais e espirituais. A crença generalizada na bondade do regime da democracia constitucional não é acompanhada pelo reconhecimento de que a força escatológica da sua forma civil lhe foi transmitida pela tradição clássica e cristã. Ademais, os movimentos de massa gnósticos do séc. XX, tais como nacional-socialismo, comunismo e liberalismo pemissivo, revelam-se como a *nemésis* da democracia. Se esta quiser defender-se, deverá dispor de instrumentos que lhe permitam equilibrar doses de intolerância e de tolerância, estatuídas em disposições constitucionais.

A democracia não é fundamentalmente tolerante, ou só pode ser tolerante para quem aceitar as condições que estipula.[26]

Onde o regime democrático se constituiu no decurso de uma época ainda essencialmente cristã, como sucedeu nos sécs. XVII e XVIII na Grã-Bretanha e nos EUA, triunfou a ideia de um regime que institucionalize as tradições políticas clássicas e que aceite a crença no valor indestrutível da pessoa e dos seus direitos e liberdades, bem como a ideia de razão enquanto elemento independente da realidade corpórea em que se insere. A resistência muito variável das nações ocidentais aos movimentos revolucionários de redivinização da sociedade depende do grau de politização das questões da vida consciente.[27] Nas nações europeias, por exemplo, o factor diferenciador é a situação da vida consciente e do cristianismo na época das rupturas revolucionárias. Se a criação do Estado nacional precedeu a clausura espiritual, foi possível criar processos equilibrados de representação. Mas a separação entre *Deus* e *César* tornou-se impossível, sempre que o poder foi conquistado em nome de ideologias e crenças sectárias. Apenas quando as atitudes políticas da massa da população são informadas pela vida consciente, expressas em símbolos como o prestígio da autoridade histórica, e se estes forem associados a momentos decisivos da história nacional, tais como fundação, restauração e libertação, poderá a sociedade adquirir uma coesão que a faz repelir políticas destruidoras.

---

[26] Nalguns casos serão suficientes as disposições de Direito eleitoral. Voegelin fornece como exemplos as disposições da Constituição Alemã que estabelecem 5% como o voto mínimo nacional para um partido ter acesso ao Parlamento Federal; e o dispositivo eleitoral da Constituição Americana que permite aos Grandes Eleitores criar um efeito de ressonância nas vitórias por margem escassa. Cf. "Demokratie in Neuen Europa" in *Ansprachen zur Euröffnung*, Tutzing, 1959, p. 11-12.

[27] Voegelin, 2(3) 1940, pp. 310-311 "*The type-concepts usually employed by political scientists in the description of a political community, such as the national state, the Western democracy, the totalitarian state, the fascist state, etc., while having their value for the description of institutions, combine a number of characteristics in a two-dimensional picture. They neglect frequently the importance of the relative time position of the characteristics*".

O princípio de representação

O questionamento da ciência política moderna e da forma do Estado como condicionantes do pensar político pode surgir por vias diversas. No caminho "romântico", Hannah Arendt contrapõe a busca da unanimidade entre cidadãos, num momento feliz, aos processos modernos de representação política que acarretam a despolitização. É patente que essa proposta, para a qual é invocada o precedente grego, vem filtrada pelas reflexões do idealismo e do romantismo alemães. Noutra direcção, a crítica de Leo Strauss determina o Direito Natural como critério e medida de toda a acção política, em particular como remédio para a irresponsabilidade do governante que deve o seu cargo a um processo representativo formal. Mas também nesta solução que convoca os gregos, está presente a transposição de um subjectivismo moral para uma chave objectivista de intepretação. Voegelin seguiu um caminho muito diferente e ao qual não foi estranho a sua preocupação pelo concreto e a sua recusa da ambiguidade. Considerou que a representação é o modo adequado para captar a ordem que é a substância da política, em diversos planos de manifestação. Há representação no agir político institucional e formal, de nível elementar. Existe também representação no plano existencial, situado para além da relação entre governante e governado e no qual um povo se afirma como unidade política. Mas se o agir político for reduzido a este sentido, a construção resultante consignada numa teologia civil, faz desaparecer o problema da verdade da alma, como sucede nas construções "gnósticas" da moderna ciência política convencional a partir de Hobbes. No plano culminante, a representação abre-se ao movimento de transcendência, que impede a posse institucional da verdade, e que exclui a possibilidade de transferir totalmente para a cidade a ordem captada na consciência.

Neste contexto em que a representação não se deixa encerrar em processos formais nem existenciais, Voegelin assumiu a crítica a Carl Schmitt num trabalho surgido em momento crucial do seu itinerário. Muito embora o conceito de representação não seja central em Schmitt, Voegelin confere-lhe particular relevo por o considerar excepcionalmente esclarecedor da função legitimante do espaço político estatal. Desde Hobbes até a moderna democracia, o Estado é impensável sem o princípio no qual se sintetizam os problemas do governo, da obrigação política e da constituição. Schmitt recorrera aos princípios de identidade e representação para analisar as variantes de regimes que se sucederam desde o Estado-Leviatã até o moderno Estado de Direito. A monarquia absoluta dos Bourbons exemplifica o máximo de representação; a democracia jacobina, anunciada por Rosseau, o máximo de identidade; o período constitucional do séc. XIX revela uma oscilação entre ambos os princípios. Se já a estreiteza desta antítese podia ser compensada pela introdução de um maior número de conceitos fundantes, também é certo que, ao estudar as decisões concretas, o próprio Schmitt privilegia o princípio de representação no qual se sintetiza o problema da obrigação política, resultante da diferença entre governantes e governados e o problema da constituição, ou seja, a capacidade de um povo se autoidentificar e exprimir a sua acção mediante instituições políticas. Mesmo os casos-limite de identidade de um povo consigo próprio, revelam o predomínio do princípio representativo. Nas democracias directas onde os cidadãos agem em conjunto, a assembleia não é todo o povo. E, sobretudo, os partidos, parlamentos e grupos de pressão nas democracias modernas são elementos representativos, situados a meio caminho entre o povo soberano e o povo súdito e indispensáveis para a articulação da realidade política.

A imposição da forma unitária à realidade política encobre a sua fundamentação em actos de autoridade e de acatamento. Para ganhar forma, um acontecimento político carece de dimensão pessoal porque a existência política é acção entre as pessoas. Mas num acto político singular nunca se dá a existência inteira e, nesta, o acto é sempre elemento constitutivo. Tanto o governante como qualquer dos governados representa a unidade política, tanto quanto a multidão de singulares. É uma ilusão crer que actos como o plebiscito estão intrinsecamente mais próximos da realidade política, dado que esta resulta sempre de actos que a transcendem. Por isso Voegelin prefere o termo "pessoas" para sublinhar a presença de um elemento que transcende o poder político. Enquanto o termo "povo" encobre a realidade de cada sociedade concreta e o respectivo processo transcendente de articulação, o termo "pessoa" ressalva melhor a dignidade implícita no princípio representativo, ao referir a totalidade dos indivíduos de cuja pluralidade o Estado se constitui como totalidade. Cada acção e cada pessoa representam a unidade política implícita no Estado.

Atingimos aqui o momento em que Voegelin se separa de Schmitt. Este utiliza conceitos como *unidade, vontade, poder, representante* para atingir a decisão existencial, a vontade como elemento fundante do Estado. É nisto que consiste o decisionismo da *Verfassungslhere*.[28] Mais que existência concreta de povo, forma de regime, lei fundamental do Estado, unidade político-jurídica, ou lei constitucional específica, a palavra "Constituição" significa a decisão com que a totalidade de uma unidade política determina a sua forma particular de existência. Ao entender que as unidades políticas excedem a forma político-jurídica, Schmitt proporciona um olhar filosófico sobre a política. Mas é falaciosa a sua pretensão de encontrar na esfera jurídico-política uma unidade estrutural, apenas própria de esfera cognoscitiva. A unidade do Estado só se dá nas sínteses abstractas. Tal como todos os cultores convencionais da *Staatslehre*, Schmitt constrói um conceito tipológico da unidade do Estado que abrange, como seus momentos, o soberano e os súditos, território, órgãos superiores, codificação do direito, aparelho coercivo e outros elementos. Afirma que um Estado é a unidade política de um povo. Na verdade, essa unidade pertence à esfera da existência concreta e não aos elementos abstractos. Fundação do estado, conteúdos político-jurídicos, convicções éticas, validade das normas,

---

[28] SCHMITT 1922 pp. 11-13 e 46. Conforme a abertura de *Politische Theologie*, "soberano é o que decide em estado de excepção" in SCHMITT 1922, p.11

legitimidade, etc., evidenciam os momentos constitutivos da realidade estatal mas não implicam a unidade do Estado.

Não conseguindo ultrapassar a teoria da constituição como unidade derivada da vontade política expressa pela decisão nem a vontade como unidade final entre ser e dever, Schmitt nada mais tem a acrescentar no plano dos princípios. Mas no estudo das decisões concretas, é exemplar a sua análise de que, no plebiscito, as respostas tendem a conter um mínimo de decisão própria e se limitam a validar um facto consumado. Grande parte dos cidadãos é apolítica e remete para a vontade alheia as decisões. Dada esta tácita submissão, a opinião pública passa a ser sustentada por minorias. A esta sugestão deveria seguir-se a explicação do modo como as ideias políticas, e a pluralidade de decisões e comportamentos, formam a unidade de campos sociais. Por exemplo, não é evidente se a submissão das maiorias à decisão se deve ao medo de decisão, se à prudência. Limitar-se a afirmar que basta um povo ter vontade de existir para encontrar o regime que lhe convém, não é uma resposta convincente.

Para esboçar essa resposta, Voegelin desconstrói o conceito de representação. Num primeiro nível, a representação toca a todas as pessoas que integram a existência política. É a partir das pessoas que o Estado é constituído como totalidade em que qualquer membro é representativo da unidade. O conceito "povo" deve ser reservado para a relação entre soberando e súdito, *Herrscher/Diener*. Neste segundo sentido, só quem governa participa na representação. O representante concretiza o princípio da existência política porque é mais que um mandatário ou um administrador de coisas. Numa terceira valência, representar significa tornar visível um ser invisível por meio de um ser público. Um povo que exista como unidade política, participa de uma existência mais elevada que um grupo humano amorfo e transmite à entidade soberana esse ser acrescido que Burkhardt designou por *pathos* do Estado, resultantes das suas tradições, cultura, riqueza, etc. O significado culminante de representação alude ao fenómeno pelo qual o Estado, enquanto totalidade, se torna símbolo através de uma pessoa, na qual todos concentram a experiência da autoridade. Esta compreensão culminante requer um símbolo; a fundamentação racional é secundária. A teoria da imagem simbólica de unidade, substitui as hipóteses da unidade abstracta mediante a tensão entre as exigências de decisão e de dever-ser.

As limitações da teoria do Estado de Schmitt, patentes no desencontro entre a riqueza dos dados apresentados e um aparelho conceptual inadequado, resultam da sua posição ambígua como observador externo e criador de ideias políticas. As ideias político-constitucionais do mundo de Weimar servem-lhe para construir um sistema coerente e completo do universo de leis constitucionais, poder constituinte e problemas de cidadania, valor, mudança e revolução no Estado. Mas o construtor de um universo conceptual deste tipo torna-se um criador de ideias políticas em conflito com as opiniões vigentes e quem se coloca como construtor de ideias políticas deixa de poder transcender o objecto. Tal posição politizadora, resultante da confusão entre significado e intenção da obra, leva a que muitos o critiquem como ideólogo. Mas se uma crítica ideológica é desprovida de valor científico, também é verdade que uma crítica neutralista, dentro do universo jurídico-político das ideias de unidade do Estado, tem discutível valor teórico. A análise voegeliniana é construtiva porque, recusando os princípios teóricospolíticos schmittianos, aproveita-lhe a riqueza conceptual para radicalizar o tema da representação. Ao reconhecer a incapacidade de a ciência jurídico-política exprimir em símbolos a experiência da unidade política chama a atenção, e bem, para o papel central das ideias.[29]

Na teoria da representação voegeliniana tem ainda particular relevo a figura de Maurice Hauriou cuja teoria institucionalista apresentada em *Précis de Droit Constitutionnel*, 1929, é mais que uma teoria de legitimação do poder político.

---

[29] *Rasse und Staat* 1973, pp. 2,10,19,35,64,71.

Considera Hauriou que a ordem legal da Constituição é um fenómeno secundário perante a exigência da legitimidade dos governantes. Uma instituição política realizada na história cria sempre uma ordem constitucional, com a forma de um conjunto de regras legais. Para ilustrar a tese de que a autoridade de um governante depende do seu êxito em impor a *idée directrice* da instituição, recorre ao exemplo da monarquia francesa. A esfera pré-legal da fundação, reforço e preservação do reino Franco mostra como os governantes se tornam representativos de uma instituição. A evocação do rei como símbolo da existência nacional é o núcleo em torno do qual se sedimentam as camadas históricas dos simbolismos helenístico da lei animada, do governante ungido de Israel e do Imperador romano. A união entre o rei e o povo, ligado por lealdade, é o premissa para a evolução futura das formas de governo constitucional. Estas conclusões acerca da representação como condição de governo legal não estão isoladas. Na fase final crítica das monarquias ocidentais, quando a função régia foi submersa por ondas de constitucionalismo popular, surgiram as teorias políticas a acentuar a função representativa do rei no corpo político. Na revolução inglesa, Hobbes desenvolve a teoria representativa que se manterá através de Bagehot até à actualidade. Na França, a teoria representativa surge quando está no declínio a governação de Napoleão III. Em 1869, Ernest Renan em "La Monarchie Constitucionelle en France", publicada na *Revue des Deux Mondes*, considera a França como o trabalho dos seus reis, nobreza, clero e terceiro estado. Ciente de que a função e prestígio da monarquia resulta na capacidade representativa, Hauriou projecta esta teoria para a sua doutrina das instituições políticas. Se um governante consegue imprimir o seu modelo na realidade histórica como ideia directriz, torna-se o criador de um corpo político nacional.[30]

Em NCP, após reconhecer as aporias da representação em diversas formulações contemporâneas e as aporias "fundacio-

---

[30] Hopi §7 p.26

nistas" da ciência política moderna, o pensamento voegeliniano move-se para a realidade política concreta, a fim de colher a essência da representação. Ultrapassada a acepção formal, assume novos significados existencial e transcendental de representação. Existem vários processos genéricos de representação elementar que permitem a uma sociedade designar os seus representantes: eleição de membros de uma legislatura por voto popular, relação do executivo com outros poderes, frequência das eleições, papel dos partidos e processo efectivo de legislação. Nas circustâncias históricas contemporâneas, estas instâncias são condições necessárias para a expressão da substância social. Contudo, a "mera descrição da realização exterior da sociedade política não toca a questão fundamental da sua existência".[31] Uma sociedade apenas "começa a existir quando se articula e produz um representante".[32] E para que um governo seja representativo não basta que preencha os requisitos constitucionais; terá também de realizar a ideia de instituição que o originou, como advertira Maurice Hauriou.[33] Sendo primeira tarefa de qualquer comunidade articular-se como um corpo político, a segunda tarefa consiste em legitimar os governantes. O governante é legítimo e representativo quando cumpre a ideia directriz e recolhe o consentimento popular. Esta coesão da sociedade através de liderança é um dos problemas centrais da ciência política, a que vieram dar resposta as teorias da classe governante de Pareto e de Mosca bem como a da minoria criativa em Toynbee. Mas como a ideia directriz é uma unidade que não se possui no imediato, a natureza da representação exige um outro nível para "tornar presente o que está ausente", a sua verdade. Cada membro da sociedade empenha-

---

[31] NSP, p.49 "...*The mere description of external realization of a political society did not touch the fundamental question of its existence*".

[32] NSP, p. 49 "...*A political society comes into existence when it articulates itself and produces a representative*".

[33] NSP, p.48. Maurice Hauriou, 1856-1929, foi, a par de Renard e Delos, um dos próceres da Escola Institucionalista de Direito e autor de um reputado *Précis de Droit Constitutionel*, onde define como governo representativo aquele que além de o ser no sentido constitucional, realiza também a ideia da instituição. Ver HAURIOU 1929. Segundo BRODERICK 1970,p.2: "*What the Institucionalists actually do is to shift the focus in law form concepts to precepts*";

se na articulação comunitária e tem de justificar sua inserção, aceitando, rejeitando ou transformando a ideia directriz. A dinâmica de representação da verdade, surgida nos pronunciamentos pessoais, comunicados em erupções de ordem na consciência pessoal, estende-se depois a todos os membros da sociedade no decurso do processo histórico. A *representação transcendente* nasce deste diálogo entre os *prudentes*, informados por recursos de tipo noético ou pneumático.

Com esta elaboração do conceito de representação, Voegelin cumpre o objectivo de mostrar as aporias que marcam as análises convencionais do poder; colhe a política na sua originalidade, para além do pressuposto da forma moderna do estado; desce às profundezas da consciência, reassumindo a interrogação socrática num modo de pensar que não é sistema nem doutrina; e pensa as aporias que na moderna ciência política impedem de colher a ordem como substância da política. Se a ciência política é uma das formas atrvés das quais a modernidade se constitui e que retira aos símbolos a potência constitutiva, a filsofia civil tem de retomar num gesto inovador um tipo de relação entre o pensar e a prática que não sofra dessa redutividade. Existe um reducionismo moderno que, ao definir a unidade política pelos nexos de soberania e contratualidade, configura um poder uniformizador que apenas permite às pessoas um agir privado, com o sentido negativo que acompanha o termo. Não é por acaso que a crise permanente da fundamentação e da legitimação do poder coercivo do Estado moderno resulta de aporias constitutivas da sua construção teórica. E tal como outros autores das mais variadas correntes que, no nosso século, pensaram o mundo político mediante a crítica à forma do Estado-Leviatã moderno, Voegelin esclarece a origem do político de modo a revelar a pretensão de absoluto do Estado e as contradições que decorrem da absolutização do fenómeno do poder como centro da ciência política.

Se transitarmos da ciência política normal para os grandes nomes do séc. XX veremos que, embora alguns se libertassem do positivismo, quedaram-se por um conceito de realidade política que esquece o carácter interino da existência. A orientação filosófica permanece suspeita aos olhos destas politologias nas quais qualquer sistema de valores é sempre expressão duma época. Vilfredo Pareto não aceita senão uma unidade formal para os fenómenos políticos. Para Carl Schmitt,[34] a decisão é a substância da política que resolve aporias políticas teóricas e práticas. Max Weber apenas admite a valoração como alheia ao domínio dos factos. Karl Mannheim,[35] reclamou-se do carácter puramente perspectivo do conhecer. Para Raymond Aron, a historicidade ilegitima qualquer pretensão de verdade supratemporal. Apesar do positivo contributo que prestaram, estas sínteses ficam aquém de um alternativa válida à ciência política convencional. Sofrem de compromissos teóricos mal resolvidos e ultilizam critérios metodológicos demasiado estreitos – empiricidade, descritividade e neutralidade perante os valores. Generalizando o que Eric Voegelin afirmou sobre Max Weber, avistaram a *terra prometida* mas foi-lhes vedado nela penetrar.[36]

---

[34] A soberania reside na entidade autorizada a decidir em estado de excepção (*Ausnahmezustand*) e não nas normas constitucionais. SCHMITT 1922 pp.11-13 e 46. Conforme a abertura de *Politische Theologie*, "soberano é o que decide em estado de excepção" in SCHMITT 1922, p.11. Cf. as críticas de Joseph BENDERSKY 1983, em particular pp.36-39, e as que o mesmo autor apresentou em "Politische Romantik" in QUARITSCH 1988. pp.465-490.

[35] MANNHEIM 1956, p.4: "A tese principal da sociologia do conhecimento é a de que há aspectos do pensar que não podem ser intepretados adequadamente enquanto as suas origens sociais permanecerem obscuras".

[36] NSP, p.22. Veja-se a severa crítica neotomista a Weber empreendida por MIDGLEY 1982 (?) Cf. ainda as críticas de feição marxista à sociologia weberiana, feitas por autores da escola de Frankfurt.

9. Teoria da História

"Uma genuína reflexão histórica tem (...) de se compenetrar da forma espiritual de outrem, até atingir o ponto de transcendência e tem de formar e clarificar a própria experiência pessoal de transcendência no decurso dessa compenetração. A compreensão da forma histórica do espírito é uma katharsis, uma purificação no sentido místico, com a finalidade pessoal de iluminação e de união mística; objectivamente, se este processo for empreendido com base em materiais abundantes, pode conduzir à elaboração de linhas de ordem que signifiquem a revelação do espírito na história; deste modo objectivo e final, fica traçado o caminho para a criação de uma filosofia da história."[1]

As teorias da história

As conclusões sobre a história como dimensão do campo de consciência emergiram lentamente na pesquisa, dado exigerem elementos de autocrítica que não estavam de imediato disponíveis. Pesava particularmente a avaliação da modernidade como desencanto ou, mormente em NCP,

---

[1] A 1966, p.32. carta de 17 Set. 1943 a Alfred Schutz *"Eine echte geschichtliche Besinnung hat (...) die Aufgabe (...) die geistig-geschichtlicher Gestalt des andern bis zu ihrem Transzendenzpukt zu schulen und zu erklären. Das geschichtliche Verstehen ist eine Katharsis, eine* purificatio *im mystichen Sinn, mit dem persönlichen Ziel der* iluminatio *und der* unio mystica: *sachlich kann es, wenn systematisch an grossen Materiaketten, zur Herausbeitung von Ordnungsreihen in der geschichtlichen Offenbarung des Geistes führen, sachlich-final kann es auf diesem Weg eine Philosophie der Gerschichte produzieren".*

como crescimento de gnosticismo. Ora uma teoria da história que queira acolher a novidade não deve submeter o futuro a uma sequência já projectada, que impede o irromper do novo. É a crítica da historiogénese que prepara a descoberta da dimensão, na qual a consciência humana reconquista a temporalidade através da novidade. É esta fortíssima presença do que é novo que explica a rejeição voegeliniana dos sistemas deterministas que fecham a história numa construção linear. E é esta erupção (*Einbruch*) da novidade, que permite transitar das filosofias da história para a filosofia, *tout court*, diferenciando a consciência que diz a ordem das autointerpretações de cada sociedade.

O contacto com a historiografia e o debate dos respectivos supostos levou a Voegelin o problema da relação entre dados disponíveis e redes de interpretação. Max Weber levantara a questão de saber se as ideias-valores que orientam a selecção de dados poderiam ser submetidas a provas de validação. A ciência histórica supõe o homem capaz de atribuir sifnificado à realidade empírica. Apresentar dados, implica ordenar o fluxo de acontecimentos segundo ideias e valores que lhe garantam o significado original. Como respeitar os símbolos com que as sociedades se autointerpretam e quais os critérios que viabilizam a sua diferenciação numa teoria, eis o tema que desde sempre interessou o autor de *Order and History*.[2] As duas exigências apenas serão cumpridas se a história for

---

[2] Referiu Augusto del Noce, tradutor e introdutor de *A Nova Ciência da Política* em Itália, in AA.VV., 1972, p.79, que "o carácter próprio da história contemporânea é de ser "história filosófica". O tema da história em Voegelin, é um dos mais acompanhados pelos comentadores. Veja-se: GEBHARDT Jürgen, 1982, "Toward the Process of Universal Mankind. The Formation of Voegelin's Philosophy of History"; HAVARD Jr. William, 1978, "Voegelin's Changing Conception of History and Consciousness"; MACEDO Jorge Borges de, "Voegelin", in Enciclopédia VERBO; MCKNIGHT Stephen, 1978, "The Evolution of Voegelin's Theory of Politics and History"; MCCARROLL Joseph, 1981 "Man in Search of divine Order in History"; MOULAKIS Athanasios, 1986, "Political Reality and History in the Work of Eric Voegelin"; NIEMEYER Gerhart, 1981, "Are there "Intelligible Parts" of History?"; SEBBA Gregor, 1981, "History, Modernity and Gnosticism"; WALSH David J., 1984, "Voegelin's Response to the Disorder of the Age"; WEBB Eugene, 1981, *Eric Voegelin, Philosopher of History*.

compreendida de modo interino. A ciência deve distanciar-se da autointerpretação (*Selbstbesinnung*) e deve repensar o gesto inaugural nela veiculada. As formas interpretativas devem emergir da realidade empírica e o estudo dos materiais deve assentar nos simbolismos gerados pelas constantes da experiência. Os eventos pragmáticos e espirituais que modelam uma época têm de ser organizados numa configuração que projecte esse período e essa sociedade concreta como uma ordem na história. Por seu turno, tais estruturas de ordem integram um campo de compreensão, mais vasto, a partir do qual é possível evocar as experiências que configuram o mundo histórico.[3]

Esta investigação da história como *processo de participação no ser* revela uma tensão muito peculiar. E a tal ponto se agudiza esta tensão na obra de Voegelin que quase existe um conflito entre uma primeira fase que valoriza o *processo* e uma segunda fase que dá maior relevância à *participação no ser*. O princípio inscrito na primeira frase de OH I – "a ordem da história emerge da história da ordem" – indica a busca do sentido inscrito no processo civilizacional. A introdução de OH 2 reforça esta procura de um fio condutor. E a orientação global dos três volumes iniciais supõe que a consciência progride de estádios mais compactos para fases diferenciadas, numa sucessão que forma "um ciclo civilizacional de proporções histórico-mundiais". Já em artigos como *Historiogenesis, Configurations of History* e, sobretudo, em *A Era Ecuménica*, Voegelin apresenta o decurso da história de modo plurifacetado, identificando situações discretas de ordem. Não se lhe afigura viável apresentar uma sequência culminante no presente. Não é possível fundamentar na autointerpretação das sociedades um "padrão horizontal" de civilizações. E a tal ponto Voegelin radicaliza o conceito de surtos epocais e erupções de ordem, com "um campo perturbadoramente diversificado de centros

---

[3] 1970 "Equivalences of Experience and Symbolisation of History", pp.215-6: "*The study of symbols is a reflective inquiry concerning the search for the truth of existential order, it will become, if fully developed what is conventionally called a philosophy of history*". NIEMEYER 1980, em particular pp. 309-310, estabelece a compatibilidade entre princípios agostinianos e voegelinianos da história.

espirituais" e uma "pluralidade de centros de sentido" que quase faz implodir o conceito de história.

Esta tensão esclarece-se à luz da interpretação da história como área de novidades. A experiência humana registra avanços genuínos no tempo, designados conforme a configuração interpretativa em que são colhidos. São *irrupções de transcendência* enquanto acontecimentos de ordem espiritual projectados na sociedade; *saltos no ser* porque ocorrem de um modo que ultrapassa a iniciativa humana; *surtos diferenciadores* porque permitem a transição do estádio compacto da consciência para uma diferenciação, *eventos epocais* porque agrupam uma constelação de acontecimentos, personalidades e instituições. Todos esses termos assinalam as mudanças, em que se adquire consciência de um *antes* e de um *depois* da novidade. A passagem do *homo sapiens* mudo para o *homo sapiens sapiens* criador de símbolos, do homem petroglífico para o homem escritor, do animismo para as religiões cosmológicas, da superstição para a revelação, do mito para a filosofia, do paganismo para o cristianismo, da manufactura para a era tecnológica, eis novidades culminantes que modificam a história sem lhe alterar a estrutura. A tendência para interpretar a modificação no tempo como mudança do ser tem de se confrontar com os simbolismos autointerpretativos, que não justificam que se interpretem as mudanças como pontos de transição. A condenação dos antepassados como atrasados é um sintoma de ignorância de quem está preso ao seu tempo. A história é realidade interina captada pela tensão da consciência; não é um *puzzle* cuja solução possa ser achada de uma vez por todas: é uma configuração de acontecimentos que resultam de um encontro divino-humano; não é um processo que tenha um fim-da história imanente: é um mistério em acto de revelação no qual "as sociedades se interpretam como representantes de uma verdade transcendente"; não é uma narrativa a ser esgotada num conto como princípio, meio e fim.[4]

---

[4] CF. WEBB 1981, pp.258-260

Este caminho obrigou Voegelin a um demorado contacto com as filosofias da história. Da tradição cristã e, em particular, da linha agostiniano-orosiana trouxe a visão geral das ascensões e quedas de impérios e nações e da sucessão de épocas culturais. Dos clássicos gregos e romanos, recolheu a problemática do ciclo histórico, criada pela filosofia platónico-aristotélica, elaborada em sugestões estoicas, explicitada por Políbio, recuperada por Maquiavel e, através de Giambattista Vico, conducente às teorias de Schelling, Meyer, Spengler e Toynbee. A relevância destas teorias é independente dos debates conduzidos *ad nauseam* sobre a relação entre ciclo e progresso, retorno e diferenciação. A proposta polibiana do destino manifesto de Roma, sublimada por Agostinho, Orósio e Eusébio na *preparatio Evangelii*; a solução maquiavélica do retorno às origens; a proposta de Vico de coexistência de *corsi* e *ricorsi* históricos com o *recursus* cristão; a renovação do cristianismo, em Shelling: o eterno retorno, de Spengler, a abertura da alma, segundo Bergson: a criação das religiões superiores para além da poeira das civilizações, descritas por Toynbee: eis propedêuticas à busca da ordem do ser, nas quais o tempo não constitui o espaço absoluto da existência das sociedades, pelo que a história surge como realidade interina.

"A história respira devagar", escreveu Eric Voegelin para assinalar que as escalas cronológicas jamais são suficientemente longas na perspectiva da filosofia que insere o tempo no ser.[5] Em desacordo com reputados intérpretes do helenismo, Voegelin começa por mostrar que os gregos tinham uma consciência da história, mais profunda do que geralmente se admite, e que ajudava a consolidar laços civilizacionais entre as diversas cidades. Entre os factores dessa dimensão histórica, conta-se a memória da imigração do séc. IX a.C., que transmitia o começo de um novo período aqueu-micénico, separado das remotas origens minoico-cretenses. Por seu turno,

---

[5] Voegelin, OH IV, p.331: "*History, it appears, has a long breath. If one realizes that we are still grappling today, and still inconclusively, with the problems set by the differentiations of consciousness in the Ecumenic Age, one may feel that nothing much has happened durind the last 2.500 years*"

a épica de Homero e a memória da guerra de Tróia providenciavam uma mitologia comum e uma unidade política potencial. Da variedade de estratos transmitidos por mitos, baladas, tradições orais e cultos, os historiadores do séc. V procuraram extrair um significado com qual pudessem responder às crises da época. Em resposta à crise da invasão persa, Heródoto esforçou-se por preservar as tradições. Para esclarecer a desastrosa guerra do Peloponeso, Tucídides descreveu o "movimento" (*kinêsis*) que opunha as *poleis* numa guerra civil. E face à decadência de Atenas como dirigente da Hélade, Platão fixa a dimensão temporal da existência através do *mito da caverna*, o equivalente noético da experiência israelita do êxodo. Quanto a Aristóteles, ao distinguir entre a época do mito e a génese do trajecto filosófico, revela clara consciência de um novo período greco-helénico, do qual Alexandre Magno será o organizador imperial. Em contrapartida, à medida que cresce esta racionalização, perde-se a consciência de participação numa comunidade do ser. Para combater o mito homérico, Heródoto recorre ao senso comum e Tucídides procura construir um processo lógico baseado na compreensão da política do poder. Consciente destas insuficiências do mito e da historiografia, Platão cria a ciência da ordem, ao reunir as virtudes intelectuais dos atenienses às virtudes militares dos Espartanos e ao esplendor transmitido pelas velhas tradições minoico-cretenses. Por todos estes motivos, no diálogo *Leis*, situa em Creta o *omphalos* da nova Grécia. É este conjunto de propostas que permite compreender a memória clássica grega como um processo muito rico que se estende por variantes míticas, historiográficas e filosóficas.

    O cristianismo configura a história por uma realidade providencial. O que na existência pessoal é êxodo para além da existência presente e nas sociedades uma luta por uma sociedade melhor, revela-se como movimento escatológico para além da temporalidade e em direcção à revelação derradeira. A partir de sugestões presentes nos Evangelhos e em Paulo, Agostinho compaginou o decurso temporal com a participação humana no ser eterno na dualidade *história sagrada*, *história profana*. Face à educação divina do género humano e à edificação da Cidade de Deus – *história sagrada* – as tribulações dos povos constituem *história profana*. Aos dois cursos de história corresponderiam fins absolutos e imanentes da existência. E este modelo permaneceu idêntico, em linhas gerais e sem alternativas convincentes, desde a *Cidade de Deus* de Agostinho e a *História Contra os Pagãos* do bracarense Paulo Orósio no séc. V a.C. até ao *Discurso sobre a História Universal* de Bossuet nos finais do séc. XVII.[6]

As implicações deste modelo providencialista não são evidentes. Voegelin sublinha que, à medida que se acumulavam novidades e se constatavam excepções, o modelo se revelava demasiado compacto para avaliar a interpenetração histórica entre transcendência e imanência: mas tende a esquecer que Agostinho refere o tempo como *seculum senescens* porque a sua atenção está ordenada à escatologia. A permanência do cristianismo para lá do quadro civilizacional que lhe serviu de base; o alargamento do horizonte geográfico para a América, África e Oriente; a existência de povos que não participavam na história da salvação; o chamamento à fé desses povos extraeuropeus; o progresso dos conhecimentos humanos; eis vários dos motivos de ruptura que mostravam a inviabilidade da solução agostiniano-orosiana desde os finais do séc. XVII. Uma vez que a humanidade universal deixara de caber nos limites da *história sagrada*, onde encontrar um novo fio condutor para a sequência das unidades históricas? A versão pessimista da história profana como *seculum senescens*, apresentava-se cada vez mais injustificada perante o crescimento das pujantes sociedades cristãs. E o clima de opinião imanentista que se recusava à meditação filosófica e religiosa considerava inviável a teologia da história. A erosão do facto

---

[6] Cf. DILTHEY 1944, p.116 "*Esta filosofia da história constitui o centro da metafísica medieval do espírito. Mercê na teoria das substâncias espirituais, desenvolvida pela metafísica geral da Idade Média, recebe um fundamento de rigoroso cunho metafísico: com o desenvolvimento da Igreja papal e as suas lutas pelo Império, cobrou uma poderosa e esclarecedora actualidade; com a teoria canónica da natureza jurídica, este corpo místico chegou às consequências mais radicais para abarcar a organização exterior da sociedade*".

cristão como acontecimento central convertera a *história universal* em símbolo decisivo da autointepretação ocidental, tornando-se imprescindível encontrar um plano alternativo da história universal. A partir de então, seguiram-se caminhos muito diferentes. Vozes como as de Vico, Schelling e Bergson comprenderam a necessidade de diferenciar a solução cristã e de não concentrar o decurso histórico numa fórmula deduzida de um princípio metafísico geral. Autores como Turgot e Toynbee ensaiaram soluções de compromisso ao admitir que uma civilização poderia decair, enquanto à humanidade progredia a caminho da perfeição. Mas a concepção triunfante instalou-se com os Iluministas do séc. XVIII, cujas conclusões foram retomadas por positivistas, hegelianos e marxianos do séc. XIX, neopositivistas, neo-hegelianos e marxistas do séc. XX e que impuseram o sentido determinista da história.

A primeira vaga de propostas modernas do fim-da-história surgiu em autores como Voltaire, no *Ensaio sobre a História Universal*, Gibbon, em *Decadência e Queda do Império Romano*, Condorcet, no *Esboço de História Universal*. Todos se propuseram um sentido imanente para o decurso histórico. Conforme referiu Karl Löwith, secularizaram a teologia da história, ao atribuir um significado absoluto à história secular, e reproduziram a contracção joaquimita, ao substituir a escatologia pela afirmação do progresso como lei geral da evolução da humanidade. Ao separarem-se das raízes religiosas, conferiram um carácter intramundano a pseudodivindades tais como humanidade, nação, raça, proletariado: o único intolerável é o cristianismo. Hegel iniciou outro tipo de revisão do modelo agostiniano: alargou a história do espírito para além do enquadramento hebraico-greco-cristão, de modo a incluir num todo as civilizações conhecidas. Esta suposta *marcha do espírito* que confere sentido aos acontecimentos parcelares pretensamente recuperados na dialéctica da negatividade, implica o esquecimento das novidades históricas e a distorsão dos "saltos no ser" e da "consciência epocal". A obliteração das fronteiras entre o *conceito* filosófico e o *Verbo* revelado, deformava a visão cristã de uma educação divina da humanidade numa gnose, ou *saber absoluto*.[7] História, sociedade, indivíduo, inconsciente, ou entidades semelhantes, podem assim tornar-se os protagonistas da razão universal. A *síntese objectiva* no positivismo, o materialismo histórico das *lutas sociais*, os historicismos neo-hegelianos do fim-da-história, apresentam a *história* como um processo imanente, configurado como totalidade, portador da autorredenção humana e culminante no presente. Este excesso secularista que capta o devir como processo de autossalvação, em que a razão se realiza abriu caminho aos activismos políticos que desde o séc. XVII induzem no Ocidente os modelos de *sociedade fechada*.

A pesquisa de Voegelin seguiu um caminho muito diferente das especulações imanentistas: "O filósofo deve vigiar-se, para não cometer a falácia de transformar a consciência de um mistério que se está a desdobrar numa gnose de um progresso no tempo".[8] A reflexão das teorias da história permitiu-lhe ver que a história emerge da participação humana na ordem do ser, procedendo dos símbolos irreflectidos para a interpretação do significado. Como assinalou Vico, o espírito forma o seu próprio corpo místico, para além da ordem dos *corsi*; Schelling deixou bem claro que a filosofia tem de se tornar história, para se desprender da substância mítica da civilização; Bergson criou o símbolo da abertura da alma; Toynbee propôs a convergência das civilizações no fenómeno das religiões superiores. E, conclui Voegelin, utilizaram soluções equivalentes ao realismo noético ao assinalarem que a finalidade do percurso histórico não se confunde com um momento presente e culminante.[9]

---

[7] Gottfried 1986 chama a atenção para a predominância desde os anos 50 do modelo historiográfico de Hegel no pensamento conservador americano, sobretudo por influência de Karl Wittfogel.

[8] OH II, p.5: "*The philosopher must beware of the fallacy of transforming the consciouness of an unfolding mistery onto the gnosis of a progress in time*". Nietzsche na 1ª Consideração Intempestiva, "*Vom Nutzen und Nachteil der Historie*", 1874, é o primeiro a identificar boa parte da historiografia como um produto da *hybris* de epígonos que presumem situar-se no cume do processo histórico mas que mais não são do que *Erdföhe*.

[9] Hopi, IX, Giambattista Vico, p.153

Para Giambattista Vico, o primeiro passo consiste em libertar a mente de imagens e planos que pretendam absorver o significado de Deus numa marcha do mundo e da história. O *senso commune* desembaraça o intérprete das especulações racionalistas acerca do início e do trajecto das sociedades. O intérprete fica receptivo às expressões simbólicas, em que a natureza irreflectida do homem é imediatamente acessível. As linguagens do mito, poesia e instituições civis elaboradas por cada povo, são a fonte autorizada para compreender o lugar da mente humana no cosmos. Servindo-se de uma metafísica de tipo tomista e de fontes muito ricas que se estendem do humanismo renascentista até ao neoplatonismo, interpreta o conjunto das civilizações como um desdobramento no tempo das potencialidades da espírito. Estabelece um modelo de continuidade espiritual. A classificação das formas de regime é substituída pelo *corso* como unidade inteligível de investigação. O povo é a unidade a partir da qual interpretamos um campo pluralista de fenómenos históricos. As formas políticas correspondem às deambulações da *mente eroica* entre os vários estratos da sociedade. Ao ciclo dos *corsi* e *ricorsi* corresponde o percurso civilizacional da *mente eroica*. Se este percurso for visto em sintonia com o seu significado transcendente, deixa de surgir como uma cadeia de eventos insensatos. Por detrás do véu de fenómenos, reside a realidade da natureza. A par do sentido empírico do declínio e queda das nações, expresso nos *corsi* e *ricorsi* como estrutura do *seculum*, existe o *recursus*, a possibilidade permanente de que pessoas e sociedades ingressem no cristianismo. Este significado transcendente completa e amplia as conclusões da ciência empírica e valoriza a existência mundana do homem, lançando as bases de uma nova teologia de história para a qual restaria aguardar a vinda de um novo Agostinho.

Schelling é o autor que Voegelin convoca para ilustrar a análise noética da história, ao considerar incontornável a proposta da *Philosophie der Mythologie und der Offenbarung*, para quem procure reverter da apostasia da razão sem descurar a dimensão empírica da história. Através da *anamnêsis*,

Schelling apresentou uma resposta aos processos de desdivinização (*Entgötterung*) do mundo e desintegração do mito. A *anamnêsis* recupera, como fases significativas do processo de teogonia, os processos espirituais conducentes aos mitos cosmológicos e dogmas religiosos. O passado não é uma aberração de um intelecto sub-desenvolvido mas um passo válido na expressão da realidade espiritual. Contudo, os impasses da filosofia idealista e do gnosticismo perturbam esta construção. Bergson é também convocado por Voegelin para situar a historicidade num horizonte espiritual. O homem das civilizaçãoes antigas, pré-helénicas e pré-cristãs pertenceria a uma "*societé fermée*" e submeter-se-ia a uma "*moralité close*", nas quais predominavam os múltiplos deveres sociais, criados para conter os destrutivos impulsos egoístas. Estas prioridades sociais impedem uma plena liberdade do espírito. Em contrapartida, a "*moralité ouverte*", descoberta por filósofos helênicos e doutrinadores cristãos, assenta na exigência íntima de uma nova liberdade de espírito para a humanidade.

Tal como o autor de Les Deux Sources de la Morale et de la Religion, também Tonybee e Spengler sustentam a superioridade do espírito perante a acção, a existência de progressos na história e a valia das civilizaçãoes extraocidentais; as suas teorias não são deterministas, nem unilineares, nem eurocêntricas. Mas a fim de manter a universalidade do processo histórico, Spengler reverte para uma interpretação pré-cristã. A pluralidade de culturas em O Declínio do Ocidente abole o sentido espiritual da história. Quanto a Tonybee, após introduzir a unidade de civilização como *campo de estudo inteligível* em A Study of History, apercebeu-se de que tais átomos sociais comunicavam através da criação do que designou por "igreja universal", crisálida de uma nova civilização.[10]

---

[10] A 1978, p.203: "*Beyond the subunits of organization Toynbee introduces the historical process of Power and the civilization as its framework in order to determine the "intelligible field of study", which through this expansion of the temporal dimension does note cease to be a study of political reality.*" [N. E.: Além das subunidades de organização em cada seção temporal cruzada, Toynbee apresenta o processo histórico de poder e de luta – e então a civilização como sua moldura – a fim de estabelecer o que ele chama o campo inteligível de

Esta inflexão reflecte-se na classificação das sociedades pelo critério das religiões superiores, nos volumes VII-X. Mesmo truncados, os resultados desta tese eram positivos porque ajudavam a eliminar as ilusões de um progresso absoluto na história, do homem como seu sujeito exclusivo e do sentido imanente como chave da acção humana.[11] Dois séculos de investigações historiográficas e de reteorização não-determinista auguravam os desenvolvimentos anunciados nos inéditos de Hopi e confirmados em *Anamnesis*. Tratava-se de compatibilizar o curso imanente da história com um significado que não fosse um apocalíptico fim-da-história e de conceber transcendência e imanência como índices noéticos polarizadores da liberdade humana.[12]

Autocrítica e historiogénese

A interpretação voegeliniana surge em continuidade com a de autores cujos contributos permitiram substituir o determinismo histórico por morfologias não-deterministas. Mas para colher esses elementos e eliminar obstáculos, Voegelin

---

estudo, que, a despeito da expansão da dimensão temporal, permanece um estudo da realidade política. In *Anamnese*, p. 499. op.cit.]

[11] Segundo Voegelin, Eduard Meyer (cf. MEYER 1953) é o primeiro apontar uma concepção cíclica da história, depois desenvolvida em SPENGLER 1925, em particular Vol IV p.97-296. A deslocação do eixo eurocêntrico para uma ecúmena de relacionamento temporal e espiritual entre o Oriente e o Ocidente é reforçada pelas obras de René Grousset (cf. GROUSSET 1929, 1946. 1952, 1955); TOYNBEE 1972 irá desenvolver de modo majestoso esta concepção. Helmut Kuhn em "Periodizität und Teologie in der Geschichte" in OPITZ e SEBBA 1980, pp.285-30, apresenta as críticas voegelinianas às filosofias da história de Spengler e Tonybee.

[12] A 1966, p.278 *"Wir stehen heute am Anfang großer philosophischer Entwicklungen durch die Entwicklung einer Philosophie der Geschichte, die zum erstenmal den Phänomenbereich in seiner globalen Breite und zeitichen Tiefe zu erfoschen hat"* [N. E.: Hoje estamos no limiar do começo de grandes desenvolvimentos filosóficos, através do desenvolvimento de uma filosofia da história que pela primeira vez tem de explorar o campo de fenómenos em sua largura global e profundidade temporal. In *Anamnese*, p.419. op.cit]

seguiu um percurso muito sinuoso. O não-determinismo teve de ser compaginado com as aquisições da historiografia. A centralidade de Cristo na história tinha de ser afastada das sequências lineares. O ciclo weberiano de desdivinização e redivinização, que ajudava a combater as ilusões do progresso histórico linear, estava hipotecado a uma visão determinista. Era preciso pesquisar de que modo as erupções da consciência geram a história. Para ultrapassar as limitações de análise da civilização como *campo de estudo inteligível*, era preciso esclarecer a relação da consciência com o ser de onde emerge. Para não pulverizar o processo histórico, era preciso investigar como o tempo constitui um processo no ser. Os temas voegelinianos da historiogénese, configurações e constantes na história, vieram dar resposta ao facto de que "o que acontece na história é o próprio processo da consciência a diferenciar-se e que a constitui".[13]

Voegelin não se libertou de uma só vez dos erros e influências que via espelhados em obras alheias: em nenhum outro tema como o da história, a pesquisa se aparesnta tão laboriosa. Um passo preliminar foi o questionamento da periodização convencional. O artigo de 1944 *Political Theory and the Pattern of General History* assinala os pontos que se tinham tornado melindrosos no decurso da redacção das Hopi:[14]

1. A acumulação de materiais sobre o Próximo e o Extremo Oriente e a Rússia, inviabiliza a visão eurocêntrica e linar da história.
2. Uma história da teoria política teria de começar pelo Próximo Oriente, sendo inaceitável a solução que confere centralidade ao chamado *milagre grego*.
3. Entre os gregos, Platão representa o esforço culminante da teorização para ordenar o significado histórico da emergência da filosofia.

---

[13] OH IV, p. 332. "*What happens in history is the very process of differentiating consciousness that constitutes history*"

[14] Publicado in *The American Political Science Review*, The Americal Political Science Association, 38(4), pp.746-754

4. O tratamento do período imperial romano deve assinalar uma ruptura com a ordem helénica.
5. O tratamento do cristianismo deve incidir no *pneuma* de Cristo porque a noção de *corpo místico* forma a substância da comunidade cristã.
6. O estudo da Idade Média deve cuidar melhor da formação dos estados nacionais, face à *translatio imperii* e ao feudalismo.
7. Deveria prestar-se particular atenção aos hábitos e pensamentos políticos que, permanecendo subinstitucionais no período medieval, se tornaram institucionais a partir da Renascença.

Em resumo: a visão da história permanecerá obscura enquanto persistir o uso de termos como "antigo", "medieval" e "moderno" para designar épocas absolutas, em vez de movimentos na dimensão histórica com expressão subinstitucional e institucional.

Uma primeira aplicação desta nova consciência da periodização surgirá em *A Nova Ciência da Política*. Aqui, a modernidade é circunscrita como o crescimento da desdivinização num curso de mil anos, iniciado por volta do século IX com as discretas especulações de Escoto Eriúgena, definido a partir da autointepretação da sociedade fornecida por Fiora, manifesto em comportamentos subinstitucionais de seitas clandestinas desde os séc. XII e XIII e plenamente revelado a partir do séc.XVI.[15] A trajectória posterior da desdivinização desdobra-se em versões cada vez mais imanentistas – humanista, reformadora, puritana, iluminista, laica, liberal, progressista, socialista e comunista – que declaram a dimensão escatológica da existência como irrelevante, obscurantista e insidiosa. O estádio afirmativo da modernidade – após o período de incubação entre os sécs. XII e XV – ocupou o período desde o Humanismo até ao Iluminismo. O cumprimento na terra do *eschaton* cristão modificaria a natureza do homem.

---

[15] NSP, p. 126: "*The best course will be to drop such questions and to recognize the essence of modernity as the growth of gnosticism*".

Talvez movido pela interpretação spengleriana da actividade *fáustica*, Voegelin considerou que o *activismo ocidental* é uma componente adicional da modernidade e que se exprime em símbolos de um crescimento, que não tolera ser compreendido como envelhecimento. A actividade civilizacional transformou-se em trabalho de autossalvação e de criação do paraíso terrestre. As primeiras manifestações em Dante e Petrarca do *império apolíneo*, cujo esteio seria o humanismo filosófico e literário, tornaram-se em devido tempo na concepção iluminista da humanidade que progride como *masse totale*.[16] O *divertissement* ocupou o lugar da vida da consciência, substituindo a *embaraçosa situação* de o homem viver como um ser necessitado do amor e da graça de Deus. A concessão da graça a si próprio foi estipulada numa sequência de fundamentações erróneas na modernidade, na qual "a morte do espírito é o preço do progresso". Em suma, *modernidade* não designa um espaço de tempo mas é *indício noético* de um processo cuja origem está implantada no período medieval mas cujo curso se prolonga até aos nossos dias.[17]

Voegelin seleccionou Joaquim de Fiora como criador do "conjunto de símbolos que preside, até hoje, à autointepretação da sociedade moderna".[18] Compostos nos fins do séc. XII, os escritos joaquimitas foram publicados pela primeira

---

[16] FER, pp.88-109. Voegelin contrasta a abertura a Deus com o simbolismo da *masse totale* em Turgot, a primeira vez que se manifesta a concepção totalitária segundo a qual uma parte da humanidae é representativa do todo.

[17] NSP, p.131: "*The death of the spirit is the price of progress*";cf p130: "*The miracle was worked successively thought the literary and artistic achievement which secured the immortality of fame for the humanistic intellectual, though the discipline and economic success which certified salvation to the Puritan Saint, through the civilizational contributions of the liberals and progressives, and, finally, through the revolutionary action that will establish the Communist or some other Gnostic millennium*"

[18] NSP, pp.110-113. Lembre-se o verso que Dante lhe dedica na Divina Comédia, Paraíso, XII, 139-141: "*...e lucemi dallato/ Il Calavrese abate Giovacchino / Di spirito profetico dotato*". [N. E.: e a mim luz imediato/o calabrês abade Joaquim:/ espírito profético é-lhe inato. Trad. Vasco Graça Moura. *In Divina Comédia*, Landmark, 2005]] Na sua interpretação, Voegelin tem presente TAUBES 1947, em particular pp.192-4, para o qual a história espiritual do Ocidente é a da dinâmica e dialéctica da alienação existencial; cita ainda LÖWITH 1949, GRUNDMANN 1927 e BUONAIUTI 1931.

vez em Paris em meados do séc.XIII, tendo o editor escolhido para título da colecção das obras principais a expressão nelas frequente "um novo Evangelho Eterno". Reconhecidas como obras autênticas são a *Concordia Novi ac Veteris Testamenti* (1184-89), *Expositio in Apocalypsim* (1184-1200_ e *Psalterium decem Chordarum* (1184-1200). Entre as obras menores depois coleccionadas, encontram-se *Tractatus super Quatuor Evangelia, De Articulis Fidei, Adversus Iudeos* e o tratado perdido *De Essentia seu Unitate Trinatis*. É ainda relevante o *Liber Figurarum*, atribuído a um discípulo, cujos diagramas representativos – três círculos enleados e parcialmente sobrepostos e cruzados pelo *Tetragrámmaton* – correspondem a cada uma das épocas da Trindade e acrescentam um dinamismo temporal à ênfase habitual na revelação do Deus uno e trino.[19] A originalidade resulta mais evidente se confrontada com os escritos do seu tempo e com as respostas às interrogações filosóficas sobre as características do ser divino.[20] Fiora transforma a concordância tradicional entre os dois Testamentos numa sequência a exigir um terceiro momento, o da plena manifestação do Espírito Santo. Às três pessoas da Trindade corespondem três fases da humanidade. Na era do Pai desenvolveu-se a vida do leigo com temor e tremor, desde Adão, passando por Abraão até o nascimento de Jesus Cristo. Na era do Filho, anunciada por Uzias, em fé e humildade, desenvolveu-se a vida do sacerdote. A terceira era, a do Espírito Santo, já anunciada por S. Bento trará a existência espiritual perfeita do monge. Perante esta nova escatologia tornava-se secundário que, conforme especulações numerológicas correntes, Fiora calculasse que a "terceira era" principiaria em 1260 ao manifestar-se o *dux ex Babylone*, dirigente apocalíptico da nova época.[21]

---

[19] Cf. bibliografia joaquimita in Russo 1954.

[20] Para MURRAY 1970, pp.102-104, a consciência historiográfica no séc. XII, depende da interpretação da *restauratio* ou *reformatio*, tratadas quer como retorno a um passado modelar quer como criação de um futuro inaudito.

[21] Cf. LÖWITH 1949, pp.148-9: "*The first dispensation is historically an order of the married, dependent on the Father; the second an order of clerics, dependent on the Son; the third na order of monks dependent on the Spirit of Truth. The first age is ruled by labor and work, the second by learning and discipline, the third by*

Este destaque de Fiora vem na continuidade de sucessivas chamadas de atenção para o pensamento do abade calabrês que jamais deixou de marcar, conquanto obscuramente, as teorias da história. No séc. XVIII Lessing atribui-lhe a primeira tentativa de situar a razão na história, superando as dicotomias entre verdades de facto, contingentes e temporais, e verdades de razão, necessárias e eternas.[22] No início do nosso século, uma plêiade de autores redescobriu-lhe a importância. Para Huitizinga a inserção de Joaquim de Fiora como grande percursor da Renascença assenta numa corrente de ideias definida com precisão. Segundo Spengler, ele foi "o primeiro pensador de estatura hegeliana a abalar a configuração mundial dualística de Agostinho, um formulador da Nova Cristandade com o seu intelecto essencialmente gótico". E Norman Cohn descreveu Fiora como "inventor do novo sistema profético que haveria de ser o mais influente de todos os conhecidos na Europa até ao aparecimento do marxismo". Embora as edições críticas destes textos estejam ainda hoje incompletas, os materiais historiográficos são abundantes graças a uma sequência de estudiosos como Denifle, Renan, Fournier, Grundmann, Benz, Buonaiuti, Tendelli e Taubes, activos desde finais do século passado. Mas, lembrava Friedrich Heer em 1953 "ainda estamos longe no início de uma interpretação de Fiora".

Um passo decisivo nesta direcção foi dado por Löwith. Ao deslocar-se das questões metodológicas da recepção da obra por grandes e pequenos pensadores para as questões do significado da historicidade, encontrou em Fiora um exemplo de secularização de teologia da história.[23] Seguindo esta via, Voegelin atribui a Fiora o símbolo culminante da imanentização do *eschaton:*

---

contemplation and praise, The first stage possesses scientia, *the second* sapientia ex parte, *the third* plenitude intellectus".

[22] Cf. MURRAY 1970, pp.89-100 com a citação das passagens dos §§ 87 e 89 da obra *A Educação da Raça Humana (Erziehung des Menschengeschlechts),* parcialmente publicada em 1777 e completada em 1780. A atracção que por ele sente Hegel, surge espelhada em *A Positividade da Religião Cristã,* cheio de referências ao drama *Nathan o Sábio.*

[23] SPENGLER 1922, I, p.26. COHN 1981, p.89 HEER 1953, pp. 91-92 LÖWITH 1949, pp. 148-9

"O primeiro símbolo é a concepção da história como uma sequência de três eras, das quais a última é claramente o terceiro reino final".[24] Entre as variantes notórias, conta-se a participação da história em *antiga, medieval* e *moderna;* as doutrinas iluministas e positivistas acerca da sucessão de fases *teológicas, metafísica e científica;* as dialécticas hegeliana e marxista com três estádios de *liberdade inconsciente, alienação e reino da liberdade;* e enfim, o ciclo formado por *Santo Império, Império do Kaiser e Dritte Reich* nacional-socialista.[25] Nesta leitura voegeliniana entrelaçam-se motivos positivos e negativos que revelam uma relação muito complexa e que quase poderíamos classificar de edipiana. Voegelin denuncia a falsificação fiorita do carácter trinitário numa gnose que rebate o ser divino sobre o tempo histórico. Rejeita que a *idade do espírito,* identificada por símbolos como *consummatio, renovatio, reformatio, recreatio e ressurrectio* seja a de uma nova era da humanidade. Rejeita o primado do futuro sobre as idades do presente e passado, expresso na preferência concedida a símbolos tais como *proficere, ascendere, progressio, mutatio, processus, sucessio.* Rejeita que o alvo final da história humana na terra seja a liberdade do mútuo reconhecimento trazida por uma nova fraternidade, baseada na comunidade de monges. Rejeita que tenha qualquer sentido, pura e simplesmente, falar de um desenlace terreno da existência humana. A censura é radical. Mas até que ponto esconde Voegelin as diferenças profundas entre o pneumatismo de Joaquim e o imanentismo moderno que afirma ser sua consequência obrigatória? Como se comprova pela movimentação dos franciscanos espirituais em ordem à *terceira era,* tal visão não conduz necessariamente à construção imanentista da modernidade.

É certo que o uso fiorita do símbolo desvia-se claramente da tradição escatológica da Igreja ao projectar o conceito contraditório de "todo histórico". Mas, como lembrou Ales-

---

[24] NSP, p.115.

[25] Moeller van den Bruck criou o símbolo do *Dritte Reich* em livro com idêntico título, editada em Hamburgo, em 1923, ao trabalhar na edição das obras de Dostoievski sobre a Terceira Roma. A sua intenção nacionalista não coincide com a ideologia nacional-socialista que se apropriou do termo.

sandro Biral, a aplicação do símbolo trinitário para periodizar o decurso histórico atesta que o cristianismo profano se tornou história sacra, obra de redenção. A história é testemunha da revelação e do Espírito Santo; tornou-se parte da teologia. Serão as sugestões positivas de Fiora abafadas pela pretensão de abordar a essência da história como um todo e a projecção especulativa da Trindade como seu algoritmo? Ou estarão as sugestões negativas compensadas? Voegelin é peremptório: foi o símbolo contraditório de *todo histórico* que desencadeou a consciência de modernidade; ao imanentizar os fins da existência humana, profanou o mistério da existência. Mas não abusará Voegelin tambem do conceito de todo histórico?[26]

Acresce que, ao anunciar o advento de um mundo novo, Fiora interpreta o seu tempo como época de colapso e desarticulação apocalíptica. Poder temporal e poder espiritual combatiam-se sem tréguas corrompendo a ordem cristã que se deveria reger pelo equilíbrio entre os dois poderes. Está a acabar o período do Filho e o momento é propício para pregar o abandono do mundo velho. A desarticulação da ordem cristã imperial viabiliza o anúncio de uma nova ordem, sem Império nem Igreja e com uma religião desmundanizada. Donde o anúncio da *terceira era* a ser instaurada pelos monges, os santos cidadãos da cidade de Deus. Ora para Voegelin, o anúncio de um desenlace terreno da existência humana é uma posição imanentista que substitui a concepção do *seculum senescens* e agrava a fractura da ordem imperial. O que levou Voegelin a este nexo entre profetismo e imanentismo? Por que razão pensou que a Idade Média floresceria contra a autointerpretação cristã? Porque concebeu a tensão medieval entre o "reino de Deus" e a sociedade dessacralizada seguida pela mais grave das quedas? E que civilização poderia desenvolver-se contra a sua própria ideia directiva?

---

[26] Cf. Duso 1988 (ed.) pó.25-53. Cf. ainda Dilthey 1944, p.114: *"Mas as fórmulas acerca da conexão dos indivíduos com o todo histórico, embora verdadeiras naquilo que o sentimento pessoal manifesta acerca dessa conexão, encontram-se em contradição com toda a sensibilidade saudável, já que assumem o valor inteiro da vida numa unidade metafísica que se desenvolve na história".*

A resposta a estas dúvidas parece ser que tanto Voegelin como Fiora procuram uma resposta para o que Agostinho deixou em suspenso, o significado positivo do curso da história. Ambos utilizam um esquema abastracto para explicar um processo eminentemente concreto. Ambos partem da centralidade do cristianismo para explicar um processo exterior. Ambos atribuem um sentido à *história transcendental* pois presumem conhecer os *últimos fins*. Ambos possuem uma visão cristã do homem como peregrino. Numa palavra, a posição que partilham é a de registar a permanência do cristianismo para além da civilização em que foi gerado. E à relação entre *ens increatum* e *ens creatum* em Fiora, corresponde o processo que Voegelin designa por realidade interina. É aqui que intervém a relação edipiana. Para instaurar um significado transcendental, Voegelin denuncia a sucessão joaquimita das *três eras*, considerando que a visão religiosa não só possibilita como obriga a uma atitude antirreligiosa, tornando mundana uma atitude mística, sem contudo a fazer mudar de natureza. Mas apesar de recusar os conteúdos de Fiora, Voegelin mantém a forma da solução porque projecta a história como o todo onde insere as posições da consciência. Para subsistuir a projecção da Trindade no tempo, utiliza o esquema de Schelling e Weber, a desdivinização do cosmos pelo cristianismo e a redivinização imanentista na modernidade. A censura da imanentização falaciosa do *eschaton* é um *tour de force* interpretativo que converte uma possibilidade em necessidade. Voegelin será obrigado, obviamente, a rever esta posição.

Um problema semelhante ocorreu com a recepção da historiografia de Max Weber. A proposta de Max Weber assentava numa filosofia cujo núcleo *racionalista* se definia negativamente pelo reconhecimento que o processo histórico é marcado pelo desencanto pós-cristão *(Entzauberung)* e, positivamente pela vocação de responsabilidade *(Gesinnungsethik)* que orienta o empenhamento, nos valores. Ao liquidar para sempre o politeísmo pagão, o cristianismo iniciou um processo de desdivinização continuado pelo processo de racionalização no mundo moderno. O re-encantamento ideológico do mundo, através da decisão por um valor, é um *ersatz* do paganismo. A heterogeneidade moderna dos valores corresponde à multiplicidade dos deuses pagãos: é o paganismo, sem o elemento religioso e em vez de crença nos deuses, poderíamos falar em "empenhamento nos valores". Tal empenhamento ocuparia o lugar deixado vazio pela erosão da fé e pelo niilismo, soluções que implicam o "sacrifico do intelecto".

Weber condena a solução maniqueísta da heterogeneidade absoluta do bem e do mal e a afirmação gnóstica de que o mundo é estruturalmente perverso. Do mesmo modo, desvaloriza o protestantismo fideísta enquanto escolha de valores, assente na decisão da consciência privada. Mas se a sua solução ressalva a responsabilidade humana, não evita o dualismo característico de maniqueísmo, protestantismo e gnosticismo. Para Weber a fé cristã implica o "sacrifício do intelecto" e a ideologia assenta numa escolha irracional. Mas se a responsabilidade que propõe é, em último caso, irresponsável, o que vale a vocação do homem moderno que cria valores sob o aguilhão da situação histórica?

Voegelin libertou-se passo a passo desta aporia. Para Weber o desencanto do mundo é um fado histórico; para Voegelin, a consequência contingente de uma escolha que é reversível. Para Weber, a modernidade é uma tentativa de redivinização sem Cristo; para Voegelin, não é razoável reverter a soluções anteriores à divinização da natureza humana em Cristo. Se o cristianismo desdivinizou a ordem temporal ao negar os deuses da cidade, por outro lado efectuou a mais radical das diferenciações da transcendência. A revelação de Cristo é o cume de um ciclo histórico de proporções mundiais, o ápice a partir do qual se torna possível o progresso ou a decadência do espírito.[27] As sociedades *valem* o que *valer* a sua memória de Cristo pelo que, para além do percurso

---

[27] NSP, p.164: *"There emerges the contours of a giant cycle of the single civilizations. The acme of this cycle would be marked by the appearance of Christ; the pre-Christian high civilizations would form its ascending branch; modern, Gnostic civilizations would form its descending branch."*

obrigatório que cumprem no tempo, estão abertas à presença do ser eterno. Mas Voegelin não atende suficientemente ao facto que a dessacralização da *civitas terrena* sempre foi secundária na teologia da história, na medida em que depende de grandezas exteriores à revelação. Predominou sempre a explicação providencialista do *Livro de Daniel* e o esquema de Orósio e Eusébio segundo o qual a *pax romana* tem significado sagrado. O carácter *senescens* da *civitas terrena* foi o preço pago por Agostinho para eliminar as erróneas concepções milenaristas, e constitui uma resposta válida face à decadência da sociedade romana no séc. V. Se o cristão é um peregrino neste mundo onde já ocorreu a revelação, da história profana pouco tem a esperar. Reinos e Impérios envelhecem sem atingir significado social; as cidades esgotam-se dolorosamente sem valor para a consciência pessoal; o *seculum* é *senescens*. Mas muito mais significativa é a tensão implícita na ideia da *cidade de Deus*, suspensa entre dois polos, medida divina cuja comemoração parece perder-se ora em origens esquecidas, ora em ficções impensáveis, para quem esquece o carácter tensional com que o paradigma irrompe na consciência: *"Fecerunt itaque civitates duas amores duo; terrenam scilicet amor sui usque ad contemptum Dei, coelestem vero amor Dei usque ad contemptum sui"*. Para além do *senescens seculum*, existe o recurso ao *seculum renascens*, experimentado na conversão.[28]

A autocrítica definitva de Voegelin e a sua superação das construções falaciosas surgiu em *Historiogenesis*, o capítulo inicial da edição alemã de *Anamnesis*, reeditado em *The Ecumenic Age*. Aí são analisadas as concepções da história como simbolismos autointerpretativos cuja fórmula de uma finalidade imanente da existência devem ser objecto de exegese. Desde a mais remota Antiguidade, Voegelin detecta a manipulação de dados que converte a época presente no clímax do percurso temporal e em momento de instauração de uma nova ordem. As primeiras proclamações deste tipo ocorrem em documen-

---

[28] *De Civitate Dei*, livro xiv, cap. 28. Sobre a imagem da cidade santa, cf. BUBER 1975. No final do livro IX de *A República*, Socrátes refere o *paradigma en ouranó*, símbolo que prepara a doutrinação agostiniana da *Cidade de Deus*.

tos do III milénio a.C. e reaparecem em testemunhos tão separados no tempo quanto a *Lista Suméria de Reis,* Profecia em Israel, Apocalipses helenísticos, doutrinas medievais de forma cristã e fundo gnóstico, versões secularizadas das filosofias iluministas da marcha da razão, filosofias da história de Hegel, Comte e Marx, versões neopositivistas e neo-hegeliana do fim-da-história no século XX. Ao reduzirem a história a sequência de épocas culminante no presente, estas variantes tornam-se fontes de desordem na consciência e na sociedade.[29]

É corrente afirmar-se que os "pagãos" nunca ultrapassaram o tempo cíclico do eterno retorno, e atribuir à "mentalidade judeo-cristã" um plano unitário da história humana ou ainda, à maneira de Toynbee, criar um compromisso entre o ciclo e o avanço. Ora, segundo Voegelin, existe uma falácia na apreciação das visões clássica e cristã como sequência lineares de tempo correspondente ao percurso de uma flecha, planeta ou roda. Entre as quatro idades dos metais, autores como Hesíodo e Platão interpolam a idade dos heróis para sugerir a possibilidade permanente de um recurso superior ao determinismo histórico. No cristianismo, a história contém uma tensão entre a situação presente e o além eterno; a escatologia nunca abandona a cronologia. E autores modernos como Vico, Schelling e Bergson confirmaram que a história unilinear é inaceitável. Vico criou a noção de recurso, superior ao ritmo de *corsi* e *ricorsi;* Schelling usou a *anamnêsis* como símbolo da experiência que ultrapassa o determinismo histórico; Bergson estipulou a abertura da alma como o momento decisivo. E Voegelin prossegue esta linha ao denunciar a historiogénese ou seja, a marcha do tempo que impede a

---

[29] Sobre a historiogénese cf. OH IV p.99: *"In the civilizations of the Ancient Orient, the student will encounter a peculiar type of speculation on the order of society, its origin, and its course in time. The symbolists who develop the type let governance spring into existence at an absolute point of origin, as part of the cosmic order itself, and from that point down, they let the history of their society descend to the present in which they live. (...) The symbolism has indeed remained so far below the horizon of theoretical interest that it has not even received a name. Hence, as a first step toward its identification I propose the name* historiogenesis*".* Exemplos da Antiguidade in OH IV pp.64-90.

compreensão da história como rasto de símbolos equivalentes de culturas e civilizações diversas.[30]

Configurações e constantes

À ironia da *historiogénese*, de que a primeira vítima é a primitiva concepção voegeliniana, segue-se a maiêutica do *ser eterno no tempo,* que mostra como a história se gera na consciência. No estudo de 1964, *Ewiges Sein in der Zeit,* os fenómenos surgem como "partes de configurações significativas" que, ao serem combinadas, produzem a mais ampla das configurações, a história. *Configurations of History,* 1968, mostra como a história linear camufla a estrutura da experiência humana e a equivalência de símbolos. E noutros escritos da década de 60 inseridos em *Anamnesis,* Voegelin anuncia de que modo a recolecção de um ciclo de acontecimentos constitui um elemento epocal e formativo da própria consciência. Lançado nesta busca da história, como um complexo de configurações, Voegelin descobriu-a um pouco como quem, após lançar uma pedra num lago, vê desenhar-se círculos cada vez mais amplos e que reflectem e alargam o impacto original.[31] O lugar de impacto é ocupado pela vida, morte e ressureição de Jesus Cristo, o momento de máxima diferenciação da transcendência. A revelação é o coração de um campo universal de consciência cuja descoberta e investigação se prolonga até o presente e que pode ser explorado por diferentes configurações: "época axial" de Jaspers, "abertura da alma" de Bergson, "surto das religiões superiores" para Toynbee. A este círculo de experiências de transcendência chamou Voegelin "Era Ecuménica", que se alarga ao remoto passado pré-histórico

---

[30] OH IV, p.5: *"The problem became manageable only when I realized that both Jaspers and Toynbee treated hierophanic events on the level of phenomena in time, not letting their argument reach into the structure of experiencing consciousness"*

[31] O primeiro capítulo de *The Ecumenic Age,* "Historiogenesis" constitui alargamento de estudo já editado em *Anamnesis* 1966, e depois retirado da edição inglesa.

do *homo sapiens* e chega até a moderna civilização ocidental, formando o círculo da humanidade universal.

Que extensão atribuir a esta configuração central da história? Em *"Toynbee's* History *as a Search for Truth"*, 1961, Voegelin mostra que o surto das religioes superiores, descrito a partir do vol. VII de *A Study of History*, era um esforço admirável para estabelecer a equivalência de experiências de transcendência embora promovesse mais um nivelamento que uma diferenciação espiritual.[32] Verificavam-se ambiguidades semelhantes em autores como Bergson, que não esclarecia se o processo de abertura da alma corresponderia a uma modificação do ser humano ou da sociedade; em Husserl, cuja visão da história não se afastava da centralidade do milagre grego; e em Jaspers que, ofuscado pela grandeza do surto de grandes personalidades espirituais na China, Índia, Israel e Grécia, no período que definia como tempo-axial entre 800 a.C e 200 a.C., não atendia aos eventos decisivos do Povo de Israel e da revelação de Jesus Cristo.[33] As configurações de Jaspers e de Husserl são demasiado curtas, as de Bergson e Toynbee demasiado longas, para enquadrar a transformação da consciência humana e são inadequadas como configurações da presença do ser eterno no tempo, porque não incluem um conjunto suficiente de nomotetas, profetas, moralistas, filósofos e fundadores de religiões que circundam o advento de Cristo.

Voegelin sugeriu uma nova configuração para enquadrar a revelação cristã. Precedida por surtos tão decisivos quanto os episódios de Moisés e Akhenaton, que abalaram a era das sociedades cosmológicas, abrangeria as mais decisivas erupções espirituais da humanidade, a fundação de impérios que abarcam o mundo conhecido e a criação de uma historiografia universal. Em OH 4 identifica-a como *era ecuménica* que se

---

[32] Cf. ainda OH I, pp.124-7, 133 e OH IV, pp.3-6 e 173-4.

[33] OH IV, p.5 *"The "axis-time", I had to conclude, was the symbolism by which a modern thinker tried to cope with the disturbing problem of meaningful structures in history, such as the field of parallel spiritual movements, of which the actors in the field were quite unaware"* Cf. ainda OH II, Prefácio, p.19-23 e CWEV vol. 28, 1990, p.41

alarga no tempo desde o ínicio do Império Aqueménida até a *translatio* do Império Romano e que abrange todo o espaço terrestre euro-asiático. Áreas da ecúmena como as civilizações chinesa, iraniana e hindu não conseguiram levar a cabo esta diferenciação espiritual. Noutras áreas, a ruptura do delicado equilíbrio das sociedades cosmológicas, no período que decorreu entre a fundação do Império de Persépolis e o Império de Alexandre, originou a formação de subordens de poder e de espírito; para os reconciliar, o novo "rei da Ásia", escolhido entre os membros da dinastia dos Selêucidas foi considerado "salvador" *(sôter)*. Por seu turno, os epígonos que encerram a era ecuménica, Mani, o paráclito ecuménico, e Maomé o profeta-conquistador, forçaram a união entre espírito e poder de um modo regressivo, face à distinção cristã entre o que é de César e o que é de Deus.[34] A era ecuménica criou um horizonte geográfico global e um horizonte temporal, expandido pela memória historiográfica e pela expectativa apocalíptica. Desde então, a história passou a ser pensável como processo aberto, cujo início se perde "na noite dos tempos" e cujo fim jamais é antecipável. E por muito que cresçam os conhecimentos sobre o passado e que o futuro seja insondável, a *era ecuménica* engloba todos os sectores da humanidade até o presente dada a expansão ainda em curso da Cristandade e do Islão, do Budismo, Hinduismo e Confucianismo.

"O processo da história, e toda e qualquer ordem que nele for discernida, não é uma narrativa a ser contada desde o princípio até o final feliz, ou infeliz; é um mistério em processo de revelação".[35] As configurações históricas englobam vários centros e pontos nodais no tempo, através dos quais a pesqui-

---

[34] Sobre Mani, cf. PUECH *Le Manicheisme,* Paris, 1949, p.61, e Santo Agostinho *Contra Faustum,* xiii, 4. Sobre as fontes aqueménidas do simbolismo 'Rei da Ásia' Voegelin utiliza WEISSBACH *Die Keilinschriften den Achaemeniden,* Leipzig, 1911. Para a utilização do simbolismo por Alexandre o Magno, TARN 1948 é a fonte mais utilizada.

[35] OH IV, p.3-6: *"The process of history, and such order as can be discerned in it, is not a story to be told from the beginning to its happy, or unhappy, end; it is a mistery in process of revelation".* Sobre a aproximação das temáticas do mistério em Gabriel Marcel, e Voegelin cf. WEBB 1988, p.108.

sa tem de se mover. É o que abrange a humanidade passada, presente e futura e cuja universalidade assenta na participação no ser divino. Escreveu Voegelin a propósito:

> Havia o avanço fundamental da consciência compacta para a diferenciada e a sua distribuição por uma pluralidade de culturas étnicas. Havia as linhas de diferenciação pneumática e noética, distribuidas por Israel e pela Hélade. Havia as conquistas ecuménicas-imperiais que empurraram as culturas étnicas primitivas para uma nova sociedade ecumênica. Havia as reacções das culturas étnicas à conquista imperial, com linhas de diferenciação a desenvolver, linhas de deformação protectora. E havia a própria conquista imperial enquanto portadora de um sentido de humanidade superior ao nível étnico ou tribal. A partir da era ecuménica, emerge um novo tipo de humanidade ecuménica, que, com todas as suas complexidades de sentido, chega, como uma constante milenar, até a moderna civilização ocidental.[36]

Dado que a humanidade universal está em processo de revelação, várias questões se levantam. Por que razão tal mistério não é desvendado definitivamente? E por que existem épocas de génese, declínio e renascimento? Por que não se torna imediatamente acessível a todos a consciência da estrutura da realidade? Tais questões simbolizam a presença de um mistério da história. Têm um papel regulador ao chamarem a atenção para a estrutura da realidade na qual o ser humano participa. O conjunto das questões constitui a Questão, por excelência.[37]

---

[36] OH IV, p.58.

[37] OH IV, p..316-330. Dada a importância deste questionamento, transcrevemos o resumo na p.316: *"The Discovery of the epochal structure inevitably raises the disturbing questions concerning the mystery of history:*
(1) Why should there be epochs of advancing insight at all? why is the structure of reality not known in differentiated form at all times?
(2) Why must the insights be discovered by a such rare individuals as prophets, philosophers and saints? why is not every man the recipient of the insights?
(3) Why when the insights are gained, are they not generally accepted? why must the epochal truth go through the historical torment of imperfect articulation, evasion, skepticism, disbelief, rejection, deformation, and of renaissances, renovations, rediscoveries, rearticulations, and further differentiations?"

Tocamos aqui um momento conclusivo da pesquisa, em que Voegelin teoriza a história como introdução à filosofia. O tempo histórico emerge da consciência que se abre à configuração máxima, criando uma estrutura constante dos surtos de ser. Os eventos têm de ser esclarecidos mediantes os índices noéticos de ser eterno e ser no tempo, porquanto a existência interina é o dado a partir do qual a história se constitui como campo de acontecimentos e adquire uma *textura transcendental*. As experiências ordenadoras apresentam-se com a *obrigatoriedade de comunicação* porquanto a realização do ser eterno ocorre no tempo e passa da pessoa para a ordem pública. A busca da ordem do ser é empreendida numa *pluralidade de culturas*, em graus diversos de racionalidade e a partir de linguagens equivalentes. A humanidade universal torna-se o sujeito potencial do movimento iniciado pelas experiências pessoais de transcendência.

Esta universalidade criada pelo discernimento humano da fonte divina de ser, constitui um critério essencial para avaliar a *relevância dos acontecimentos,* paradigmáticos e pragmáticos, que ordenam a existência. As erupções de ser desactualizam simbolizações anteriores e dão origens a *nova épocas.* A compreensão dos fenómenos temporais como índices noéticos do processo no ser, viabiliza configurações epocais que libertam os acontecimentos de sequências deterministas. Enfim, o *sentido da história* como princípio de ordem, que marca uma época e faz história, é uma configuração parcial a ser examinada, não é o todo explicativo. Textura transcendental, dever de comunicação, manifestação plural, diferente relevância dos eventos, configuração em épocas, sentido na história, são constantes da dimensão histórica a serem meditadas.[38]

A história tem uma textura transcendental em virtude da configuração da "luta pela verdade da ordem como autêntica substância da história". A característica mais essencial dos fenómenos históricos não é a de serem redutíveis a ocorrências no espaço e no tempo. Enquanto objectos, são

---

[38] Cf. *What is History?* In CWEV vol. 28, 1990, passim.

um estrato secundário na tensão existencial, recuperada pela experiência meditativa. A história – como realidade e como ciência – emerge dos simbolismos da experiência meditativa do ser eterno. Esta livre diferenciação no decurso do tempo permite distinguir entre dimensão física e duração. Apesar de o universo astrofísico ultrapassar de modo gigantesco a duração da vida humana, o tempo não é a medida da duração nem o processo histórico se restringe à dimensão cronológica. A *anamnêsi* mostra o tempo cósmico como um processo no ser. São os surtos de ordem que permitem medir os acontecimentos, de acordo com um *antes* e um *depois*, e que permitem traçar linhas vivas de sentido na história. A consciência de que presente, passado e futuro pertecem a uma realidade interina, emerge na mente do homem que se libertou da subordinação do ser ao tempo. Se a experiência for genuína, a dimensão existencial converte-se em cognitiva e o progresso existencial em *consciência epocal*, surgindo a história como *índice noético* do ser eterno no tempo.[39]

Uma segunda constante da história consiste no facto de os *saltos no ser* exigirem a comunicação pública. A teofania é um movimento na consciência, revelador da presença divina. Se o esforço humano para se situar na comunidade de ser fosse estritamente pessoal, esgotar-se-ia num acto cognitivo. Ora na dimensão social em que ocorrem as experiências de transcendência, a recepctividade coexiste com a resistência. O que começa por ser inquietação pessoal transforma-se em

---

[39] A 1978, P.179: *"We therefore mean by "history" the interpretative field of a consciousness that experiences its essential humanity".* [N. E.: Então, quando usamos a expressão "história" sem outros atributos qualificativos, queremos dizer o campo interpretativo de uma consciência que experimenta sua humanidade essencial. in *Anamnese*, p.501.op.cit.] Ibidem: *"History becomes a structurally intelligible field of reality by virtue of the presence of the one ground in which all men participate, no matter how different may be their experiences of participation".* [N. E.: A história se torna um campo estruturalmente inteligível de realidade em virtude da presença de um único fundamento em que todos os homens participam, não importando quão diferentes sejam suas respectivas experiências de participação. *Idem*, p. 471] Cf. LÖWITH 1949, p.5 *"History...is meaningful only by indicating some transcendent purpose beyond the actual facts. But, since history is a movement in time, the purpose is a goal".* Sobre o estatuto da *história* em Voegelin cf. MOULAKIS 1986, pp. 128-132.

movimentos, cujos sujeitos são cada vez mais amplos até transformar-se em movimentos, cujos sujeitos são cada vez mais amplos até abarcar grupos, sociedades e toda a humanidade. A tensão obriga cada homem a livremente responder ou resistir ao apelo da realidade máxima; obriga os que escutam essa força ordenadora, a convertê-la em centro de irradiação de ordem. A "obrigação de comunicar e de ouvir" exprime o acto em que a consciência representativa da humanidade cria uma relação institucional. As instituições estabilizam as convicções individuais em soluções de compromisso e que permitem que a autoridade dos fundadores seja transferida para continuadores. As irrupções de consciência provocam na ordem pública um conflito entre duas lealdades: políticos de Atenas contra Sócrates e Platão; o rei Assírio contra Jeremias; Confúcio contra o mandato celeste da dinastia Chou; S.Tomás Beckett contra Henrique II; S.Tomás Moro contra o rei Henrique VIII; Newman e Manning contra o *establishment* Anglicano; Soljhenitsyn e os dissedentes russos contra os soviéticos. A obrigatoriedade de comunicação alarga-se aos símbolos secundários e terciários, que mantêm a forma da verdade mas que lhe pervetem o conteúdo. Lolardos, hussitas, puritanos, jacobinos, carbonários, soviéticos e outras seitas religioso-políticas, criaram o seu Corão gnóstico cujas palavras de ordem silenciam o inimigo e indicam um rumo de acção. Os movimentos de contrainformação, bem como a manipulação da comunicação de massas, são a expressão contemporânea desta inversão da obrigatoriedade de comunicar.

A realização do ser eterno no tempo ocorre numa pluralidade de sociedades e num tempo aberto ao futuro. O povo de Israel rompeu com a experiência compacta do *cosmos*, mediante a parceria com Deus. No caminho do homem helénico para o *nous* surge uma nova verdade na história. Foi tarefa da filosofia grega equilibrar a tensão da consciência mediante a experiência primária do cosmos. A *metanoia* cristã completou essas representações universais da humanidade. A partir dos simbolismos primordiais, é possível expressar os surtos do ser que constituem a trama de ordem e liberdade na história.

A existência de nações cristãs na Idade Média; as sociedades do Novo Mundo, nascidas do cristianismo não-dogmático; a possibilidade de repristinação da ordem no mundo contemporâneo, anunciado pelas mais diversas correntes e personalidades; eis alguns exemplos de manifestação de ordem na história. A equivalência dos símbolos confirma que a institucionalização das experiências de transcendência em grupos e sociedades, é compatível com o respeito por verdades mais indiferenciadas, ou pertencentes a gupos alheios, a que correspondem campos sociais específicos. Respeito, porém, não se confunde com permissividade nem a admissão da polivalência da verdade se confunde com permissividade nem a admissão da polivalência da verdade se confunde com ausência de hierarquização. Uma ordem simbólica deve ser avaliada pela sua capacidade de conter um simbolismo equivalente ao do cristianismo.

Embora Voegelin atribua um lugar cimeiro aos surtos espirituais, está consciente de que os acontecimentos pragmáticos ocupam a parcela maior da existência. Incumbe ao filósofo a tarefa de definir as configurações que emprestam sentido à história e que resultam do confronto dos padrões de autointerpretacao de pessoas e sociedades com a exegese noética das experiências de transcendência, sem o que é impossível definir a relevância dos eventos históricos. Em primeiro plano, estão as experiências em que o ser eterno se desvenda através de um processo marcado pela turbulência espiritual e pela oposição imanentista. A partir deste cerne, torna-se possível ordenar os variadíssimos acontecimentos económicos, sociais, políticos e intelectuais. Cada facto e artefacto possui uma parcela de relevância. Os eventos ligam-se segundo relações muito variadas de causa e efeito, condicionamento e consequência, contexto e especificação, cabendo à historiografia defini-las caso a caso, sem se atolar numa massa de dados irrelevantes. Este reconhecimento da textura ontológica da história parecerá de alcance menor ao historiador preocupado em determinar os fenómenos secundários na história pragmática. Mas ao admitir que a experiência humana de participação no ser é menos pregnante que a experiência primária do *kosmos,* a teoria voegeliniana rejeita liminarmente as objecções descabidas de "espiritualismo" ou "transcendentalismo".

A estrutura da história é a de uma configuração de épocas. As experiências de transcendência agrupam-se em mosaicos, que podem demorar séculos a evidenciar-se até constituir uma cultura. Erupções espirituais publicamente transmitidas; expansões imperiais que formam padrões extensos no espaço e no tempo e que abarcam sociedades muitos diferentes; antagonismos étnicos; eis elementos que originam épocas. A periodização introduz constelações de sentido em conjuntos de fenómenos muito desiguais, sempre com estatuto provisório e mesmo, nalguns casos, precário. Na perspectiva do helenismo, por exemplo, a ascensão de Roma é um subperíodo; na perspectiva da formação imperial romana, o aparecimento de César é vital. Mas ambos os processos se esbatem, quando enquadrados na perspectiva de implantação do cristianismo. Para que a visão de uma época seja extraída rigorosamente das autointerpretacoes que a compõem, deve agrupar os diversos tipos de acontecimentos num mosaico de significados. A cronologia não implica uma periodização única porque, a par das instituições plenamente afirmadas, existem correntes subinstitucionais que antecedem e sobrevivem à definição de épocas. É preferível atender a periodizações alternativas que privilegiam modelos culturais, constantes étnicas, surtos religiosos, ciclos económicos, etc. Só assim se reconhece que as diversas configurações no tempo integram o processo mais amplo e mais original que é a história.

Para que a ciência histórica possa usufruir dos contributos da filosofia da consciência, é necessário descobrir o "sentido na história" como um símbolo integrador da realidade, uma parte a ser examinada e não o todo explicativo. Esta orientação não se confunde com subjectivização. A subjectividade só ameaça o historiador que erradica e oblitera materiais em nome de uma pretensa objectividade, ou que substitui a teorização por especulações ideológicas. O historiador positivista dissocia totalmente a validade de normas éticas, dos juízos empíricos sobre factos.

O historiador determinista impõe o carácter de obrigatoriedade à sequência de factos. E qualquer deles distorce a realidade, se a apresentar isolada das experiências motivadoras ou se reprimir e ignorar materiais empíricos. Apresentar a história como objecto finito cuja *finalidade* é previsível, cuja *essência* seja determinável, cujo *sentido* seja exterior à autoformação da consciência, ou cujo *sujeito* seja a humanidade como ente colectivo, é perverter a dimensão histórica na experiência *(Geschichte)* e na elaboração científica *(Historie)*. Em alternativa, Voegelin demonstra que a pesquisa da relação entre ser eterno e tempo, permite descobrir sentido na história. Quando o processo da história se ilumina na consciência; quando o homem se abre ao mistério em que participa; quando transparece o ser eterno como "campo de experiência"; então, surge *sentido na história* e o fecho que sustenta a abóbada da pesquisa apresenta-se como princípio e como além, cifras da realidade originária e da nova realidade escatológica. Os símbolos da experiência do ser eterno no tempo que originam os símbolos de ordem adquirem sentido nesta participação da consciência num movimento que a realidade empreende para além da própria estrutura.[40] Em definitivo, o ser é o único sujeito concebível da realidade interna no tempo a que chamamos "história": "Tudo o que acontece a que chamamos "história", incluindo a nossa ideia de humanidade, é um acontecimento no próprio ser que está por detrás de todas as coisas específicas e de todos os acontecimentos específicos".[41]

---

[40] A 1978, p.178: *"The area of reality of participation is the area of the changes in being that we call history; in the area of these changes the noetic experiences is the event through which we have become conscious of the history of participation as such. Just as the new mode of knowledge of noesis frees "the world" for the investigation of its autonomous structure, it also assigns the index of "history" as a field of ration structure".* [N. E.: O reino da realidade de participação é o reino de mudanças no ser, um reino que chamamos história. No reinado dessas mudanças, a experiência noética é o evento através do qual a história de participação se torna consciente de si mesma como tal. Assim como o novo modo de conhecimento introduzido pela noese liberta radicalmente o "mundo" para a investigação de sua estrutura autônoma [Eigenstruktur], também indexa a "história" como um campo de estrutura racional. In *Anamnese*, p. 469. op.cit.]

[41] A 1966, p.40. Cf. também CEV p.59 e OH IV, p.334, penúltima página da obra: *"Things do not happen in the astrophysical universe; the universe, together with all things founded in it, happens in God".*

As constantes referidas – textura transcendental, dever da comunicação, manifestação plural no espaço-tempo, diferente relevância dos eventos, estrutura de configuração, sentido na história – viabilizam a análise da ordem e da liberdade na dimensão histórica. A ordem depende da precária luminosidade da experiência humana, constituindo uma imagem da ordem externa que se situa para além do alcance da ciência. Ao valorizar as *irrupções do ser* que apontam para um acréscimo de conhecimento da ordem e para uma "modificação na própria ordem"[42] como modo originário da história, a pesquisa afasta os espectros do processo e do sentido imanentes.[43] Uma vez que a história é função das livres respostas humanas, não tem sequência obrigatória; manifesta uma dialéctica de ordem e liberdade que é garantia de investigação científica não-determinista e de rigor na definição objectiva e no relacionamento causal dos fenómenos. Tal dialéctica não resulta de uma intuição expressa numa fórmula nem de um movimento automático do pensamento; tem de ser verificada pelo diálogo anmnésico, ou seja; tem de emergir de um processo de *rememoração* no qual a razão do encontro se volve em linguagem do inquérito filosófico. Essa *anamnêsis* é a resposta com que Voegelin liquida o desejo ideológico de subordinar o ser ao tempo e é o seu modo de libertar a consciência.[44]

---

[42] OH I, p.10: *"This conversion results in more than an increase of knowledge concerning the order of being; it is a change in the order itself".*[(...) essa conversão, resulta em mais do que um aumento de conhecimento da ordem do ser; é uma mudança na própria ordem. OH I, p. 54. op.cit.]

[43] OH IV, p.334: *"The total structure of the universal field which conventionally is called "the meaning of history" is no possible object of knowledge".* Cf. de William Harvard "The Evolution of Voegelin's Theory of Politics and History" in McKnight 1978, p.39.

[44] Hopi "Last Orientation", p.126. *"The truth of speculation is neither "given" in vision nor does it result, as it were, 'automatically' from the dialectical movement of an ideia; it is elaborated, reflective truth that has to be verified permanently by recourse to the anamnetic dialogue".*

10. Crítica do imperialismo

"Uma organização de poder, informada pela paixão da humanidade representativa e portanto representativa da humanidade – esse seria o cerne de uma definição de império mundial, tal como decorre dos fenómenos históricos."[1]

Tipologias imperiais

É uma observação de senso comum que organizações como os impérios, empenhadas na conquista de espaços políticos, se apresentam tambem como portadoras e garantia de valores culturais. Contudo, as categorias e metodologias, convencionalmente utilizadas para analisar a relação entre meios e finalidades nessa fundação de impérios, suscitam diversas dúvidas. Para uns, os impérios são actores que protagonizam políticas de expansão. Noutra perspectiva, considera-se que a actividade económica controla as relações internacionais, numa gama de soluções que vai desde a invasão e pilhagem até a interdependência planetária. Em ambos os casos, a investigação é empreendida como um estudo da dimensão pragmática ou seja, a inventariação dos meios utilizados na

---

[1] Voegelin 1962 "World-Empire and the unity of mankind", p.172: *"A power organization, informed by the pathos of representative humaniy, and therefore representative of humanity – that would be the core, as it emerges from the historical phenomena, of a definition of would-empire."*

expansão. Apresenta-se o império como um super-estado que se lança à conquista do mundo disponível; ou considera-se a organização estatal, ou imperial, como um envólucro que serve o predomínio de uma classe social ou de uma actividade económica. Os teóricos das relações internacionais tendem a subestimar os conflitos sociais internos e a considerar a actividade económica como cenário para os actores políticos. As interpretações macroeconómicas falham muitas vezes em assinalar que processos como o modo de produção das sociedades tradicionais, o capitalismo e o industrialismo, dependem profundamente de condições éticas, sociais e históricas.[2]

Estão integradas na geopolítica as teses de Rudolf Kjéllen o qual, em artigo na revista *Ymer*, em 1899, projectou para a ciência política conclusões anteriores de Frederic Ratzel sobre o elemento geográfico como determinante da grandeza de um Estado e da necessidade da conquista de espaço vital. De particular acuidade, revelaram-se as teorias sobre a relação entre massas continentais e espaços marítimos. Mackinder definiu o eixo geográfico da história como o espaço do coração do mundo *(Heartland)* cujo domínio é procurado por todos os impérios.[3] Spykmann valorizou a orla marítima *(Rimland)* e Cohen as cinturas de fragmentação. Surgiram depois hipóteses que privilegiam domínios estratégicos distintos: Mahan e o domínio dos mares; Douhet, Seversky e Mitchell e o domínio dos ares; Haushoffer e a terra vital. A geopolítica tem um valor inestimável ao chamar a atenção para constantes geográficas

---

[2] A obra de referência dos chamados realistas em geopol[itica continua a ser a de Hans MORGENTHAU *Politics among the Nation. The Struggle for Power and Peace*, New York, Knopf, 1960. Cf. 2º ed. póstuma de Kenneth Thompson, 1985. Mais antiga é a obra de Reinhold Neibuhr *Moral man in immoral Society*, New York, Scribner's, 1932. Mais recentemente cf. de Paul KENNEDY *The Rise and Fall of The Great Power*, Vintage Books, New York, 1989. Na perpsectiva macroeconómica, cf. WALLERSTEIN *The Capitalist World Economy*, Cambridge, Cambridge U. Press, 1979 e R. COOPER *The Economics of Interdependence*, New York, McGraw-Hill, 1986.

[3] Halford MACKINDER "The geographical pivot of history", in *Democratic Ideals and Reality*, 2ª ed, The Norton Library, New York. 1962, p.255: *"Whoever controls Oriental Europe controls the Heartland. Who dominates the Heartland controls the World-island. Who dominates the World-island controls the world".*

e históricas da expansão mas as suas hipóteses são incompletas ao postularem a expansão como um dado *a priori,* uma vontade natural de poder que não carece de explicações suplementares. Esta confusão entre condicionalismos e motivos políticos, entre finalidades e meios, obscurece a génese das expansões imperiais.

No que se refere às interpretações macroeconómicas, a vulgata de Hobson retomada por Lenine, continua a projectar a sua sombra sobre a interpretação dos imperialismos.[4] Esta perspectiva continua a ter grande impacte porquanto é evidente que a componente económica numa época de capital financeiro, como a nossa, é mais sofisticada e por isso mais relevante que na Antiguidade. A autonomização crescente da actividade económica na modernidade foi possibilitada pela pacificação interna dos estados nacionais, criadores de códigos legais, garantias fiscais e outras condições da dinâmica "capitalista" e industrial. A extensão do sistema económico ocidental ao mundo extraeuropeu foi obviamente acompanhada pelo uso da força. Mas explicar a colonização como uma corrida às matérias-primas e aos mercados, como sucede nas explicações marxistas ortodoxas e, surpreendentemente, em alguns dos seus opositores liberais, é tomar os efeitos pelas causas e os meios pelos fins. E apesar das tentativas de autores como Schumpeter e Giddens para situar o imperialismo moderno, é discutível que os respectivos modelos macroeconómicos sejam satisfatórios.[5]

---

[4] Trata-se da obra de J.A. HOBSON, reed. 1963 *Imperialism,* Ann Arbor, University of Michigan Press. Sobre a sua utilizacao por Lenine em *O Imperialismo, estádio supremo do Capitalismo* ver P.A.BARAN e P.A.SWEEZY *Monopoly Capital,* New York, Monthly Review Press, 1966. Sobre os supostos leninistas cf. Alain de BESANÇON, 1979, *As Origens intelectuais do Leninismo,* Lisboa, Via Editora, 286 pp., obra que prossegue uma linha de investigação comum a Raymond Aron e a Voegelin.

[5] De Joseph SHUMPETER ver o já datado *Imperialism and Social Classes,* New York, Meridian Books, 1955. De Anthony GIDDENS cf. *The Nation-State and Violence,* vol II de "A Critique of Contemporary Materialism", University of California Press, Berkeley and Los Angeles, 1987, reveste-se de interesse pela articulação entre dados psicológicos, sociológicos e económicos, invulgar num autor formado pelo materialism histórico. Voegelin colaborou na colectânea de Giuliano BORGUI (ed.), 1980, *Caratteri gnostici della moderna Politica econômica e sociale,* Roma.

A fim de não postular ingenuamente o império como um facto bruto, requer-se uma teorização da dimensão histórica. A filosofia civil estabelece que, no interior de cada ordem histórica, é possível um êxodo teórico que permita avaliar a realidade política e não só reflectir e legitimar a sua existência. As unidades superiores de inteligibilidade histórica permitem corrigir abordagens unilaterias e viabilzam a descoberta de uma tensão entre mundo material e espiritual, meios e fins, dimensões paradigmática e pragmática. Quando observada a esta luz, a história deixa de ser projectada como marcha no tempo e as nações-estados e os impérios surgem como realidades políticas interinas.

Neste contexto, assumem decisiva importância as reflexões de Eric Voegelin sobre impérios da Antiguidade, Idade Média e Modernidade, subordinadas ao propósito mais amplo de examinar os modelos de ordem na história. Acompanhando as tendências da investigação, reflectiu preocupações da geopolítica nos seus três artigos de 1940, *Some Problems of German Hegemony; Nietzsche, the Crisis and the War*, e *Extendend Strategy*. Estava consciente de que boa parte da força do sistema nacional-socialista derivava da enorme fraqueza das democracias ocidentais, incapazes de compreender a ausência de escrúpulos políticos e de responsabilidades morais nos nazis. Em *Nietzsche, the Crisis and the War* reflecte nas constantes ideológicas e pragmáticas em impérios lançados nas vias da expansão e da Guerra. Em artigos posteriores, *World-Empire and the Unity of Mankind*, 1961, e *Configurations of History*, 1964, os impérios são retratados como surtos ocorridos na tensão entre realidade e tempo e representativos de uma busca concupiscencial da verdade da existência. Em *The Ecumenic Age*, 1974, deixa bem claro como um surto imperial é uma das respostas possíveis para a busca de sentido num processo histórico cuja configuração complexa resulta da interpenetração de padrões não-sequenciais.[6]

---

[6] O presente capítulo incorpora alguns elementos do importante estudo que Geoffrey BARRACLOUGH dedicou ao tema do império in OPITZ e SEBBA 1981. Cf. a sua afirmação a p.189: *"I can state with conviction, as one Who is far from*

O cerne do imperialismo reside na concepção de ordem. Se o simbolismo de história linear pode ser gerado pelo desejo de comemorar uma expansão imperial, não haverá tambem uma erupção espiritual no acto de fundação de império? E algo de imperial em erupções espirituais? E não será uma espécie de imperialismo espiritual cada grupo humano celebrar a sua própria história? Que significado terá o facto de a China clássica se considerar sinónimo de humanidade? Por que razão Ciro se afirmou senhor dos quatro cantos do mundo? Por que Alexandre divindade cultuada em templos gregos como senhor da Ásia? Porque considerou Virgílio que incumbia a Roma dominar o universo? O Sacro Império Romano-Germânico disputou a Bizâncio a herança de Roma e os czares de Moscovo proclamaram-se senhores da Terceira Roma. Camões cantou a fé e o império português. Kipling referiu-se ao império britânico como *"the white man's burden"*. O Presidente Wilson dos EUA afirmou que os princípios da América são os princípios da humanidade. Estaline promoveu o regime soviético como a pátria do socialismo. E não haverá um significado transcendente na corrida da ex-URSS e dos EUA para o espaço na declaração do Presidente Kennedy acerca da "nova fronteira" e do "homem na Lua"? Todos estes exemplos revelam a interdependência entre política de poder e pretensão de manifestarem uma verdade.[7] Um império é uma versão brutal do universalismo expresso por Buda, Lao-tsé, Confúncio, pelos profetas de Israel, filósofos clássicos e apóstolos e mártires cristãos. Mas o grande erro do imperialismo ecuménico é que, ao esmagar sociedades concretas, destrói a única base para uma comunidade mundial genuína; esquece que o mundo que busca dominar não é uma coisa à espera de ser conquistada mas uma ordem substantiva com dimensões física e espiritual.

Esta primeira chamada de atenção parecerá demasiado abstracta ao analista habituado a manipular dados políticos,

---

sharing all his views, that it would be a mistake to ignore (...) his contribution to the understanding of a phenomenon which is still with us, and which, under God's dispensation, will still be with us until the end of time".

[7] Cf. Voegelin 1962 "World-Empire and the unity of mankind".

tecnológicos, militares e financeiros; parecerá remota a quem quiser dissecar movimentos como a integração europeia ou a desintegração soviética, o êxito da Alemanha de Kohl na reunificação, os confrontos entre o Ocidente e o mundo subdesenvolvido mas bem armado, os conflitos Norte-Sul, etc.[8] Parecerá tanto mais remota quanto mais curta for a visão do analista, mas é indispensável para quem se apercebe da urgência de encontrar um campo de compreensão para o relacionamento entre meios e finalidades na actuação das grandes unidades políticas.

Seja qual for a importância que se atribui à dimensão espiritual do ser humano, os impérios são mais do que agentes da história e envólucros de interesses económicos: são erupções da consciência imperial que pretende representar a humanidade e que se alarga até os limites do mundo disponível num dado espaço-tempo. É impossível conceber o que é a fundação de um império sem a consciência da nova época histórica que então se inaugura. A consciência de época é agudizada se a erupção espiritual tiver de romper com mitologias e ideologias das sociedades conquistadas. A criação do império atinge a sua expressão mais aguda mediante a evocação brutal de um novo significado da realidade humana que pode mesmo destruir os surtos espirituais seus contemporâneos.

Por muito brutal que sejam os meios de fundação, um império não se sustenta apenas pela força. A inscrição de Persépolis "Quem caminha pelas leis estabelecidas por Ahuramazda... terá paz na vida e felicidade na morte" encontram eco nas declarações do presidente Woodrow Wilson: "Os princípios americanos são os princípios da humanidade e

---

[8] Ver a título de exemplo a definição de império em A. P. Thornton, "*a policy of expansion by way of subjeting and controlling foreign territories*" in Geoffrey BARRACLOUGH, 1981, "Eric Voegelin and the Theory of Imperialism", p.182 in *The Philosophy of Order*, ed. Peter OPITZ e Gregor SEBBA, München, List, 1981, pp.173-189. De THORNTON cf. *Doctrines of Imperialism*, New York, Wiley, 1965; *Imperialism in the twentieth century*, Minneapolis, University of Minnesota Press, 1977.

deverão prevalecer".⁹ Se a essência do império é o domínio, dominar exige valores; para se firmar, a nova ordem deve justificar-se mediante finalidades. O processo de conquista é inalterável mesmo num contexto planetário que se alargou ao fundo dos mares e ao espaço exterior. Os conquistadores impõem um campo de poder político a povos que dispunham de base económica própria e de cultura expressiva. O fascínio e o benefício da expansão exercem-se não só sobre os agentes imperiais mas também sobre as vítimas que lhe admitem a representatividade. Há sempre élites colonizadas prontas a servir o ocupante – sendo o colaboracionismo um episódio oportunista e a atitude do "idiota útil" uma variante pelagiana – é uma resposta possível aos apelos de ordem dos impérios. O imperialismo pode chegar muito longe, antes que a ilusão da universalidade seja destruída e a insensatez e a violência insuportáveis obriguem a uma reordenação de valores.

Um império constituído como domínio sobre territórios e pessoas é um projecto para incorporar a ordem universal da existência humana numa ordem particular. Ao afirmar que um império é sempre "uma organização de poder informada pelo *pathos* da humanidade representativa", Voegelin está a comprovar que as finalidades determinam a selecção de meios. Ao arrastarem outros povos para um foco de poder a que não corresponde um campo social, em que a consciência livremente se reconheça, os envólucros administrativos imperiais tornam-se no cemitério de sociedades ordenadas. Por outro lado, a expansão mina a coesão dos conquistadores: o que é bom para o governante imperial, não o é necessariamente para o cidadão do império. A perda de coesão de uma sociedade que se lança na expansão está documentada na cultura portuguesa através de temas como o *Velho do Restelo* em Camões, os "fumos da Índia" de Sá de Miranda, e injuções

---

⁹ OH IV, p.153: "*Whosoever walks in the laws that have been set by Ahuramazda... will be peaceful in life and blissful in death*", Citado por BARRACLOUGH, in op. cit. p.184: "*American principles are the principles of mankind and must prevail.*" [N. E.: Os princípios americanos são os princípios da humanidade e devem prevalecer.]

várias de António Ferreira, Diogo de Couto e outros críticos da insensatez e concupiscência dos conquistadores. Mas embora tal corrupção seja inevitável a longo prazo, a maior parte das decisões políticas repercurte-se no curto e médio prazo, pelo que importa distinguir claramente entre o alcance ético e místico destas críticas e a censura niilista e utópica. Ora é a crítica filosófica que entusiasma Voegelin e lhe permite estabelecer uma tensão entre a consciência e situação. Recusa a utopia que elabora

> premissas gnósticas fantasiosas acerca da natureza do homem, acerca da misteriosa evolução da humanidade rumo à paz e à ordem mundial, acerca da possibilidade de estabelecer uma ordem internacional em abstracto, sem relação com a estrutura do campo de forças existenciais.[10]

As expansões imperiais obedecem a pré-condições, como se verifica ao compulsar os dados recolhidos por Pitirim Sorokin. Mais recentemente Peter West compilou áreas, durações e anos de apogeu dos impérios históricos bem como os intervalos de tempo que os separam.[11] O tratamento informático destes dados permitiu-lhe observar pontos de inflexão correspondentes a surtos imperiais, apoiados em mudanças tecnológicas nas três zonas geoestratégicas de terra, mar e ar.[12] Numa época de deficientes comunicações como

---

[10] VOEGELIN, *The New Science of Politics*, Chicago, 1974, p.172: "*These policies were pursued as a matter of principle, on the basis of Gnostic dream assumptions about the nature of man, about a mysterious evolution of mankind toward peace and world order, about the possibility of establishing an internacional order in the abstract without relation to the structure of the field of existencial forces*".

[11] Cf. as apreciações à obra Pitirim A. SOROKIN,1937, *Social and Cultural Dynamics*, 4 vols., New York, American Book Company, 745+727+636+594 pp. in F.R COWELL, *History, Civilization and Culture. An introduction to the historical & social philosophy of Pitirim Sorokin*, London, Adam & Charles Black, 259, pp.1952

[12] Cf. de Peter WEST, *The next Great Empire*, London, Butterworth & Co, 1982. WEST apresenta os anos de 550 a.C., 1388 e 1943 como pontos de inflexão, resultados com escasso sentido fora da metodologia que utiliza. Entre nós Carvalho RODRIGUES, *As novas tecnologias, o futuro dos impérios e os quatro cavaleiros do Apocalipse*, Lisboa, Discórdia, 1991, 114 pp. Apresenta o estado da questão e surgere novos tratamentos estatísticos.

na Antiguidade Clássica, o império romano no Ocidente, impérios helenísticos no Próximo Oriente, o império Maurya na Índia e o império Han na China, possuíam na rede viária um decisivo instrumento da superioridade. A partir do séc. XIV as novas rotas de comunicação marítima possibilitaram a criação dos novos impérios marítimos de Portugal, Espanha, Holanda, Inglaterra e França; a frustrada tentativa de partilha do globo entre as duas primeiras potências, conduziu às soluções da "hegemonia compensada". À medida que cresceu a convergência espaço-temporal de todas as áreas do planeta, o conflito imperial tende a reduzir-se à existência de dois contedores: Aliados contra impérios centrais na primeira Grande Guerra; democracias contra totalitarismos na Segunda Grande Guerra; duas super-potências – EUA e URSS – entre 1945 e 1989, dependendo de sofisticados meios aerotransportados, espaciais e de telecomunicações, área em que os EUA ganharam a dianteira.

Em nome da representatividade de que se diz portador, o "empresário imperial" conquista o mundo disponível mas jamais atinge os confins do mundo. A pouco e pouco as vítimas ultrapassam o choque da invasão e tomam consciência da vacuidade da "expansão concupiscencial". À legítima questão dos pagãos romanos, acerca da capacidade de manter o Império no contexto criado pelo cristianismo, contrapôs-se a questão "Porque há-de Roma existir?". E foi para explicar a "desordem" histórica causada pelas cidades "terrenas", que Agostinho e Orósio invocaram o conceito de uma história providencial em tensão com a história profana.

A exemplaridade do império romano como *oikoumenê* ou *orbis terrarum* transmitiu-se à posteridade, com prestígio decrescente. A *translatio imperii* legitimou o império de Carlos Magno e o santo império romano-germânico que, da Europa central, se estendeu ao império espanhol com os Habsburgos. Com o fim do antigo regime, o prestígio imperial passa para Napoleão cujo filho é o rei de Roma. Na Europa Central é depois substituído por uma hegemonia austríaca a sul e pela hegemonia prussiana a norte. A ideia revive em Inglaterra que anexa a Índia como a joia da coroa imperial britânica. No continente americano, o federalismo da república imperial americana e do Império brasileiro mantém essa tradição imperial. Na América ex-espanhola a realidade unitária desfez-se após tentativas episódicas. O fim do velho sonho imperial em 1918 deixa por um momento brilhar o euro-mundo e a *pax británica*. Após 1945, as duas super-potências EUA e URSS repartem o mundo disponível, surgindo a URSS de Estaline com os atributos de uma *terceira Roma*. O fim do império soviético em 1989 deixa na sua esteira a *pax americana*, estando em jogo se a construção da unidade europeia irá sucumbir ao fascínio imperial, de tipo federalista.[13]

Impérios ecuménicos

A diversidade da ideia imperial dificulta a respectiva classificação. Em *World-Empire and the Unity of Mankind*, Voegelin estabelece uma tipologia:

a) Os impérios *cosmológicos* surgem em Egipto, Babilónia, Assíria e outras sociedades cujas ordens não se afirmam representativas de toda a humanidade.

b) Os impérios *ecuménicos* iniciados pelos Aqueménidas, prosseguidos por Alexandre e culminantes em Roma assumem-se como representantes da humanidade.

c) Os impérios *ortodoxos* surgem após a dissociação da ecúmena e possuem uma ordem equivalente à humanidade representativa, mas restrita à fé dominante: cristã ortodoxa no império bizantino, cristã católica no *sacro império*, maometanismo no Islão e neoconfucianismo na China.

d) Ao classificar os impérios *modernos*, Voegelin considera que a expansão planetária iniciada no séc. XVI, e que se

---

[13] Sobre o período medieval do império cf. Alöis DEMPF, 1954, *Sacrum Imperium*, Darmstadt, Wissenschaftiliche Buchgesellschaft.

estende até à conquista contemporânea do espaço exterior pelos EUA e ex-URSS, tem características *sui generis*. Estariam em luta diferentes concepções do mundo e não somente diferentes projectos imperiais. Por outro lado, admite que os impérios modernos correspondem a imperialismos existentes nas nações-estado ocidentais.[14]

Para designar as organizações de poder lançadas à conquista do planeta como representativas da humanidade, Voegelin utiliza o termo *ecuménico* que assim adquire uma conotação negativa: "O império ecuménico é uma das soluções, na esfera do poder, de obter a ordem perfeita para a humanidade."[15] A oportunidade para criar impérios ecuménicos não é permanente. Na Antiguidade, cresceu com a crise da cidade-estado grega cuja pequena dimensão e relações paroquiais provocaram o que se designa por "hipoteca da *polis*". Os particularismos de base pragmática impediam o livre e harmonioso desenvolvimento de várias *poleis*. E os impasses criados pela teoria e prática das cidade-estado tiveram um desenlace imperialista após o falhanço das soluções das *ligas*.

Uma das soluções aventadas para o espaço grego foi a teorização da "humanidade universal" pelos filósofos. Foram então criados os símbolos essenciais do homem como animal racional, político e histórico, capaz de escolher o supremo bem e de intervir na cidade com critérios objectivos de justiça. Contudo, este surto espiritual não impediu a sociedade antiga de decair. Platão previu a incapacidade de as *poleis* se elevarem até uma confederação de cidades. Os princípios da cidade justa foram suplantados pelo desenvolvimento do cosmopolitismo. E tal descaminho doutrinário, manifesto nas doutrinas cínicas e estóicas, impediu o reconhecimento maioritário da descoberta filosófica da sociedade aberta, dissolvendo os campos sociais predominantes nas cidade-estado da Grécia

---

[14] "World-Empire and the unity of mankind", 1962 p.172 e p.180. Acerca da tipologia dos impérios cf. *Order and History* IV, pp.115-7, 135 e WEUM pp.172 e 186-7.

[15] Voegelin 1968 "Configurations of History", p. 108: "*The ecumenic empire is one solution, in the sphere of power, for obtaining the perfect order for mankind.*"

clássica, que se deixar absorver pelos impérios ecuménicos macedônio e romano.

A actuação de Alexandre Magno mostra os passos característicos dos impérios ecuménicos.:[16]

1. O *imperador* reconhece que na ecúmena coexistem diversas sociedades concretas.
2. Decide que a ecúmena deve ser um só mundo.
3. A tarefa é dificultada pela permanência de mundos rivais fora do império.
4. Mantém o domínio enquanto está no apogeu.
5. uma vez morto Alexandre, verifica-se que não existe projecto unitário capaz de assegurar a unidade.
6. O mundo resultante apresenta um vácuo de poder.
7. O conflito entre os diádocos é o destino pós-imperial.

Mutatis mutandis, esta sequência poderia valer para Constantino, Carlos Magno, Gengiscão ou outro dos "empresários imperiais" que consideraram representativos da humanidade. O cínico dirá que esta expansão concuspiscencial visa dominar o mundo.[17] Mas não obstante os paralelismo, existem diferenças significativas. Na medidada em que é possível confiar em documentos e testemunhos coetâneos, Alexandre Magno atribui-se a si próprio uma missão sagrada ao pretender dominar toda a *oikoumenê*. Na perspectiva geopolítica cabia-lhe obter segurança para as cidades gregas na Ásia Menor ameaçadas pelo império persa, dando assim continuidade ao projecto de seu pai, Filipe da Macedónia. Mas a missão inicial de

---

[16] OH IV, p.163-164. Ibid., p.2312 "*[Alexander] certainly tried to transform his pragmatic conquest into an ecumenic community (koinonia) under the divine Nous, fortified by the older symbolism of God as the father of all men*". Voegelin apoia-se na obra de W. W. TARN 1948. Os documentos e testemunhos referentes às campanhas de Alexandre constam de Ernes BARKER 1956, *From Alexander to Constantine. Passages and Documents ilustrating the History of social and political Ideas 336* BC. AD 337., Oxford, Oxford U. Press.

[17] É este aliás o significado da célebre passagem de *A Cidade de Deus* acerca dos impérios como *magna latrocinia*. Nela o pirata mediterrânico afirma que entre ele e Alexandre Magno existe apenas a diferença que há entre ter um só barco e uma esquadra de 400. Cf.Santo AGOSTINHO *De Civitate Dei*, ed. Bib. Aug., ed. Bénédictine, 5ª S., t.xxxiii-xxxvii.

defesa da Europa contra a Ásia, foi tranformada num projecto de expansão e conquista do Império Persa e regiões anexas. A "experiência da ordem universal", expressa pela noção de *homonoia*, que integra a dupla noção de "paternidade de deus e fraternidade dos homens", foi suplantada pela "servidão ao ecumenismo do conquistador". Ao considerar-se representante existencial dos povos helênicos, Alexandre subordinou a visão espiritual da humanidade universal a um sonho de conquista mundial. E a sua pretensão de se tornar "senhor da Ásia" através do domínio físico de todas as populações do mundo civilizado, não durou mais que os curtos anos das geniais campanhas militares, sendo limitada pela relutância do exército em atingir as margens oceânicas da terra conhecida. Os epígonos liquidaram a pretensão do conquistador ecuménico. E este fracasso do intento de reunir todos os vivos num governo mundial tem um significado profundo, intimado na expressão "imperialismo". Que um génio espiritual e militar como Alexandre tenha falhado na tentativa de fundir conquista ecuménica e humanidade universal, é lição a reter na avaliação de posteriores tentativas imperiais.

A "ecúmena" constitui um campo social culminante da história.[18] A representação da humanidade como "esfera" a ser conquistada, reflecte-se na utilização do globo como simbolismo imperial por excelência. Heródoto foi o primeiro a recorrer ao termo *oikoumenê* e Políbio conferiu-lhe o significado de conjunto de povos arrastados para a expansão imperial. Trata-se de um objecto de conquista e não do *kosmos* limitado, de que falam os mitos do Próximo Oriente. A ecúmena não está limitada pela parceria da história com Deus, como em Israel, nem por uma teoria da *polis*, característica dos gregos. É um campo social predominante e cuja teorização foi uma das

---

[18] A 1978, p. 179: "*The ecumene, meaning the respectively contemporaneous cultured humanity as a field of potential organization, seems to be a social field of consciousness that belongs to the structure of political reality.*" [N. E.: A ecúmena – entendida pelo respectivo império ou religião como as culturas da humanidade [Kulturmenschheit] que poderia potencialmente ser organizada – parece ser um campo social de consciência que pertence à estrutura da realidade política. In *Anamnese*, p. 500. op.cit.]

respostas possíveis à decadência da *polis* grega. Ao considerar que a *fortuna* criava um campo unitário de inteligibilidade para os movimentos históricos a que assistia, Políbio reconheceu nela tanto a força objectiva que determina a forma da história, como o sentimento subjectivo do conquistador que recua perante a possibilidade de, também um dia, declinar. Por este motivo apresenta Demétrio de Faleros a advertir da inconstância da fortuna, após a vitória macedónia sobre a Pérsia. Após a vitória de Pidna, o cônsul Paulo Emílio lembra ao senado os reveses da fortuna. E na hora da conquista de Cartago, perante as ruínas do maior inimigo que Roma jamais tivera, Cipião Emiliano derrama lágrimas ao antecipar o dia inevitável em que Roma sofreria idêntico destino. A grandeza de Políbio reside no facto de ter concebido simultaneamente a força e a fraqueza da ideia imperial: Roma representava a ordem definitiva da humanidade e não uma organização de poder entre outras. O *orbis terrarum* tornara-se em unidade geopolítica a ser disputada por todos os contendores. Em segundo lugar, o *imperium* crescera à custa de populações que perdiam a individualidade. A nova ordem, a *pax romana*, estendia a sua mão férrea sobre os povos. Finalmente, irrompera a ideia de *Caesar*, o homem cuja força pessoal consegue dominar os poderes errádicos e moldá-los num todo. Mas a mesma *fortuna* que impusera este "destino manifesto" poderia no futuro liquidar o império, tal como lembrará Maquiavel ao teorizar a *fortuna secunda et adversa*.[19]

Sobre o significado polibiano da ecúmena como espaço imperial de uma humanidade que vive sob a jurisdição romana, Paulo enxertou o de mundo redimido pelo Messias. Como se depreende do sucesso da evangelização havia condições para que esta visão se tornasse popular. O *Livro de Daniel* chamara já a atenção para o reino de Deus na terra, a *quinta monarquia*

---

[19] Ver de Políbio, *The Histories*, 6 vols., Loeb Classical Library, XXIX, 21 XXIX, 20 e XXXVII, 20: "*A glorious moment Polybius; but I have a dread foreboding that some day the same doom will be pronunced upon my country*". Voegelin utiliza *Polybius* T. R Glover, Cambridge a. history VIII, 1. 1930. Cf. Hopi, Christianity and Rome., cap.5, pp.119-123

que viria suplantar a sucessão dos quatro impérios.[20] Roma conquistava todo o Mediterrâneo. E então? Nada é duradouro e as populações do império estavam afastadas das pressões centrais. A noção de ecumenismo foi pois transferida da esfera do poder para a esfera espiritual, tornando a mensagem evangélica mais inteligível e aceitável. A urgência de Paulo, as viagens até os confins do "seu" mundo, que era então o mundo mediterrânico (e que o levou talvez mesmo até à Hispânia) são a prova deste novo significado da ecúmena que deve ser preenchida pelo Evangelho de Jesus Cristo. O apóstolo procura visitar o orbe conhecido, porque a conversão da ecúmena acarretaria a segunda vinda de Cristo, esperada de um momento para o outro. E tal missão recorda a urgência actual de João Paulo II, que percorre o mundo para levar a noção cristã de humanidade universal a todas as populações.

O duplo surto da ecúmena pragmática romana e da ecúmena espiritual cristã criou a realidade política da Antiguidade. À medida que a estrutura interna da unidade política descia para segundo plano, a ascensão e queda de impérios tornou-se o novo tópico fascinante. Enquanto uma organização política é a forma viva de um povo, a eventual expansão é suportável dentro de certos limites. Corpos políticos como as *poleis* gregas, as cidades-estado do Crescente Fértil, os *kuo* chineses, Israel antigo, são agentes que congregam populações numa ordem livremente assumida. Mas quando o poder se torna um jogo para profissionais, para o qual as populações submetidas ao império pouco podem contribuir, a política deixa de ser compreendida como assunto interno de

---

[20] No *Livro de Daniel*, de autor anônimo judeu de meados do séc. II a.C., a destruição por uma montanha que ocupará toda a terra do colosso (2;32.33) com cabeça de ouro, peito e braços de prata, ventre e coxas de bronze, pernas de ferro e pés de ferro e barro, é interpretado como a manifestação do reino de Deus que se sucede aos quatro impérios, Babilónia, Média, Pérsia, Grécia (2;36-45). A visão cumpre na especulação Oriental papel semelhante ao do mito das idades no espaço cultural helénico. Em Hesíodo, *Trabalhos e Dias*, 109-201, a sucessão dos quatro metais, ouro, prata, bronze e ferro é interrompida pela idade dos heróis, indicando a liberdade humana de suster o ciclo da decadência natural das sociedades. Cf. o mito semelhante de Platão em *República* 415a-414d.

uma comunidade e apresenta-se como movimento do poder à escala global e sujeita às vicissitudes da fortuna. O Estado torna-se um aparelho de poder mais do que um órgão de representação. E a desintegração das comunidades permite que um aparelho de poder, separado da base popular, se expanda até onde encontrar barreiras. A expansão passa a ser detida apenas pela força do adversário. O carácter persa, macedônio, numídico passou a ser soterrado pela função pragmática imperial. E por motivos idênticos um provincial da Ilíria, Hispânia ou Síria podia tornar-se imperador em Roma. A expansão romana comprometeu definitivamente o equilíbrio interno das comunidades conquistadas, que se desintegraram sob a pressão das migrações que marcam a transição do império romano para a Idade Média.

As duas ordens medievais

Tal como a teoria política helénica se orientava para a cidade-estado, e a teoria política romano-cristã para o reino dos céus e o império terreno, as ideias políticas medievais estavam orientadas para a evocação do *sacrum imperium*. A consistência teórica desta proposta era escassa porque a autointerpretação das unidades políticas na Idade Média expressava-se sobretudo de modo institucional e, quando surgia, vinha submersa numa literatura panfletária. A segunda grande razão desta deficiência conceptual é a própria dificuldade da afirmação política imperial. O primeiro grande período de afirmação imperial começa em Carlos Magno, passa para os imperadores romanos-germânicos e culmina num breve clímax por volta de 1200. O período de desintegração começa com o surto dos reinos nacionais, desde a Alta Idade Média, e arrasta-se em sucessivos avatares, até à dissolução dos impérios centrais após a guerra de 1914-1918. Neste enquadramento, Voegelin concentra-se em analisar o processo de formação da ideia imperial nos impérios carolíngios e germânicos, organizações de poder que se afirmaram numa luta em várias frentes: contra os povos eslavos, o império Bizantino, os poderes feudais internos, e em tensão com a Igreja.

Voegelin utiliza as conclusões da historiografia francesa, em particular Louis Halphen e René Grousset entre outros, para demonstrar como o Ocidente se lembra ciclicamente, ou é lembrado pela força das invasões, que vive à sombra da Ásia. A cadeia de acontecimentos que se inicia com a unificação da China por Ch'in Shi Huang Ti em 221 A.C., e a consequente concentração e derrota do império Hiungnu a norte da Grande Muralha da China, leva essas populações nómadas a migrarem para Ocidente, empurrando tribos germânicas à sua frente. Agostinho começa a escrever a *Cidade de Deus* em 410, após Alarico saquear Roma e morre em 431 com os Vândalos às portas da Hipona. Em 451, os Hunos são detidos em Châlons. Uma nova vaga asiática, magiar, no séc. X é quebrada em Lechfeld em 955. Nova expansão surge com o império mongol no séc. XIII. Apenas a morte de Ogudai interrompe a progressão das hordas mongóis vencedoras em Liegnitz, em 1241. A partir de então, o Ocidente procura o contacto através das embaixadas a Karakorum e relatos de viagens como o *Itinerarium* de Rubruck, a *Historia Mongolorum* de Piano Carpini e as missões de Saint-Quentin e Ascelino. Os documentos diplomáticos mostram as *ordens de Deus* que legitimavam a expansão mongol com o princípio "No céu há Deus o eterno; na terra Gengiscão é o único e supremo senhor". A partir dos finais do século XIV, surge uma nova vaga turca otomana. Atinge a Europa em 1354, em 1453 conquista Constantinopla e em 1520 alcança Viena. Os choques com os mongóis de Tarmelão não quebram este processo de expansão. Tarmelão era o *homem do destino,* o príncipe conquistador retratado em inúmeras *Vita Tamerlani* dos sécs. XV e XVI, e que representava uma erupção de poder bruto. Desaparecido o perigo turco no século XVIII, surgiu a Rússia como ameaça ao Ocidente, descrita por Napoleão.

Esta trajectória, em suma, constituia uma cadeia de acontecimentos de escala global do tempo e no espaço. A grande migração dos povos asiáticos e dos povos germânicos desde o séc. IV a.C. acabou por modificar a estrutura da civilização antiga, fixou a base étnica das populações ocidentais e veio a determinar o enquadramento geral das instituições e ideias políticas medievais. O processo de migração, que se estendeu durante séculos, teve um efeito desintegrador nas tribos germânicas, reflectido nos mitos de Wothan, o deus errante que abandona Asgard, a terra dos deuses; a pressão e as vitorias dos Asiáticos reflectiram-se na epopeia nacional dos Nibelungos. Esta fragilidade das tribos facilitou a sua enculturação pela tradição romana e pela novidade cristã. O êxito dos Francos é parcialmente explicável pela sua distância de Bizâncio, a ausência de pressão asiática e a conversão oportuna de Clovis. O primeiro grande império medieval irá nascer da monarquia franca como área de civilização de base étnica germânica, separada do Oriente por uma barreira islâmico-semita a sul e por uma cunha eslavo-mongol a leste.[21]

A preparação do império medieval ocupa um período de três séculos entre 500 e 800 no qual se efectua o que a literatura da época designou de *translatio imperii romani*, primeiramente para o reino dos Francos e depois para o império carolíngio. Mas mais importante que a argumentação legal, era a experiência das transformações históricas que foram simbolizadas como decisões divinas. O primeiro acto desta trasnferência é a articulação dos poderes de sacerdócio e de império, ligados por um sistema de *checks and balances*. O papado e o reino Franco tinham saído da órbita do império Bizantino, por ocasião do concílio de Calcedónia em 451. E é neste contexto de interrupção da comunhão entre Roma e Constantinopla que surgem uma série de cartas dos papas Félix e Gelásio I, acerca da jurisdição espiritual, culminando no *Tractatus* IV (sobretudo 11) e *Epistula* XII (sobretudo 2) de Gelásio I (492-496), a *Magna Carta* das liberdades da Igreja medieval. O imperador já renunciara ao título de *pontifex maximus* mas mantinha a

---

[21] Cf. HOPI, III A. The Rise of the Empire, pp.1-95. Voegelin utiliza Wilhem GROENBECH, *The Culture of the Teutons*, London 1931.

aura pagã de monarquia sacral, bem como prerrogativas de interferência em assuntos sacerdotais. Gelásio fundamenta a distinção entre *auctoritas sacrata pontificum* e *regalis potestas* no princípio que, prevendo a fragilidade de natureza humana, Cristo ordenara a separação do poder humano em duas autoridades. Estava estabelecido o grande princípio dos dois gládios que seguiria destinos muito diferentes nos territórios do Ocidente e do Oriente.

A desintegração do império bizantino preparou a aliança entre o papado e os reinos Francos que foi decisiva na estrutura geopolítica do mundo romano-cristão. Em 739 Gregório II pede protecção a Carlos Martel para o povo e a Igreja de São Pedro. Em 751, o pontífice Zacarias consente em depor Quilderico, o último merovíngio e em sancionar a autoridade de Pepino o Breve, o novo David, um precedente para a arbitragem papal nos assuntos internacionais. Em 754 Estevão II unge Pepino em Sain Denis, e dá-lhe título de *patricium romanorum* e Pepino confere à Santa Sé os territórios da península de Itália, de Parma até a Apúlia. Estabelece-se assim um novo equilíbrio em que o papa atribuía títulos imperiais e o rei fazia doações de províncias imperiais, eximindo-se, ambos, aos laços com o império do Oriente.

Esta aproximação entre o papado e o poder régio culmina na coroação de Carlos Magno, a ideia de império que iria dominar séculos a fio a história medieval.

A coroação do Natal de 800 foi interpretada e obscurecida pela literatura legal posterior como *translatio imperii*. Mas autores como o monge de Saint Gall, os anais de Lauresheim e Crónica de Moissac estão conscientes de viver a fundação de um novo império, cujas formas legais eram a coroação e unção pelo Papa, o consenso de bispos e padres, senado de Francos e Romanos, a aclamação do povo de Roma e, sobretudo, a manifestação da vontade de Deus. A Igreja encontrara outra vez um poder ortodoxo para organizar o povo cristão. O reino dos Francos tornara-se um império multinacional. A comunidade cristã mantinha as duas cabeças, espiritual e temporal, numa variante do princípio de Gelásio. E embora estas novas concepções imperiais acerca das relações político-religiosas não atingissem expressão teórica, permaneciam difusas em instituições e actos políticos.

O princípio gelasiano estabeleceu o padrão político do império do Ocidente mas sofria fortes restrições no império bizantino. Aqui, a administração imperial era a força de civilização mais antiga e na qual a Igreja teve de se integrar. Os imperadores favoreciam a política monofisita até que, no séc. VIII, a pressão do puritanismo não-helénico de Nestorianos e Monofisitas também visível no Islão e nos Judeus, levou Leão e Isáurio a decretar o édito iconoclasta. Enquanto em Bizâncio se reforçava assim a prática césaro-papista, em Itália, o poder imperial declinava perante os Lombardos e apresentava-se como herético. No Ocidente, a Igreja era a força superior de civilização que poderia ajudar o poder temporal. De Gelásio a Leão I alargou-se a separação com Constantinopla devido à fraqueza imperial. A própria cidade de Roma dependia de alimentos oriundos dos estados da Igreja. Gregório o Grande tinha supremacia sobre outras dioceses e surgia como o protector contra invasores.

No Ocidente, assiste-se a uma evolução para um *pontifício-cesarismo* em contraste com o césaro-papismo bizantino. O Papado cresce em domínio territorial e a cabeça espiritual da cristandade torna-se também um grande monarca temporal. Esta nova situação institucional exprime-se doutrinamente na famosa "Doação de Constantino", documento forjado cerca de 820, que legitima a posse de bens temporais pela Igreja, torna o Papa superior ao imperador, atribui-lhe o palácio de Latrão e a tiara imperial. Acentua-se a dominante pontifício-cesarista na balança dos dois poderes. Por outro lado, a monarquia imperial franca também evolui em direcção teocrática, ao integrar a organização clerical da hierarquia administrativa e ao interferir nos sínodos de bispos. As capitulares de Aachen de 802 mostram como funciona esta teocracia. Todas as pessoas até doze anos devem prestar juramento de obediência temporal e de santo serviço de Deus e cumprem obrigações sociais (conduta perante viúvas, orfãos, estrangeiros) que misturam o que hoje chamaríamos de deveres legais e morais. Este ascendente institucional do poder temporal Franco era equilibrado, na prática, pela dependência administrativa perante a organização eclesiástica. O reino precisa do clero; e a missa obrigatória de domingo e a influência do púlpito são instrumentos para soldar o povo numa unidade. Nestas tendências reside a raiz da Querela das Investiduras, cujo tema será a nítida separação jurisdicional dos poderes misturados e que vai adquirir particular gravidade no espaço germânico.[22]

A intepretação do Sacro Império Romano-Germânico foi sempre afectado pelos particularismos no interior do seu espaço político. A Alemanha não tem uma data unificadora culminante, tal como o 800 de França, o 1066 de Inglaterra, o 1128 de Portugal, etc. O termo "império alemão" foi usado pela primeira vez em 1871, apesar de o *Sacrum Imperium* ter uma existência já milenar. Em 911 o duque da Francónia sucedera ao ultimo carolíngio como rei das tribos do reino Franco oriental, ou Alemanha, onde coexistiam uma pluridade de *Stammesherzogtumer*. Os ducados alemães eram um *Hinterland* do império, cuja prioridade era manter as vias de comunicação comercial com o Mediterrâneo e o império bizantino. Estas particularidades vão ser moldadas em três fases distintas de concentração do poder imperial: a) Os imperadores saxões-sálicos defendem a coexistência dos velhos ducados e a concentração do poder régio. b) Os Hohenstaufen concentram o poder régio na Sicília e Itália. c) Os Habsburgos preferem a *Hausmacht* e o avanço nos territórios de leste. A política dos imperadores saxões-sálicos consistia em controlar a Itália a partir do reduto alemão. Na expedição a Itália de 952, Otão o Grande adquire as passagens alpinas e parcelas da Lombardia: na expedição de 962 conquista o resto, é coroado rei em Pavia e renova o império de Carlos Magno. A norte dos Alpes,

---

[22] Voegelin utiliza Charles Odegaard *Carolingian Oaths of Fidelity, Speculum*, 16 (1941).

concentra na família os feudos vagos. Entretanto, os pontífices de origem germânica iniciam as reformas cluniacenses do papado. As tentativas de Henrique IV para controlar as terras de Igreja através da prática de simonia e da criação de base territorial na Saxónia, suscita um conflito com Gregório VII a que um segundo interregno na sucessão dinástica veio somar danos irreparáveis. c) A política imperial dos Hohenstaufen consistiu em controlar a Alemanha a partir do reduto italiano. A consolidação da Lombardia e da Toscânia com governos de *podestà* nas cidades e o casamento siciliano de Henrique VI estabelece a base de operações de Frederico II. Através dos estatutos de 1220 e 1231, este concede independência aos príncipes eclesiásticos e leigos da Alemanha, concentrando-se nos grandes desígnios imperialistas na área do Mediterrâneo onde os seus sucessores já não terão êxito. A política *Hausmacht* dos Habsburgos, enfim, dá um novo destino aos particularismos alemães. Nem os velhos ducados nem os territórios italianos serviam já como base de apoio político. A nova solução seria a criação de um núcleo de poder nos territórios de leste, aproveitando a expansão empreendida por príncipes, cidades e ordens religioso-militares. Enquanto os reinos da Europa fixavam fronteiras nacionais, os alemães do Elba e do Saale estavam em movimento, levando a cabo uma colonização entre os sécs. XII e o XIV que determinou uma diferença entre a civilização metropolitana ocidental e civilização colonial do Leste, uma distinção que só se esbateu a partir da renovação cultural no séc. XVIII.

Imperialismo moderno e perspectivas contemporâneas

A ruptura da ordem espiritual e temporal da Cristandade resultou, antes de mais, do alargamento dos horizontes. Enquanto no Mediterrâneo e no Leste o contracto permanente com mundos extraeuropeus tais como a civilização árabe e os impérios turco e mongol foi diminuído por exigências defensivas, no Atlântico, a idade das descobertas iniciada pelos portugueses alargou o horizonte geográfico. Com a Renascença, autores como Maquiavel e Bodin trouxeram o sentimento renovado de ascensão e queda de impérios; suspeitam que o Ocidente já não é o centro do mundo e que a virtude imperial transita de uma nação para outra. A desintegração da cristandade criou outro tipo de problemas. Os estados nacionais herdam as funções do sacro império mas não possuem a mesma substância espiritual. O governo deixou de ser compreendido como uma instituição assente na graça e na fé; funda-se agora na necessidade e na razão. Os reinos fundam-se no *jus gentium* e não na lei divina. As Igrejas representam o cristianismo mas de modo fragmentário. E à medida que *à ordo* medieval sucede a época das relações internacionais, emerge o enquadramento moderno do imperialismo.

Este enquadramento é ainda complicado pelo facto de a humanidade ocidental continuar a experimentar-se como unidade civilizacional. Esta era uma preocupação central da Sociedade de Jesus e expressou-se institucionalmente através do reconhecimento do primado espiritual do Papa e, em particular, no primado indirecto em assuntos temporais. Conforme Belarmino sustentou contra Barclay, o Papa deveria por *jure divino*, regular os assuntos temporais *in ordine ad finem spiritualem* cabendo-lhe decidir se os governos colocam ou não em perigo o bem-estar dos súbditos. Tal doutrina manteve-se relevante até o tratado de Vestefália (1648) a partir do qual a cúria romana foi eliminada da cena internacional e substituída pelo concerto das potências.

O internacionalismo nasce quando corpos particulares da civilização ocidental preferem formar a humanidade à sua imagem. Calvino pretendia uma "nova cristandade reformada". Tal revolução religiosa foi parcialmente vitoriosa em Genebra e noutros núcleos europeus mas acabou por adquirir uma posição partidária no seio de cada nação e constituir uma "internacional" político-religiosa. O choque entre as "internacionais" católica e protestante levou os corpos nacionais a uma guerra civil travada em diversas frentes. A situação fez surgir as *Vindiciae*, ou seja, o direito e o dever de os príncipes interferirem a favor de povos vizinhos, oprimidos pela religião proclamada falsa. Na prática, tratava-se de justificar o auxílio de soberanos ingleses e alemães aos calvinistas franceses. A *internacional* é uma inversão da ideia de cruzada. O que antes era a política da Igreja contra os infiéis e contra minorias declaradas heréticas, torna-se agora em contracruzadas à escala europeia contra populações que não submetem à ordem político-religiosa específica dos novos estados nacionais.

O internacionalismo nas *Vindiciae* foi ultrapassado no século XVII pelas ideias estabilizadoras patentes na literatura federalista sobre o equilíbrio entre estados. Este grande sonho moderno que substitui o império medieval surgiu, primeiro, na obra de Pedro Dubois e depois em Jorge de Podiebrad, seguindo-se nomes como os de Emérico Crucé, Sully, Guilherme Penn e o Abade de Saint-Pierre. Tais projectos de organização federativa são de pouca monta do ponto de vista pragmático. Qualquer pessoa pode sonhar com orgãos internacionais de deliberação, legislação e arbitragem, independentemente da respectiva viabilidade. De maior relevância é o conceito de balança de poderes que aceita a cisão da cristandade em estados soberanos, remove a questão religiosa da cena política e organiza um código de conduta para as relações entre unidades soberanas na paz e na guerra. A Idade Média desenvolvera já uma prática do Direito Internacional através de arbitragens, *communitas communitatum*. As fontes legais eram numerosas e em Espanha, em particular, a descoberta da América e a conquista do império das Índias levantava profundas dúvidas sobre a legalidade do acto.

É um facto que as Universidades peninsulares tinham mantido a continuidade escolástica que lhes permitia lidar com as questões político-jurídicas de modo mais competente que outros autores europeus prejudicados pelo antifilosofismo. Só com a obra de Alberico Gentili, *De Legationibus libri tres*,

Londres, 1585 e *De jure Belli* Londres, 1588-89 que foi base para Grócio se atinge um nível conceptual aproximado dos autores portugueses e espanhóis. É neste contexto que se integra a obra de Francisco de Vitória *Relectiones de Indis*, escrita em 1532. Vitória usa o *jus gentium* como corpo de normas jurídicas aceites por todos os povos, distintas das normas que regulam relações entre Estados e propiciadoras de uma união sacramental da humanidade. A humanidade é uma grande república, mais ampla que os súbditos da lei inter-estatal e com poder para criar leis. As regras das relações entre estados não são pactos revogáveis por declaração dos soberanos; têm a força de *jus gentium* e a sua violação seria um pecado mortal. As características universais do corpo místico de Cristo são transferidas para as comunidades nacionais-estatais, com o risco de tornar a unidade moral da humanidade dependente da clausura do estado-nação.

Segundo Voegelin, a expansão europeia revelou um conflito permanente entre o ideal do homem cristão ocidental e o facto empírico que a maioria das civilizações não se conforma com esse modelo. É certo que para expor tais métodos não era necessário um manual como o de Vitória cujos títulos positivos são muitos. Lembra noutro passo Voegelin que a crítica alemã, sobretudo após 1918, considerou existir na *Utopia* de Tomás Moro um verdadeiro programa do imperialismo, e formulado por um chanceler que preparou a centralização do poder necessária para a expansão comercial e colonial do povo inglês. Em princípio, os *utópicos* são pacíficos, não estimam a guerra e pensam que deveria ser evitada através da tentativa de corrupção do inimigo; contudo, estão bem equipados para levar a cabo guerras preventivas de libertação e de auxílio a nacionais perseguidos. Segundo os críticos, Moro estaria a celebrar um povo que se considerava a si próprio como padrão da humanidade, a colocar a guerra ao serviço do ideal e a abandonar o campo da política internacional ao ideal de cada um, proclamando como mais justo o que fosse mais forte. Na verdade, estava simplesmente a pensar em um exército nacional que combatesse em nome de um povo e que substituísse as hordas que seguiam as causas dos barões feudais. As atrocidades dos imperialismos ocidentais não derivam das atrocidades admitidas, em teoria, pelo intelectual do séc. XVI.

O que perturba Voegelin é que a linguagem inócua do Direito Internacional, criado por Vitória, e o próprio clichê "relações internacionais" escondem uma brutal distinção entre relações inter-estatais e inter-civilizacionais. As relações entre estados ocidentais são julgadas por uma medida; entre estados de continentes, ou civilizações, diferentes por outra. Vitória opina ser lícito matar os culposos, *nocentes*, a fim de obter paz e segurança se, por exemplo, forem infiéis e bárbaros. Mas entre cristãos é inadmissível haver mortes e os súbditos não devem ser punidos por erros de príncipes. Pressupõe que a guerra será sempre justa para um lado e injusta para outro, e que a justiça de uma causa tem de ser medida por um *sapiens*, no sentido de Aristóteles na *Ética*. Mas como é ele o *sapiens*, está a julgar um facto consumado, com um critério cuja isenção é discutível. A boa fé dos beligerantes não chega para decidir a justiça da guerra; nesse caso sarracenos e cristãos teriam igual razão de se reclamar de ordens divinas. E embora os conselhos evangélicos sejam contra a violência, o Antigo Testamento e a Patrística admitem guerras justas. Embora condene a expansão como causa de guerra e o assassinato em massa, Vitória não encontra uma solução à altura da humanidade universal. A *christianitas* é uma ilha providencial cercada de um mar de infiéis e pagãos. Considera ser preciso preservar esta unidade mesmo que à custa da vida do adversário. E se a humanidade é sinónimo de cristianismo, não-cristianismo é sinónimo de desumanidade.

Esta limitação do Direito Internacional torna-se ainda mais evidente quando Vitória aborda a legitimidade da conquista espanhola da América e a questão melindrosa do direito de propriedade dos aborígenes, na segunda e terceira partes da *Relectio Prior De Indis Recenter Inventis*. Começa por reconhecer que a nação-estado age de modo independente da Igreja e do império. Evita a questão do império, porque *imperador* seria um título ilegítimo de conquista para o rei da Espanha. Evita a questão da Igreja porque as relações específicas de cristãos com pagãos e infiéis, são muito diferentes das relações entre gentes cristãs. Assim, ao introduzir o Estado nacional espanhol como herdeiro e representante da *christianitas*, o pai do Direito Internacional desenvolve regras *inter gentes* distintas das regras *inter homines*, e arrisca-se a que a sua doutrina passe por um instrumento representativo do imperialismo ocidental.

Na secção 3, apresenta os títulos de conquista legítima como resultantes do direito natural e das obrigações de propagar o cristianismo e de implementar uma civilização superior. De acordo com o direito natural do relacionamento humano, o mundo é dado a toda a humanidade. Nem a propriedade nem a autoridade nacional devem abolir a reciprocidade de relacionamento. Os espanhóis têm o direito de viajar, comerciar e estabelecer-se em países estrangeiros; se os nativos impedirem a residência pacífica e o comércio devem ser combatidos, primeiro pela razão, depois pela força defensiva e, enfim, pela guerra ofensiva com restrições. Se persistirem em opor-se, deverão ser tratados como *perfidii* e justifica-se a guerra generalizada e a redução a cativeiro. É certo que sublinha a reciprocidade destes direitos, que também devem ser concedidos aos nativos que vierem para a Espanha. Mas esta técnica de formular um princípio abstracto da reciprocidade que é inaplicável à situação concreta, esta majestade da lei imparcial que despreza a realidade política vivida, e que se tornará o princípio do *beatus possidens*, tem efeitos perversos que em devido tempo trarão a revolução antiburguesa.

Do direito de instruir e corrigir os irmãos que vivem no estado da descrença, segue-se o monopólio legítimo de propagação da fé. O papa pode mesmo usar o poder indirecto para proibir outras nações de comerciarem com a América. Se os nativos não se converterem pacificamente, ou se tomarem medidas contra os convertidos, pode activar-se o direito de persuasão, de guerra e de desposição dos governantes.

Se o número de convertidos for suficiente, o papa pode depôr o governante nativo e, desde que genuínas, as conversões são aceitáveis mesmo que obtidas por métodos terroristas. Os sacrifícios humanos são uma causa para intervenção e guerras justas. Os nativos não são imbecis, *amentes*, mas não podem estar *sui júris* porque podem matar os filhos e familiares. São deficientes em artes e letras, não têm propriamente leis e magistrados e faltam-lhes bens e instrumentos. Surge a questão se, para o seu bem, não deveriam ser submetidos a tutela. Vitoria hesita em responder positivamente mas admite que é um argumento para conquista. O povo com tecnologia deve conquistar o povo que a não tem. O escrúpulo leva-o ainda a interrogar-se sobre o que sucederia se os nativos não dessem pretexto para conquista. As viagens deveriam ser empreendidas mesmo que a custo de severa redução de rendimentos para o tesouro real? Em último caso, o comércio continuaria com base de trocas e há bens que pertencem ao primeiro ocupante. O tesouro real contentar-se-ia com 20% e os portugueses, por exemplo, mantêm comércio com as populações nessa base. Mas a questão é essencialmente académica porque o número de convertidos é já tão grande que o rei da Espanha tem o dever de os proteger.

O segundo caso de doutrinação imperialista, analisada por Voegelin, surge nos sermões de Wiliam Warburton por ocasião da rebelião escocesa em 1745-46. O maniqueismo do bispo de Gloucester resulta grotesco, quando confrontado com a sua própria admissão de que a sociedade inglesa do seu tempo é corrupta. No 1º sermão, Warburton recorre à fé para prescrever regras de justiça civil. Enquanto na harmoniosa Inglaterra, a constituição protege a liberdade, já na aliança de despotismo e superstição entre o papado e os Stuarts tudo são vícios: a adoração de mortos (o culto dos santos) rivaliza com Deus; o sacramento da absolvição destrói o temor da justiça divina; o governo da Igreja por um homem destrói o temor de Deus; a Inquisição produz hipocrisia e destrói a omnisciência de Deus; o poder despótico destrói a honra dos reis e deriva a sua autoridade da conquista e não do povo. Numa palavra, o mundo divide-se entre a feliz Inglaterra e o resto: "*Happy nation! The nurse of heroes, the school of sages, the seminary of holy martyrs, the distinguished favorite of heaven*".

No 2º Sermão (Dezembro 1745) Warburton enfrenta uma contradição. Como é possível que uma sociedade corrupta e podre como a inglesa tenha uma missão gloriosa? A Inglaterra não é um novo Israel castigado. Sob a antiga lei, *oeconomy*, os vícios privados traziam castigo à comunidade. Mas na actualidade, não é por mandato divino que os males dissolvem a Inglaterra. Através do cristianismo, Deus separou a moralidade privada da pública. O Estado é um agente moral independente e a sociedade é um homem artificial; não é o responsável pela conduta dos indivíduos. Sejam quais forem os vícios dos ingleses, o estado Inglês é exemplo de virtudes públicas, e as guerras que promove são inspiradas pelo desejo de manter a balança de poder que outras nações pretendem destruir.

O 3º sermão é uma ilustração de historiogénese iluminista. A reforma protestante separa a Antiguidade e a Idade Média obscuras, da época moderna esclarecida. As nações livres do norte libertam-se do império romano e os seus "governos góticos" foram seleccionados pela Providência. A constituição inglesa é perfeita, mesmo que seja um envólucro sem substância dado que os direitos que consigna podem degenerar, na prática, em protecção do criminoso contra o castigo. Estamos, afirma Voegelin, perante um nacional-constitucionalismo totalitário. A nação inglesa é o povo eleito, distinto das nações impuras. Mas se cada nação apreciar deste modo a sua missão, o resultado será a guerra generalizada, como se verificou na era das expansões imperiais europeias. Na prática, o princípio da balança de poder significa que, quando o equilíbrio é perturbado por factores de excesso de população e de crise económica, a solução é a guerra. A idolatria nacional maniqueísta impossibilita qualquer forma de confederação ocidental.

Um terceiro caso de doutrina imperialista analisado por Voegelin é o de Turgot, criador de uma visão integrada da história mundial. Da tradição de Agostinho, Orósio e Bossuet, herdou a visão geral da ascensão e queda de impérios, o conhecimento da tradição greco-romana e da migração dos povos asiáticos e germânicos, a que acrescenta dados específicos sobre as origens do governo e a estagnação do Oriente. Move-se num quadro histórico ainda em aberto, para o qual já não funciona o dualismo agostiniano mas em que as unidades de periodização ainda não estão fixas. Dispensa o esquema da história sagrada, mas dá ênfase ao domínio cultural que acompanha o predomínio político. Admite que existe *translatio imperii*, de tal modo que apenas certos períodos da história possuem povos imperiais; mas não se reduz à visão maquiavélica de "errância" do poder. O padrão histórico ainda não está fixo pelo que não existe nem sequência de mundos culturais nem unidade absoluta de razão, à maneira de Hegel, mas tão só um movimento de unidades ligadas por um fio condutor de progresso generalizado da *masse totale de l'humanité*, acompanhado pela suavização dos costumes e pelo comércio entre nações anteriormente isoladas.

Com estas bases, Turgot constrói o que designa por "geografia política", uma antecessora da geopolítica e que consiste essencialmente uma secularização da topologia da salvação. Estamos hoje tão habituados a termos como "economia e governo mundiais", "política e guerra globais" que perdemos de vista os problemas filosóficos e teológicos aqui pressupostos. Tais expressões nasceram da secularização da teologia cristã da história. Nesta, a terra é o símbolo da substância original de onde provimos e à qual regressamos corporeamente, o barro que misteriosamente liga e liberta a alma, que a mantém fisicamente unida ao corpo e que preserva a sua integridade, o campo de sustento da humanidade e o dom de Deus. Ora para Turgot, a geografia política substitui a criação física como cenário do drama da humanidade; a "tribo humana" habita o orbe terrestre, que mais não é que um astro entre outros; o mistério da criação é reduzido ao problema do domínio do globo; o comércio é a expressão visível da cultura e do intercâmbio entre os povos.

Turgot oscila entre uma visão contemplativa da história e a atribuição de um significado intramundano. Estabelece primeiro uma geografia política positiva que descreve os dados morfológicos do planeta: recursos naturais, facilidades de comunicações, geografia e carácter nacional, factores analisáveis pelas ciências empíricas. Trata seguidamente das relações entre o Estado e a geografia. Um corpo nacional tem de ser expresso em termos de população, riqueza, bens, carácter dos habitantes e facilidade ou dificuldade de engrandecimento, resultante da natureza do governo. As dificuldades começam quando constrói a totalidade da história humana como função destes factores. Uma política é justa quando a extensão territorial coincide com um *corps de nation*. Um poder torna-se Estado quando encontra os limites que a natureza lhe atribui. Surge assim uma ciência normativa que estabelece a divisão natural da Europa-nações. Todos os esquemas geopolíticos que não contemplarem esta base territorial, devem ser abolidos.[23]

Apesar de consciente das deficiências da construção do passado como uma série de presentes épocas que culminam no presente, Turgot traça uma sequência de quadros da história mundial. A sociedade humana tem duas dimensões; espaço e tempo, geografia e cronologia, sistema de ordenadas temporal e espacial que determinam a situação: "*Voilà l'histoire universelle*", um filme de eventos sem historicidade. Tal como sucede na geopolítica, Turgot está a apresentar o todo sob o nome da parte e a esquecer que o significado da história ultrapassa a "metafísica dos assuntos correntes". Como considera que a religião perturba a paz política, aconselha a abandonar o princípio de uma Igreja universal. O progresso, a suavização dos costumes e a intensificação do comércio serão suficientes para estabelecer a unidade mundial. E quando este sentimento intramundano se combinar com nacionalismo, democracia e industrialismo, a funcionarem no enquadramento inadequado do Estado-nação europeu, gera-se o imperialismo contemporâneo.

---

[23] Com base neste princípio, prevê em 1750 a independência futura dos EUA.

Em *World-Empire and the Unity of Mankind*, de 1962, escreve Voegelin que estaria *a chegar ao fim a era dos impérios modernos*. A afirmação tem de ser situada no contexto das rivalidades entre espírito e império. A terminologia de "relações internacionais" obscurece o facto de as relações inter-políticas, típicas de conquista do mundo pelo Ocidente, terem invadido as relações entre os poderes ocidentais e, acabando por se voltar contra o Ocidente através das revoltas no terceiro mundo. As civilizações que se ocidentalizaram seguiram-lhe o exemplo de expansão e métodos da ciência, indústria e administração, mas não sabemos até que ponto esta periferia pragmática lhes afectou os núcleos culturais. A história é uma configuração em aberto: existe sempre o risco de que a concuspiscência do poder absoluto mova as élites dirigentes das unidades políticas a aspirarem por mais poder; mas existe também a esperança de que o surto da humanidade universal seja suficientemente forte para criar uma ecúmena espiritual. Quanto maior for o seu peso, mais se afasta o risco de um novo imperialismo de fim-da-história.[24] A tentativa de representar a humanidade de modo imanentista choca com a evidência empírica de que dispomos acerca do homem. O horizonte planetário recua à frente da expansão imperial, ecuménica ou ortodoxa, antiga ou contemporânea: "Nenhuma expansão imperial poderá atingir o horizonte que se estende à sua frente". Condenada a repetir-se, "a ecúmena jamais se ergue ao nível de sociedade organizada". A longo prazo, as pretensões imperiais estão condenadas ao fracasso, quer se apresentem como expansões nacionalistas quer como organizações ecuménicas.[25]

---

[24] Sobre a inanidade de tese de Francis FUKUYAMA, "The end of history", *National Interest*, 1989, cf. de Paul CARINGELLA "What is history and is it at an end?", APSA Meeting, dact. 1990 p.3: *"I think Voegelin would see Fukuyama's essay on the "end of history" as a popular and popularized example of the petering out of the furious energies of the modern apocalyptic movements of modernity, tailing off into a whimper rather than a big bang at the end of an immanentized history."*

[25] *Order and History* IV pp.116-7 *"No imperial expansion can reach the receding horizon"* (…) *"The ecumene never rises to the rank of a self-organising society"*.

Estas perspectivas ajudam a reorientar as análises correntes. O paralelo entre surto espiritual, expansão imperial e historiografia como respostas à crise da ecúmena, é um correctivo saudável para analistas que continuam a considerar que as finalidades da acção humana são apenas reflexos de pressões pragmáticas ou disfarces para políticas de forças e de exploração. A busca de êxito e prosperidade através da expansão, componentes económica e geopolítica do imperialismo, é apenas uma parte da história. Se tais motivações forem isoladas dos contextos em que foram activadas, provocam erros na apreciação da realidade política. A análise lança ainda luz sobre as revoltas de culturas oprimidas pelo que consideram ser a civilização Ocidental, mais exactamente pelo positivismo e materialismo. As culturas locais representam campos sociais reconhecidos livremente e que extravasam as formas imperiais. A recrudescência das culturas étnicas, como a do mundo árabe hoje, indiano ou chinês amanhã, bem como as migrações massiças de povos, o actual afluxo do Terceiro Mundo para o Ocidente, ocorrem sempre que as estruturas imperiais se tornam sobreextensas, quebrando segundo linhas de fracturas culturais.[26]

A ilusão de que uma organização de poder mundial instauraria uma nova humanidade; a manifesta cegueira dos empresários imperiais face ao mistério do processo histórico; a ilusão de que a história "é um processo intramundano que conduzirá fatalmente a uma ecúmena global"; a convicção de que a fortuna sorrirá onde outros falharam; a presunção que a ecúmena pode ser um substituto da irmandade espiritual; a noção de que os envólucros imperiais podem resistir à sobreextensão; a propaganda de que a civilização ocidental está imune à decadência, eis concepções que se tornam insustentáveis sempre que se restaura na ciência política a ideia de que a condição humana emerge em experiências espirituais. A questão de facto de uma espécie humana biológica, a ques-

---

[26] Paul Kennedy, op. cit., generaliza o conceito e a realidade da sobreextensão como estádio terminal do que chama "grandes potências", impedindo assim o debate das finalidades internas dos surtos imperiais.

tão de direito da definição da natureza humana e a questão do posicionamento das sociedades na história, são posteriores ao surto espiritual. Fica por apurar se a actual crise de mística imperial não oculta, como amiúde sucedeu na história, a complexa transição de um imperialismo para outro. Mas fica também estabelecido que o contributo de Eric Voegelin é uma chamada de atenção incontornável na análise do fenómeno imperial.

Conclusão
Ciência Política e Filosofia Civil

"Os princípios devem ser retomados através de um trabalho de teorização que tenha origem na situação histórica concreta do nosso tempo e que atenda à amplitude global do saber empírico contemporâneo"[1]

Cidadania e política

Os saberes políticos são oriundos de uma das disciplinas teoréticas mais antigas, ricas e constantes, cujo fulcro reside no que o realismo noético, mormente Aristóteles, designa por *philosophia peri ta anthropina*. Neste contexto, a vida política abrange a totalidade da existência do homem, quer nos aspectos que derivam da natureza, quer nos que provêm da vontade moral. Trata-se de uma coincidência entre as dimensões crática e cívica da política. O homem é considerado *koinonikon kai politikon zôon* e forma a sociedade política possuidora de fim, autoridade, direito e coerção, designável por *koinonia politikê*, expressão a que correspondem os equivalentes medievais de *civitas* e *communitas civilis*. No Proémio ao Comentário da

---

[1] NSP, p. 3: "*The principles must be regained by a work of theoretization which starts from the concrete, historical situation of the age, taking into account the full amplitude of our empirical knowledge*".

Política de Aristóteles, Tomás de Aquino mostra de que modo os seres humanos se agrupam em povos (*communitates*) de graus diferentes, culminantes na *civitas* onde a autarquia é possível: "*Ultima est communitas civitatis ordinata ad per se sufficientiam vitae humanae*". O termo aristotélico que corresponde à ciência da cidadania, *politikê*, é traduzido pelos medievais por *scientia civilis*, termo com correspondências nas principais línguas europeias. A *scientia civilis*, algures também designada por *doctrina política*, forma um ramo da filosofia prática que se ocupa da *civitas* criada pelo homem e deve a excelência do seu grau, entre as ciências práticas, à excelência do seu objecto, o bem último nas coisas humanas. E, independentemente de como se posicionam *ciência, filosofia e teoria*, é esta ciência política existente desde os gregos, retomada pelos escolásticos e restaurada na Renascença que ressurge plenamente articulada na obra de Eric Voegelin, sob a forma de filosofia civil. Enquanto o *scire* se exprimiu unitariamente no amor da sabedoria, não carecia de uma distinção efectiva entre métodos, categorias e objectos respectivos da filosofia e da ciência políticas. Mas para que a filosofia civil fique construída nos seus fundamentos, e a tarefa de teorização encetada, é necessário delinear claramente o que sejam política e cidadania.

A própria veterania da filosofia política pode ser considerada como factor das dificuldades que sofreu a emancipação da Ciência Política em sentido estrito. No vasto processo iniciado nos finais do século XVIII, disciplinas científicas tais como a Economia e a Sociologia, adquiriram métodos e áreas de trabalho específicas, ao investigar as realidades factuais separadas do conceito de cidadania. Ao separar-se da sua *alma mater* no movimento de reconstituição das ciências humanas, nascidas das investigações empíricas, a ciência política teve de procurar uma base metodológica. Durante o séc. XIX e início do séc. XX apresentou-se sobretudo como Direito Público, Teoria do Estado, *Allgemeine Staatslehre e Sttatswissenchaft*. Mas se atribuirmos ao Estado uma missão de tutela dos direitos humanos – como por exemplo Del Vecchio ou, entre nós, Cabral de Moncada² – os resutados da teoria são muito diferentes do que se lhe for atribuída a mera gestão do poder. De nada adianta invocar a objectividade da análise quando está em jogo a objectividade dos princípios. Por outro lado, ao conceito de *Estado* corresponde uma variedade de acepções. É estado toda a sociedade política? É o aparelho administrativo? Existiu sempre? Ou é uma organização política recente? E dentro de que limites deve a autoridade integrar a comunidade?³ E em que medida contribui o Estado para esse fim? Max Weber atribui-lhe o monopólio da violência.⁴ Para Carl Schmitt, só ele representa os interesses da nação, restando definir os inimigos da Constituição.⁵ Para Passerin d'Éntrèves, a sua realidade deve ser equacionada com a exigência do bem comum. Mas de nada adianta definir realidades sem fundamentar as unidades relevantes de explicação. Como afirmou Leo Strauss, a urgência de uma barreira à anarquia primordial explica por que razão a ciência política moderna se preocupou mais com a obtenção de ordem política estatal do que com a inevestigação das raízes e sentido da cidadania.⁶

O triunfo das ciências naturais dotadas de uma estrutura de base empírica na segunda metade do século XIX, veio sugerir outra base metodológica para a ciência política. O afã construtivo de teóricos ingleses e franceses teve em Condorcet e Saint-Simon os precursores, em Comte o fundador, em Stuart Mill o seu lógico, e em Spencer o herdeiro. O *Système Industriel* de Saint-Simon, cujos três volumes são publicados em

---

² MONCADA 1955 e MONCADA 1968

³ Sobre a articulação do Estado com outros conceitos políticos, consulte-se o notável índice analítico de DABIN 1964, pp. 219-289. Sobre o conceito de Estado moderno cf. o contributo de Pierangelo Schiera in AA. VV., 1982. vol. III, pp.11-18. De grande interesse reveste-se ainda MALTÊS 1990 que apresenta uma síntese notável dos grandes enquadramentos teóricos do Estado.

⁴ Cit. Por POSSENTI 1986, p.99: "Penso que é uma prova de realismo a ciência política actual constituir essencialmente uma "ciência do Estado"".

⁵ Cf. as considerações in BENDERSKY 1983, p.285-6 sobre esta constante do pensamento schmittiano, desde os artigos do tempo da Monarquia até ao derradeiro artigo "*Die legale Weltrevolution (..)*" in *Der Staat* 21 (1978) 3 pp.321-339.

⁶ D'ENTRÉVES 1967, pp. 222-230. STRAUSS 1975, pp.46-7.

1821-1822, apresenta a sociedade como realidade autónoma e objecto de uma ciência independente a que Comte irá chamar *Sociologia*. Ao postularem que a sociedade gera o sistema político, os positivistas liquidaram a autonomia política.[7] E ao pretenderem reorganizar a sociedade pelo "cientismo", propiciaram os estudos que usurparam o título de "ciência política". A ciência política degradou-se, ao proibir as perguntas essenciais acerca da existência humana e pela acumulação de respostas irrelevantes e ilusórias. E as propostas positivistas e historicistas revelaram-se injustificadas. É falso considerar o singular como material para as abstracções sociológicas e é ilusória a pretensão de obrigar a história a decantar um último segredo. É vão tentar converter em proposições metafísicas o material já decantado pelo historiador. A filosofia especulativa da história, a sociologia positivista e o individualismo contratualista, só valem símbolos da realidade humana.

A estrutura da filosofia política ressentiu-se destas pressões. Sofreu a ruptura das categorias que constituiam o fulcro da *philosophia peri ta anthropina* e que cumprem o papel unificador que os princípios indemonstrados possuem nas ciências exactas. A finalidade é individuadora da natureza do político, pelo que se nada for adiantado sobre o dever-ser, desagrega-se a filosofia política na qual a finalidade cumpre uma função epistêmica idêntica à dos princípios na filosofia especulativa.[8] A filosofia política sofreu ainda uma evidente perda de competência dadas as dificuldades em formular as intimações das novas realidades humanas, as "coisas novas" referidas desde as encíclicas sociais de Leão XIII.[9] A análise das modernas sociedades industriais exige uma sofisticada economia política.

---

[7] Comte no *Cours de Philosophie Positive*, de 1830-1842, Littré em *Auguste Comte et la Philosophie Positive*, Spencer em *Mill, Auguste Comte and Positivism*, de 1865, exemplificam esta directriz.

[8] ARISTÓTELES 1972 1151ª 15 p.354: "No domínio da prática é a causa final que é princípio, tal como as hipóteses em matemáticas". Cf. o eco desta afirmação in AQUINO *Summa Contra Gentiles*, Livro I, q. 76: "No domínio dos apetites e das operações, o fim comporta-se do mesmo modo que os princípios indemonstráveis nas matérias especulativas."

[9] Sobre esta perda de competência ver, por todos, POSSENTI 1986.

O estatuto psicofisiológico e social do trabalho humanizou-se profundamente. A distinção radical Estado-Sociedade foi ultrapassada pela diferenciação da sociedade civil em corpos intermédios. A família contemporânea constitui uma unidade de afectos e cultura sem equivalentes no mundo antigo. Os direitos do homem difundem o carácter representativo de cada ser humano, de um modo sem precedentes na história. E, ao penetrarem no campo de actividade pública, as massas modificaram a escala dos problemas e das soluções da vida da *cidade*. Todos estes elementos de ordem noético-histórico-social enlaçados na realidade humana tornaram ainda mais complexa a localização da *realidade política*. A crise de identidade da ciência política manifesta-se, enfim, na extrema generalidade e no uso indiscriminado do termo *política*. Há quem a reduza a processos económicos. Há quem sustente a politização total da sociedade. E há ainda quem defenda a diluição da politicidade ou negue a sua autonomia.[10]

A mais recente tentativa de liquidação da filosofia política ocorreu a partir dos anos cinquenta, congeminada pelo movimento neopositivista ou condutista de unificação dos métodos das ciências humanas. O condutismo nasceu como projecto de fornecer cânones de cientificidade interdisciplinar e defendia o princípio de que cada ciência humana seria parte de uma mais ampla ciência da sociedade. A aplicação de métodos das ciências naturais ao estudo da política, em reacção à jurisdicização excessiva da teoria do estado, conduziu a uma noção de política como a resultante de comportamentos intersubjectivos e de relações contractuais.[11] A análise condutista efectua o levantamento de dados, constrói conceitos de base empírica e classifica e generaliza as relações de modo a

---

[10] Para os marxistas (cf. GRAMSCI 1948) a política é superestrutura e deveria ter sido dissolvida pelo desenvolvimeto social das contradições. Não obstante, o primado da política sempre foi praticado pelos governos das repúblicas populares de obediência soviética e inspiração marxista.

[11] Cf. "Political Science" in *International Encyclopaedia of the Social Sciences*, vol. XII, p.297. Foi David Easton quem introduziu a noção do sistema político no início dos anos cinquenta, por influência do movimento interdisciplinar condutista.

alcançar uma teoria geral. Colocam-se-lhe os problemas metódicos referentes à indução generalizante e teorizante, às leis verificáveis ou falsificáveis. Recorre a métodos fortes ou débeis de comparação e substitui o modelo casual das ciências da natureza pelo condicionamento recíproco dos fenómenos. Adopta procedimentos inovadores tais como quantificação, inquéritos, procura de regularidades, verificação empírica das afirmações, sempre com o suposto que o facto político é uma abstracção, totalmente separável dos valores.[12]

Um politólogo como Almond atribui como objectivo à ciência política de matriz condutista a análise das *actividades observáveis que compõem o sistema político* e que constituem uma estrutura enquanto *ocorrem de modo regular*. A instituições são reduzidas a lugares de desempenho de *estatutos e papéis* e em função dos quais se pretende explicar o funcionamento das estruturas sócio-políticas e jurídico-constitucionais. Os *political scientists* mais esclarecidos estão conscientes de que este modo de qualificar o sistema político não atende à erupção das decisões. A trajectória dos *inputs* aos *outputs* – o que é inserido e o que emerge do sistema político – comporta decisões irredutíveis a uma transformação gerada de dentro do sistema (*withinputs from the black Box*). É também notório que a informação disponível precondiciona a interpretação dos dados. Nesta situação, a política torna-se um *explanandum* cujo *explanans* é fornecido por dados sem relevância o que conduz quer a uma pseudoteorização redutora quer ao hiperfactualismo típico do condutismo selvagem.[13]

Seguindo aparentemente o exemplo de outras ciências humanas em que existem tipos de comportamentos dirigidos

---

[12] CHARLESWORTH 1967, pp.11-32 em particular, no capítulo "The current meaning of Behavioralism" que confere particular destaque a David Easton. Segundo SARTORI 1986, sendo profícua a especialização do trabalho cognitivo, é ainda cedo para avaliar o papel da matematização, e mais genericamente da quantificação, em ciência política, em virtude das dificuldades na selecção dos dados relevantes.

[13] Segundo EASTON, a patir dos anos sessenta atingiu-se um estádio teórico capaz de teorizar as suas descobertas e leis. Cf. EASTON 1965 (a) e (b). Sobre o Condutismo como movimento interdisciplinar cf. BERELSON 1963, e KAPLAN 1964.

a um valor – a riqueza na Economia, o dever no Direito – a grande maioria dos *behaviorist politicals scientists* na esteira de Easton e Deutsch, continua a apontar o poder como a realidade que é objecto do seu estudo, integradora dos conceitos interpretativos, contexto dos comportamentos especificamente políticos e princípio de unidade entre factos e valores.[14] O poder é dimensão incontornável das relações interpessoais e institucionais e nele assenta a análise de fenómenos políticos como legitimidade, representação, legalidade constitucional, élites, partidos, grupos de pressão, e todos os demais componentes do chamado processo de representação política em todos os seus níveis: elementar, existencial e transcendental. A sua importância funcional é evidente. Mas o cientista que o aplica como valor de referência desvaloriza os paradigmas da liberdade, justiça, trabalho e bem comum, realidades que informam em diverso grau as sociedades. Esquece a lição platónico-aristotélica que é possível analisar o poder como componente primordial da política empírica sem perder de vista a tensão na consciência. Ao adoptar o poder como *reference value*, a ciência neopositivista dos sistemas políticos assume um mau critério de selecção de dados, perde competência para fundamentar as categorias das ciências humanas. Naturalmente que o critério é tanto pior quanto mais a escolha for apresentada como evidente.[15]

Esta circunstância permite surpreender na teorização política corrente um dilema semelhante ao identificado por Spragens: o filósofo tem dificuldades na escolha de métodos e o cientista na definição de prioridades, porque ambos carecem

---

[14] Cf. DAVIES e LEWIS (ed.) 1971, em particular a quarta parte "Power" pp.129-161, da autoria de Robert A. Dahl e Harold Lasswell para os quais o "Poder" é a suprema categoria política. Almond, Easton, Apter, Deutsch e Shils são os restantes autores retratados. A obra de LASSWELL 1936 *Who gets What, When, How*, é um caso típico de perversão da teoria, sob a capa de redução das expectativas teóricas, procedimento metodológico que Leo Strauss identificou como típico da modernidade na ciência política.

[15] *Apolitical Politics. A Critique of Behavioralism*. Críticas mais moderadas sao feitas por G.D Paige no artigo "The Rediscovery of politics" in MONTGOMERY; SIFFIN (eds.), 1966; Roy MACRIDIS "Comparative Politics and the Study of Government" in *Comparative Politics*, I, 1968; Giovanni Sartori in SARTORI 1986.

de fundamentos empíricos e de fundamentos normativos.[16] Pouco adiantaria discorrer prescritivamente sobre o que deva ser a teoria política porquanto entre o cientista e o orador de comício existem infindas modulações na utilização dos símbolos de interpretação. O teórico observa um campo social no qual está presente. Mas de que resulta a cientificidade? Do método utilizado? Da satisfação de cânones da disciplina? Do consenso entre a comunidade de investigadores? Da aplicabilidade dos resultados? Responder positivamente a estas perguntas seria confundir a objectividade com a eliminação do sujeito, o verdadeiro agente da política. Como lembrou Voegelin num célebre parágrafo, a acumulação científica de matérias não diferidas, a subordinação da pertinência teórica ao primado do método e a insuficiência dos princípios teóricos, constituem pragas ainda muito disseminadas entre os cientistas políticos, presos pelo preconceito de que os factos nada mais desvelam senão o próprio consistir positivo.[17]

A neutralidade metodológica é condição necessária mas não suficiente de investigação. Se a linguagem do contexto de validação tem de ser neutra deve, também, acolher os valores e os interesses que preenchem o campo social de onde emerge o discurso político.[18] O teórico tem de acolher conceitos axiológicos dependentes das questões sobre o *porquê*, que Habermas designou como o *interesse*. Permitirão tais bases um saber rigoroso da realidade política? Será possível uma teorese que oriente a acção humana segundo normas? A ciência política nasceu como ciência da cidadania. Nascida na cidade para debater opiniões onde existe uma viva união de factos e valores tem, hoje, de conviver com os saberes políticos que

---

[16] SPRAGENS 1973, pp.78-9. Para este autor a teoria política deve investigar, escalonadamente, a *ordem da sociedade,* tal como Hobbes a definiu, o *significado da realidade política,* na visão de Voegelin, e a *atribuição de valores à conduta* proposta por Easton.

[17] NSP, pp. 18-24. Cf. ainda *"(If) the use of a method is made the criterion of science, then the meaning of science as a truthful account of the strucutre of reality, as the theoretical orientation of man in his world, and as the great instrument for man's understanding of his own position in the universe, is lost".*

[18] Ver, por todos, SARTORI 1986, cap.8, pp.175-201.

se estendem pelas áreas das ciências e pelos contributos não-teóricos, oriundos do senso comum, do mito e da literatura. Em obra de 1962 asseveravam Laslett e Runciman que "não surgiu no século XX qualquer obra de teoria política que se impusesse".[19] Dez anos depois consideravam superada a afirmação, dado o aparecimento de livros de John Rawls e Robert Nozick.[20] Aparte a superficialidade das afirmações em apreço, que apropriadamente se contradizem, a efeméride chama a atenção para a crise de identidade política. Se o teórico pretender apoderar-se do objecto, mediante uma decisão metódica irreformável, perde o contacto com o questionamento de dados. Este tipo de cientificidade que se apresenta como ruptura com a filosofia é desmentido pela comunidade entre ambas: o realismo maquiavélico da observação e o espírito aristotélico da classificação são partes integrantes da *forma mentis* científica e jamais poderão ser erradicados por qualquer saber que queira ser digno do título de ciência política.[21]

Atingindo o que parece ser o grau derradeiro de recusa da filosofia, verifca-se que na escolha de temas, nas generalizações e interpretações que empreende, a ciência dos sistemas políticos tem pressupostos cuja elucidação exige uma filosofia. Se numa das extremidades a ciência condutista devora a política, na outra a política devora a ciência. A política entendida como forma da legalidade, como técnica administrativa, ou como simples guardiã da produção, fica sujeita às flutuações do poder. Ao desprezar a teorização filosófica da existência em sociedade, em nome de errados critérios de relevância, a politologia corrente torna problemática a conexão com o

---

[19] Esta afirmação surge em "Does Political Theory still exist?" in LASLETT; RUNCIMAN 1961, p.1: "*No commanding work of political theory has appeared in the 20th century*"

[20] O desmentido vem em LASLETT; FISHKIN 1971, p. 1. RAWLS 1971 acolhe a dimensão axiológica-normativa da filosofia, embora a estrutura artificiosa da obra e a ausência de horizonte histórico perturbem, mais do que ajudam, a compreensão do objecto. NOZICK 1974 é um manifesto libertário, que condena o intervencionismo do Estado, sem profundidade filosófica maior.

[21] Como obra de epistemologia das Ciências Políticas cf. BRODBECK M. (ed.) 1968. CALLOT 1972, *Politique et Métaphysique*, estabelece uma aproximação entre contributos das Ciências Humanas e da Ontologia.

agir e trata os campos sociais da consciência como se fossem entidades autónomas. Tal pretensão em substituir as funções da filosofia política é vã. A politologia nada consegue afirmar sobre o dever-ser, nada diz sobre a acção. Do ponto de vista da educação cívica desempenha um papel menor, deixando a aprendizagem política à mercê de grupos de pressão e de partidos, onde se pratica a relação que liga o patrono ao cliente. Caso o pensamento se limite a fazer eco desta inteligibilidade fraca, a realidade humana surge reduzida a um conjunto arbitrário de factos classificados por regras sem normatividade. O saber político deixa de orientar a *praxis*, a vontade comum de agir perde o contributo das ciências humanas e desaparece o sentido pedagógico e cívico da teoria política. Desaparece a pregnância do bem. Esgota-se o tema da lei natural, tema ético por excelência. Valores e fins são considerados subjectivos. Perde-se a estrutura demonstrativa da filosofia. Eis alguns dos traços da crise induzida pela incompetência da politologia corrente e que permite verificar, como já vários autores advertiam, que as conclusões liberais de muitos analistas coincidem com conclusões totalitárias, o que confirma a sua origem comum em supostos imanentistas.[22]

Consciência, teoria e prática

A realidade política é uma área decisiva para a situação humana na comunidade de ser e na qual o teórico encontra o campo já "ocupado pelo que poderia chamar-se de autointepretação da sociedade".[23] Os símbolos políticos comportam

---

[22] Além da NSP em que Voegelin quase esgota este tema, destacamos as seguintes: STRAUSS 1975; CROPSEY 1972, em especial pp. 340-451. HENNIS 1964, pp.35-80, sobretudo o capítulo "Praktische Philosophie und politische Wissenscraft", pp. 35-55. Sobre as relações entre o ético e o político cf. SCHMÖLZ 1963, obra concebida sob a égide de Eric Voegelin e Hans Maier. Para uma apreciação recente do tema cf. WALSH 1991.

[23] NSP, p.27: "(...) *When the theorist approaches social reality he finds the field pre-empted by what may be called the self-interpretation of society*".

sempre uma relação equívoca entre a sua função de assistir na fundação da realidade social e de propor uma consciência elementar da situação. Qualquer símbolo de unidade de um grupo humano encerra sempre uma discrepância entre significado e realidade; estatui uma generalidade que é sempre desmentível por factores particulares. Ora como nem a filosofia nem a ciência política não devem e, literalmente, nem sequer podem, criticar o que não constitui um objecto empiricamente verificável, exige-se uma renovadora concepção de teoria para captar uma realidade que se exprime em símbolos que não são nem objectivos nem subjectivos, nem verdadeiros nem falsos. Enquanto um termo como 'ciência' (oriundo de *scire*) aponta para uma análise metódica da realidade, o termo 'teoria' mantém a polivalência do original etimológico *theorein*. O conhecimento *teórico* denota um elevado grau de elaboração mental. Que tipo de capacidade teórica tem a pesquisa, eis a questão relevante.

É neste contexto que Voegelin situa uma das mais lapidares reflexões sobre o que é a teorização.[24] Se por *princípios de ciência* se estende proposições primitivas a serem explicitadas pela análise, o estatuto dos símbolos políticos dificulta a criação de um corpo desse género. Enquanto não se situar o que vale a teoria, disputada pela ciência convencional, por doutrinas sem fundamento universal e por pretensões ideológicas, de nada adianta exigir definições de ciência:

> Nesta situação determinada, por um lado, pelas pretensões cientificistas das ideologias não parece ter sentido tentar resolver a questão da "ciência política" através do ataque frontal de uma definição nominal".[25]

---

[24] A conferência intitulada *Was ist politische Realität* foi proferida no Encontro Anual da *Deutsche Vereinigung für politische Wissenschaft*, em 9 de Junho de 1965 em Tutzing e depois reproduzida em *Politische Vierteljahresschrift*, 7 (1966) e *Anamnesis* 1966.

[25] A 1978, p.146: *"In this situation, determined on the one hand by the scientist claims of the ideologies, there seems to be no sense in trying to solve the question of "political science" through the frontal attack of a nominal definition"*. Cf. ainda A 1978, p.177: *"'Science' is not determined by the mistery of a preexistent definition, it rather discovers itself as the knowledge of the structure of reality,*

Sob a designação *teoria* correm explicações que postulam, quer uma consciência sem fundamentação corpórea, quer uma fundamentação corpórea, que não atende ao papel da consciência. Uma análise que se detenha nos aspectos fundados na corporeidade humana não desenvolve as dimensões implicadas no carácter concreto da consciência. Por sua vez, quem isola a consciência origina "uma fantasia de ordem em cuja construção foi omitido um factor essencial de base corpórea".[26] Em qualquer dos casos, perde as capacidades de investigação empírica e de verificação teórica. Ambos os tipos de explicações obscurecem a realidade política e enredam-se num nó górdio epistemológico que Voegelin cortou cerce, ao observar que, a propósito de um enciclopédico estudo de Arnold Brecht, *não existiu* teoria política digna do nome no século XX.[27]

Esta advertência é chocante para o investigador dominado pelos modelos da ciência política moderna. Para ele, teoria é sinónimo de metodologia crítica. Pensa a filosofia política como uma teorização ultrapassada por métodos mais actuais. A longo prazo, a ciência política torna-se-ia plenamente teórica e o elemento filosófico seria reabsorvido; o escopo teórico seria um indutor da passagem da filosofia para a ciência; a separação entre teoria científica e teoria filosófica resultaria de diferenças metodológicas. Estas avaliações do que é teoria constituem uma herança do positivismo e traduzem-se numa série de oposições entre saber filosófico e científico. Entre as inúmeras ilustrações desta posição, Norberto Bobbio discrimina entre metodologias de filosofia e ciência políticas. A primeira caracterizar-se-ia como:

---

when consciousness historically attains the illumination of itself and its ratio". [N. E.: O status de ciência não é determinado pelo mistério de uma definição preexistente, mas a ciência descobre-se a si mesma como o conhecimento da estrutura da realidade, quando no curso da história a consciência e sua *ratio* atingem autoiluminação. In *Anamnese*, p. 468. op.cit.]

[26] A 1978, p.201: *"(...) A fantasy of order in the construction of which an essential factor of the corporeal basis has been omitted"*.

[27] O estudo em questão é *Political Theory and the Foundations of Twentieth-Century Though,* BRECHT 1959. Sobre a apreciação do estatuto da teoria politica é curioso registar a progressiva consciencialização nos cinco volumes da série *Philosophy, Politics and Society,* coeditada por LASLETT e outros autores.

a) discurso axiológico-normativo;
b) concepção universal e sistemática;
c) especulação personalizada;
d) busca de essências distintas dos fenómenos;
e) saber não aplicável.

Por seu turno, a ciência política seria:

a) discurso descritivo e não valorativo;
b) saber parcelar sem primeiros princípios;
c) saber objectivo, transmissível e cumulativo;
d) estudo da política factual;
e) saber operacional.[28]

O exame desta série de dicotomias é revelador dos impasses da politologia que as estabeleceu e permite avaliar o estatuto teórico da pesquisa voegeliniana. Começando pela dicotomia que contrapõe o discurso axiológico-normativo ao discurso descritivo e não-valorativo, nota-se que ela resulta do grande equívoco da modernidade sobre o que é pensar. Enquanto o pensar for reduzido a produção de ideias acerca de uma realidade exterior ao sujeito, não é possível conceber a participação da consciência no ser, que através dela se manifesta. Enquanto a realidade for reduzida à soma de factos, os conceitos surgirão como abstracções sem luminosidade própria e cuja validade depende da vontade. Se a realidade política for reduzida à área de exterioridade em que ocorre a luta pelo poder entre sujeitos, desaparece a liberdade prática e a possibilidade teórica de introduzir critérios universais de verdade, justiça e bem comum, independente do arbítrio e do consenso. Ora desde os debates das teses de Kelsen, Schmitt e Weber, que Voegelin se apercebeu que a separação metodológica entre existir e dever, facto e valor é o pressuposto discutível da moderna ciência política. A dualidade weberiana entre politeísmo dos valores e objectividade da ciência; a dualidade schmittiana entre existência e decisão; e a separação kelseniana entre normatividade e ideologia deixavam impensada a

---

[28] Norberto OBBIO in AA. VV. 1971, pp.367-369; SARTORI 1981, pp.179-181.

realidade interina que é a fonte comum donde emanam factos e valores.

A urgência de uma reflexão filosófica centrada na realidade interina e capaz de ultrapassar tanto o neutralismo como o decisionismo, na busca da substância social, conduziu Voegelin à reconstrução da ciência política em base noética. O teórico não pode assumir valores como o Estado, sem compreender que se trata de símbolos pertencentes a um conjunto de experiência, questionamento e resposta e do qual a filosofia civil extrai objectivos, metodologias e categorias de análise. O modelo do *Nationalstaat,* por exemplo, não serve para pensar a *polis* grega. Para captar o movimento pelo qual a unidade política se articula e entra na história, o teórico tem de estar entre dois polos: tem de ser neutral e suspender os juízos de valor, para colher conjuntamente a forma e o conteúdo dos dados; por outro lado, tem de ser politizador para recolher os conteúdos das experiências de ordem. Antes de criar um universo conceptual de certo modo autosuficiente, tem de esclarecer o papel dos símbolos políticos como momentos de produção da unidade e asserções sobre a realidade concreta.

A partir desta base, pode debater-se se o objecto da teoria política é de tal modo contingente que apenas permite um discurso racional baseado na análise de situações concretas e que proceda na forma da persuasão, em suma, uma filosofia prática; ou se a realidade da ordem permite criar um objecto com carácter de necessidade, tal como sucede nas ciências teoréticas.[29] No primeiro caso, as proposições da teoria política deveriam ser testadas como verdadeiras ou falsas ao nível do discurso prático-especulativo; no segundo, teriam de ser demonstráveis de modo apodítico. É indubitável que a pesquisa se inclina para a primeira das alternativas. O que Aristóteles define como juízos prático-dialécticos, Voegelin estabelece como juízos persuasivos, invocando a originária utilização

---

[29] Lembre-se, por todas, a proposição de ARISTÓTELES 1972, 1094 b 13 e ss. "É próprio do homem culto requerer em cada tipo de investigação tanta exactidão quanta a permitida pela natureza do assunto".

platónica do termo.[30] Mas o intento da pesquisa não se esgota numa filosofia prática. Caminha sobretudo em direcção a uma introdução à filosofia, de tal modo que os esclarecimentos obtidos no decurso da pesquisa permitam retomar a problemática política num grau superior de luminosidade.

A oposição entre sistema de tipo filosófico e análise científica – a segunda dicotomia – é também típica de uma modernidade que ainda não compreendeu o que é pensar. A aspiração por um corpo de princípios na ciência política é, sem dúvida, uma forma genuína de ultrapassar os bloqueios ideológicos. Mas as tentativas para converter essas intuições em proposições objectivas, de acordo com o modelo das ciências naturais, bem como as tentativas para encontrar princípios políticos absolutos, violam a estrutura do *reino do homem*. Pretendendo-se isenta de pressupostos e sem necessidade de referir uma ordem que exceda a coexistência formal, a ciência política exige a neutralidade ética nos debates sobre quem é o homem. Mas ao impôr o modelo político da tábua rasa, assente na vontade individual, atribui aos princípios de ordem uma pretensão sistemática que os faz surgir como infundamentados. A ciência política está correcta ao criticar o carácter infundamentado de uma filosofia política que se pretenda sistemática. Mas a crítica perde sentido, desde que a teoria política deixe de ser construída como corpo definitivo de princípios e se apresente como capacidade noética de tensão com as situações concretas.

A análise voegeliniana não pretende transformar os símbolos de ordem em elementos de um sistema de conhecimentos nem restaurar uma filosofia passada:

---

[30] Sobre a utilização de *peitho* nos diálogos platónicos bem como na tradição clássica em geral, cf. OH III, pp.11, 164, 203, 205, 207, 226, e 225 e ss: *"We recall the appearance of pheito, Persuasion, in the* Statesman *and in the* Timaeus. *The Demiurge cannot impose form on the formlessness of becoming by force; He has to use persuasion to bend* Ananke *to* Nous.(…) *The question arises: How in a constant flow the* nous *of the* nomoi *to the souls of the citizens?"*. Para o estudo da persuasão na tragédia grega, com particular incidência na distinção entre o destino e a liberdade, determinantes divina e humana da acção humana, cf. BUXTON 1982.

Os princípios devem ser retomados através de um trabalho de teorização que tenha origem na situação histórica concreta do nosso próprio tempo e atenda à amplitude do conhecimento empírico contemporâneo.

A abertura à realidade deve superar a clausura do sistema. A consciência de princípios que permitem sair da imanentização, contrapõe-se à modernidade que subsume a consciência em fundação, a origem em problema genético, o *logos* em lógica. À abdicação do questionamento originário e à sua substituição pela decisão como único modo de transcendência voluntarista, contrapõe-se o caminho que parte da crítica da primeira modernidade, reconhecida na doutrina do príncipe em Maquiavel, na ciência do Estado de Hobbes, no Direito Público fundado na razão de Grócio, no individualismo possessivo de Locke. A finalidade é recuperar raízes clássicas e cristãs da ciência política. À *libido dominandi* que se apresenta em variantes, desde as doutrinas do contrato social até a banalidade do fim-da-história, Voegelin resiste com a demonstração que a verdadeira ciência política implica um acto noético. Numa palavra, à remitificação da realidade em sistema ideológico, responde com o *eros* teorético da pesquisa.

A terceira dicotomia, ao opor o saber filosófico personalizado à transmissibilidade da ciência, supõe que os paradigmas da filosofia dependem de convicções enquanto as proposições científicas poderiam ser verificadas objectivamente. É óbvio que a sociedade pode ser estudada como fenómeno puramente exterior ao observador. Neste caso, a objectividade resulta do facto de a informação recolhida reduzir brutalmente o tipo de interpretação realizada. Mas a contraposição entre objectividade e subjectividade revela-se artificiosa para captar as ambivalências da experiência política. Voegelin é peremptório neste ponto. O cientista não deve separar-se nem aderir às articulações que estuda, porquanto a realidade política interina resulta da esrutura universal da acção humana. O cientista tem de reconduzir as imagens de autocompreensão social à atitude da compreensão filosófica:

As proposições da ciência política são intuições de senso comum acerca de modos correctos de acção do homem que vive em sociedade. Se inquirimos para além deste nível de senso comum, atingimos intuições sobre a ordem da consciência.[31]

Esta postura parecerá excessiva a cientistas que se limitem a fornecer uma duplicação teórica da realidade política e parecerá minimalista para os que pretendem legitimar a *Ideenwelt* da sua época. Na prática, o senso comum ajuda a ponderar as variáveis históricas da política que desafiam qualquer tipificação.[32] Para Voegelin, 'senso comum' não conota um peso morto de ideias feitas ou uma *visão natural do mundo*. Corresponde ao hábito de juízo e conduta revelado por quem é responsável. Surgido como forma de resistência a cepticismo e dogmatismos, constitui um genuíno resíduo da *noêsis*. E a vitalidade dos paradigmas clássicos e cristãos deve muito à teorização dos juízos prudenciais e ao princípio de responsabilidade que alertam para o carácter interino da existência.[33] Mas quanto mais a investigação se aproxima da pessoa humana, mais complexa se torna a análise do campo social, e mais necessário se torna completar o senso comum por princípios de ordem apreendidos noéticamente. O hábito do *spoudaios* não possui a luminosidade da *ratio*. Como não contém uma

---

[31] A 1978, p.210: *"The "propositions" of political science are common-sense insights into correct modes of action concerning man's existence in society. If we go beyond the commonsense level we get to the insights into order of consciousness".*

[32] A 1978, p.212. *"The reference to commonsense is meant to make clear once more that and why there can be no "theory of politics" in the sense of principles rising above the propositions of an "empirical" science of politics".* [N. E.: A referência ao senso comum quer tornar claro ainda uma vez que, e também por que, não pode haver nenhuma "teoria de política" em termos de proposições fundamentais ou princípios ascendendo por cima das proposições de uma ciência "empírica" da política. In *Anamnese*, p. 511. op.cit.]Esta posição nada tem a ver com uma teoria consensual como critério para avaliar o bem-fundado das opiniões, tal como surge, por exemplo, em HABERMAS 1985, pp. 160 e ss.

[33] REID 1969, p.559: *"Common sense means a certain degree of rationality which is necessary to our being subjects of law and government, capable of managing our own affairs, and answerable for our conduct toward others. This is called common sense, because it is common to all men with whom we can transact business, or call to account for their conduct".* (Essay VI, cap. 2, 1º ed. 1785). Citado por Voegelin in A 1978, p.212.

noêsis diferenciada, não consegue competir com as ideologias na argumentação acerca dos princípios racionais de acção. O senso comum é compatível com o ponto de partida da teoria política, mas a captação das finalidades exige uma teoria com alcance noético. A pesquisa tem de acolher a força de ambos os extremos desta tensão. Tal como é proposto por John Rawls com o *véu de ignorância*, para evitar o privilégio e a arbitrariedade, a acção política razoável tem de atender a factores imponderáveis da história e da sociedade e tem de postular um saudável desconhecimento das condições particulares de aplicação dos princípios gerais de justiça;[34] tem de apresentar a cidadania de acordo com a prudência política.[35]

A dicotomia entre teoria das essências suprassensíveis e análise dos fenómenos, quarta dicotomia, assenta no postulado que a existência contém todos os factores necessários para a compreensão imanente e que uma interpretação transcendente é sempre especulativa. Estamos perante uma falácia de matriz positiva que confunde o ser com a essência e depois endereça as suas críticas a espectros. Ora um ponto comum à ciência e à filosofia é de que a existência não é, como tal, inteligível; só são inteligíveis os paradigmas que a articulam. Toda a questão reside em determinar, com rigor, as vertentes essencialista e fenomênica dos paradigmas articuladores de ordem, para captar a essência na sua manifestação contingente e a unidade nos fenómenos. Cabe à ciência política investigar as sociedades no nível funcional das instituições. Estas resultam de tácticas, estabilizações temporárias, com-

---

[34] As críticas à redução da sabedoria à operacionalidade científica e à confusão entre prática e aplicação são retomadas por GUSDORF 1974 e SNOW 1963. SARTORI 1986. Para Sartori, a história acumula e capitaliza valores, tradições, ideais e hábitos que alimentam as sociedades políticas. Mesmo os maus sistemas políticos sobrevivem, porquanto vivem deste *capital axiológico*. Em segundo lugar, muitas vias políticas são imprestáveis devido aos *custos humanos* e não por serem intrinsecamente desaconselháveis. Finalmente, é manifesto que a história é liberdade, pelo que é *impossível* programar a história, planificar o futuro, e assenhorar-se cientificamente do destino da humanidade. Sobre o *véu de ignorância* cf. RAWLS 1971 pp.195-97.

[35] Cf. ARISTÓTELES, 1972 livro VI, passim, e AQUINO *Summa Theologiae* I-II, q.57, art.2, ad 1ª obj.; e q.66, art.5, ad 2ª e obj.

promissos doutrinários, programas moderadores e variações ideológicas que têm de ser empiricamente definidas. Mais que a simples catalogação, as realidades políticas exigem uma integração nas formas de história e de consciência em que se originam. Para explicar os ordenamentos que disputam a representação da verdade, o cientista tem de cultivar o terreno da história das ideias e dos valores políticos, bem como o das realidades históricas.

A exegese noética tem um escopo diferente. Dirige-se ao elemento substancial de ordem presente nas experiências políticas e que é mais evidente nas expressões radicais, ainda não obscurecidas por acomodações doutrinárias e institucionais. Para centrar o horizonte epistémico da ciência política na experiência de ordem, é necessário retomar a *philosophia peri ta anthropina*, elucidando a existência humana nas coordenadas da consciência enraizada no cosmos e nas dimensões da pessoa, sociedade e história. Para não incorrer em doutrinas como nacionalismo, jusnaturalismo, contratualismo, "soberanismo", que perspectivam a sociedade como organismo, e a ordem como artifício gerado por contrato *(synthêke)*, a pesquisa cria uma rede conceptual das coordenadas da existência humana no cosmos.[36] Essa rede conceptual permite à teoria ultrapassar a ciência em sentido estrito e alcançar, pelo menos, uma visão da ordem, numa réplica do gesto inaugural do êxodo hebraico e da noese clássica. A linguagem dos símbolos ordenadores permite que a consciência surja como mediadora entre a ordem do ser e a autocompreensão histórica. Em contraste com a linguagem funcional da ciência política, dirigida à captação das estruturas temporárias, a linguagem da filosofia civil deve emergir do vocabulário de autoexpressão política elaborando-o através da exegese noética, intuindo a ordem política como fragmento da ordem histórica que é *uma*, não *a*, manifestação do ser eterno no tempo.

---

[36] Cf. *República* 389b, a observação de Gláucon acerca do *synthekê*. Para Voegelin, o valor das teorias contratuais depende do contexto explicativo em que são usadas. Se num Rousseau são fonte de distúrbio espiritual, já num Locke ou num Suarez são sinónimos de ordem.

Demonstra-se ainda a inanidade da quinta dicotomia, entre saber filosófico especulativo e saber científico operacional. A ciência política, no sentido estrito do termo, é um conhecimento dirigido à investigação aplicável. É uma praxeologia destinada a intervir na acção, e possui como pergunta essencial o *como-fazer*. Para esse fim, questiona os meios que permitem aos protagonistas políticos alcançar os objectivos gizados e as consequências dos projectos empreendidos. Os conhecimentos científicos viabilizam uma avaliação e permitem aplicações, ao recorrerem a linguagens adaptadas às tarefas operativas e à natureza do campo de objectos a que se referem. Desde que esteja garantido rigor e independência da investigação, a aplicabilidade não prejudica a ciência. A Economia não é prejudicada por ter a optimização da produção de riqueza como objectivo teórico, nem o Direito se dissolve por ter a justiça como modelo e ideal de regulamentação. A resolução dos problemas políticos carece das mediações de saberes operacionais, a fim de transformar os princípios em programas de acção. Caso não existam doutrinas mediadoras, as ideologias e as utopias tomam conta da cidade, criando como que um curto-circuito entre teoria e acção. Posto isto, a equívoca oposição positivista entre saberes científico e filosófico torna-se patente, desde que se distinga dimensões de *prática* e de *aplicação*. A dimensão prática refere-se à repercussão na conduta humana dos princípios teóricos orientadores da acção. A aplicabilidade é a dimensão da teoria que garante uma correspondência entre o modelo visado e o resultado prático. O facto de a filosofia ser directamente inaplicável, não a impede de ser um saber prático, visando o aperfeiçoamento da consciência e, indirectamente, a modificação da realidade social e histórica mediante a introdução de paradigmas de cidadania.

Está em questão o relacionamento de verdade e sociedade. Ao assinalar o problema da verdade na consciência, a filosofia noética grega criou a ciência política. O problema não consiste em partir da ordem da consciência para construir a sociedade perfeita, isso conduz a fundamentalismos de que são expressão trágica as religiões políticas surgidas em todas as épocas da história. A questão social também não é resolvida mediante a suspensão da ordem da consciência e a fundação de uma nova ordem da sociedade, a partir da tábua rasa que elimina da esfera pública a universalidade do ser humano, como sucede nas ideologias que eliminam a presença de outrem como ser relevante. A ordem possui níveis próprios de viabilidade na pessoa, na sociedade e na história, e o problema político exprime-se pela tensão entre estes diferentes níveis. Cabe à interpretação noética conquistar uma posição transcendente do observador, no confronto entre os diversos níveis de ordem. Esta transcendência não é um espaço autónomo racionalizante, em que se constitui saber; o saber só se dá na relação com o concreto. Não é um credo que seja imposto de forma imperial: é através da experiência noética que o teórico se diferencia do aparelho conceptual que a sociedade produz para funcionar. Só nesta diferenciação – que é filosofia – se obtém teoria. E só a sua incorporação na condutas do prudente ou *spoudaios*, característica da cidadania, poderá conquistar a paz civil.

Como a relação com o problema da verdade é constitutiva da questão social, os regimes políticos tendem a submergi-la na pretensão de fundar de modo absoluto a sua própria ordem e assim imanentizar a verdade; é essa a lição das tentativas baldadas de impérios ecuménicos e de políticas gnósticas. Em contrapartida, a exigência de sustentar uma tensão em todas as situações, leva Voegelin a renunciar a modelos de Estado perfeitos e a denunciar as religiões políticas. Esta crítica da teoria e prática do Estado-Leviatã não dá lugar ao que seria uma derradeira "nova ordem"; tal proposta viria contradizer a relação teoria/prática esboçada pela pesquisa. As instituições políticas são uma componente interina da existência humana. E como a ordem do ser transcende indivíduos e sociedades, o abandono da busca do Estado ideal e da sociedade perfeita é a precondição para uma atitude realista de responsabilidade e de esperança. Esta renúncia da pesquisa é acompanhada por uma preferência pelos regimes políticos mais favoráveis ao labor crítico, situação que Voegelin julga garantida na actualidade pelos modelos democráticos, inglês e americano, cujas instituições representam razoavelmente as liberdades pessoais. Trata-se de uma solução minimalista do problema político e que nos remete para o plano do senso comum.

Uma agenda de investigação

A pesquisa voegeliniana tem sido debatida nas mais variadas direcções. Atendendo a dificuldades terminológicas, interpenetração de problemáticas, amplitude das interpretações e relevância das selecções efectuadas, as avaliações negativas da obra não se detêm habitualmente em críticas pontuais mas apontam para a globalidade da posição. Aponta-se-lhe o dualismo decorrente dos símbolos que utiliza; duvida-se que toda e qualquer alternativa à teorização tenha de ser considerada *gnóstica;* debate-se o critério com que Voegelin avalia as possibilidades de descaminho teórico, literalmente de *paranoia*. Apontemos alguns exemplos. Trabalhos como os de Hans Blumenberg sobre a "legitimidade da época moderna" obrigam a aprofundar a hipótese do que é modernidade, gnose e secularização;[37] Bernard Lonergan aponta o risco de subjectivismo que acompanha o quadro existencial da filosofia.[38] E.F. Midgley fornece observações preciosas sobre um certo weberianismo persistente; Thomas Altizer nota na relação edipiana de Voegelin com Hegel, um tema ainda insuficientemente explorado; Alessando Biral demonstra que a avaliação de Fiora

---

[37] TAUBES 1984 contém artigos e comunicações referentes ao Colóquio de 1982 sobre *Gnose e Política*. No debate sobre a Gnose como *Ortsbestimmung der Gegenwart,* confrontaram-se Blumenberg e Voegelin.

[38] Sobre o mútuo conhecimento e estima que se votavam Voegelin e Lonergan cf. WEBB 1988 pp.93-121. Após a leitura de *Insight* nos anos 60, Voegelin aconselhava os seus alunos a que frequentassem a obra. Por seu turno, Lonergan citava abundamente *Order and History*. Posteriormente, ambos os filósofos exprimiram reservas sobre as conclusões alheias. Cf. LONERGAN 1982, p.177: *"Behind the course I did on existentialism at Boston College in the summer of '57 was my reading of Jaspers three books (about 1931) on philosophy. They are still useful, you know, if you want to understand Voegelin who gives you everything about the golden cord and the steel cord, but doesn't get any objective truth out of it; it is just he knowing himself".*

não é suportada pela autointerpretação medieval. Giuseppe Duso encontra aporias no interior do pensamento político voegeliniano; Bruce Douglass exprime dúvidas sobre o minimalismo teológico. E a par destas críticas a um autor que deixou expresso que a razão tem pretensões revelatórias e a revelação tem alcance de racionalidade, seria fácil alinhar outras que discordam do quadro conceptual de referência.

Se passarmos do plano das críticas fundamentadas para o das opiniões, observamos que Voegelin foi rotulado de modo contraditório e arrumado em ismos diversos ao longo da sua vida. Platónico para uns mas pseudoclássico para outros. Anti-hegeliano para a maioria mas também hegeliano *malgré lui*. Pensador cristão e confessional e, contudo, heterodoxo profundo. Conservador insatisfeito mas também inovador e antitradicionalista. Criador de uma *nova* ciência da política, e autor da sua des-cientificização. Não é qualquer pensador que evoca avaliações tão díspares e mesmo flagrantemente opostas.[39] Mas se deixarmos de parte as argumentações *ad hominem*, a amostragem acaba por o situar numa meridiana sabedoria que caracteriza muitas das tentativas de harmonização filosófica dos paradigmas clássicos e cristãos. O fio condutor é aqui o realismo noético assente no princípio de que a consciência participa na estrutura tensional da realidade, o único processo susceptível de ser conhecido do interior. E o realismo noético não é apenas uma filosofia melhor; é tambem uma melhor ciência política empírica, como demonstra a dramática revolução voegeliniana.

A filosofia civil como disciplina teórica, na qual o objecto é a sociedade humana que tende para uma situação melhor, em que a metodologia exige uma conexão entre disciplinas filosóficas e ciências humanas, e onde as categorias de pessoa, sociedade e história permitem estabelecer as pré-condições da ciência política, ficou constituída na obra de Eric Voegelin. Para a atingir, retomou os paradigmas da filosofia política

---

[39] Cf. por exemplo a recensão de *Order and History* por Moses Hadas no *Journal of the History of Ideas*, 1958, p.444.

clássica, através de uma teorização originada na resistência à crise do nosso tempo e atenta ao saber empírico contemporâneo, acumulado pelas escolas que reconstituíram a ciência política: teóricos da sociedade aberta e desmistificadores de ideologias; Doutrina Social da Igreja; contributos antropológicos da Escola de Chicago; a sociologia italiana das élites; teorias não-deteminstas da história: reconstrução da Economia pela escola de Viena; filosofia do Direito dos jusnaturalistas contemporâneos; teoria institucionalista da representação; exegese dos filósofos clássicos; filosofia prática. Todas estas escolas compreenderam que a realidade política apenas se torna tangível através dos contributos das várias ciências humanas, que apontam para uma antropologia filosófica.[40]

As conclusões da *filosofia civil* podem ser convalidadas pelo senso comum. Mas a sua demonstração e consequente poder persuasivo, a capacidade de solicitar a liberdade da consciência, dependem de um pensar articulado em categorias metapolíticas e expresso em símbolos noéticos. Sem realismo noético não é possível captar a realidade política. E tal apelo, oriundo da intuição genial de Voegelin, recupera, dos paradigmas clássicos e cristãos, o princípio segundo o qual todo o juízo e toda a decisão devem depender da composição entre razão e subjectividade, no que chamamos o espírito. O que Voegelin designa por *interpretação noética* tem um potencial diagnóstico e terapêutico. Não cura as sociedades mas adverte quanto aos meios de cura. A identificação das raízes do mal-estar social permite à consciência aceder às fontes de ordem, mediante as experiências em que livremente participa do fundamento transcendente. Só assim se libertará de dualismos preconceituosos gerados na modernidade e que desligam o social do político, o civil do religioso e cujas origens imanentistas foram agravadas pelas ideologias da modernidade e pela tecnocracia contemporânea. Só assim se poderá captar o que a filosofia jamais deixara de afirmar:

---

[40] Cf. por exemplo GERMINO 1967 sobre estes movimentos reconstituintes da teoria política.

que a política constitui o espaço humano por excelência: que existe um horizonte noético para a política; que o fim da política depende dos fins últimos do homem; e que a essência da política ultrapassa a esfera do poder. Que o trajecto da pesquisa tenha permitido visionar esta ordem mais como tensão orientadora que como ideia conceptualmente definível; que a ordem seja objecto de uma busca mais do que uma definição; que dela exista uma sabedoria mais do que uma ciência, eis algo de que Voegelin paulatinamente se apercebeu ao elaborar a sua resistência à desordem.[41]

A filosofia civil de Eric Voegelin tem um duplo papel: serve de ponto de encontro para a investigação noética da realidade política e constitui um auxílio prático no projecto de existir. A ciência política apenas será *scientia civilis*, ou seja, descrição verdadeira da *societas civilis seu política* quando seguir a indicação de que, na realidade política, a análise da realidade deve preceder a análise do poder. Os paradigmas prestam-se a serem utilizados em níveis diferentes de abstracção, desde a descrição das instituições até as generalidades mais complexas presentes em ideias e símbolos. São princípios da ciência para quem neles procurar a generalidade fundante; são fórmulas de sabedoria para quem estiver atento à sua génese na consciência. Dadas estas características, a filosofia de Voegelin é uma das obras-primas do pensamento no século XX e o testemunho rigoroso de um esforço soberano para estabelecer a ciência experiencial da ordem no nosso tempo. Construída contra a corrente ideológica, os seus postulados e deficiências internas não a impedem de ter valor científico e cívico. E muito embora ainda se depare com dificuldades em ser escutada no complexo panorama do pensamento contemporâneo, estabelece e cumpre exigências de definição de objecto, método e finalidade, que a capacitam para esclarecer as principais categorias filosóficas e conviver com os objectivos específicos das ciências humanas e da teologia. Esta proposta é ainda mais válida num cenário em que a sociedade se encontra ameaçada

---

[41] A 1978, p.144.

pela uniformização, em que as ideologias se esbatem, em que a prática política parece neutralizada pelo predomínio da técnica e onde a categoria de *revolução* antes indica uma mutação no mundo dos objectos que no reino dos sujeitos. Neste novo tempo, a que muitos já designaram por "pós-moderno", devemos escutar na fundamentada proposta de Eric Voegelin a agenda de trabalhos de uma nova geração.

BIBLIOGRAFIA VOEGELINIANA

A presente bibliografia voegeliniana inclui livros e artigos de Eric Voegelin publicados até a sua morte em 1985, bem como reedições e escritos postumamente editados. Além das primeiras edições, originalmente redigidas em alemão e em inglês, incluem-se edições posteriores traduzidas em língua alemã, inglesa, italiana, portuguesa e castelhana, em virtude de representarem a recepção do pensamento de Voegelin nos respectivos países. Os artigos estão referidos pela sua primeira edição, omitindo-se posteriores reimpressões. Indica-se na bibliografia secundária os estudos efectivamente consultados no decorrer da investigação em Lisboa, Munique e Stanford.

O índice preparado por Linda Bernard, *Eric Voegelin. A Register of His Papers in the Hoover Institution Archives,* Stanford University, 1988, 96 pp., descreve os documentos, também disponíveis em microfilmes contidos nas 101 caixas do Arquivo Voegelin e que comporta escritos inéditos, originais manuscritos, documentos biográficos e académicos, correspondência, discursos e conferências, matérias de cursos, fichas, jornais, revistas e fotografias.

Remetemos o investigador interessado em informações exaustivas para as excelentes bibliografias voegelinianas já existentes, entre as quais avulta a do *Eric Voegelin Institute,* elaborada sob os auspícios do Professor Ellis Sandoz. Devo referir ainda as bibliografias publicadas por Geoffrey Price, do *Centre for Voegelin Studies* da Universidade de Manchester, UK, e pelo Professor Peter Optiz, inserida na colectânea *Ordnung, Bewußtsein, Ges chichte,* ed. Peter Optiz, Stuttgart, Klett-Cotta, 1988.

Notáveis ainda são as bibliografias de SANDOZ Ellis, 1981 *The Voegelinian Revolution, A Biographical Introduction,* Baton Rouge, Louisiana, pp.253-260, e McKnight S. (ed.), 1978, *Eric Voegelin's for Order in History,* Baton Rouge, pp.197-207, actualizada por Michael Franz na edição aumentada de 1987. Actualmente está em curso a publicação em 34 volumes de *The Collected Works of Eric Voegelin,* (adiante citado como CWEV) pela Louisiana State University Press, estando previsto para 2001 o fecho da edição.

Bibliografia Primárias – Livros

1928 – ÜBER DIE FORM DES AMERIKANISCHEN GEISTES, Tübingen, J.C.B. Mohr, 1928, 246 pp.

1933 – RASSE UND STAAT, Tübingen, J.C.B. Mohr, 1933, 227 pp.

1933 – DIE RASSENIDEE IN DER GEISTESGESCHICHTE VON RAY BIS CARUS, Berlim, Junker & Duennhaupt, 1933, VIII+160 pp.

1936 – DER AUTORITÄRE STAAT, Wien, Springer, 1936, VII+289 pp.

1938 – DIE POLITISCHEN RELIGIONEN, Wien, Bermann-Fischer, 65 pp.2ª ed., c/pref., Stockholm, Bermann-Fischer, 1939, 67 pp.

1952 – THE NEW SCIENCE OF POLITICS. AN INTRODUCTION, University of Chicago Press, XIII + 193 pp. Novo prefácio por Dante Germino, 1987, XIV + 193 pp.

1956 – ORDER AND HISTORY.VOL.I: ISRAEL AND REVELATION, Baton Rouge, Louisiana State University Press, VIII + 389 pp.

1957 – order and history.Vol.Ii: the world of the polis, Baton Rouge, Louisiana State University Press, pp.

1957 – ORDER AND HISTORY. VOL.III: PLATO AND ARISTOTLE, Baton Rouge, Lousiana State University Press, pp.

1957 – PLATO, (Parte 1 de VOL III), Baton Rouge, Louisiana State University Press, 1957, 389 pp.

1959 – WISSENSCHAFT, POLITIK UND GNOSIS, München, Kösel, 93 pp.

1959 – DIE NEUE WISSENSCHAFT DER POLITIK, trad. Ilse Gattenhof, München, Anton Pustet, 264pp., 2ª ed;. 1965, 3ª ed;. Salzburg, Pustet, 1977, 270 pp.

1966 – ANAMNESIS. ZUR THEORIE DER GESCHICHTE UND POLITIK, München, R.Piper & Co. Verlag, 1966, 365 pp.

1968 – SCIENCE POLITICS AND GNOSTICISM, trad. William Fitzpatrick Novo pref. e novo cap., Chicago, Regnery Gateway Editions, 1968, IX +144 pp.

1968 – LA NUOVA SCIENZA POLITICA, trad. Renato Pavetto, Introd. Augusto Del Noce, Turin, Borla, 1968, 273 pp.

1968 – ZWISCHEN REVOLUTION UND RESTAURATION. POLITISCHES DENKEN IM 17. JAHRHUNDERT (ed.) München, List, 180 pp. (Em colaboração com Jürgen Gebhardt, Manfred Hennigsen, Peter Optiz.)

1968 – IL MITO DEL MUNDO NUOVO. SAGGI SUI MOVIMENTI RIVOLUZIONARI DEL NOSTRO TEMPO, trad. Arrigo Munari, introd. Mario Marcolla, Milano, Rusconi, 1970, 153 pp.

1972 – ANAMNESIS: TEORIA DELLA STORIA E DELLA POLITICA, trad. Carlo Amirante, Milano, Giuffré, 1972, 269 pp.

1973 – CIÊNCIA, POLÍTICA Y GNOSTICISMO, trad. Emilio Prieto Martin, Madrid, Rialp, 1973, 93 pp.

1974 – ORDER AND HISTORY.VOL IV: THE ECUMENIC AGE, Baton Rouge, Louisiana State University Press, 1974, XVIII+340 pp.

1975 – FROM ENLIGHTENMENT TO REVOLUTION. ed., John H. Halowell, Durham, North Carolina, Duke University Press, IX+307 pp.

1978 – ANAMNESIS, trad. e ed. Gerhart Niemeyer, London e Notre Dame, University of Notre Dame Press, 1978, XXII+217 pp.

1979 – A NOVA CIÊNCIA DA POLÍTICA, Trad. José Viegas Filho, introd. José Pedro Galvão de Sousa, Brasília, Editora Universidade de Brasília, 1979, 148 pp.

1980 – CONVERSATIONS WITH ERIC VOEGELIN, ed. e introd. Eric O' Connor, Thomas More Institute, Montreal, 1980, 154 pp. (Conferências e debates de 1965, 1967, 1970, 1976.)

1986 – ORDINE E STORIA. LA FILOSOFIA POLITICA DE PLATONE, trad. G. Zanetti, introd. Nicola Matteucci, Bologna, 1986.

1986 – POLITICAL RELIGIONS, trad. T.J. Di Napoli e E.S. Easterly, introd. B. Cooper, Lewiston., N.Y., Toronto Studies in Theology.

1987 – ORDER AND HISTORY. VOL V: IN SEARCH OF ORDER. Baton Rouge, Louisiana State University Press, 1987, 120 pp.

1988 – ORDNUNG, BEWUSSTSEIN, GESCHICHTE, ed. Peter Optiz, Stuttgart, Klett-Cotta, 1988, 256 pp.

1989 – AUTOBIOGRAPHICAL REFLECTIONS, Baton Rouge, Louisiana State University Press, 1989. (Vol. XXXIII de CWEV).

1990 – PUBLISHED ESSAYS, 1966-1985, Baton Rouge, Louisiana State University Press, 1990. (Vol. XII de CWEV).

1990 – WHAT IS HISTORY? AND OTHER LATE UNPUBLISHED WRITINGS, Baton Rouge, Louisiana State University Press, 1990. (Vol. XXVIII de CWEV).

1991 – THE NATURE OF THE LAW AND OTHER RELATED LEGAL WRITINGS, Baton Rouge, Louisiana Univ. Pres. (Vol. XXIX de CWEV).

Bibliografia Primária – Artigos

1922 – "Die gesellschaftliche Bestimmheit soziologischer Erkenntnis" *Zeitschrift für Volkswirtschaft and Sozialpolitik,* Wien/Leipzig, Nova Série, 2(4-6) 1922, pp.331+348.

1923 – "Felix Kaufmann's *Logik und Rechtswissenschaft. Grundriss eines Sustems der reinen Rechtslehre",* "Heinich Konrad's *Das naturliche System der menschlichen Gesellschaft oder die*

Entstehung der Arten im periodischen System der sozialen Elemente, in *Zeitschrift für öffentliches Recht*, Wien/Leipzig, Franz Deuticke.

1924 – "Reine Rechtslehre und Staatslehre", *Zeitschrift für öffentliches Recht*, Wien/Leipzig, Franz Deuticke, 4(1-2) 192, pp.80-131.

1925 – "Über Max Weber", *Deutsche Vierteljahrsschrift für Literaturwissenschaft und Geistesgeschichte*, Halle, 3,1925, pp.177-193.

1925 – "Die Zeit in der Wirtschaft", *Archiv für Sozialwissenschaft und Sozialpolitik*, Tübingen, 53(1)1925, pp.186-211.

1926 – "Die Verfassungsmäßigkeit des 18. Amendments zur United States Constitution", *Zeitschrift für öffentliches Recht*, Wien/Berlin, 5(3)1926, pp.445-464.

1926 – "Wirtschafts – und Klassengegensatz in Amerika", *Unterrichts-Briefe des Instituts für angewandte Soziologie*, 6. Brief. 1926/7, pp.6-11.

1927 – "Zur Lehre von der Staatsform", *Zeitschrift für öffentliches Recht*, Wien/Berlin, 6(4)1927, pp.572-608.

1927 – "Kelsen's Pure Theory of Law", *Political Science Quarterly*, New York, 42(2)1927, pp.268-276.

1928 – "La Follette und die Wisconsin-Idee", *Zeitschrift für Politik*, Berlin, 17(4)1927, pp.309-321.

1928 – "Konjunkturforschung und Stabilisation der Kapitalismus", *Mitteilungen des Verbandes österreichischer Banken und Bankiers*, Wien, 9(9/10)1928, pp.252-259.

1928 – "Der Sinn der Erklärung der Menschen – und Bürgerrenchte von 1789", *Zeitschrift für öffentliches Recht*, Wien/Berlin, 8(1)1928, pp.82-120.

1928 – "Zwei Grundbegriffe der Humeschen Gesellschafstlehre", *Archiv für angewandte Soziologie*, Berlin, 1(2)1928, pp.11-16.

1928 – "Die ergänzende Bill zum Federal Reserve Act und die Dolaarstabilisation", *Mitteilungen des verbandes österreichischer Banken und Bankiers*, Wien, 10(11-12) 1928, pp.321-328.

1928 – "Die ergänzende Bill zum Federal Reserve Act", *Nationalwirtschaft*, Berlin, 2(2)1928, pp.225-229.

1930 – "Die Souveränitätstheorie Dickinsons und die reine Rechtslehre", *Zeitschrift für öffentliches Recht*, Wien/Berlin, 8(3)1931, pp.413-434.

1930 – "Die Transaktion", *Archiv für angewandte Soziologie*, Berlin, 2(4-5)1930, pp.14-21.

1930 – "Die amerikanische Theorie vom ordentlichen Rechtsverfahren und von der Freiheit", *Archiv für angewandte Soziologie*, Berlin, 3(1)1930 PP.40-57.

1930 – "Die österreichischer Verfassungsreform von 1929", *Zeitschrift für Politik*, Berlin, 19(9)1930, pp.585-615.

1930 – "Max Weber", *Kölner Vierteljahrshefte für Soziologie*, München, 9(12)1930, pp.1-16.

1930 – "Die Einheit des Rechts und das soziale Sinngebilde Staat", *Internationale " Zeitschrift für Theorie des Rechts*, Brünn, 1-2, 11930-31, pp.58-89.

1931 – "Die Verfassungslehre von Carl Schmitt. Versuch einer konstrutiven Analyse ihrer staatstheiretuschen Prinzipien", *Zeitschrift für öffentliches Recht*, Wien/Berlin, 11(1)1931, pp.89-109.

1931 – "Das Sollen im System Kants", *Gesellschaft, Staat und Recht, Untersuchungen zur Reinen Rechtslehre. Festschrift für Hans Kelsen zum 50. Geburtstag*, ed. Alfred Verdross, Wien, 1931, pp.136-173.

1932 – "Nachwort" in *Die Knust des Denkens. Ein Buch für Jedermann* de Ernst Dimnet, Freiburg i.Br., Herder & Co Gmbh, 1932, pp.279-296.

1935 – "Le Régime Administratif. Avantages et Inconvénients", colab. com Adolf Merkl, *Mémoires de l'Académie Internationale de Droit Comparé*, tome II, 3ª part., Paris, Sirey, pp.126-149.

1935 – "Rasse und Staat", *Psychologie des Gemeinschaftslebens,* ed. Otto Klemm, Jena, pp.91-104.

1936 – "Volksbildung, Wissenschaft und Politik", *Monatschrift für Kultur und Politik,* Wien, 1(7)1936, pp.594-603.

1936 – "Josef Redlich", *Jur. Blätter,* 65(23)1936, pp.4895-6.

1937 – "Das Timurbild des Humanisten. Eine Studie zur politischen Mythenbildung", *Zeitschrift für öffentliches Rechts,* Wien/Berlin, 17(5)1937, pp.153-179.

1937 – "Changes in the Ideas of Government and Constitution in Austria since 1918", Austrian Memorandum n° 3, Paris, *Institute for International Studies Conference on peaceful Change.*

1940 – "Extended Strategy. A New Technique of Dynamic Relations", *The Journal of Politics,* Gainesville, 2(2)1940, pp.189-200.

1940 – "The Growth of the Race Idea", *The Review of Politics,* Notre Dame, 2(3)1940, pp.283-317.

1941 – "Some Problems of German Hegemony", *The Journal of Politics,* Gainesville, 3(2)1941, pp.154-168.

1941 – "The Mongol Orders of Submission to European Powers, 1245-1255", *Byzantion,* Boston, 15,1941, pp.378-413.

1942 – "The Theory of Legal Science. A Review: H. Cairns: *The Theory of Legal Science.* Chapell Hill 1941", *Louisiana Law Review,* 4, 1942, pp.554-571.

1944 – "Nietzsche, the Crisis and the War", *The Journal of Politics,* Gainesville, 6(2)1944, pp.172-212.

1944 – "Siger de Brabant", *Philosophy and Phenomenological Research,* University of Buffalo, 4(4)1944, pp.507-526.

1944 – "Political Theory and the Pattern of General History", *The American Political Science Review,* 38(4)1944, pp.746-54.

1946 – "Bakunin's Confession", *The Journal of Politics,* Gainesville, 8(1)pp.24-43.

1947 – "Plato's Egyptian Myth", *The Journal of Politics*, Gainesville 9(3)1947, pp.307-324.

1947 – "Zu Sanders' Allgemeiner Staatslehre", in *Österreichische Zeitschrift für öffentliches Recht*,1/2(1947), pp.106-135.

1948 – "The Origins of Scientism", *Social Research*, New York, 15(4)1948, pp.462-494.

1949 – "The Philosophy of Existence: Plato's Gorgias", *The Review of Politics*, Notre Dame, 13(2)1949, pp.477-498..

1950 – "The Formation of the Marxian Revolutionary Idea", *The Review of Politics*, Notre Dame, 13(2)1950, pp.275-302.

1951 – "Machiavelli's Prince: Background and Formation", *The Review of Politics*, Notre Dame, 13(2)1951, pp.142-168.

1951 – "More's Utopia", *Österreichische Zeitschrift für öffentliches Recht*, Wien, Nova Série, 3(4)1951, pp.451-468.

1951 – "Wissenschaft als Aberglaube. Die Ursprünge der Szientificismus" *Wort und Wahrheit*, Wien, 6(5)1951, p.341-360.

1952 – "Gnostische Politik", *Merkur*, Stuttgart, 4(4)1952, pp.301-317.

1952 – "Goethe's Utopia", in HAMMER, Jr. Carl, (ed.) 1952, *Goethe after two Centuries*, Baton Rouge, Louisiana State University, p.55-62.

1953 – "The World of Homer", *The Review of Politics*, Notre Dame, 15(4)1953, pp.491-523.

1953 – "Hannah Arendt: The Origins of Totalitarism. New York 1951", *The Review of Politics* 15, 1953, pp.68-85.

1953 – "The Oxford political Philosophers", *The Philosophical Quarterly*, 3, 1953, pp.97-114.

1958 – "Der Prophet Elias", *Hochland*, München, 50(4)1958, pp.325-339.

1959 – "Diskussionsbereitschaft" in HUNOLD, Albert (ed.), 1959 *Erziehung zur Freiheit*, Erlenbach/Zürich/Stuttgart, Rentsch, pp.355-372.

1959 – "Demokratie im Neuen Europa", in *Ansprachen zur Eröffnung*, Tutzing, 1959, p.11-12.

1960 – "El concepto de la "buena sociedad", *Cuadernos del Congresso por la Libertad de la Cultura*, Suplemento 40, Paris, pp.25-28.

1960 – "Religionersatz. Die gnostischen Massenbewegungen unserer Zeit", *Wort und Wahrhei*, Freiburg i.Br., 15(1)1960, pp.5-18.

1960 – "La Société industrielle à la Recherche de la Raison", in AA. VV., 1960, *Colloques de Rheinfelden*, Paris, Calmann-Lévy, pp.44-64.

1960 – "Verantwortung und Freiheit in Wirtschaft und Demokratie", *Die Aussprache*, Bonn, 10(6)1960, pp.207-213.

1960 – "Der Liberalismus und seine Geschichte" in FOSTER, Karl, 1960, *Christentum und Liberalismus, Studien und Berichte der Katolischen Akademie in Bayern*, 13, München, Zink, pp.13-42.

1960 – "Historiogenesis", *Philosophisches Jahrbuch*, Freiburg/München 68, 1960, pp.419-446.

1961 – "On Readiness to rational Discussion", in HUNOLD Albert(ed.), 1961, *Freedom and Serfdom*, Dordrecht, D. Reidel Publishing Co., pp.269-284.

1961 – "Toynbee's *History* as a Search for Truth", in GARGAN, Edward T. (ed.), 1961. *The Intent of Toynbee's History*, Chicago, Loyola University Press, pp.183-198.

1961 – "Les Perspectives de l'Avenir de la Civilisation occidentale" in ARON, Raymond(ed.), 1961, *L'Histoire et ses Interprétations*, La Haye, Mouton & Co., pp.133-151.

1962 – "World Empire and the Unity of Mankind", *International Affairs*, London, 38(2)1962, pp.170-183.

1963 – "Das Rechte von Natur", *Österreichische Zeitschrift für öffentliches Recht*, Wien-New York, 13(1-2)1963, pp.38-51.

1963 – "History and Gnosis. The Old Testament and Christian Faith" in ANDERSON, Bernhard W. (ed), 1963, *Essays by Rudolf Bultmann and Others*, New York/Evanston/London, Harper & Row, pp.64-89.

1964 – "Metaphysik und Geschichte" in *Die Philosophie und die Frage nach dem Fortschrift*, Munich, Pustet.

1964 – "Ewiges Sein in der Zeit" in DINKLER, Erich (ed.) *Zeit und Geschichte: Dankesgabe an Rudolf Bultmann zum 80. Geburtstag*, Tübingen, J.C.B. Mohr(Paul Siebeck), pp.591-614.

1964 – "Demokratie und Industriegesellschaft" in *Die unternehmerische Verantwortung in unserer Gesellschaftsordnung. Veröffentlichungen der Walter Raymond-Stiftung*, vol. IV, Köln und Opladen, Wetsdeutscher Verlag, pp.92-114.

1964 – "Der Mensch in Gesellschaft und Geschichte", *Österreichische Zeitschrift für öffentliches Recht*, Wien/New York, 14(1-2)1964, pp.1-3.

1965 – "Was ist Natur?", *Historica*, Festschrift für Friedrich Engel Janossi, H.Hantsch, F. Valsecchi, E.Voegelin (ed.) Wien/Freiburg/Basel, Herder, pp.1-18.

1966 – "Die deutsche Universität und die Ordnung der deutschen Gesellschaft", in KOTTER Ludwig(ed.), 1966, *Die deutsche Universität in dritten Riech*, München, R.Piper & Co, pp.241-282.

1966 – "Was ist politische Realität?" *Politische Vierteljagresschrift*, 7(1)1966, Koeln und Opladen, pp.2-54.

1967 – "On Debate and Existence", *The Intercollegiate Review*, 3(4-5)1967, pp.143-152.

1967 – "Immortality: Experience and Symbol", *The Harvard Theological Review*, 60(3)1967, pp.235-279.

1967 – "Apocalisse e Rivoluzione", [Conferência na Câmara de Comércio de Milão de 18.5.1967] in BORGUI Giuliano (ed.), 1980, *Caratteri gnostici della moderna Politica econômica e sociale*, Roma, pp.45-79.

1968 – "Configurations of History", in Kuntz, Paul G., 1968, *The Concept of Order*, Seattle/London, University of Washington Press, pp.23-42.

1968 – "Helvétius" [em colaboração com P. Leuschner] in Baruzzi, Arno(ed.), *Aufklärung und Materialismus im Frankreich des 18 Jahrhunderts*, München, pp.63-97.

1970 – "Equivalences of Experience and Symbolization in History", in *Eternità e Storia: I Valori permanenti nel Divenire storico*, Firenze, Vallechi, pp.215-234.

1970 – "The Eclipse of Reality" in Natanson, M. (ed.), 1970, *Phenomenology and social Reality: Essays in Memory of Alfred Schutz*, Den Haag, Martinus Nijhoff, pp.185-194.

1971 – "The Turn of the Screw" *The Southern Review*, Nova Série, 7(1)1971, pp.3-67.

1971 – "The Gospel and Culture" in *Jesus and Man's Hope*, vol.II, Miller, Donald G. e Hadidian, DIkran Y. (eds.), Pittsburgh, Theological Seminary Press, pp.59-101.

1971 – "On Hegel – A Study in Sorcery, *Studium Generale*, Julius Springer Verlag, Wien/New York, 24, 1971, pp.335-368.

1973 – "On Classical Studies", *Modern Age*, Chicago, 17, 1973, pp.2-8.

1973 – "Philosophy of History" [Entrevista], *New Orleans Review*, 2, 1973, pp.135-139.

1974 – "Reason: the classical Experience", *The Southern Review*, New Series, 10(2)1974, pp.237-264.

1975 – "Response to Professor Altizer's "A New But Ancient God", *Journal of the American Academy of Religion*, 43(4) pp.765-772.

1977 – "Remembrance of Things Past" [1º cap. de *Anamnesis*, trad. Ing., G. Niemeyer, pp.3-13.

1981 – "Eric Voegelin to Alfred Schutz" in Opitz e Sebba 1981, pp.449-465.

1981 – "Die Symbolisierung der Ordnung", *Politische Studien,* 32(255)1981, pp.13-23.

1981 – "Der meditative Ursprung philosophischen Ordnungswissens", *Zeitschrift für Pokitik,* 28(2)1981, pp.130-7.

1981 – "Menscheit und Geschichte", *Zeitschrift für Pokitik,* 28(2) 1981, pp.150-168.

1981 – "Die Ordnung der Geschichte enthült sich in der Geschichte der Ordnung", *Politische Studien,* 32(275) 1981, pp.231-236.

1981 – "Wisdom and the Magic of the Extreme. A Meditation," *The Southern Review,* Nova Série, 17(2)1981, pp.235-287.

1982 – "The American Experience", *Modern Age,* 26(3-4)1982, pp.332-333.

1982 – "Epilogue" in SANDOZ 1982, pp.199-202.

1982 – "Response to Professor Altizer's "A New History and a New but Ancient God?" in SABDIZ 1982, p.1870197.

1983 – "Consciousness and Order", *Logos,* Santa Clara, 4, 1983, pp.17-24.

1984 – "Responses at the Panel Discussion of *The Beginning and the Beyond*", in LAWRENCE 1984, pp.97-110.

1984 – "Autobiographical Statement at Age eighty two" in LAWRENCE 1984, pp.111-131.

1985 – "Quod Deus Dicitur", *Journal of the American Academy of Religion",* 53(3)1985, pp.569-584.

Bibliografia Secundária

AA. VV. 1962, *Politische Ordnung und menschliche Existenz. Festgabe für Eric Voegelin zum 60. Geburtstag,* München, C.H.Beck, 1962.

_____ . 1981, *The Philosophy of Order. Essays on History, Consciousness and Politics. For Eric Voegelin on his Eightieth Birthday,* Stuttgart, Klett, 491 pp.

ALTIZER, Thomas J.J., 1982, "A new History and a new but ancient God? Voegelin's *The Ecumenic Age*" in SANDOZ, Ellis, 1982, pp.179-188.

ANDERSON, Bernard W., 1978 "Politics and the Transcendent. Voegelin's philosophical and theological Exposition of the Old Testament in the Context of the Ancient East", in MCKNIGHT Stephen (ed.), 1978, pp.62-100.

ARENDT, Hannah, 1953, "Reply", *Review of Politics*, 15(1953), pp.76-84. [Resposta à recensão de Voegelin's a *The Origins of Totalitarianism*]

AUFRICHT Hans, 1978, "A Restatement of Political Theory. A Note on Voegelin's *"The New Science of Politics"* in MCKNIGHT, Stephen (ed.), 1978, pp.46-61.

BAEK, Seung-Hyun, 1989, *Reality and Knowledge in Voegelin's political Philosophy*, Ph. D. Diss., Louisiana State University, 1989.

BARRACLOUGH, Geoffrey, 1981, "Eric Voegelin and the Theory of Imperialism" in OPITZ, Peter e SEBBA, Gregor (eds.), 1981, pp.173-189.

BIRAL, Alessandro, 1988, "Voegelin e la restaurazione della Scienza politica", in *Filosofia Politica e Pratica del Pensiero*, G. Duso (ed.) Milano, 1988, pp.25-53.

BOERS, Hendrikus, 1981, "Interpreting Paul. Demythologizing in reverse", in OPITZ, Peter e SEBBA, Gregor (eds.), 1981, pp.153-172

BORGHI, Giuliano (ed.), 1979, *Transcendenza e Gnosticismo in Eric Voegelin*, introd. Gian Franco Lami, Roma, Nuovi Carteggi.

BORGSCHULZE, W., 1980, *Die Platon Rezeption Eric Voegelin's under besonderer Berücksichtigung des Erfahrungsbegriffes*, Mag. Arb., Ludwig-Maximilians-Universitaet, München, 1980

BUENO, Anibal A., 1981 "Consciousness, Time and Transcendence in Eric Voegelin's Philosophy", in OPITZ, Peter e SEBBA, Gregor (eds.), 1981, pp.91-109.

CARINGELLA, Paul, 1990, "What is History and is it at an End?", dact, APSA Meeting, 1990.

Cooper, Barry, 1981, "Reduction, Reminescence and the Search for Truth", in Opitz, Peter e Sebba, Gregor (eds.), 1981, pp.316-331.

_____. 1986, *The Political Theory of Eric Voegelin*, Lewiston/ New York, 250 pp.

Corrington, John William. 1978, "Order and Consciousness/ Consciousness and Order", in McKnight, Stephen (ed.), 1978, pp. 155-195.

Douglass, Bruce, 1976, "The Gospel and political Order: Eric Voegelin on the political Role of Christianity", *The Journal of Politics*, 38 (1) 1976, pp. 25-45.

Douglas, Bruce, 1978, "A Diminished Gospel. A Critique of Voegelin's Interpretation of Christianity" in McKnight, Stephen (ed), 1978, pp.139-154.

Duso, Giuseppe, 1988, "Filosofia pratica o pratica della filosofia? La riupresa della filosofia pratica ed Eric Voegelin" in *Filosofia Politica e Pratica del Pensiero*, Milano, Angelli, pp.159-192.

Eubank, Earle E., 1985, *"Eric Voegelin"* in *Earle Edward Eubank besucht europaeische Soziologen im Sommer 1934*, ed. Dirk Kaesler, Opladen, 1985, pp.142-147.

Faber, R., 1984, *Der Prometheus-Komplex. Zur Kritik der politischen-Theorie Eric Voegelins und Hans Blumenbergs*, Würzburg.

Franco, L., 1988, "Ideia e simbolo in Eric Voegelin" in *Filosofia Politica e Pratica del Pensiero*, G. Duso (ed.) Milano, 1988, pp.113-159.

Galli, C., 1988, "Strauss, Voegelin, Arendt lettori di Thomas Hobbes: ter paradigmi interpretativi della forma politica nella modernità", in *Filosofia Politica e Pratica del Pensiero*, G. Duso (ed.) Milano, 1988, pp.25-53.

Gerhardt, Jürgen, 1981, *Erfahrung und Wiklichkleit-Anmerkungen zur Politischen Wissenschaft des spirituellen Realismus*, in Opitz, Peter e Sebba, Gregor (eds.), 1981, pp.332-344.

_____. 1982, *Toward the Process of Univeral Mankind. The Formation of Voegelin's Philosophy of History*, in Sandoz, Ellis, 1982, pp.67-86.

Germino, Dante, 1971, "Eric Voegelin's *Anamnesis*", *The Southern Review*, 1, 1971, pp.68-88.

_____ . 1975, "Eric Voegelin and the 'In-Between' of Human Life" in *Contemporary Political Philophers*, in Minogue e Crespigny (eds.)., 1975, pp.100-118.

_____ . 1976, *Beyond Ideology. The Revival of Political Theory*, New York, 254 pp.

_____ . 1982, "Eric Voegelin's Framework for Political Evaluation in his recently published Work", in Sandoz, Ellis, 1982, pp.115-134.

_____ . 1982, *Political Philosophy and the Open Society*, Baton Rouge, 189 pp.

Gietl, Willibald, 1982, *Die Aristóteles-Rezeption in der politischen Philosophie Eric Voegelin's*, Mag. Arb., Ludwig-Maximilians-Universitaet, München.

Halowell, John H., 1978, *Existence in tension, Man in Search of his Humanity* in McKnight, Stephen (ed.), 1978, pp.101-126.

Havard, Jr. William, 1978, *Voegelin's Changing Conception of History and Consciousness* in McKnight, Stephen (ed.), 1978, pp.1-24.

_____ . 1982, *Notes on Voegelin's Contribution to Political Theory* in Sandoz, Ellis, 1982, pp.87-114.

Kasler, Dirk, 1985, *Soziologische Abenteuer*, Opladen, Westdeustscher, 195 pp.

Kirby, J., e Thompson W. (eds.), 1983, *Voegelin and the Theologian: Ten Studies in Interpretation*, New York, Edwin Mellen.

Korder, T. R. (ed.), 1988, *Voegelin and Patoicka*, London, Athenaeum.

Lawrence, F., 1983 *The Beginning and the Beyond*. Papers from the Lonergan Workshop Vol. 4, Chico, California.

Levy, David J., 1987, *Political Order: Philosophical Anthropology, Modernity, and the challenge of Ideology*, Baton Rouge and London, LSU Press.

Macedo, Jorge Borges de, 1986, "Eric Voegelin", Enciclopédia Verbo, Lisboa, Verbo.

McKnight, Stephen, 1978, *The Evolution of Voegelin's Theory of Politics and History*, in McKnight, Stephen (ed.), 1978, pp.26-45.

_____ . (ed.), 1978, *Eric Voegelin's Search for Order in History*, Baton Rouge, 209 pp.

McCarroll, Joseph. Walsh David, Purcell Brendan, Voegelin, Eric, 1981, *Man in history. A Symposium on the Work of Eric Voegelin Philosophical Studies,* 28, 1981, The National University of Ireland, 103 pp.

McCarroll, Joseph, 1981 "Man in Search of divine Order in History" in McCarroll 1981, pp.15-45.

McDonald, L.C., 1957 "Voegelin and the Positivists: A New Science of Politics?", *Midwest Journal of Political Science,* 1, 1957, pp.233-251.

Morrissey, Michael, 1988, *Consciousness and the Quest for transcendent Order. Eric Voegelin's Challenge to Theology*, Ph. D. Diss., University of Berkeley, California, 1988.

Moulakis, Athanasios, 1986, "Political Reality and History in the Work of Eric Voegelin", in *The Promise of History*, Berlin/New York, Walter de Gruyter, pp.120-134.

Murray, Michael, 1970, *Modern Philosophies of History*, The Hague, Martinus Nijhoff.

Niemeyer, Gerhart, 1981 "Are there "Intelligible Parts" of History?" in Opitz, Peter e Sebba, Gregor (eds.), 1981, pp.302-315.

_____ . 1986, "The Fulness of the Quest: Eric Voegelin's final Volume", in pp.96-215.

Nisbet, R., "Eric Voegelin's Thought: A Critical Appraisal", *Public Interest*, 71 (1983), pp.110-117.

Opitz, Peter e Sebba Gregor (eds.), 1981, *The Philosophy of Order. Essays on History, Consciousness and Politics. For Eric Voegelin on his Eightieth Birthday* Stuttgart, Klett, 491 pp.

OPITZ, Peter, 1981, *Rückkehr zur Realität: Grundzüge der politischen Philosophie Eric Voegelins* in OPITZ, Peter e SEBBA, Gregor (eds.), 1981, pp.21-73.

―――― . 1985, "In Memoriam Eric Voegelin", *Zeitschrift für Politik*, 32 (2) 1985, pp.219-224.

PETROPOULOS, William, 1984, *Die Rezeption von Max Weber in der politischen Philosophie von Eric Voegelin*, Mag. Arb., Ludwig-Maximilians-Universität, München, 132 pp.

PURCELL, Brendan, 1981, *Solzhenistsyn's Sruggle for personal, social and historic Anammnesis* in MCCARROLL 1981, pp.62-85.

RACINER, O R., (ed.) 1988, *Ordine e Storia in Eric Voegelin*, Salerno, Universitá degli Studi di Salerno.

RHODES, J., 1983, "Voegelin and Christian faith", in *Center Journal*, 2 (1983) pp.55-105.

ROGEIR, O Nuno, 1985, "A Política como Arcano e Revelação. Em Memória de Eric Voegelin. 1901-1985, *Futuro Presente*, Lisboa, 1985, pp.19-25.

SANDOZ, Ellis, 1981 *The Voegelinian Revolution, A Biographical Introduction*, Baton Rouge, Louisiana.

―――― . 1982, *Eric Voegelin's Thought. A Critical Appraisal*, Durham.

―――― . 1982, "Introduction" in SANDOZ, Ellis, 1982, pp. ix-xv.

SEBBA, Gregor, 1981, "History, Modernity and Gnosticism", in OPITZ, Peter e SEBBA, Gregor (eds.), 1981, pp.190-241.

―――― . 1982, "Prelude and Variations on the Theme of Eric Voegelin" in SANDOZ, Ellis, 1982, pp.3-66.

WAGNER, Helmuth R., 1981, "Agreement in Discord. Alfred Schutz and Eric Voegelin", in OPITZ, Peter e SEBBA, Gregor (eds.), 1981, pp.74-90.

WALSH, David J., 1981, "The scope of Voegelin's Philosophy of Consciousness", *Philosophical Studies*, Dublin, 28 (1981) pp.45-61.

_____. 1982, "Philosophy in Voegelin's Work", in SANDOZ, Ellis, 1982, pp.135-156.

_____. 1984, "Voegelin's Response to the Disorder of the Age", *The Review of Politics*, Notre Dame, 46, 1984, pp.266-287.

WEBB, Eugene, 1981, *Eric Voegelin, Philosopher of History*, Seattle, University of Washington Press.

_____. "Eric Voegelin's Theory of Revelation", in SANDOZ 1982, pp.157-178.

_____. 1983 "Faith, Truth and Persuasion" in KIRBY J., e THOMPSON W. (eds.), 1983.

_____. 1985, "In Memoriam. Politics and the Problem of a Philosophical Rethoric in the Thought of Eric Voegelin", *The Journal of Politics*, Gainesville, 48, 1986, pp.260-273.

_____. 1988, *Philosophers of Consciousness: Polanyi, Lonergan, Voegelin, Girard, Kierkegaard*, Univ. of Washington Press.

WISER, James L., 1978, "Philosophy as Inquiry and Persuasion", in McKNIGHT Stephen (ed.), 1978, pp.127-138.

_____. 1980, "From cultural Analysis to Philosophical Anthropology. An Examination of Voegelin's Concept of Gnosticism", *The Review of Politics*, 42 (1) 1980, pp.92-104.

Bibliografia Auxiliar

AA.VV., 1960, Colloques de Rheinfelden, Paris, Calmann-Lévy, 328 pp., ARON Raymond, KENNAN, Georg, OPPENHEIMER, Robert, eds.

_____. 1971 *Eternità e Storia: I Valori permanenti nel Divenire storico*, Firenze, Vallechi.

_____. 1971, *Politik und Wissenschaft*, München, C. H. Beck'sche, 573 pp. [MAIER Hans; RITTER, Klaus; MATZ, Ulrich, eds.]

_____. 1972, *I Caratteri generali del Pensiero politico contemporaneo* Milano, Giuffrè.

_____. 1979, *Epistemologia e Scienze Umane,* Introd., Vittorio Possenti, Milano, Massimo.

_____. 1980, *Filosofia Pratica e Scienza Politica,* Albano Terme, Francisci.

_____. 1982, *Curso de Introdução à Ciência Política,* 7 vols., Editora Universidade de Brasília.

_____. 1983, *Filosofia e Societa. Studi sui Progetti ético-politici contemporanei,* Milano, Massimo.

_____. 1986, *Dictionnaire des Oeuvres politiques,* Paris, PUF, VIII + 904 pp.

_____. 1986 [P.RICOEUR, E. BORNE, K. O APEL, H. G. GADAMER, F. VOLPI, L. PAREYSON et all.] "Le retour de la philosophie pratique" in *Notes et Documents,* Padova, Ed. Gregoriana Libreria Editrice / Institut International Jacques Maritain, nova série, 14, 1986.

ADORNO, Theodor, 1975, *Negative Dialektik,* Frankfurt a. M., Suhrkamp, 412 pp. [1ª ed. 1970]

AGOSTINHO, Santo, 1959-60, *De Civitate Dei,* Oeuvres de Saint Augustin, 5ª Série, t. XXXIII-XXXVII, Paris, Desclée de Brouwer.

_____. 1951, *De vera Religione,* Oeuvres de Saint Augustin, *Opuscules,* 1ª Série, Paris, Desclée de Brouwer&Cie.

_____. 1981, *Enarrationes in Psalmos,* Eindhoven, Corpus Christianorum, 320 pp.

_____. 1948, *De Ordine,* Oeuvres de Saint Augustin, 1ª Série, tomo IV, Paris, Desclée de Brouwer & Cie.

ALLBRIGHT, William Foxwell, 1946, *From the Stone Age to Christianity: Monotheism and the historical Process,* Baltimore. (2ª ed. 1957)

ALMOND, Gabriel. POWEL B., 1966, *Comparative Politics: A developmental Approach,* Boston, Little Brown.

ALTANER, Berthold; STUIBER, Alfred, 1972, *Patrologia,* São Paulo, Edições Paulinas, 549 pp.

ALVES, Paulo Durão, 1949, *A Filosofia Política de Suárez*, Braga. Cruz, 61 pp.

AMADOU, Robert; KANTER S Robert, 1950, *Anthologie littéraire de l'Occultisme*, Paris, Julliard, [850 pp.]

ANDREVSKI, Stanislav, 1975, *Les Sciences sociales. Sorcellerie des Temps modernes,* Trad. Anne et Claude Rivière, Paris, PUF.

ANITCHKOFF, Eugène, 1974, *Joachim de Flore et le Millieu courtois*, reimp., Genève, Slatkine.

AQUINO, S. Tomás de, 1959, *Summa Theologiae*, texto da ed. leonina.

ARENDT, Hannah, 1958, *The human Condition*, Chicago, Universiy of Chicago Press.

_____. 1962, *The Origins of Totalitarianism*, 2ª ed., New York, 468 pp.

_____. 1971, *Sobre a Revolução*, Lisboa, Moraes, 328 pp.

_____. 1978, *The Life of the Mind*, 2. vols., London, Secker & Warburg.

ARISTÓTELES, *Ética a Nicómano*, 1972, intro. e notas J. Tricot, Paris, Vrin, 540 pp.

_____. *Política*, 1970 intro. e notas J. Tricot, Paris, Vrin, 599 pp.

_____. *Metafísica*, 1970, intro. e notas J. Tricot, Paris, Vrin, 2 vols, 878 pp.

ARKES, Hadley, 1980, *The Philosopher in the City. The moral Dimensions of urban Politics*, Princeton, Princeton University Press.

ARON, Raymond, 1938, *La Philosophie critique de l'Histoire. Essai sur une Théorie de l'Histoire dans l'Allemagne Contemporaine*. Paris, Vrin, 351 pp. (Reed. Paris, Ed. du Seil, 1970)

_____. 1938, *Introduction à la Philosophie de l'Histoire. Essai sur les Limites de l'Objectivité historique*, Paris, Gallimard, 353 pp.

_____. 1957, *Espoir et Peur du Siècle. Essais non partisans*, Paris, Calmann-Lévy, 369 pp.

_____ . 1966, *Democracia e Totalitarismo*, Lisboa, Presença, 383 pp.

_____ . 1967, *Les Étapes de la Pensée sociologique,* Paris, Gallimard.

_____ . 1969, *Les Désillusions du Progrès. Essai sur la Dialectique de la Modernité,* Paris, Calmann-Lévy.

Asst, Brim, 1977, *The Visual Encyclopaedia of Science Fiction*, London/Sidney, Pan Books.

Bachem, Rolf, 1979, *Einführung in die Analyse politischer Texte*, München, R. Oldenbourg, 186 pp.

Baltasar, Diamantino Duarte, *Democracia e Socialismo*, Lisboa, Nova Nórdica, 2ª ed., 1987.

Balthasar, Hans Urs von, 1947, *Prometheus*, Heidelberg.

Barker, Ernest, 1956, *From Alexander to Constantine. Passages and Documents illustrating the History of social political Ideas 336 BC. AD 337.*, Oxford, Oxford U. Press.

Barraclough, Geoffrey, 1987, *A História*, 2 vols., Lisboa, Bertrand, 215 + 269 p.

Barth, Hans, 1958, *Die Idee der Ordnung*, Zürich / Stuttgart, Eugen Rentsch.

Bartsch, H. W. (org.) 1960, *Keryma und Mythos*, Hamburg, Bergstedt, vol. I

Belloc, Hilaire, 1977, *The servile State*, Indianapolis, Liberty Classics, 208 pp.

Benda, Julien, 1950 *De quelques Constantes de l'Esprit humain*, Paris, Gallimard, 215 pp.

Bendersky, Joseph W., 1983, *Carl Schmitt, Theorist for the Reich*, Princeton, Princeton University Press, 321 pp.

Bentley, A., 1980, *The Process of Government*, Chicago, University of Chicago Press.

Benveniste, Émile, 1969, *Le Vocabulaire des Institutions Indo-européennes*, 2 vols., Paris, Éditions de Minuit.

Benz, Ernst, 1934 "Thomas von Aquin und Joachim von Fiore", *Zeitschrift für Kirchengeschichte*, 53, 1934.

Berdiaef, Nicolai, 1933, *Problème du Communisme*, Paris, Desclée de Brouwer, 171 pp.

_____. 1946, *De l'Esclavage et de la Liberté de l'Homme*, Paris, Aubier-Montaigne, 303 pp.

_____. 1958, *Essai d'Autobiographic spirituelle*, Paris, Buchet-Chastel, 415 pp.

Berelson, B. 1963, *The Behavioral Sciences Today*, New York, Basic Books.

Berger, Peter, 1970, "The Problem of Multiple Realities: Alfred Schutz and Robert Musil", in Natanson, M. (ed.), 1970, pp.213-233.

Bergson, Henri, 1948, *Les Deux Sources de la Morale et de la Réligion*, 4ª ed., Paris, PUF.

_____. 1960, *Oeuvres*, Édition du Centénaire, intro. Henri Gouhier, anot. André Robinet, 2ª ed., Paris, PUF, xxxii+1602pp.

Berlin, Sir Isaiah, 1974, *Liberdad y Necessidad en la Historia*, Madrid, Revista de Occidente, 186 pp.

_____. 1962, "Does political Theory still exist?" in *Philosophy, Politics and Society*, Second Series, ed. Peter Laslett e William Runciman, Oxford, Blackwell.

Besançon, Alain de, 1979, *As Origens intelectuais do Leninismo*, Lisboa, Via Editora, 286 pp.

Beyme, Klaus von, 1972, *Die politischen Theorien der Gegenwart. Eine Ein-führung*, München, R. Piper & Co Verlag, 337 pp., (1ª ed. 1956).

Bianchi, Ugo (ed.), 1967, "Le origini dello gnosticismo", Colloquio di Messina, 13-18 Abril 1966, *Studies in the history of religions*, Sup. Numen, Leyden, 12 (1967).

BLEICHER, Joseph, 1980, *Contemporary Hermeneutics as Method, Philosophy and Critique*, London / Boston / Henley, Routledge & Kegan Paul.

BLOOM, Allan, 1980, "The Study of Texts" in *Political Theory and political Education*, ed. M. Ritcher, Princeton, Princeton University Press, pp.113-138.

_____. 1988, *A Cultura inculta*, Mem Martins, Europa-América.

BOBBIO, Norberto, 1969, *Saggi sulla Scienza politica in Italia*, Bari, Laterza.

_____. 1971 "Dei possibili Rapporti tra Filosofia Politica e Scienza Politica" in AA.VV., 1971,*Tradizione e Novità della Filosofia della Politica, Quaderni degli Annali della Facoltà di Giurisprudenza*, Bari.

_____. 1971 "Considerazioni sulla Filosofia Politica", *Rivista Italiana di Scienza politica*, 1 (1971), pp.367-379.

BOCHENSKI, I. M.1967, *La Philosophie contemporaine en Europe*, Paris, Payot. 210 pp.

BOISSIER, Gaston, 1891, *La Fin du Paganisme. Étude sur les dèrniéres Lutes religieuses en Occident au Quatrième Siècle*, 2 vols., Paris, Hachette, 463 + 516 pp. (2ª ed. 1894)

BOMAN Thorleif, 1968, *Das hebraïsche Denken in Vergleich mit dem griechischen*, Göttingen, Vandenhoeck & Ruprecht.

BORGHI, Giuliano (ed.), 1980, *Caratteri gnostici della moderna Politica economica e sociale*, Roma, Astra.

Boss, Gilbert, 1984, *La mort du Léviathan*, Zürich, Éd. du Grand Midi, 163 pp.

Bowles, Samuel; CURTIS Herbert, 1988, *La Démocratie post-libérale*, trad. William Olivier Desmond, Paris, Éd. La Dècouverte.

BRANDON, S.G.G., 1972, *Religion in Ancient History. Studies in Ideas, Men and Events*, London, Allen & Unwin, 412 pp.

BRECHT, Arnold, 1959, *Political Theory and the Foundations of Twentieth-Century Thought*, Princeton, Princeton Univ. Press.

_____ . 1968, "Political Theory: Approaches", *International Encyclopaedia of the Social Sciences,* New York, MacMillian & Free Press.

Brodbeck, M. (ed.), 1968, *Readings in the Philosophy of Social Science,* Toronto, MacMillian.

Broderick, Albert (ed.), 1970, *The French Institutionalists. Hauriou, Renard, Delos,* trad. Mary Welling, Camb., Mass., Harvard University Press, 370 pp.

Brooks, Cleanth; WISMSATT William, 1971, *Crítica literária. Breve História,* Lisboa, F. C. Gulbenkian, 929 pp.

Bryce, James, 1900, *La République Américaine,* pref. e trad. M. F. Chavegrin, 4 vols., Paris, V. Giard & E. Briére.

Buber, Martin, 1985. *On Zion. The History of an Idea,* Edinburgj, T. & T. Clark.

Bultmann, Rudolf, 1959, *Histoire et Eschatologie,* trad. R. Brandt, Neuchâtel / Paris, Delachaux & Niestlé.

Bunzel, John H., 1967, *Anti-Politics in America,* New York, Alfred A. Knopf, 291+xiii pp.

Buonaiuti, Ernesto, 1931, *Giacchino da Fiore,* Roma.

Burnet, John, 1914, *Greek Philosophy: Thales to Plato,* London, MacMillan.

Buxton, R. G. A., 1982, *Persuasion in Greek Tragedy,* Cambridge / New York, Cambridge University Press.

Caeiro, Francisco da Gama, "O Pensamento filosófico do séc. XVI ao séc. XVIII em Portugal e no Brasil", *R. P. F.,* Braga, 38 (1982) 4, pp.57-90.

Callot, Èmile, 1972, *Politique et Métaphysique,* Paris, Marcel Rivière, 267 pp.

Campbell, Joseph, 1969, "Theogony and the transformation of Man in Friedrich Wilhelm Joseph Schelling", in Joseph Campbell (ed.) *Man and Transformation. Papers from the Eranos Yearbooks,* vol. 5.

CAMPBELL, Joseph, 1973, *The Masks of God. Primitive Mythology*, Norwich, Fletcher.

CAMUS, Albert, 1965, *L'Homme revolté*, Paris, Gallimard, 380 pp.

_____. 1955, *Carnets*, in *Oeuvres Complètes*, II, Bib. de la Pléiade, Paris, Gallimard.

CANETTI, Elias, 1985, *Das Augenspiel. Lebensgeschichte. 1931-1937*, Band 3, München/Wien, Carl Hanser Verlag, 338 pp.

CANOVAN, Margaret, 1974, *The Political Thought of Hannah Arendt*, London, J. M. Dent &Sons, 136 pp.

CARLYLE, R. W. e A. J., 1953, *A HIstory of medieval political Theory in the West*, 6 vols., New York, Barnes and Noble.

CASSIRER, Enst, *Linguagem, Mito, Religião*, trad. R. Reininho, Porto, Rés, s/d.

CASTELLI, E. (ed.), 1966, *Mythe et Foi*, Actes du Colloque de Rome, Paris, Aubier.

CATLIN, G. E. G., 1964, *The Science and Method of Politic*, Hamden, Conn, Archon Books, xii + 360 pp. (1ª ed. 1927).

CELANO, Bruno, 1990, *Dover Essere e Intentionalità. Una Critica all'último Kelsen*, Giafficheli.

CEREJEIRA, Manuel Gonçalves, 1953, *A Idade Média na História da Civilização*, Coimbra, Coimbra Editora.

CHARLESWORTH, James (ed.), 1967, *Contemporary political Analysis*, New York, The Free Press.

CHESTERTON, Gilbert Keith 1958, *Ortodoxia*, Porto, Tavares Martins, 253 pp.

CHIAPELLI, F., 1952, *Studi sul Linguaggio di Machiavelli*, Firenze, Le Monnier.

COBBAN, Alfred, 1953, "The Decline of political Theory", *Political Science Quarterly*, 68 (3) 1958, pp.972-988.

COKER, Francis W., 1953, 'Some present-day Critics of Liberalism" *American Political Science Review*, 47, 1953, pp.12-15.

Cohn, Norman, 1981, *Na Senda do Milénio. Milenaristas e Revolucionários e Anarquias Místicos da Idade Média*, Porto, Presença, 333 pp.

Collingwood, R. G., 1946, *The Idea of History*, Oxford, Clarendon Press.

_____. 1970, *Speculum Mentis or the Map of Knowledge*, 2ª ed., Oxford, Clarendon Press,

Cornford, F. M., 1957, *From Religion to Philosophy. A Study in the Origins of Western Speculation*, New York, Harper.

Cotta, Sergio, 1978, *Itinerarios humanos del Derecho*, 2ª ed., Pamplona, Ed. Universidad de Navarra, 156 pp.

Couto, Abel Cabral, 1989, *Elementos de Estratégia*, 2 vols., Pedrouços

Cowell, F. R., 1952, *History, Civilization and Culture. An Introduction to the historical & social Philosophy of Pitirim A. Sorokin*, London, Adam and Charles Black, 259 pp.

Crespigny, Anthony de, 1972, *Contemporary Political Theory*, trad. Alan Wertheimer, 2ª imp., Chicago/New York, Aldrine/Atherton, 1972, 320 pp.

Crespigny, Anthony de; Minogue, Kenneth, 1975, *Contemporary Political Philosophers*, New York, Dodd Mead&Company, 296pp.

Croce, Benedetto, 1942. *La Historia como Hazaña de la Libertad*, Mexico, Fondo de Cultura Economica, 369 pp.

_____. 1933, *O que é vivo e o que é morto na Filosofia de Hegel*, trad. V. Nemésio, Coimbra, Imprensa da Universidade.

Cropsey, Joseph, 1957 *Polity and Economy: An Interpretation of the Principles of Adam Smith*, The Hague, M. Nijhoff

_____. 1977, *Political Science and the Issues of Politics*, London, University of Chicago Press, ix + 329 pp.

Cullman, O., 1966, *Christ et le Temps. Temps et Histoire dans le Christianisme primitive*, 2ª ed., Neuchâtel/Paris, Delachaux & Niestlé.

D'Arcy, Martin Cyril, 1959, *The Sense of History. Secular and Sacred*, Londres, Faber & Faber, 309 pp.

D'Entrèves, Alexandre Passerin, 1967, *The Notion of the State. An Introduction to political Theory*, Oxford, Clarendon Press, viii + 234 pp. [1ª ed. Italiana 1962]

Dabin, Jean, 1957, *L'État ou le Politique; Essai de Définition*, Paris, Dalloz.

Dahl, Robert, 1973, *A Preface to democratic Theory*, Chicago, The University of Chicago Press, 12ª imp., 154 pp. (1ª ed. 1956)

Daniélou, Jean, 1953, *Essai sur le Mystère de l'Histoire*, Paris, Éditions Du Seuil.

Davies, Morton R. e Lewis Vaughan A., (ed.) 1971, *Models of political Systems*, London, Pall Mall Press, 182 pp.

Deane, Herbert, 1958, *The political Ideas of Harold J. Laski*, Columbia University Press, 370 pp. (1ª ed. 1955);

Dempf, Alois, 1954, *Sacrum Imperium: Geschichts-uns Staatsphilosophie des Mittelalters und der politischen Renaissance*, Darmstadt, Wissenschaftliche Buchgesellschaft.

Dhorme, E. (ed.), 1959, *Introduction à la Bible. Ancien Testament*, II, Enc. de la Pléiade, Paris, Gallimard.

Diels, Hermann; Kranz Walther, 1957, *Die Fragmente der Vorsokratiker*, Berlin, Weldmannsche Verlagsbuchhandlung, 7ª ed.

Dilthey, Wilhelm, 1944, *Introduction a las Ciencias del Espiritu*, trad. E prol. Eugénio Imaz, Mexico, Fondo de Cultura Economica.

Doderer, Heimito von, 1962, *Die Merowinger*, München.

Drury, Shadia, 1988, *The political Ideas of Leo Strauss*, London, The Macmillan Press, 256 pp.

Dumézil, Georges, 1968-71, 1973, *Mythe et Épopée. Vol. I. L'Idéologie des trois fonctions dans les épopées des peuples indo-européens. Vol II. Types épiques indo-européens: un héros, un sorcier, un roi. Vol III Histoires romaines*, Paris, Gallimard.

Dunn, John, 1979, *Western political Theory in the Face of the Future*, Cambridge, Cambridge University Press, viii + 238 pp.

Dunning, William Archibald, 1957-9, *A History of political Theories*, 3. vols., New York, MacMillan, 360 +459 +446 pp.

Durand, Gilbert, 1982, *Mito, Símbolo, Mitodologia*, Lisboa, Presença.

_____ . 1985, *Les Structures Anthropologiques de l'Imaginaire. Introduction à l'Anthropologie générale*, 10ª ed., Paris, Dunod-Bordas.

Easton, David, 1951, "The decline of modern political Theory", *Journal of Politics*, 13, 1951.

_____ . 1965, *A Framework for political Analysis*, Englewoods Cliffs, Prentice Hall.

_____ . 1965, *A Systems Analysis of political Life*, New York, Willey.

Eccleshall, Robert, 1978, *Order and Reason in Politics*, London, Oxford University Press.

Eliade, Mircea, 1949, *Le Mythe de l'éternel Retour. Archétypes et Répétition*, Paris, Gallimard.

_____ . 1952, *Images et Symboles. Essai sur le Symbolisme magico-réligieux*, Paris, Gallimard.

_____ . 1956, *The Forge and Crucible. The Origin and Structure of Alchemy*.

_____ . 1963, *Aspects du Mythe*, Paris, Gallimard.

_____ . 1976-78-83, *Histoire des Croyances et des Idées religieuses*, Paris, Payot, 3 vols.

_____ . 1977, *Tratado de História das Religiões*, pref, Georges Dumézil, trad. N. Nunes e F. Tomaz, Lisboa, Cosmos.

_____ . 1982, *O Sagrado e o Profano*, trad. R. Fernandes, Lisboa, Livros do Brasil.

ENDER, Wolfram, 1984, *Konservative und rechtsliberale Deuter des Nationalsozialismus 1930.1945*, Frankfurt a. M/Bern/New York, Peter Lang, 339 pp.

ENGEL-JANOSI, Friedrich, 1974, *Aber ein stolzer Bettler. Erinnerungen au seiner verlorenen Generation*, Graz / Wien/Köln, Styria.

ERNOUT-MEILLET, 1967 *Dictionnaire Étymologique de la Langue Latine. Histoire des Mots*, 4ª ed., Paris, Klicksieck.

EVOLA, Julius, 1934, *Rivolta contro il Mondo moderno*, Milano, Hoepli.

EVOLA, Julius, 1973, *Cavalcare la Tigre. Orientamenti essistenziali per un' epoca della dissoluzione*, Milano, Vanni Scheiwiller, 3ª ed.

FABRE, Jean, 1963, *Lumières et Romantisme*, Paris, Klincksieck, 304 pp.

FERGUNSON, John, 1982, *The Religions of the Roman Empire*, 2ª ed., London, Thames & Hudson.

FINDLAY, J. N. 1974, *Plato. The written and unwritten Doctrines*, London, Routledge & Kegan Paul, 484 pp.

FIORA, Joaquim de, 1955, *Das Reich des Heligen Geistes*, München-Planegg, O. W. Barth.

_____. 1527, *Expositio in Apocalypsim, Tractatus super quatuor Evangelia, Psalterium Decem Chordarum*, Veneza.

FISICHELLA, Domenico, 1988, *Lineamenti di Scienza politica*, Roma, La Nuova Italia Scientifica, 358 pp.

FLAUBERT, Gustave, 1983, *Dictionnaire des Idées recues*, Oeuvres vol. II, Ed. de la Pléiade, Paris, Gallimard.

_____. 1952, *L' An Mil*, Paris, Armand Colin.

FONTENROSE, Joseph, 1978, *The Delphis Oracle. Its Responses and Operations with a Catalogue of Responses*, Berkeley / Los Angeles / London, University of California Press.

FORSTER, Karl, 1960, *Christentum und Liberalismus*. Studien und Berichte der Katolischen Akademie in Bayern, 13, München, Zink.

Foucault, Michel, 1966, *Les Mots et les Choses*, Paris, Gallimard.

Foustel de Coulanges, 1971, *A Cidade Antiga*, Lisboa, Livraria Clássica Editora, 10ª ed., 557 pp.

Franz, Marie-Louise von, 1975, *C. G. Jung. His Myth in our Time*, trad. William Kennedy, C. G. Jung Foundation for Analytical Psychology, New York, 356 pp.

Frankfort, Henry (ed.) 1946, *The intellectual Adventure of Ancient Man*, Chicago, University of Chicago Press, (Reed. após 1949, *Before Philosophy*, Baltimore, Md., Pelican)

Freund, Julien, 1968, *Sociologie de Max Weber*, Paris, PUF, 2ª ed., 258 pp. [1ª ed. 1966].

Freund, Julien, 1965, *L'Essence du Politique*, Paris, Sirey.

Friedmann, Georges, 1946, *Problèmes humains du Machinisme industriel*, Paris, Gallimard.

Friedrich, Carl J., 1963, *Man and His Government. An empirical Theory of Politics*, New York, McGraw-Hill.

Fritz, Kurt von, 1958, *The Theory of mixed Constitution in Antiquity. A critical Analysis of Polybius' political Ideas*, New York, Columbia University Press.

Gadamer, Hans-Georg, 1965, *Wahrheit und Methode*, Tübingen, J. C. B. Mohr, 2ª ed.

Gebhardt, Jürgen, 1963, *Politik und Eschatologie*, pref. Eric Voegelin, München, Beck'sche, 1963.

Gebhardt, Jürgen, 1981, "Was heißt Philosophieren über Politik heute?" in *Zeitschrift für Politik*, 28 (82) 1981 pp. 138-145.

Gebhardt, Jürgen, 1981, "Political Eschatologie and soteriological Nationalism in Nineteenth Century Germany", *Publications of the European University Institute*, pp. 52-68.

Gellner, Ernest, 1979, *Words and Things. An Examination of, and an Attack on Linguistic Philosophy*, London, Routledge & Kegan Paul, xii + 292 pp. [1ª ed. 1963]

GERMINO, Dante, 1967, *Beyond Ideology. The Revival of political Theory*, New York, Harper & Row, 254 pp.

_____. 1972, *Modern western political Thought: Machiavelli to Marx*, Chicago, Rand McNally&Company, 401 pp.

GILSON, Étienne, 1948, *L'Espirit de la Philosophie medieval*, 3ª ed., Paris, Vrin.

_____. 1965, *A Evolução da Cidade de Deus*, São Paulo, Herder, 240 pp.

GIRARD, René, 1972, *La Violence et le Sacré*, Paris, Grasset, 534 pp.

GIRARDET, Raoul, 1968, *Mythes et Mythologies politiques*, Paris, Seuil.

GLOTZ, Gustave, 1928, *La Cité Grecque. Le Dévelopement des Institutions*, Paris, Albin Michel.

GÓMEZ-PIN, Victor, 1972, *Ordre et Substance*, Paris, Anthropos, 275 pp.

GONÇALVES, Joaquim Cerqueira, 1970, *Homem e Mundo em São Boaventura*, Braga, Editorial Franciscana, 535 pp.

GOTTFRIED, Paul, 1986, *The Search for historical Meaning*, De Kalb, Northern Illinois University Press, xv + 178 pp.

GRAMSCI, Antonio, 1948, *Il Materialismo storico e la Filosofia di Benedetto Croce*, Turim, Einaudi.

GRANET, Marcel, 1968, *La Penseé Chinoise*, 3ª ed., Paris, Albin Michel.

GRAY, John, 1985, *Hayek on Liberty*, London, Blackwell, 230 pp.

GREGOR, A. James, 1971, *An Introduction to Metapolitics*, New York, The Free Press, 403 pp.

GREIFFENHAGEN, Martin u. Sylvia, 1979, *Ein schwieriges Vaterland: zur politischen Kultur Deutschslands*, München, List, 483 pp.

GROUSSET, René, 1929, *Histoire de l'Extrême-Orient*, 2 tomos, Paris, Gonthier, xviii-402 e 403-770 pp.

_____. 1946, *Bilan de l'Histoire*, Paris, Plon, vi + 346 pp.

_____. 1952, *L'Empire des Steppes. Attila. Gengis Khan, Tamerlan*, Paris, Payot, 651 pp.

_____. 1955, *Orient und Okzident im geistigen Austausch*, Stuttgart, Gustav Klopper, 187 pp.

GRUNDMANN, Herbert, 1927, *Studien über Joachin von Floris. Beiträge zur Kulturgeschichte des Mittelalters und der Renaissance*, Leipzig.

_____. 1950, "Neue Forschungen über Joachim von Floris", *Münsterische Forschungen*, Münster, 1, 1950.

GUARDINI, Romano, 1950, *Das Ende der Neuzeit. Ein Versuch zur Orientierung*, Würzburg, Werkbund, 116 pp.

GUÉNON, René, 1946, *La Crise du Monde moderne*, Paris, Gallimard.

GURIAN, Waldemar [Walter Gerhart], 1953, *Bolshevism: an Introduction to soviet Communism*, Notre Dame, Notre Dame University Press, 189 pp.

GURVITCH, Georges, 1946, *Les Cadres sociaux de la Connaissance*, Paris, PUF.

GUSDORF, Georges, 1971, *Mythe et Métaphysique. Introduction à la Philosophie*, Paris, Flammarion, 2ª ed., 269 pp.

HABERMAS, Jürgens, 1986, *Conocimiento y Interés*, trad. Jiménes, Ivars e Santos, ver. por Juan Beneyto, Madrid, Taurus.

HARRINGTON, Michael, 1983, *The Politics at God's Funeral*, New York.

HAURIOU, Maurice, 1929, *Précis de Droit Constitutionel*, 2ª ed.

HAYEK, Friedrich August von, 1945, *The Road to Serfdom*, Chicago, University of Chicago Press, 8ª Imp., 248 pp.

_____. 1952, *The Counter-Revolution of Science*, New York, The Free Press, 255 pp.

_____. 1977, *O Caminho para a Servidão*, Lisboa, Ed. Teoremas, 1977, 363 pp.

Hazard, Paul, 1948, *A Crise da Consciência europeia*, Lisboa, Cosmos, 366 pp.

Heer, Friedrich, 1949, *Aufgang Europas: eine Studie zu den Zusammenhägen zwischen politischer Religiosität, Frömmigkeitsstil und dem Werden Europas im 12. Jahrhundert.*

_____ . 1940-44, *Vorlesungen über die Geschichte der Philosophie*, ed. Hoffmeister, Leipzig.

_____ . 1955, *Die Vernunft in der Geschichte,* 5ª ed., ed. Hoffmeister, Leipzig,

_____ . 1954, *Plato's Lehre von der Wahrheit mite in Brief über den Humanismus*, Bern, Francke, 2ª ed.

_____ . 1954, *Vorträge und Aufsätze*, vol. 1, Tübingen, G. Neske.

Hengel, M., 1973, *Judentum und Hellenismus*, Tübingen, JCB Mohr/Paul Siebeck, 2 vols.

Hennis, Wilhelm, 1964, *Politik und praktische Philosophie*, Stuttgart, Klett-Cotta, 300 pp.

_____ . 1968, *Politik als praktische Wissenschaft*, München, R. Piper & Co, 296 pp.

Heschel, Abraham, 1955, *God in Search of Man. A Philosophie of Judaism.*, New York, Farrar, Straus & Cudahy. [trad. franc. Paris, Du Seuil, 1968.]

_____ . 1957, *Les bâtisseurs du Temps*, Paris, Minuit.

Heydebrandt, Renate von, 1966, *Die Reflexionen Ulrich's in Robert Musil Roman "Der Mann ohne Eigenschaften"*, Münster, Aschendorff, 258 pp.

Hildebrandt, Kurt, 1928, *Staat und Rasse*, Breslau.

_____ . 1959, *Platon. Logos und Mythos*, 2ª, Berlin, De Gruyter, 396 pp.

Hobbes, Thomas, 1983, *A Natureza humana*, trad., int. e notas J. A. Lopes, Lisboa, INCM.

Hobhouse, L. T. 1951, *The metaphysical Theory of the State*, London, G. Allen & Unwin, 5ª imp., 156 pp. (1ª ed. 1918)>

Höffe, Ottfried, 1991, *Justice et Politique*, Paris, PUF, 400 pp.

Horia, Vintila, 1978, *Introdução à Literatura do Século XX*, Lisboa, Arcádia, 409 pp.

Huber, S. J., 1964, *Anamnesis bei Plato*, München.

Hunold, Albert (ed.), 1959 *Erziehung zur Freiheit*, Erlenbach / Zürich / Stuttgart, Rentsch.

Husserl, Edmund, 1954, *Die Krisis der europäischen Wissenschaften und die transzendentale Phänomenologie. Eine Einleitung in die Phänomenologische Philosophie*, ed. Walter Biemel, Den Haag, M. Nijhoff (Husserliana vol. VI)

_____ . 1977, *La Crise de l'Humanité Européenne et la Philosophie*, ed. bil., trad. Paul Ricoeur, Paris, Aubier-Montaigne, 176 pp.

Huxley, Aldous [1972], *Admirável Mundo Novo*, Lisboa, Livros do Brasil, 272 pp.

Irwin, Terence, 1977, *Plato's moral Theory. The early and middle Dialogues*, Oxford, Clarendon Press, 376 pp.

Jacobsen, N., 1978, *Pride and Solace. The Functions and Limits of political Theory*, Berkeley/ Los Angeles.

Jaeger, Werner, 1979, *Paideia*, trad. Artur Parreira, Lisboa, Aster, 1343 pp.

_____ . 1947, *The Theology of the early Greek Philosophers*, trad. Edward Robinson, Oxford, The Clarendon Press.

James, William, 1969, *The Varieties of religious Experience. A Study in human Nature*, 4ª ed., London, Collier.

Jaspers, Karl, 1936, *Nietzsche: Einführung in das Verständnis seines Philosophierens*, Berlin/Leipzig.

_____ . 1966, *Nietzsche*, 3ªed., Tucson, University of Arizona Press.

_____. 1983, *Vom Ursprung und Ziel der Geschichte*, München, R. Piper & Co. Verlag, 350 pp.

Jonas, Hans, 1934, *Gnosis und spätantiker Geist. Vol. I. Die mythologische Gnosis*, Göttingen, Vanderhoek & Ruprecht, 2ª ed. rev.

_____. 1958, *The Gnostic Religion*, Boston, The Beacon Press.

Jouvenel, Bertrand de, 1945, *Du Pouvoir*, Lausanne, L'Âge de l'Homme, 643 pp.

Kant, Immanuel, *Kritik der Urteilskraft*, Ak. Ausgabe.

Kantorowicz, Ernst H., 1957, *The King's two Bodies. A Study in medieval political Theology*, Princeton, Princeton University Press, xvi + 568 pp.

Kaplan, A. 1964 *The Conduct of Enquiry: Methodology for Behavior Science*, San Francisco, Chandler.

Kelsen, Hans, 1932, *La Démocratie. Sa nature. Sa valeur*, Paris, Sirey, 121 pp.

_____. 1966, *I Fondamenti della Democrazia*, Bologna, Il Mulino. [ed. ing. 1950]

_____. 1979, *Teoria pura do Direito*, trad. João Baptista Machado, 5ª ed., Coimbra, Arménio Amado, 487 pp.

Kierkegaard, Soren, 1941, *Concluding Unscientific Postscript*, trad. David Swenson e Walter Lowrie, Princeton, Princeton University Press.

Kirk, Russell, 1954, *The conservative Mind*, Chicago, H. Regnery & Co, ix + 478 pp.

_____. 1955, *Academic Freedom*, Chicago, H. Regnery & Co, 210 pp.

Kirk, G. S.; Raven J. E., 1969, *The Presocratic Philosophers*, Cambridge, At the University Press, 487 pp.

Kohn, Hans, 1962, *A Era do Nacionalismo*, São Paulo, Fundo de Cultura, 183 pp.

Kolakowski, Leszek, 1982, *Religion*, Glasgow, Fontana Paperbacks, 235 pp.

Kraft, V., 1965, *Der Wiener Kreis*, Wien, Springer.

Kraus, Karl, 1952-1967, *Werke*, 14 vol., München, Heinrich Fischer.

Kuhn, Helmuth, 1981, "*Periodizität und Teleologie in der Geschichte*, in Opitz, Peter, 1981, *The Philosophy of Order*, Stuttgart, Klett-Cotta, pp. 275-301.

Kuhn, Thomas, 1952, *The Structure of Scientific Revolution*, Chicago, University of Chicago, Press.

Kuntz, Paul G., 1968, *The Concept of Order*, Seattle/London, University of Washington Press.

Ladriére, Jean, 1978, "Les Sciences humaines et le problem de la Scientificité", *Les Études philosophoques*, 2, 1978.

Lami, Gianfranco, 1989, "Scienza politica e "nuova" scienza politica: un conflito generazionale", *Rivista Internazionale di Filosofia del Diritto*, 66 (1989) pp. 374-381.

Laslett, Peter; Runcimann William, (ed.) 1962, *Philosophy, Politics and Society*, Second Series, Oxford, Blackwell.

Laslett, Peter; Fishkin J. (ed.), 1971, *Philos Philosophy, Politics and Society*, Fifth Series, New Haven, Yale Univ. Press, 1971.

Lasswell, Harold, 1936, *Who gets What, When, How*, New York, McGrawHill.

_____ . 1963, *The Future of political Science*, New York, Atherton Press.

Léon-Dufour, Xavier, 1975, *Dictionnaire du Nouveau Testament*, Paris, Du Seuil.

Levy, David, 1988, *Political Order: philosophical Anthropology, Modernity and the Challenge of Ideology*, Baton Rouge, Louisiana State University.

Lewis, Peter, 1984, *George Orwell. El Camino a "1984"*, Barcelona, Nuevo Arte Thor, 222 pp.

Liddel, Henry George; Scott, Robert, 1961, *Greek-English Lexicon*, Oxford, At the Clarendon Press.

Lipovetsky, Gilles, 1983, *L'Ére du Vide. Essai sur l'individualisme contemporain*, Paris, Gallimard.

Lippmann, Walter, 1973, *An Inquiry into the Principles of the Good Society*, Wesrport, Conn, Greenwood Press, 402 pp.

_____ . 1955, *The Public Philosophy*, Boston/Toronto, An Atlantic Monthly Press Book, 189 pp.

Lods, Adolphe, 1969, *Des Prophètes à Jesus. Les Prophètes d'Israel et les Débuts du Judaísme*, Paris, Albin Michel.

Loewenstein, Karl, 1983, *Teoria de la Constitución*, 3ª ed., Barcelona, Anabibarte.

Lonergan, Bernard, 1958, *Insight. A Study of Human Understanding*, New York. (1ª ed. 1957)

_____ . 1979, *Pour une Méthode en Théologie*, trad. L. Roy, Montréal-Paris, Fides/Cerf.

_____ . 1982, *Caring about Meaning: Patterns in the Life of Bernard Lonergan*, ed. Lamber, T P.; Tansey, C.; Going, C., Montreal Thomas More Institute Papers, vol.82.

Lorenz, Konrad, 1963, *Das sogennante Böse. Zur Naturgeschichte der Agression*, München, Borotha-Schöler.

Lovejoy, Arthur, 1960, *The great Chain of Being*, New York, Harper, 307 pp.

Löwith, Karl, 1949, *Meaning in History. The theological Implications of the Philosophy of History*, Chicago, Chicago University Press.

_____ . 1953, *Heidegger, Denker in dürftiger Zeit*, 2ª ed. 1960

Lubac, Henri de, 1959, *Le Drame de l'Humanisme athée*, Paris, Spes, 413 pp. [1ª ed. 1945]

_____ . 1959-65, *Exégèse medieval: les quatre Sens de l'Écriture*, Paris, Aubier, 4 vols.

_____. 1979, *La Posterité spirituelle de Joachim de Flore*, 2 vols., Paris / Namur, Ed. Lethielleux.

LYOTARD, Jean-François, 1988, *L'inhumain. Causeries sur le Temps*, Paris, Galilée.

MACEDO, Jorge Borges de, 1977, "A independência da Universidade", *Democracia e Liberdade*, 3, 1967, pp. 10-36.

MACPHERSON, C. M., 1962, *The political Theory of the possessive Individualism*, Oxford, Oxford U. Press/Clarendon Press.

MALANTSCHUK, Gregor, 1971, *Kierkegaard's Thought*, ed. e trad. Howard Hong e Edna Hong, Princeton, Princeton University Press, 388 pp.

MANNHEIM, Karl, 1956, *Ideologia e Utopia*, pref. Louis de Wirth, Porto Alegre, Editora Globo, 310 pp.

MARINO, Adrian, 1981, L'Herméneutique de Mircea *Eliade*, Paris, Gallimard.

MARITAIN, Jacques, 1953, *L'Homme et État*, Paris, PUF.

_____. 1968, *Humanisme Intégrale*, Paris, Aubier / Montaigne.

MATTEUCCI, N., 1984, *Alla Ricerca dell'Ordine politico. Da Machiavelli a Tocqueville*, Bologna, Il Mulino, 261 pp.

MAURRAS, Charles, 1923, *Trois Idées politiques*, Paris, Crés.

MCCORDUCK, Pamela, 1985, *The universal Machine. Confessions of an technological optimist*, New York/ Sain Louis / San Francisco, McGraw-Hill.

MCKNIGHT, Stephen A., 1989, *Sacralizing the Secular: the Renaissance Origins of Modernity*, Baton Rouge, Louisiana State University.

MCILWAIN, C. H. 1932, *The Growth of political Thought in the West*, New York, MacMillan.

MEEHAN, Eugene J., 1967, *The Theory and Method of political Analysis*, Homewood, Ill., The Dorsey Press, 3 vols., x + 272, xii + 274, x + 437 pp. (1ª ed. 1965).

Meier, Heinrich, 1988, *Carl Schmitt, Leo Strauss und der Begriff des Politischen*, Stuttgart, J. B. Metzler, 141 pp.

Meinecke, Friedrich, 1959, *La Idea de Razón del Estado en la Edad Moderna*, Madri, CEC.

——— . 1959, *Zur Theorie und Philosophie der Geschichte*, Stuttgart, Koehler Verlag, 403 pp.

Meisel, James H., 1958, *The Myth of the ruling Class*, Ann Arbor, Mich., The University of Michigan Press, viii+ 432 pp.

Merêa, Paulo, 1917, "Suárez jurista. O Problema da Origem do Poder Civil", *Revista da Universidade de Coimbra*, 6 (1917) 1-2, pp. 70-140, Coimbra.

Merêa, Paulo, 1941, *Suárez, Grócio, Hobbes*, Coimbra, Imprensa da Universidade.

Merezhkovski, Dmitri, 1920, *Die religiöse Revolution*, Introd. a *Politische Schriften* de Dostoievski, München.

Merlan, Philip, 1960, *From Platonism to Neoplatonism*, The Hague, Martinus Nijhoff.

Merriam, Charles E., 1925, *New Aspects of Politics*, Chicago, University of Chicago Press.

Messner, Johannes, *Etica Social, politica e economica a luz del Derecho Natural*, Madrid, 1967.

Mieyer, Eduard 1953, *Geschichte des Altertums*, Stuttgart, Cotta, 6ª ed., 5 vols.

Michels, Robert, 1966, *Sociologia del Partito politico*, Bologna, Il Mulino.

Midgley, E. B. F., 1982 (?), *The Ideology of Max Weber*, Aldershot, Gower, 166 pp.

Miliukov, Paul, 1945, *Outlines of Russian Culture. Part I: Religion and the Church*, Philadelphia.

Mises, Ludwig von, 1966, *Human Action. A Treatise on Economics*, Chicago, Contemporary Books, 3ª ed. rev., 906 pp.

Momigliano, A. 1967 "Ermeneutica e pensiero politico in Leo Strauss", *Rivista Storica Italiana*, (79) 1967, pp. 1164-1172. [Reeditado como prefácio a *Che cos' è la filosofia política?*

Moncada, Cabral de, 1955 e 1968, *Filosofia do Direito e do Estado*, 2 vol, Coimbra, Coimbra Editora, 402 + 359 pp.

Montgomer, Y J. D.; Siffin W. J. (eds.), 1966, *Approaches to Development*, New York, McGraw-Hill.

Morgenthau, Hans J., *Dilemmas of Politics*, Chicago, The University of Chicago Press, x + 389 pp.

Morujão, Alexandre Fradique, 1969, *Subjectividade e História. Três Estudos sobre a Fenomenologia Husserliana*, Coimbra, Universidade de Coimbra, 144 pp.

Morris, Richard B., 1964, *Documentos básicos da História dos Estados Unidos da América*, Rio / São Paulo, Fundo de Cultura.

Motchoulski, Constantin, 1963, *Dostöievski. L'homme et l'oeuvre*, trad. G. Welter, Paris, Payot, 1963, 351 pp.

Moulakis, Athanasios (ed.), 1986, *The Promise of History*, Berlin / New York, Walter de Gruyter

Mucchielli, Roger, 1960, *Le Mythe de la Cité idéale*, Paris, PUF.

Munford, Lewis, 1987, *The City in History. Its Origins, its Transformations, and its Prospects*, Harmondsworth, Penguin Books.

Murray, Gilbert, 1855, *Five Stages of Greek Religion*, New York, Doubleday, 221 pp.

Murray, Michael, 1970, *Modern Philosophy of History: Its Origin and Destination*, The Hague, Martinus Nijhoff, 137 pp.

Musil, Robert, 1952, *Der Mann onhe Eigenschaften*, Hamburg, Rowohlt.

Natanson, M.(ed.), 1970, *Phenomenology and social Reality: Essays in Memory of Alfred Schutz*, The Hague, Martinus Nijhoff.

Needleman, Jacob, 1975, *As Novas Religiões*, Rio de Janeiro, Artenova.

Neher, A., 1972, *L'Essence du Prophétisme*, Paris, Calmann-Lévy.

Niess, Robert J., 1956, *Julien Benda*, Ann Arbor, University of Michigan Press.

Nozick, Robert, 1974, *Anarchy, State and Utopia*, Oxford, Basil Blackwell.

Oakeshott, Michael, 1962, *Rationalism in Politics and other Essays*, London, Methuen & Co, 333 pp.

_____. 1933, *Experience and its Modes*, London, Cambridge U. Press.

_____. 1957, "Introduction to Thomas Hobbes" in *Leviathan*, London, Blackwell.

_____. 1975, *On human Conduct*, Oxford, Clarendon Press, 329 pp.

Onians, R.B., 1973, *Origins of European Thought*, 2ª ed., Cambridge, Cambridge University Press.

Opitz, Peter, 1967, *Lao Tzu. Die Ordnungsspekulation im Tao-tê-Ching*, München, Paul List, 202 pp.

Orwell, George, 1964, *The Collected Essays, Journalism and Letters of George Orwell, Autobiography*, vol.4, *Inside the Whale*, pp.493-527. London, Secker & Warburg.

Otto, R Rudolf, 1929, *Le Sacré*, Paris, Payot, 238 pp.

Otto, Walter, 1959, *Theophanie: der Geist der alt-griechischen Religion*, Hamburg, Rowohlt, 134 pp. (1ª ed. 1956)

Pépin, Jean, 1954, *Théologie cosmique et Théologie Chrétienne*, Paris, PUF.

_____. 1958, *Mythe et Allégorie. Les Origines Grecques et les Contestations judéo-chrétiennes*, Paris, Aubier-Montaigne.

Perelman, Charles, 1968, *Droit, Morale et Philosophie*, Paris, Pichon/Durand;Auzias.

_____. 1963, *Justice et Raison*, Bruxelles, Presses Universitaires de Bruxelles.

_____. 1958, *Traité de l'Argumentation*, Paris, PUF.

PETERON, Erik, 1935, *Der Monotheismus als politisches problem*.

PÉTREMENT, Simone, 1947, *Le Dualisme chez Platon, les Gnostiques et les Manichéens*, Paris.

PIEPER, Joseph, 1950, *Über das Ende der Zeit. Eine geschichtsphilosophie Betrachtung*, München, Kösel.

PITKIN, Hannah F., 1967, *The Concept of Representation*, Berkeley, Cal., The University of California Press, 323 pp.

PLATÃO, 1970, *Banquete*, trad. Léon Robin, Oeuvres Complètes, tomo iv, 2ª parte, Paris, Ed. Belles-Lettres, lxxi + 92 pp.

_____. 1960, *Político*, trad. Auguste Diès, Oeuvres Complètes, t.ix, 1ª parte, Paris, Ed. Belles-Lettres.

_____. 1967-1970, *República*, trad. Émile Chambry, tomos vi-vii, Paris, Ed. Belles-Lettres.

_____. 1980, *República*, trad. Mª H. Rocha Pereira, Lisboa, F.C. Gulbenkian, 503 pp.

_____. 1950, *Teeteto*, trad. Auguste Diès, t.viii, 2ª parte Paris, Ed. Belles Lettres.

PÖGELLER, Otto (Ed.) 1972, *Hermeneutische Philosophie*, München, Nymphenburg, 278 pp.

POHLENZ, Max, 1980, *Die Stoa*, Göttingen, Vandenhoeck & Ruprecht.

POKORNY, J., 1959, *Indogermanisches Etymologisches Wörterbuch*, 2 tomos, Bern/München, Francke Verlag.

POLANYI, Michael, 1966, *Tacit Knowledge*, London, Cox & Wyman Ltd., 108 pp.

POLIN, Raymond, 1968, *Éthique et Politique*, Paris, Sirey, 258 pp.

POPPER, Karl, 1971, *The Open Society and its Ennemies*, 2 vols., Princeton, N.J., Princeton University Press, 361 + 420 pp.

POPPER, Karl, 1977, *The Logic of Scientific Discovery*, 9ª ed., London, Hutchinson, 480 pp.

Possenti, Vittorio, 1986, *A boa Sociedade. Sobre a Reconstrução da Filosofia Política*, trad. Natércia Mendonça, Lisboa, IDL, 312 pp.

Praz, Mario, 1963, *Liebe, Tod und Teufel. Die schwarze Romantik*, München, Hanser Verlag, 464 pp.

Puech, Henri-Charles, 1957, "Gnosis and Time" in *Man and Time, Papers from the Eranos Yearbook*, New York, Vol.3.

_____. (ed.), 1970 e ss., *Histoire des Réligions*, Paris, Bibliothèque de la Pléiade, Paris, Gallimard, 3 vols.

Quaritsch, Helmuth (ed.), 1988, *Complexio oppositorum. Über Carl Schmitt*, Berlin, Duncker & Humblot, 610 pp.

Räber, Hans, 1955, *Ottmar Spann's Philosophie des Universalismus*, Hildesheim, Georg Olms, 187 pp.

Radin, P. 1957 *Primitive Man as Philosopher*, New York, Dover Publications.

Rajchman, John; West Cornel, 1987, *Post-Analytic Philosophy*, New York / Guildford, Sussex, Columbia University Press.

Rajchman, John; West Cornel, 1991, *La Pensée Americaine*, Paris, PUF, 409 pp.

Rawls, John, 1971, *A Theory of Justice*, Cambridge, Mass., Belknap Press, 607 pp.

Reeves, Marjorie, 1969, *The Influence of Prophecy in the later Middle Ages. A Study in Joachimism*, Oxford, Clarendon Press.

_____. 1975, *Joachim of Fiore in Christian Thought*, New York, Burtfranklin & Co.

_____. 1976, *Joachim of Fiore and the prophetic Future*, London, SPCK.

Reid, Thomas, 1969, *Essays on the Intellectual Powers of Man*, Cambridge, Mass., MIT University Press, 808 pp. [Rep. 2ª ed. 1814-1815]

_____. 1969, *Essays on the active Powers of the human Mind*, intro. Baruch Brody, Cambridge, Mass., MIT University Press, 481 pp. [Rep. 2ª ed. 1814-1815]

Reiss, H.S. 1955, *Political Thought of the german Romantics*, Oxford, Basil Blackwell, 216 pp.

Renan, Ernest, 1882, *Qu'est-ce qu'une Nation?*, 2ª ed., Paris, 27 pp.

Rendall, Jane, *The Origins of the Scottish Enlightenment*, London, The Macmillan press, 268 pp.

Ricoeur, Paul, 1949, "Husserl et le sens de l'histoire", *Revue de Métaphysique et Morale*,

_____ . 1955, "L'Angoisse du temps présent et les devoirs de l'esprit" in *Histoire et Verité*, Paris, Éd. du Seuil.

_____ . 1975, *La Métaphore vive*, Paris, Éd. du Seuil, 415 pp.

_____ . 1969, *Le Conflit des Interprétations*, Paris, Seuil.

Riedel, Manfred, 1969, *Metaphysik und Politik. Studien zu Aristóteles und Hegel*, Frankfurt, Suhrkamp, 356 pp.

_____ . 1972-74, *Rehabilitierung der praktischen Philosophie*, Freiburgim-Breisgau.

_____ . 1975, *Metaphysik und Metapolitik. Studien zu Aristóteles und zur politischen Sprache der neuzeitlichen Philosophie*, Frankfurt, Suhrkamp, 341 pp.

Rieff, Philip, 1959, *Freud. The Mind of the Moralist*, London, Gollancz, 397 pp.

Rommen, Heinrich, 1945, *The State in catholic Thought. A Treatise in political Philosophy*, New York, Greenwood, 747 pp.

Rorty, Richard, 1982, *Consequences of Pragmatism. Essays. 1972-1980*, Brighton, The Harvester Press, 1982, 237 pp.

Rostow, W. W., 1978, *Etapas do Desenvolvimento económico. Um manifesto não-comunista*, 6ª ed., Rio de Janeiro, Zahar Editores, 274 pp.

Runciman, W., 1973, *Sociologia e Filosofia Politica*, 2ª ed. Milano, Isedi.

Russo, Francesco, 1954, *Bibliografia Gioachimita*, Florença, Olschki.

Ruyer, Raymond, 1950, *L' Utopie et les utopies*, Paris, PUF.

SANDOZ, Ellis, 1990, *A Government of Laws: political Theory, Religion and the american Founding*, Baton Rouge, Louisiana State University.

SANTOLI, Vittorio (org.), 1968, *Da Lessing a Brecht. I grandi Scrittori nella grande Critica tedesca*, Milano, Bompiani, 600 pp.

SARTORI, Giovanni. 1981, *A Política*, trad. Sérgio Bath, Brasília, UnB, 257 pp.

SCHAERER, R., 1964, *Le Héros, le Sage et l'Événement dans l'Humanisme Grec*, Paris, Aubier-Montaigne.

SCHALL, James V., 1984, *The politics of Heaven and Hell. Christian themes from classical, medieval and modern political Philosophy*, Washington, University Press of America, 360 pp.

SCHATTER, Richard, 1973, *Private Property. The History of an Idea*, New York, Russell & Russell, 284 pp.

SCHEIDL, Ludwig, 1985, *A Viena de 1900*, Coimbra, Faculdade de Letras, 197 pp.

SCHELER, Max, 1951, *La Situation de l'Homme dans le Monde*, Paris, Aubier-Montaigne, 127 pp.

SCHELLING, Friedrich W. J., 1976, *Ausgewählte Werke. Schriften von 1813-1830*, Darmstadt.

SCHMITT, Carl, 1922, *Politische Theologie: Vier Kapitel zur Lehre von der Souveränität*, München.

_____ . 1963, *Der Begriff des politischen. Text von 1932 mit einem Vonwort und drei Corollarien*, Berlin, Duncker & Humblot, 124 pp. [1ª ed. 1928]

_____ . 1976, *The Concept of the Political*, trad., introd. e notas de George Schwab, coment. Leo Strauss, New Brunswick, N.Y.

SCHMOLZ, Franz Martin, 1963, *Zerstörung und Rekonstruktion der politischen Etnik*, München, C. H. Beck.

SCHNEIDER, Heinrich (Hrsg.), 1967, *Aufgabe und Selbstverständnis der politischen Wissenchaft*, Darmstadt, Wissenchaftliche Buchgeselllschaft, 475 pp.

SCHUMACHER, E. F., 1974, *Small is Beautiful*, London, Abacus.

SCHUON, Frithjof, 1959, *Gnosis. Divine Wisdom*, London, John Murray, 151 pp.

_____ . 1963, *Understanding Islam*, London, John Murray, (2ª ed. 1976, London, George Allen & Unwin)

SCHUTZ, Alfred, 1970, *Reflections on the Problem of Relevance*, New Haven, Yale University, 186 pp.

SEZNEC, Jean, 1961, *The Survival of the pagan Gods. The mythological Tradition and its Place in Rennaissance Humanism and Art*, New York, Harper & Row, 376 pp.

SHILS, Edward, 1972, *The Intellectuals and the Powers and Other Essays*, Chicago / London, University of Chicago Press.

SILVA, Carlos H. do Carmo, 1983, "Da natureza anfibológica do Símbolo. A propósito do tema: 'Mito, Símbolo e Razão'", *Didaskalia*, 12, 1983, pp.45-66.

_____ . 1985, "Um olhar sobre as Religiões", *Intinerarium*, 31 (123) 1985, pp. 382-426.

_____ . 1987, "Da utopia mental à Diferenciação do Imaginário urbano ou a cidade do futuro numa leitura filosófica", *Povos e Culturas*, 2, 1987, pp.607-670.

_____ . 1987, "A Lógica do Discurso universitário. Adenda a uma Reflexão sobre a Universidade", *Itinerarium*, 33 (127) 1987, pp.3-25.

SIMONDON, Michèle, 1982, *La Mémoire et l' Oubli dans la Pensée Grecque jusqu' à la fin du Vème siècle avant J. C. Phychologie archaique, Mythes et Doctrines*, Paris, Belles-Lettres, 359 pp.

SKINNER, Quentin, *The Foundations of Modern Political Thought*, 2 vols., 1978.

SNELL, Bruno, 1968, *The Discovery of Mind*, trad. T. G. Rosenmeyer, Oxford, Blackwell, *Die Entdeckung des Geistes, Studien zur Enstehung des europäischen Denkens bei der Griechen*, 3ª ed., Hamburg, Claasen, 1955, 448 pp.

Snell, Bruno, 1964, "Mnemosyne in der frühgriechischen Dichtung", *Archiv für Begriffsgeschichte*, 60, 1964.

Snow, Charles, *The two Cultures and the scientific Revolution*, Cambridge, Cambridge University Press, 2ª ed.

Soederberg, Hans, 1949, *La Religion des Cathares*, Uppsala.

Somit, Albert, 1974, *Political Science and the Study of the Future*, Huisdale, Illinois, The Dryden Press, 336 pp.

Somit, Albert e Tanenhaus Joseph, 1967, *The development of political Science. From Burgen to Behavioralism*, Boston, Allyn and Bacon Inc., 220 pp.

Sorokin, Pitirim A., 1937, *Social and Cultural Dynamics*, 4 vols. New York, American Book Company, 745+727+636+594 pp.

Spengler, Oswald, 1925, *La Decadencia de Occidente*, 4 vol., Madrid, Espasa-Calpe, 1925, 335-354-374-357 pp.

_____ . 1918-1922, *Der Untergang des Abendlandes.Umrisse einer Morphologie der Weltgeschichte*, 1º vol. *Gestalt und Wirklichkeit*; 2º vol. *Welthistorische Perspektiven*, München, Oskar Beck.

Spragens, Jr. Thomas A., 1973, *The Dilemma of Contemporary political Theory. Toward a postbehavioral Science of Politics*, New York, Dunellen, 181 pp.

Stern, S. M., 1970, *Aristotle and the World State*, Columbia, South Carolina.

Storing, Herbert J. (ed.), 1962, *Essays on the scientific Study of politics*, Chicago, 333 pp. [Ensaios de W. Berns, H. Storing, L. Weinstein, R. Horwitz, epílogo de Leo Strauss]

Strauss, Leo, 1932, "Der Begriff des politischen" in *Archiv für Sozialwissenschaft und Sozialpolitik*, (67) 1932, pp. 732-749.

_____ . 1952, *Persecution and the Art of Writing*, Glencoe, Ill., The Free Press, 204 pp.

_____ . 1953, *Natural Right and History*, Chicago, The University of Chicago Press.

_____ . 1964, *The City and Man*, Virginia, Virginia University Press.

_____ . 1968, *Liberalism Ancient and Modern*, New York-London, Basic Books, Inc. Publishers, 276 pp.

_____ .; Cropsey Joseph, (ed.) 1972, *History of political Philosophy*, 2ª ed., Chicago, Rand Mc Nally.

_____ . 1975, *What is Political Philosophy and other Studies*, Westport, Conn., Greenwood Press Publishers, 315 pp.

_____ . 1981, "Jerusalem and Athens. On the interpretation of the Bible", *L'Homme: Revue Française d'Anthropologie*, 21 (1) 1981, pp. 5-20.

_____ . 1986, *Droit Naturel et Histoire*, Paris, Fammarion, 324 pp.

Strausz-Hupé, Robert, 1945, *Geopolitica. La Lucha por el Espacio y el Poder*, Mexico, Editorial Hermes, 357 pp.

Suvin, Darko, 1979, *Metamorphoses of Science Fiction*, New Haven/London, Yale University Press.

Talmon, J. L., 1960, *Mesianismo Político. La Etapa Romantica*, trad. Antonio Gobernado, Mexico, M. Aguilar Editor, 580 pp.

Tarn, W. W., 1948, *Alexander the Great. Sources and Studies*, Cambridge, Cambridge University Press.

Taubes Jacob, 1947, *Abendländische Eschatologie*, Basel.

_____ . (ed.) 1984, *Gnosis und Politik*, München/Paderborn, Fink/Schöringh, 306 pp.

Thorndike, Lynn, 1958 e ss., *A History of Magic and experimental Science*, 8 vols., New York, Columbia University Press.

Thornton, A. P., 1965, *Doctrines of Imperialism*, New York, Wiley.

_____ . 1977, *Imperialism in the Twentieth Century*, Minneapolis, Univ. Minnesota Press.

Toulmin, Stephen, 1972, *Human Understanding, vol. I. General Introduction and Part I*, Oxford, Clarendon Press.

TOYNBEE, Arnold, 1954, *A Study of History. An Abridgement, vols. I-VI,* ed. D. C. Somervell, London, Thames and Hudson/Oxford University Press.

_____ . 1960, *A Study of History. An Abridgement. vols.VII-X,*ed. D. C. Somervell, London, Thames and Hudson / Oxford University Press.

TRENSMONTANT, Claude, 1962, *Essai sur la Pensée hebräique,* Paris, Du Cerf, 3ª ed.

_____ . 1956, *Saint Paul et le Mystère du Christ,* Paris, Du Seuil.

TRUYOL, Y SERRA Antonio, 1958, *Genèse et fondements spirituels de l'idée d'une communauté universelle,* Lisboa, Universidade Clássica, 151 pp.

UNGER, Erich, 1985, *Politik und Metaphysik,* ed. Manfred Voigts, Königshausen & Naumann, 92 pp. (1ª ed. 1921)

URMSON, J. O., 1965, *Philosophical Analysis. Its Development between the two World Wars,* Oxford, Clarendon Press, x + 203 pp.

VALLET DE GOYTISOLO, J., 1982, *Más entorno a la Tecnocracia,* Madrid, Speiro, 118 pp.

VAN DER LEEUW, Gerhardt, 1970, *La Religion dans son Essence et sés manifestations. Phénoménologie de la Religion,* Paris, Payot.

VEREKER, Charles, 1964, *The Development of political Theory,* London, Hutchinson & Co. Ltd., 230 pp., (1ª ed. 1957)

VILLEY, Michel, 1982, *Philosophie du Droit,* Paris, Dalloz, 3ª ed.

VLASTOS, Gregory, 1970, "Theology and Philosophy in Early Greek Thought" in D. J. Finley e R. E. Allen (eds.) *Studies in presocratic Philosophy,* 2 vols, London, Routledge & Kegan Paul, I, p.92

VOLPI, F, 1980, "La rinascita della filosofia pratica in Germania" In AA. VV., *Filosofia Pratica e scienza politica,* Ed C. Pacchiani, Francisci, Abano.

WAGNER, Helmuth R., 1983, *Alfred Schutz. An Intellectual Biography,* Chicago, Chicago Univ. Press, 357 pp.

WAISMANN, Friedrich, 1967, *Wittgenstein and the* Wiener Kreis, Oxford, Blackwell.

WALSH, David, 1991, *After Ideology*, San Francisco, Harper.

WATZAL, Ludwig, 1987, *Das politische bei Romano Guardini*, Percha, Schulz, 216 pp.

WEBB, Eugene, 1988, *Philosophers of Conscience*, Seattle/London, University of Washington Press.

WEBER, Max, "Die protestantische Ethik und der Geist des Kapitalismus", 1904-1905, *Archiv für Sozial Wissenschaft uns Sozialpolitik*, 20-21.

_____ . 1921, "Die Stadt", *Archiv für Sozialwissenschaft und Sozialpolitik*, 47.

_____ . 1968, *O politico e o cientista*, Lisboa, Futura.

WEIL, Eric, 1956, *Philosophie Politique*, Paris, Vrin.

_____ . 1956, "Philosophie politique, Théorie Politique", *Revue Française de Science Politique*, 11, 1961, pp. 267-294.

WELDON, T. D., 1953, *The Vocabulary of Politics: An Enquiry in the Making of political Theories*, London, Penguin.

WESTON, Jessie L., 1971, *From Ritual to Romance*, Cambridge, Cambridge U. Press.

WEZEL, Michael, 1983, *1984 revisited: Totalitarianism in our Century*, New York, Irving House.

WHITEHEAD, Alfred North, 1947, *Essays in Science and Philosophy*, New York, Philosophical Library, 348 pp.

_____ . 1978, *Science and the modern World*, Glasgow, Fontana Books.

WILLIAMS, Ann (ed.), 1980, *Prophecy and Millenarism. Essays in Honour of Marjorie Reeves*, Burnt Hill, Longmann.

WOLIN, Sheldon, 1960, *Politics and Vision*, Boston, Little Brown, 529 pp.

_____ . 1968, "Political Theory", *International Encyclopaedia of the Social Sciences*, New York, MacMillan & Free Press.

WOLLSCHLÄGER, Hans, 1980, *Das Karl Kraus Lesebuch*, Zürich, Diogenes, 421 pp.

WOODROW, Alain, 1977, *Les nouvelles Sectes*, Paris, Du Seuil.

YATES, Frances, 1964, *Giordano Bruno and the hermetic Tradition*, Chicago, University of Chicago Press, 466 pp.

_____ . 1966, *The Art of Memory*, London, Routledge & Kegan Paul.

ZÄHNER, Robert C., 1957, *Mysticism sacred and profane. An Inquiry into some Varieties of prenatural Experiences*, Oxford, Clarendon Press, xviii+256 pp.

ÍNDICE DE NOMES

A

Abellio, Raymond, 168
Abraão, 149, 173, 201
Academia Platónica, 157
Adão, 200, 259, 330
Ahuramazda, 354, 355
Alarico, 365
Alberto Magno, 202
Alexandre III Papa, 285
Alexandre II Papa, 285
Altizer, Thomas, 404
Alves, Manuel Isidro, 12
Amalrik, Andre, 174
Anaxágoras, 154
Anaximandro, 226
Apter, 389
Arendt, Hannah, 113, 216, 257, 264,
   270, 306, 416, 433
Aristóteles, 15, 68, 82, 92, 99, 110,
   111, 112, 118, 125, 138, 142, 143,
   147, 157, 158, 164, 165, 173, 198,
   219, 231, 244, 251, 255, 257, 261,
   270, 273, 275, 282, 320, 374, 383,
   384, 396
Aron, Raymond, 17, 264, 269, 290,
   314, 351
Ascelino, 365
Avenarius, Richard, 35
Averróis, 104

B

Bachem, Rolf, 143
Bagehot W., 311
Balthasar, Hans Urs von, 17, 170
Baran, P.A., 351
Barclay, 371
Barker, Ernest, 360
Barraclough, Geoffrey, 11
Barth, Karl, 17, 178, 437
Basílides, 172, 181
Baudelaire, Charles, 147
Bauer, B., 56
Baumgarten, Alexander, 101
Baur, Christian, 169
Beckett, Samuel, 236
Belarmino, Roberto, 371
Benda, Julien, 174, 449
Bendersky, Joseph, 314
Benveniste, Émile, 256, 430
Benz, Ernst, 70
Berdiaeff, Nicolai, 28, 108
Berelson, B., 388, 430
Berg, Alban, 34
Bergson, Henri, 37, 218
Berlin, Sir Isaiah, 174
Bernard, Anderson, 81
Bernard, Linda, 409
Besançon, Alain De, 265, 290
Betsabeia, 149

Beverly, Jarret, 12
Bianchi, Ugo, 169, 430
Biral, Alessandro, 332
Blavatsky, Hèlene, 171
Bloom, Alain, 174
Blumenbach, Johann, 54
Blumenberg, Hans, 404
Boas, George, 66
Bobbio, Norberto, 394
Bodeck, Hermann, 36
Bodin, Jean, 37, 218
Boécio, 235
Boehme, Jakob, 169
Boers, Hendrikus, 187, 421
Bohm-Bawerk, Eugen, 33
Boissier, Gaston, 74
Bolman, Frederick, 108
Bolzmann, Ludwig, 34, 35
Boman, Thorleif, 159, 431
Bonifácio VIII, 287
Borghi, Giuliano, 351
Bornkamm, G.M., 185
Bosch, 196
Boss, Gilbert, 297
Bossuet, 321, 378
Bousset, Wilhelm, 170
Brandon, S. G., 138
Brecht, Arnold, 72, 394
Broch, Hermann, 28, 147, 148
Brodbeck, M., 391
Broderick, Albert, 312
Brooks, Cleanth, 64
Bruck, Moeller van den, 295, 332
Bruno, Giordano, 211
Bryce, James, 303
Buber, Martin, 336
Buda, 168, 353
Bueno, Anibal, 11
Buffon, 54
Bultmann, Rudolf, 17, 178, 189, 418
Bunzel, John H., 303
Buonaiuti, Ernesto, 329
Burkhardt, 309
Burnet, John, 110

Bury, J.B, 38
Buxton, 397

C

Cairns, Henry, 64
Callot, Émile, 391
Calvino, 178, 200, 240, 371
Camões, Luís De, 353, 355
Camus, Albert, 28, 147, 148, 170, 174, 241, 264, 265, 280
Canetti, Elias, 34
Cantor De Kameryk, 196
Caringella, Paul, 10, 11, 93, 380
Carlyle, R. W. E. A. J., 261
Carpócrates, 172, 181, 187
Carus, Carl. G.M, 52, 53, 54, 263
Catlin, G. E. G., 278
Celano, Bruno, 32
Cerol, Jorge, 12
Cesareia, Eusébio De, 319, 336
Chafarevitch, Igor, 174
Chamberlain, H. S., 54
Chantraine, P., 256
Charles de Anjou, 287
Charlesworth, J., 388
Chesterton, G. K., 28
Chignola, Sandro, 11
Ch´in Shi Huang Ti, 365
Cícero, 234
Cipião, O Africano, 362
Ciro, 168, 353
Claudel, Paul, 28
Clemente de Alexandria, 159, 177
Clístenes, 254
Clovis, 366
Cohen, 350
Cohen, Hermann, 41
Colóquio de Messina, 169
Colóquios de Rheinfelden, 269, 278
Commons, John, 50
Comte Auguste, 386, 450
Condorcet, 106, 235, 251, 322, 385
Confúcio, 344
Constantino, O Grande, 360, 368

Cooper, Barry, 39
COOPER, R., 350
Cornford, F. M., 36, 138, 434
Corrington, John William, 98
Cotta, Sergio, 280
Couto, Diogo de, 356
Cowell, F.R., 138, 356
Cropsey, Joseph, 113, 392
Crouzel, Henri, 166
Crucé, Emérico, 372
Cunha, Duarte da, 12

D

Dabin, Jean, 385
Dahl, Robert A., 389
Daniel, 336, 362, 363
Daniélou, Jean, 166
Dante, 11, 39, 57, 93, 267, 268, 284, 287, 329, 410, 423, 439
Darwin, 264
David (Rei), 149, 183
Davies, Morton R., 389
Del Noce, Augusto, 316
Delos, 312, 432
Del Vecchio, Giorgio, 384
Demócrito, De Abdera, 154
Dempf, Alöis, 83
Denifle, H., 199
Deniker, Joseph, 54
D'entréves, A. Passerin, 385
Descartes, René, 71, 100, 104, 105, 218
Deutsch, Karl, 389
Dewey, John, 278
D'hauterive, 256
Dhorme, E., 150
Diderot, D., 234, 240
Diels, Hermann, 150
Dilthey, Wilhelm, 18
Doderer, Heimito Von, 147
Dods, 233
Dolfuss, Engelbert, 56
Dopsch, Alfred, 35
Dorso, Guido, 275
Dostoievski, F., 290, 332, 447

Douglass, Bruce, 178, 405
Douhet, Giulio, 350
Dubois, Pierre, 287
Durand, Gilbert, 277
Duso, Giuseppe, 405

E

Easton, David, 387, 388
Eckhardt, 202
Eduard, Shils, 174
Edwards, 66
Einstein, Albert, 32
Eliade, Mircea, 145, 446
Elias, 34, 150, 181, 416, 433
Eliot, T. S., 28
Elliot, William Y., 63
Emílio, Paulo, 362
Engel-Janosi, Friedrich, 95
Erasmo, 197, 291
Ernout-Meillet, 256
Escoto, Eriúgena, 328
Ésquilo, 153, 234
Estaline, 353, 358
Estevão II Papa, 367
Eurípedes, 153, 160
Evola, Julius, 168

F

Fabre, Jean, 141
Félix I Papa, 366
Fernando, Pessoa, 28
Ferreira, António, 356
Fichte, J. G., 94, 95
Filipe da Macedónia, 360
Filipe, o Belo, 287
Filofei de Pskov, 289
Fílon de Alexandria, 166
Findlay, J. N., 156
Fiora, Joaquim de, 75, 168, 208, 268, 287, 295, 296, 329, 331
Fishkin, J., 391
Flaubert, Gustave, 147
Fourier, 181
Fournier, 331

Frankfort, H., 17, 145, 146
Frederico II, 287, 370
Freud, Philip, 32
Freud, Sigmund, 35
Freund, Julien, 42
Friedemann, Heinrich, 36
Friedländer, Paul, 36
Friedrich, Carl J., 264
Fukuyama, Francis, 280
Furtwängler, Philipp, 36

G

Gabriel, Almond, 388, 389
Gadamer, Hans-Georg, 142
Galilei, Galileu, 292
Gebhardt, Jürgen, 11, 84, 100, 411
Gedeão, 149
Gelásio I Papa, 299, 366
Gengiscão, 360, 365
Gentili, Alberico, 372
George, Stefan, 18, 36, 37, 52
Geraldo de York, 285, 286
Germino, Dante, 11, 93, 410
Gibbon, Edward, 169
Giddens, Anthony, 351
Gilson, Étienne, 37, 148, 178
Gobineau, 54, 264
Goethe, J. W., 263, 416
Gogarten, 159
Gonçalves, J. Cerqueira, 12
Gorbachev, M., 290
Gottfried, Paul, 33, 63
Gramsci, Antonio, 387
Granet, Marcel, 28
Gray, John, 33
Gregório II, Papa, 367
Gregório O Grande, Papa, 368
Gregório VII, Papa, 285, 370
Gregory, Vlastos, 110
Grócio, Hugo, 40, 293, 373, 398, 447
Grousset, René, 326, 365
Grundmann, H., 331
Guardini, Romano, 28
Guénon, René, 168

Guilherme I Inglaterra, 285
Guilherme, Penn, 372
Gundolf, Friedrich, 36
Gurvitch, Georges, 174, 440
Gurwitsch, Aaaron, 17, 248
Gusdorf, Georges, 138, 400

H

Habermas, J., 390, 399
Hadas, Moses, 405
Halphen, Louis, 365
Hammurabi, 78
Hans, Aufricht, 39, 421
Harris, Robert J., 64
Hartmann, E., 27, 103, 108
Hartmann, Heinz, 35
Hartmann, N., 27, 103, 130
Hauriou, Maurice, 249, 310, 312
Haushoffer, Albrecht, 350
Havard Jr., William, 11, 39, 98, 316, 348
Hayek, Friedrich von, 33, 34
Heer, Friedrich, 331
Hegel, G. W. F.M, 29, 48, 93, 94, 95, 96,
    106, 108, 170, 181, 209, 211, 234,
    236, 241, 322, 323, 331, 337, 378,
    404, 419, 434, 452
Heidegger, Martin, 96, 107, 108, 125,
    126, 236, 237, 445
Heilke, Thomas, 53
Heilmann, Robert, 64
Heindel, Max, 171
Helvétius, 234, 419
Hengel, M., 159, 166
Hennigsen, Manfred, 84, 411
Hennis, Wilhelm, 392
Henrique II Inglaterra, 344
Henrique IV Imperador, 370
Henriques, Afonso, 285
Henriques, Mª Graça Castro, 12
Henriques, Mendo, 12, 285
Henrique VIII Inglaterra, 344
Henrique VI Imperador, 370
Heraclito, 24, 82, 122, 136, 150, 153,
    154, 224, 229, 233, 250

Herder, F., 220, 414, 418, 439
Heródoto, 320, 361
Hertz, Heinrich, 35
Hesíodo, 82, 93, 132, 152, 337, 363
Hess, Moses, 174
Heydebrandt, R., 148
Hildebrandt, Kurt, 36, 53, 155
Hitler, Adolf, 52, 296
Hitlodeu, 199
Hobbes, Thomas, 40, 234, 236, 268, 296, 297, 298, 299, 300, 306, 307, 311, 390, 398, 422, 447, 449
Hobhouse, L. T., 59, 442
Hobson, J. A, 351
Homannsthl, Hugo von, 34
Homero, 82, 110, 152, 320
Hooker, Richard, 178, 291
Hoover Instituion, 88
Huizinga, 28
Humberto, cardeal, 285
Hume, David, 35
Husserl, Edmund, 14, 18, 20, 27, 87, 103, 105, 106, 107, 114, 116, 117, 339, 452
Huxley, Aldous, 241, 280

I

Irwin, Terence, 156, 442
Isaías, 150, 151
Ivan IV, 289

J

Jaeger, Werner, 17
Jakobsen, T., 145
Janik, 34, 35
Jaspers, Karl, 108, 129, 217, 338, 339, 404
Jeremias, 140, 150, 161, 181, 344
Jesus Cristo, 21, 28, 68, 90, 127, 128, 136, 140, 161, 162, 163, 177, 180, 186, 195, 199, 204, 205, 212, 245, 259, 262, 330, 338, 339, 363
João de Salisbúria, 261, 287
João Paulo II, 363
Joaquim de Fiora, 168
Jonas, Hans, 22, 181

Jorge de Podiebrad, 372
Joris de Basel, 196
Jouvenel, Bertrandt De, 28, 443
Joyce, James, 36
Júlio César, 190
Justiniano, 289
Justino, o mártir, 173, 177

K

Kahler, 153
Kannler de Eichstädt, 196
Kanters, Robert, 141
Kant, Immanuel, 94, 100, 101, 102, 220
Kantorowicz, Ernst, 17, 36
Kaplan, A., 388, 443
Kardec, Alain, 171
Kaufmann, Felix, 33, 412
Kelsen, Hans, 17, 32, 33, 39, 40, 41, 46, 47, 49, 56, 64, 395, 413, 414, 433
Kennedy, John, 350, 381
Kennedy, Paul, 381
Kierkegaard, Soren, 98, 108, 217, 265, 426, 446
Kirby, 178, 423, 426
Kirk, Russell, 174
Kjéllen, Rudolf, 350
Klemmt, 264
Klimt, Gustav, 34
Kohl, Helmuth, 354
Kohn, Hans, 72
Kolakowski, Leszek, 146, 444
Kommerell, Max, 36
König, Marie, 221
Kraus, Karl, 34, 37, 52, 459
Kries, Ernst, 35
Kuhn, Helmuth, 326

L

La Boétie, 294
Ladriére, Jean, 143, 444
Lalou, René, 218
Lamarck, 264
Lao-tsé, 353
Lapouge, Vacher de, 54

Laslett, Peter, 391, 430
Lasswell, Harold, 389
Lázaro, 161
Leakey, Thomas, 221
Leão I Papa, 368
Leão O Isáurio, 368, 386
Leão XIII, 386
Leeuw, Gerardus van der, 145
Leibniz, G., 20, 220
Leisegang, Hans, 22, 170
Lenine, 290, 296, 351
Léon-Dufour, 151
Lessing, 217, 331, 453
Lévi-Strauss, 236, 237
Lewis, Vaughan A., 389, 435
Leyden, Jan van, 196
Lidell, 256
Lindenfeld, David, 35
Lineu, 54, 221
Linz, Juan, 275
Lipovetsky, Gilles, 235, 445
Locke, John, 300, 303
Lods, Adolphe, 150, 445
Lonergan, Bernard, 124, 404, 445
Loos, A., 34
Lotze, 108
Lovejoy, Arthur, 65
Löwith, Karl, 241, 322
Lubac, Henri de, 17, 166, 170, 178
Lutero, 197, 199, 200, 201, 202, 203

M

Macedo, J. Borges de, 316
Macedo, Luís, 12
Mach, Ernst, 35
Machlup, Fritz, 33
Mackinder, Halford, 350
Macridis, Roy, 389
Magno, Alexandre, 24, 26, 224, 259, 320, 360
Magno, Carlos, 357, 360, 364, 367, 369
Maha,n A. T., 350
Mahler, Gustav, 34
Maier, Hans, 84, 392

Maimónides, 267
Malantschuk, Gregor, 217, 446
Malaquias, 183, 184
Malraux, A., 28
Maltêz, José Adelino, 12
Mandelstam, Nadejda, 265
Mani, 340
Mannheim, Karl, 314
Manning, cardeal, 344
Mann, Thomas, 28, 147, 148, 441, 448
Maomé, 168, 340
Maquiavel, 14, 197, 291, 296, 319, 362, 371, 398
Marcel, Gabriel, 89, 232, 340
Márcio, 172, 181, 187
Maria, Mãe de Jesus, 205
Maritain, Jacques, 17, 28, 37, 178, 427
Martel, Carlos, 367
Marx, Karl, 65, 93, 95, 106, 142, 235, 236, 240, 268, 278, 337, 439
Matter, 169
Mauser, Wolfram, 148
Mauthner, Fritz, 34
Maximiliano IV, 290
McCarroll, J., 316, 424, 425
McCorduck, Pamela, 277, 446
McDonald, L. C., 73, 424
McIlwain, C. H., 261, 446
McKnight, Stephen, 36, 39, 72, 316, 348, 410, 421, 422, 423, 424, 426, 446
McPherson, C. M., 303
Meinong, Alexius, 35
Melanchton, 199, 200
Merêa, Paulo, 289, 447
Merkl, Adolph, 33, 414
Messner, Johannes, 288, 447
Meyer, E., 17, 37, 319, 326
Michels, Robert, 275, 447
Midgley, E. B. F., 42, 314, 447
Miliukov, Paul, 289
Miller, 178, 419
Miller, Henry, 174
Mises, Ludwig von, 17, 33, 34
Mitchell, 350

Moisés, 78, 150, 166, 179, 339
Moncada, Cabral de, 385, 448
Montgomery, J. D., 389
Morgan, Thomas Hunt, 32, 221
Morgenstern, Oscar, 33
Morgenthau, Hans, 350, 448
Morris, Richard B., 303
Morstein-Marx, Fritz, 65
Morujão, Alexandre F., 103
Mosca, Gaetano, 312
Mosheim, 169
Moulakis, Athanasios, 39, 255, 316, 343, 424, 448
Müller, Adam, 156
Münchener Institut für Politische Wissenschaft, 84
Munford, Lewis, 277
Murray, Gilbert, 38, 154, 330, 331, 424, 448
Musil, Robert, 147, 238, 430, 441

N

Napoleão I, 357, 365
Napoleão III, 311
Natã, 149
Naylor, 196
Neander, 169
Needleman, Jacob, 171
Neher, A., 150
Neibuhr, Reinhold, 350
Newman, Cardeal, 178, 344
Niclaes, 196
Nicolau de Cusa, 202
Niemeyer, Gerhart, 86
Niess, Robert J., 174
Niethammer, 95
Nietzsche, Friedrich, 108
Nisbet, Robert, 174
Norden, Edouard, 178
Norman, Cohn, 170
Nozick, Robert, 391

O

Oakeshott, Michael, 28

Odegaard, Charles, 369
Ogudai, 365
Onians, R. B., 138, 449
Opitz, Peter, 39, 64, 70, 73, 84, 98, 101, 103, 114, 124, 167, 205, 211, 215, 290, 326, 352, 354, 419, 421, 422, 424, 425, 444, 449
Orígenes, 159
Orósio, Paulo, 319, 321, 336, 357, 378
Ortega y Gasset, 108
Orwell, George, 174
Otão o Grande, 369
Otto, Rudolf, 145, 179

P

Pádua, Marsílio de, 287
Pareto, Vilfredo, 275, 312, 314
Parménides, 82, 152, 153, 154
Pascal, Blaise, 218, 298
Pauli, Wolfgang, 34
Pedro I (Czar), 367
Pepino o Breve, 367
Pereira, Américo, 12
Perelman, Charles, 142
Peteron, Erik, 74
Petrarca, 329
Pétrement, Simone, 76
Petropoulos, W., 42
Piano Carpini, 365
Pilatos, 182
Píndaro, 152
Pirenne, Jacques, 28
Pitágoras, 197
Planck, Max, 35
Platão, 15, 20, 36, 45, 68, 76, 77, 82, 92, 94, 95, 110, 112, 125, 140, 147, 152, 154, 155, 156, 157, 159, 160, 161, 173, 193, 197, 244, 245, 250, 257, 282, 320, 327, 337, 344, 359, 363
Plotino, 267
Pögeller, Otto, 179
Pohlenz, Max, 249
Pokorny, J., 256
Polanyi, Michael, 33, 269

Políbio, 90, 158, 319, 361, 362
Pomponazzi, Pedro, 197
Popper, Karl, 257, 280
Portmann, Adolf, 17, 221
Possenti, Vittorio, 275, 427
Price, Geoffrey, 410
Pritchard, James, 17
Pseudo-Dionísio, 210
Puech, Henri-Charles, 188
Purcell, Brendan, 11

Q

Quaritsch, Helmuth, 314
Quilderico, 367
Quispel, Gilles, 22

R

Räber, Hans, 32, 451
Rad, Gerhard Von, 178
Ratzel, Frederic, 350
Rawls, John, 391
Ray, John, 52, 53
Reid, Thomas, 38
Reinhold, 94, 95, 350
Renan, Ernest, 311
Renard, 312, 432
Rickert, Heinrich, 44
Ricoeur, Paul, 142, 143, 442
Riedel, Manfred, 282
Rieff, Philip, 241
Ritschl, Albert, 44
Roberto Guiscard (Rei), 285
Rochefoucauld, 218, 298
Rodrigues Carvalho, 356
Romano, Egídio, 261, 287
Romilly, Jacqueline de, 233
Rosenberg, Alfred, 264
Rousseau, 278, 293, 401
Rubruck, 365
Runciman, William, 391
Russo, Francesco, 330

S

Sabine, George, 65

Sá de Miranda, 355
S. Agostinho, 36, 68, 74, 79, 91, 92, 136,
    200, 249, 250, 260, 319, 320, 321,
    324, 331, 334, 336, 340, 357, 365, 378
Saint-Pierre, Abade De, 372
Saint-Quentin, 365
Saint-Simon, H. De, 35, 234, 385
S. Alberto Magno, 194
Salomão, 149
Sandoz, Ellis, 31, 37, 38, 39, 64, 65, 77,
    178, 410, 420, 421, 422, 423, 425,
    426, 453
S. Anselmo, 177
Santayana, George, 50
Santoli, Vittorio, 148, 453
Sartori, Giovanni, 388, 389, 390, 395,
    400, 453
Satã, 184
S. Atanásio, 177
Saúl, 149
S. Bento, 195, 330
S. Bernardo, 195
Schabert, Thilo, 84
Schall, James, 453
Scheler, Max, 222, 453
Schelling, Friedrich W. J., 20, 25, 53,
    68, 69, 70, 92, 95, 100, 101, 108, 169,
    237, 319, 322, 323, 324, 325, 334,
    337, 432
Schiller, F., 95, 220
Schindler, 53
Schlegel, F., 54, 95
Schlick, Moritz, 35
Schmitt, Carl, 17, 39, 45, 56, 72, 306,
    314, 385, 414, 429, 447, 451
Schmölz, Franz Martin, 392
Schonberg, Arnold, 34
Schopenhauer, 108
Schumacher, E. F., 277, 454
Schumpeter, J., 33, 63, 351
Schuon, Fritjof, 168
Schütz, Alfred, 17, 33, 72, 86, 87, 98,
    103, 114, 205, 211
Séneca, 249, 258

Sertillanges, A., 37, 178
Seung-Hyun, Baek, 39, 421
Seversky, 350
Seznec, Jean, 141, 454
S. Francisco, 178, 373, 432, 443, 446, 458
Shakespeare, W., 36
Shorey, Paul, 161
Shreier, Fritz, 33
Siffin, W. J., 389, 448
Sigério de Brabante, 198, 261, 287
Silva, Carlos, 221, 454
Simão O Mago, 172, 181
Simmel, Georg, 34
S. Irineu, 167, 177, 181
S. Jerónimo, 197
S. João, 128, 161, 162, 181, 183, 189, 245, 261, 287, 363, 443
S. João Baptista, 181, 183, 443
S. Mateus, 181, 183
Smend, 53
Snell, Bruno, 17, 110
Snow, Charles, 400, 455
Sócrates, 83, 110, 140, 154, 159, 160, 344
Soederberg, Hans, 76, 455
Soljhenitsyn, A., 344
Sólon, 78, 152
Sorokin, Pitirim A., 138, 356, 434
Spann, Othmar, 17, 18, 32, 33, 34, 35, 100, 451
S. Paulo, 90, 91, 136, 160, 187, 189, 190, 250, 259, 267, 289, 320, 321, 362, 363, 427, 428, 439, 443, 447, 448
S. Pedro, 178, 181, 184, 191, 197, 290, 367, 372, 412
S. Pedro Damião, 178, 191
Spencer, Herbert, 35, 385, 386
Spengler, Oswald, 25, 37, 168, 319, 325, 326, 331
Spragens, Jr. Thomas, 389
Springer, Julius, 61, 410, 419, 444
Steiner, Rudolph, 171
Stein, Wilhelm, 36
Stern, Kurt, 36
S. Tomás Beckett, 344

S. Tomás Moro, 197, 344, 373
Storing, Herbert J., 455
Strauss, Leo, 17, 113, 270, 306, 385, 389, 435, 447, 448, 453, 455
Strzygowski, Josef, 35
Stuart, Mill John, 35, 269, 385
Suarez, Francisco, 401
Sully, Duque De, 372
Sweezy, P. A., 351
Swoboda, Hermann, 35

T

Talmon, Jacob, 264
Tamerlani, 365
Tarn, W., 17
Taubes, Jacob, 170, 331
Tauler, 202
Tawney, 302
Tendelli, 331
Theodor, Adorno, 241
Thibaudet, Albert, 218
Thompson, W., 178, 423, 426
Thorndike, Lynn, 141, 456
Tillich, Paul, 108
Tirteu, 152
Tocqueville, Alexis de, 303
Toffler, Alvin, 277
Tönnies, Ferdinand, 294
Toulmin, Stephen, 34, 35, 174, 456
Toynbee, Arnold, 17, 25, 28, 167, 188, 312, 319, 322, 323, 325, 337, 338, 339, 417
Tresmontant, Claude, 159
Tucídides, 320
Turgot, 234, 322, 329, 377, 378, 379
Tyconius, 200

U

Unamuno, Miguel, 28
Unger, Erich, 59, 457
Universidade da Lousiana, 31
Universidade de Munique, 10, 237
Universidade de Stanford, 10, 31, 88, 409, 476

Universidade de Viena, 17, 32, 35, 36, 40, 61
Urmson, J. O., 241
Utz, Arthur, 288
Uzias, 330

V

Valentininano, 187
Valéry, Paul, 28, 36, 218
Vallet de Goytisolo, 275, 457
Van deer Leeuw, G., 145, 457
Vauvenargues, 218
Verdross, Alfred von, 33
Vico, Giambattista, 65, 66, 68, 69, 319, 323, 324
Virgílio, 148, 353
Vitória, Francisco De, 373
Voegelin, Elizabeth Rühl, 31
Voegelin Família, 31, 61
Voegelin, Lissy Onken, 10, 52, 84, 93
Voegelin, Otto Stefan, 31
Voltaire, 106, 234, 322

W

Wagner, Helmuth, 98, 103, 425, 444, 451, 457
Walder, Robert, 35
Wallerstein, 350
Walsh, David, 98, 141, 168, 290, 316, 392, 424, 425, 458
Warburg Institut, 37
Warburton, William, 178, 376, 377
Webb, Eugene, 35, 70, 89, 98, 100, 217, 229, 233, 316, 318, 340, 404, 426, 458
Weber, Alfred, 37
Weber, Max, 17, 39, 42, 44, 45, 47, 73, 206, 268, 314, 316, 334, 385, 413, 414, 425, 438, 447
Weber-Schäfer, Peter, 84
Weil, Simone, 28
Weininger, Otto, 35
Weissbach, 340
Weston, Jessie L., 74, 458
West, Peter, 356

Wezel, Michael, 300, 458
Whitehead, Alfred North, 27, 50
Wiener, Kreis, 35, 444, 458
Wieser, Friedrich, 33
Willughby, Francis, 53
Wilson, Woodrow, 353, 354
Windelband, W., 44
Wiser, James, 169, 426
Wittfogel, Karl, 323
Wittgenstein, L., 34
Wolff, Christian, 101, 220
Wolfson, Harry, 166
Wollschläger, Hans, 459
Woltmann, 54
Woodrow, Alain, 171, 459

X

Xenófanes, 82, 152

Z

Zacarias, Papa, 367
Zähner, Robert C., 241, 459
Zenão De Eleia, 154

ÍNDICE DE CONCEITOS

ANTROPOLOGIA
Alma, 60, 76, 82, 220, 257
Corpo, 108, 117, 221-22
Homem, 21, 216-18, 234
Humanidade, 21, 22, 24, 26, 29, 54, 58, 81, 85, 88-92, 97, 103-4, 122, 125, 130, 134, 136, 144, 146, 148, 154, 161, 190, 192, 204, 209, 212-13, 219-20, 226, 235, 240, 248-51, 259, 261, 263, 266-68, 270-72, 286, 289-90, 292-93, 298, 321-22, 325, 329-30, 332, 339-44, 347, 349, 353-56, 358-63, 371, 373-75, 378, 380-81, 400
Imortalidade, 80, 101, 125, 152, 157, 160, 198, 238, 241, 250
Pessoa, 20, 22, 27, 39, 89, 114, 118-19, 186-87, 190, 219, 228, 232-33, 236-38, 243-45, 248, 261, 263, 269, 285, 304-05, 308-09, 342, 345, 355, 399
Natureza humana, 92, 145, 179, 199, 202, 207-08, 218-19, 221-23, 229, 238, 245, 260-61, 264, 271-72, 274, 278, 288, 299, 328
"Raça", 52-5, 57, 242, 252, 262-63, 264

CIÊNCIA POLÍTICA
Geral, 383-392
Aplicação, 386-87, 389-90, 392-93, 402-3
Cidadania, 24, 310, 383-84

Campo predominante, 23, 249, 251
E. Autoritário, 56, 61 296-97
E. Democrático, 56, 300-1, 403-4
Estado, 36, 39-41, 44, 46-47, 49, 56-59, 72, 74, 83, 155, 178, 194, 201, 203, 260, 267-68, 284, 286, 288-89, 291, 293-94, 296-98, 301, 304-10, 313, 350, 364, 373, 377, 379, 384-85, 387, 391, 396, 398
Polis, 76, 82-3, 152, 253-55, 257-58, 262, 359, 361-62, 396
Poder, 18-19, 21, 23, 26, 46-49, 55, 57-59, 64, 72, 75, 76, 88, 90, 154-55, 174, 185, 189-90, 195, 206-7, 219, 230, 232, 237, 255, 258, 260-3, 266, 269, 280-89, 292-94, 298, 302,-5, 308, 310, 312-13, 320, 325, 333, 340, 349, 351, 353, 355, 359-60, 362-70, 373, 375-81, 385, 389, 391, 395, 407
Representação, 24, 35, 40, 48, 71, 72-74, 76-78, 84, 173, 217,283, 297, 305, 306-7, 309-13, 389, 406
Revolução, 57, 93-96, 191, 195, 201, 236, 279, 294-95, 310-11, 371, 375, 408

CONSCIÊNCIA
Abertura e Clausura, 23-24, 38, 60, 72 82, 85, 96, 98-99, 101, 104, 113, 123, 130, 133, 137, 159, 174, 213, 215,

218, 221, 233, 236-37, 242-44, 246, 249, 269, 271-73, 293, 305, 398
Anamnêsis, 16, 19, 83, 86, 103, 324, 336, 338
Atenção, 116-117
Eu e outrem, 94-96, 105-7, 115-120, 237-38, 342
Fluxo de C., 106, 116-17, 121
Índices noéticos, 20, 122, 124, 134, 159, 271, 326. 342
Intencionalidade, 116, 119, 120, 129
Tensão, 17, 20, 22-23, 48, 67, 74, 78, 83, 86, 89, 91, 98, 113, 115, 118, 120-21, 123-26, 131, 137, 138-39, 150, 155-56, 159, 177-78, 189, 220, 226, 258, 272, 284, 317-18, 336, 343-44, 389, 400, 403, 407
Transcendência, 23-24, 60, 67, 72, 74, 76-77, 82, 99, 104-7, 109, 111, 113, 120, 124, 129-30, 142, 144. 158, 169, 180, 185-87, 189, 193, 207, 209-10, 225-26, 250-1, 265-6, 274, 299

CRISTIANISMO
Geral, 73, 178-80, 198, 204
Corpo Místico, 185, 190-1, 199, 210, 252, 258-62, 267, 284, 285.
Fé e razão, 21, 27, 44, 104, 177, 180, 185, 192, 203-4, 209
Igreja, 56, 58-59, 67, 72, 74, 84, 108, 173, 175, 177-78, 185, 190-91, 194-95, 198-203, 205-06, 211, 259-63, 267, 284, 286, 287, 289, 295
Jesus Cristo, 21, 28, 68, 90, 127-28, 136, 140, 161, 162, 163, 177, 180-86, 195, 199, 204. Cf. Índice de Nomes
Reforma, 169, 194, 196-97, 201, 240, 286, 291, 371, 377

DEUS
Além e Princípio, 94-96, 110, 127, 133, 136, 147, 148, 161, 173, 186-87, 208
Deus desconhecido, 80, 128, 136, 162, 177, 179-81, 183

Profecia, 90, 150, 337
Revelação, 21, 68, 76, 81, 89-90, 92, 128, 136, 140, 147, 151, 158, 161, 165, 179, 182, 184, 187, 208, 217, 245, 262, 330
Ser divino, 20, 58, 68, 73, 99, 125-27, 128, 130, 136, 188, 330, 332, 341

ÉTICA
Geral, 27, 43-44, 70, 131, 156, 206, 208, 216, 229-30, 242-43
Acção, 44, 66, 122, 153, 156, 186, 218, 229-31, 232, 243, 245-46, 254, 270, 273-76, 300, 308, 392, 400, 402
Bem, 67-68, 131, 144, 156, 158, 180, 189, 217, 231, 233, 239, 243, 257-58, 273, 287, 298,, 335, 359, 392
Dever, 101
Liberdade, 23, 28, 112, 123, 156, 191, 210, 213, 243, 251-52, 268, 272, 295, 303, 376, 389, 397
Mal, 60, 131, 232-33, 236, 267, 286, 298, 335
Responsabilidade, 43
Prática, 112, 274-5
Valores, 14, 23, 39, 42-46, 50, 69, 101, 131, 223, 228, 230-31, 246, 273, 275, 314, 316, 334, 335, 355, 388, 390, 392, 395-96, 400

FILOSOFIA
F. Alemã, 17, 33, 43-44, 59, 94-95, 96, 100, 306
F. Aristotélica, 22, 24, 73, 82, 92, 99, 102, 111, 219, 255
F. Escolástica, 14, 104, 129, 179, 198, 202, 240, 246, 262, 288, 372
F. Fenomenológica, 100, 103-4, 106-7, 114, 116, 119
F. Grega, 21, 33, 90, 98, 106, 110, 177, 204, 245, 344
F. Platónica, 24, 76, 99, 136, 157, 160, 166, 224, 257, 319

FILOSOFIA CIVIL
Âmbito, 26, 83, 216, 256-58, 265-66, 281-82, 383-86, 394-95, 405-7
Teologia Civil, 26, 249, 287, 290, 296, 299, 302, 306
F. Civil e ciência política, 26,-27, 38, 70-71, 76-77, 269-71, 281-82, 291-92, 306-7, 310-14, 386-89, 399-402

GNOSE
Geral, 21-22, 37, 75, 85, 101, 130, 132, 167, 168, 170-71, 173, 187-89, 195, 237
Antiguidade, 168, 186-89
Idade Média, 195-96, 329-34, 364-70
G. e modernidade, 167-68, 197
Imanentização, 22, 45, 74, 77, 154, 171, 195, 197, 203, 265-66, 297, 331, 334, 398
Religiões Políticas, 57, 60, 76, 264, 266-67, 268-69, 402, 403

HISTÓRIA
Constantes, 24-25, 342-48
Era ecuménica, 22, 25, 88-90, 270, 338, 339-41
"Fim-da-história", 24, 241, 280, 322-23, 326, 380, 398
Historiogénese, 25, 316, 326-27, 337-38, 377
Periodização, 169, 327-28, 346, 378
Providência, 321
Sentido, 316-17, 347-48
Surtos de ser, 88, 342, 344
Tempo, 20, 25, 41, 49, 78, 86-88, 90-91, 94, 102, 107-9, 115, 117-18, 120-21, 125-26, 135, 139, 155, 168, 181, 192, 200, 216, 220, 232, 260, 280, 282, 298, 318-21, 323

IMPÉRIO
Expansão, 356-57, 363
Geopolítica, 350
Imperialismo, 26, 240, 272, 287, 349, 351, 353, 355, 359, 361, 370-71, 373-75
I. ecuménico, 358-64
I. medieval, 364-70
I. moderno, 370-79
I. contemporâneo, 380-82
Relações Internacionais, 349-50, 371, 374, 380

INVESTIGAÇÃO
Autointerpretação, 17, 38, 49, 66, 77-78, 89, 92, 114, 141, 146, 164, 243, 253, 272, 283, 317, 333, 345, 364, 405
Ciências Humanas, 17, 32-34, 36, 51, 92, 142, 239, 298, 384, 387, 389, 391-82, 405-7
Desculturação, 13-14, 174-75, 204
Ideias, 14, 16, 19, 24, 29, 43, 53, 66, 69, 78, 87, 92, 144, 199, 216, 230, 283, 290, 310, 316, 407
Interpretação noética, 26, 31, 83, 99, 141, 273, 281, 403, 406
Linguagem, 53, 94, 96, 113, 132, 134, 137, 143, 191, 242
Pseudociência, 12, 55, 167, 239, 265
Racionalidde, 14, 230-31, 276-78
Senso comum, 231, 244, 246, 275, 320, 349, 391, 399-400, 404, 406
Teorização, 216, 393-98

POVOS
Geral, 291-94, 363-65, 381
Alemanha, 43, 52, 60, 366, 369-70
Áustria, 34, 51-52
Espanha, 372-6
França, 378-80
EUA, 302-3, 305, 352-53
Grã-Bretanha, 303, 305, 353, 358
Grécia, 140, 255, 261, 320, 339
Israel, 78, 81, 91, 136, 148-51, 163
Portugal, 357, 369
Roma, 328-30
Rússia, 289-290

REALIDADE
Consubstancialidade, 80, 146
Ens Realissimum, 58, 98, 100, 102, 130,
 231, 266
Metafísica, 130, 165
Nada, 20, 225
R. interina, 20-21, 98, 100, 102, 121, 126,
 129, 133, 136, 159, 163, 165, 178, 181,
 187, 208, 216-17, 226, 229, 231-33,
 243, 246, 271, 318-19, 334, 343, 396
Segunda R., 21, 75, 95, 140, 233, 238
Ser, 20-21, 25-26, 42, 47, 57-58, 71, 78,
 80-82, 86, 88, 91, 95-96, 98-100, 102,
 104, 107, 110, 118-21, 126-27, 135,
 143, 146, 157, 163, 178-79, 203, 210,
 221, 249, 251, 292, 309, 342, 392
Verdade, 14, 16, 21, 24, 27, 28, 48, 51,
 71-73, 76, 82, 86, 94, 112-13, 127-28,
 136, 140, 143, 148, 151-52, 154, 163,
 172, 184, 204, 206, 216, 250, 257,
 281, 297, 306, 344-45, 395, 401-3

SÍMBOLOS
Equivalência, 21, 135, 138, 141, 144, 338
S. míticos, 20, 55, 69, 81, 110-11,
 114-15, 132, 136-40, 145-47, 151,
 155-161, 164-66
S. noéticos, 151, 164, 243, 406
S. pneumáticos, 86, 148, 162, 165, 262
S. secundários, 21, 163, 173, 235, 344
S. terciários, 132, 167, 173, 175

SOCIEDADE
Campos sociais, 23, 119, 220, 229, 232,
 247-49, 254, 273, 281, 309
Direito, 32-33, 39-41, 46-47, 51, 56, 64,
 143, 287-88, 292-93, 306, 372, 374
Economia, 277-79, 300-2, 350-51
Ordem na S., 11, 26, 31, 37, 41, 72,
 127, 202, 251, 257-58, 273, 280-81,
 297-98
S. aberta, 24,72, 130, 257, 270, 280,
 359, 406
S. e Sociologia, 23, 72, 247-48, 387-88

VOEGELIN
Carreira Académica, 31-38, 60, 63-64,
 82-83
Família, 31-32
Obra, 11-12, 15-20, 27-30, 33-34, 37,
 42, 50, 53, 64-66, 70, 83-88, 93-94,
 405-7

Siglas

ÜFAG – *Über die form des amerikanischen geistes*, Tübingen, J. C. B. Mohr, 1928, 246 pp.

PR – *Die politischen religionen*, Wien, Bermann-Fischer, 65 pp., 2ªed., c/ pref. Stokholm, Bermann-Fischer, 1939, 67 pp.

OH I – *Order and history. vol I: israel and revelation*, Baton Rouge, Louisiana State University Press, 1956, VIII + 533pp.

OH II – *Order and history. vol. ii: the world of the polis*, Baton Rouge, Louisian State University Press, 1957, 389 pp.

OH III – *Order and history. vol. iii: plato and aristotle*, Baton Rouge, Louisian State University Press, 1957, 383 pp.

A 1966 – *anamnesis*, München. R. Piper&Co. Verlag, 1966, 395 pp.

OH IV - *Order and history.vol iv: the ecumenic age*, Baton Rouge, Louisian State University Press, 1974, XVIII+340pp.

A 1978 – *Anamnesis*, trad. e ed. Gerhart Niemeyer, London/ Notre Dame, University of Notre Dame Press, 1978, XXII + 217 pp.

CEV – *Conversations with eric voegelin*, ed. e introd. Eric O'Connor, Thomas More Institute, Montreal, 1980, 154 pp.

NSP – *The new science of politics. an introduction*, University of Chicago Press, 1952, XIII + 193 pp.m 9th imp., 1974

OH V – *Order and history. vol v: in search of order*, Baton Rouge, Louisian State University Press, 1987,120 PP.

Hopi – *History of political ideas*, ms. e dact., [1940-1945], Eric Voegelin Archive, Hoover Institution, Stanford.

AR – *Autobiographical reflections*, Baton Rouge, Louisian State University Press, 1989.

As restantes obras do autor vão citadas pelo ano de edição e título e as obras de outros autores pelo último apelido e ano de edição.

DADOS INTERNACIONAIS DE CATALOGAÇÃO NA PUBLICAÇÃO (CIP)
(CÂMARA BRASILEIRA DO LIVRO, SP, BRASIL)

Henriques, Mendo Castro,
  A filosifia civil de Eric Voegelin : teses / Mendo Castro Henriques. –
São Paulo : É Realizações, 2010.
  (Coleção Filosofia Atual)

  ISBN 978-85-88062-82-5

  1. Filosofia civil 2. Filosofia política 3. Voegelin, Eric, 1901-1985 -
Filosofia política 4. Voegelin, Eric, 1901-1985 - História e crítica I. Título.
II. Série.

10-03048   CDD-320.01

ÍNDICES PARA CATÁLOGO SISTEMÁTICO:
1. Política : Filosofia   320.01

Este livro foi impresso pela gráfica RR Donnelley para É Realizações, em abril de 2010. Os tipos usados são Minion Condensed e Adobe Garamond Regular. O papel do miolo é chamois bulk dunas 90g, e da capa, cordenons stardream lapislazuli 285g.